Wirtschaftsräumliche Dezentralisierungstendenzen und ihre Ursachen

Studien zur Wirtschaftspolitik

Herausgegeben vom
Forschungsinstitut für Wirtschaftspolitik
an der Universität Mainz e.V.

Band 73

PETER LANG
Frankfurt am Main · Berlin · Bern · Bruxelles · New York · Oxford · Wien

Ralf Stahl

Wirtschaftsräumliche Dezentralisierungstendenzen und ihre Ursachen

Eine Untersuchung
unter besonderer Berücksichtigung
der wirtschaftlichen Entwicklung
ländlicher Räume
in der Bundesrepublik Deutschland

PETER LANG
Europäischer Verlag der Wissenschaften

Die Deutsche Bibliothek - CIP-Einheitsaufnahme

Stahl, Ralf:

Wirtschaftsräumliche Dezentralisierungstendenzen und ihre Ursachen : eine Untersuchung unter besonderer Berücksichtigung der wirtschaftlichen Entwicklung ländlicher Räume in der Bundesrepublik Deutschland / Ralf Stahl. - Frankfurt am Main ; Berlin ; Bern ; Bruxelles ; New York ; Oxford ; Wien : Lang, 2002
(Studien der Wirtschaftspolitik ; Bd. 73)
Zugl.: Mainz, Univ., Diss., 2001
ISBN 3-631-39182-X

D 77
ISSN 1438-7433
ISBN 3-631-39182-X

www.peterlang.de

Für Dagmar

Vorwort

Die vorliegende Arbeit entstand auf der Grundlage eines Gutachtens, das ich während meiner Tätigkeit als wissenschaftlicher Mitarbeiter bei der Forschungsgesellschaft für Agrarpolitik und Agrarsoziologie e.V. Bonn für ein Forschungsprojekt des (damaligen) Bundesministeriums für Landwirtschaft, Ernährung und Forsten erstellte. Den Mitarbeitern dieses Institutes möchte ich für die Anregungen und Hilfestellungen sowie die zahlreichen fruchtbaren Diskussionen danken.

Ursprünglich wurde die Dissertation von Herrn Prof. Dr. Hermann Bartmann betreut, der vor der Fertigstellung dieser Arbeit leider verstarb. Das Gelingen der Arbeit hat er durch wertvolle Anregungen und Tipps gefördert. Mein besonderer Dank gilt Herrn Prof. Dr. Hartwig Bartling, der nach dem Tode von Herrn Prof. Dr. Hermann Bartmann die Rolle des Erstgutachters übernommen hat. Herrn Prof. Dr. Werner Zohlnhöfer danke ich herzlich für die Erstellung des Zweitgutachtens. Beiden bin ich auch dafür dankbar, dass die Dissertation in die Schriftenreihe des Forschungsinstitutes für Wirtschaftspolitik an der Universität Mainz aufgenommen wurde. Zu Dank verpflichtet bin ich darüber hinaus dem Geschäftsführer des Forschungsinstituts für Wirtschaftspolitik Herrn Dr. Frank Fichert sowie Frau Sack, die mich bei den Publikationsarbeiten unterstützten.

Ganz besonders danken möchte ich meinen Eltern, die mir meine Ausbildung ermöglicht haben und darüber hinaus zu jeder Hilfestellung bereit waren.

Nicht zuletzt möchte ich meiner Frau Dagmar danken, die mich nicht nur in der Zeit, in der diese Arbeit entstand, in vielfältiger Weise unterstützt hat, sondern auch dafür gesorgt hat, dass es eine schöne Zeit war.

Kaiserslautern, im Oktober 2001 — Ralf Stahl

Inhaltsverzeichnis

Verzeichnis der Abbildungen ..... **XVII**

Verzeichnis der Karten ..... **XIX**

Verzeichnis der Tabellen ..... **XXI**

Verzeichnis der Abkürzungen ..... **XXIII**

1 Einleitung 1

1.1 Erläuterung des Untersuchungsziels 1

1.2 Vorgehensweise 5

1.3 Grundlagen 6

1.3.1 Die Raumeinteilung 7

1.3.2 Zu untersuchende Wirtschaftsbereiche und Merkmale des sektoralen Strukturwandels 10

1.3.2.1 Abgrenzung der zu untersuchenden Wirtschaftsbereiche 10

1.3.2.2 Das Wachstum der Dienstleistungsproduktion: Die Drei-Sektoren-Hypothese 17

1.3.2.2.1 Gründe für die Zunahme von Dienstleistungstätigkeiten 18

1.3.2.2.2 Kritik an der Drei-Sektoren-Hypothese 20

1.3.3 Untersuchungszeitraum 22

2 Wirtschaftliche Entwicklung in den Regionen Deutschlands – Bestandsaufnahme anhand statistischer Daten auf Kreisebene 24

2.1 Auswahl geeigneter Indikatoren zur Ermittlung regionalwirtschaftlicher Disparitäten 24

2.2 Darstellung empirischer Befunde 28

2.2.1. Arbeitslosenrate 29

2.2.1.1 Regionale Entwicklung der Arbeitslosenrate....29
2.2.1.2 Einordnung der Ergebnisse....31
2.2.2 Beschäftigung....33
2.2.2.1 Regionale Entwicklung der Beschäftigung....33
2.2.2.2 Einordnung der Ergebnisse....35
2.2.3 Räumliche Veränderungen in der Höhe der Bruttowertschöpfung und des Einkommens....36
2.2.3.1 Vorbemerkungen....36
2.2.3.2 Bruttowertschöpfung....37
2.2.3.2.1 Regionale Veränderungen in der Bruttowertschöpfung....37
2.2.3.2.2 Einordnung der Ergebnisse....43
2.2.3.3 Lohn- und Gehaltsniveau und verfügbares Einkommen....43
2.2.3.3.1 Regionale Lohndisparitäten im Produzierenden Gewerbe und verfügbares regionales Einkommen....43
2.2.3.3.2 Einordnung der Ergebnisse....46
2.3 Fazit....46
2.3.1 Zusammenfassung der Ergebnisse....46
2.3.2 Folgerungen fürs weitere Vorgehen....49

3 Die ökonomische Raumstruktur in einer hochentwickelten Volkswirtschaft....51
3.1 Erläuterung der Vorgehensweise....51
3.1.1 Vorbemerkungen....51
3.1.2 Problem: Fehlen einer einheitlichen und geschlossenen Raumwirtschaftstheorie....52
3.1.3 Begründung des eigenen Vorgehens....56
3.2 Gesamtwirtschaftliche Standortstrukturtheorien....58

3.2.1 Totalmodelle einer Wirtschaftslandschaft (v. Thünen, Christaller und Lösch) 58

3.2.2 Landwirtschaftliche Standorttheorie (v. Thünen) 59

3.2.3 Die Modelle von Christaller und Lösch 62

3.2.3.1 Erläuterung der Grundannahmen beider Modelle 62

3.2.3.2 Theorie der zentralen Orte (Christaller) 67

3.2.3.3 Theorie der Marktnetze (Lösch-System) 71

3.2.3.4 Zusammenfassung und Kritik der Standortstrukturtheorien 74

3.2.4 Herleitung der ökonomischen Potentiale unterschiedlich stark verdichteter Regionen in einer hochentwickelten Volkswirtschaft 75

3.2.4.1 Modifikationen der Modelle von Christaller und Lösch 76

3.2.4.2 Die räumliche Wirtschaftsstruktur in hochentwickelten Volkswirtschaften 84

3.2.4.2.1 Vorbemerkungen 84

3.2.4.2.2 Die Bestimmungsfaktoren der räumlichen Struktur und deren Ausprägung in einer modernen Industriegesellschaft 85

3.2.4.2.2.1 Vorbemerkungen 85

3.2.4.2.2.2 Die raumstrukturierenden Faktoren im einzelnen 85

3.2.4.2.2.2.1 Transportkosten 85

3.2.4.2.2.2.1.1 Die Bedeutung der Transportkosten in einer hochentwickelten Volkswirtschaft 85

3.2.4.2.2.2.1.2 Raumwirtschaftliche Folgerungen 88

3.2.4.2.2.2.2 Unternehmensinterne Skalenerträge 88

3.2.4.2.2.2.2.1 Die Bedeutung unternehmensinterner Skalenerträge in einer hochentwickelten Volkswirtschaft 88

3.2.4.2.2.2.2.2 Raumwirtschaftliche Folgerungen 97

3.2.4.2.2.2.3 Agglomerationseffekte 98

3.2.4.2.2.2.3.1 Die Bedeutung der Agglomerationseffekte in einer hochentwickelten Volkswirtschaft 98

3.2.4.2.2.2.3.2 Raumwirtschaftliche Folgerungen........................100

3.2.4.2.2.2.4 Verfügbarkeit des Produktionsfaktors Bodens 102

3.2.4.2.2.2.4.1 Die Bedeutung des Produktionsfaktors Boden in einer hochentwickelten Volkswirtschaft..............102

3.2.4.2.2.2.4.2 Raumwirtschaftliche Folgerungen........................102

3.2.4.2.2.2.5 Natürliche Produktionsbedingungen..........................103

3.2.4.2.3 Die Gestalt der Raumstruktur und die wirtschaftliche Bedeutung ländlicher Räume in einer modernen Industriegesellschaft 103

3.2.4.2.3.1 Vorbemerkungen 103

3.2.4.2.3.2 Räumliche Konzentrationstendenzen in hochentwickelten Volkswirtschaften 104

3.2.4.2.3.3 Ökonomische Ausgleichsmechanismen wirken Ballungstendenzen entgegen.....................................110

3.2.4.2.3.3.1 Negative Agglomerationseffekte 110

3.2.4.2.3.3.2 Wirtschaftsräumliche Dezentralisierung durch sinkende Kosten der Raumüberwindung und steigende Bedeutung kleinerer Betriebe......................113

3.2.4.3 Zwischenfazit 114

3.3 Neuere Wachstumsmodelle und regionalökonomische Implikationen ..116

3.3.1 Wachstumsunterschiede zwischen Volks- und Regionalwirtschaften nach dem traditionellen neoklassischen Ansatz.................116

3.3.2 Neuere wachstumstheoretischer Modelle 120

3.3.2.1 Zentrale Bausteine und Aussagen neuerer wachstumstheoretischer Modelle...120

3.3.2.2 Zusammenfassung 123

3.3.3 Fazit: Regionalökonomische Folgerungen neuerer Wachstumsmodelle 123

3.3.3.1 Vorbemerkungen 123

3.3.3.2 Voraussetzungen für konvergente Entwicklung von Regionen .. 124

3.3.3.3 Einordnung der Ergebnisse in den bisherigen Modellrahmen 125

3.4 Regionalpolitische Förderung strukturschwacher Gebiete 127

3.4.1 Rechtfertigung regionalpolitischer Maßnahmen 127

3.4.1.1 Wettbewerbsversagen 127

3.4.1.2 Wettbewerbsdefizite und Regionalpolitik 129

3.4.2 Politische Instrumente zur Belebung wirtschaftlicher Aktivitäten in strukturschwachen Räumen 133

3.4.2.1 Bereitstellung eines öffentlichen Angebotes an Infrastruktur 134

3.4.2.1.1 Vorbemerkungen 134

3.4.2.1.2 Schwierige Operationalisierung des Infrastrukturbegriffes ... 134

3.4.2.2 Anreizpolitik 137

3.4.3 Skizzierung der Regionalpolitik in der Bundesrepublik Deutschland 138

3.5 Schlussfolgerungen: Merkmale der Raumstruktur in einer modernen Volkswirtschaft und die ökonomischen Potentiale ländlicher Regionen 141

4 Empirische Überprüfung der theoretisch abgeleiteten räumlichen Wirtschaftsstrukturen und Standortfaktoren in ländlichen Räumen ... 145

4.1 Vorbemerkungen 145

4.2 Analyse regionaler Wirtschaftsstrukturen 146

4.2.1 Überblick über die regionale Verteilung und Bedeutung der Sektoren 146

4.2.2 Analyse des sekundären Sektors in ländlichen Regionen 149

4.2.2.1 Kleinbetriebliche Industriestruktur in ländlichen Regionen als Standortvorteil? 149

4.2.2.2 Räumliche Unterschiede bei Innovation und Adoption 153

4.2.2.2.1 Einleitende Bemerkungen 153

4.2.2.2.2 Methodische Probleme 154

4.2.2.2.3 Räumliche Leistungsunterschiede „gleichartiger" Betriebe 155

4.2.2.2.4 Schlussfolgerungen: Kein klares Bild im Hinblick auf ein siedlungsstrukturelles Innovations- und Adoptionsgefälle 163

4.2.2.3 Hoher Anteil von Zweigbetrieben in ländlichen Räumen 164

4.2.2.3.1 Vorbemerkungen 164

4.2.2.3.2 Darstellung empirischer Befunde 165

4.2.2.3.3 Problematik der externen Abhängigkeit 167

4.2.3 Die räumliche Verteilung haushalts- und unternehmensbezogener Dienstleistungen 170

4.2.4 Schlussfolgerungen 176

4.3 Analyse der Standortqualität in ländlichen Regionen 178

4.3.1 Regionale Unterschiede in der Ausstattung mit materieller Infrastruktur 178

4.3.1.1 Regionale Unterschiede in der Ausstattung mit sozialer und kulturelle Infrastruktur sowie Ver- und Entsorgungseinrichtungen 178

4.3.1.2 Regionale Unterschiede in der Ausstattung mit Verkehrsinfrastruktur 180

4.3.1.3 Regionale Unterschiede bei Bildung und Forschung 181

4.3.1.4 Zusammenfassung: Zunehmend ubiquitärer Charakter der Infrastrukturausstattung 183

4.3.2 Regionale Divergenzen in der Humankapitalausstattung 184

4.3.2.1 Vorbemerkungen 184

4.3.2.2 Darstellung empirischer Befunde 184

4.3.2.3 Binnenwanderungsgewinne ländlicher Regionen 188

4.3.2.3.1 Zuwanderungen von einkommensstarken und hochqualifizierten Bevölkerungsschichten 188

4.3.2.3.2 Gründe für die Zuwanderungen 191

4.3.2.3.3 Ökonomische Effekte der Wanderungsbewegungen 192

4.3.2.4 Zusammenfassung 193

4.4 Zusammenfassung: Räumliche Wirtschaftsstrukturen und regionale Standortbedingungen in den ländlichen Räumen Westdeutschlands 194

5 Darstellung der wirtschaftlichen Entwicklung in ländlichen Räumen anhand einer Fallstudie 202

5.1 Vorbemerkungen 202

5.2 Instrumentarium und empirische Datenbasis 203

5.3 Gründe für die Auswahl des Untersuchungsgebietes und einige Fakten zur Charakterisierung 204

5.4 Beschreibung der heutigen Wirtschaftsstruktur 208

5.4.1 Sektorenbetrachtung 208

5.4.2 Träger der wirtschaftlichen Entwicklung 211

5.4.2.1 Mittelständische Betriebe der unterschiedlichsten Branchen bilden die wirtschaftlichen Standbeine des Kreises 212

5.4.2.2 „Verlängerte Werkbänke" mit nur geringer Bestandsdauer? 214

5.5 Diskussion der Standortqualität 219

5.5.1 Klassische Standortvorteile ländlicher Gebiete 220

5.5.2 Qualität des Arbeitskräftepotentials und großräumige Lage als „verkannte" Standortvorzüge 225

5.6 Fazit: Einordnung der Ergebnisse in den Gesamtzusammenhang der Arbeit 230

6 Zusammenfassung der Untersuchungsergebnisse 234

Literaturverzeichnis 245

Anhang 267

1) Kreisgrenzenkarte 267

2) Gesprächsleitfaden regionale Fallstudie 269

Verzeichnis der Abbildungen

Abbildung 1: Die Tertiärisierung im Zeitablauf 18

Abbildung 2: Entwicklung der Erwerbstätigkeit in peripheren Regionen und Zentren in Relation zum Bundesdurchschnitt 35

Abbildung 3: Lagerenten und Art der Bodennutzung bei drei Anbauprodukten 61

Abbildung 4: Kostenfunktionen 64

Abbildung 5: System der zentralen Orte 68

Abbildung 6: System der Marktnetze 72

Abbildung 7: Veränderungen in der regionalen Verteilung haushaltsund unternehmensorientierter Dienstleistungen seit 1976 .... 174 - 175

Abbildung 8: Regionale Unterschiede im Einsatz von Beschäftigten mit Fachhochschul- und Universitätsausbildung 187

Verzeichnis der Karten

Karte 1: Siedlungsstrukturelle Regionstypen 8
Karte 2: Arbeitslosenquote 1996 30
Karte 3: BWSzM je Erwerbstätigen 1980 (BRD=100) 38
Karte 4: BWSzM je Erwerbstätigen 1994 (BRD=100) 39
Karte 5: BWSzM je Erwerbstätigen (BRD=100) Veränderung 1994-1980 40
Karte 6: Innovationstätigkeit in den Regionen Westdeutschlands 1984 159

Verzeichnis der Tabellen

Tabelle 1: Wirtschaftsbereiche in der Volkswirtschaftlichen Gesamtrechnung der Länder 12

Tabelle 2: Klassifizierung der Dienstleistungen 16

Tabelle 3: Regionale Arbeitslosigkeit in Westdeutschland (in %) 29

Tabelle 4: Regionale Bevölkerungsentwicklung in Westdeutschland (ohne Berlin) (in %) 32

Tabelle 5: Anzahl und Entwicklung der sozialversicherungspflichtig Beschäftigten in den Regionen Westdeutschlands 34

Tabelle 6: BWSzM je Erwerbstätigen 1980 und 1994 in den Regionen Westdeutschlands (arithm. Mittel) 41

Tabelle 7: Lohn und Gehalt in der Industrie je Beschäftigten/Monat und Verfügbares Einkommen je Einwohner in den Regionen Westdeutschlands in DM (arithm. Mittel) 44

Tabelle 8: Durchschnittliches Baulandpreisniveau in den westdeutschen Regionen 45

Tabelle 9: Indikatoren zur Entwicklung des Verkehrs auf dem Gebiet der alten Bundesrepublik 87

Tabelle 10: Unternehmensstruktur und Beschäftigung nach Größenklassen und im Zeitverlauf in der Bundesrepublik Deutschland 91

Tabelle 11: Sektorale Beschäftigung und ihre Veränderung in den Regionen Westdeutschlands 1998 148

Tabelle 12: Beschäftigte je Betrieb des Verarbeitenden Gewerbes und im Bergbau in den Regionen Westdeutschlands (ohne Berlin) 1994 (arithm. Mittel) 150

Tabelle 13: Innovationsindikatoren nach siedlungsstrukturellen Regionstypen (Angaben in %) 157

Tabelle 14: Innovationsdichte und FuE-Beschäftigtendichte 1981-1984 nach siedlungsstrukturellen Regionstypen 158

Tabelle 15: Adoptionsraten für EDV und Telekommunikationstechniken in den Raumordnungsregionen Westdeutschlands 1986 in % 162

Tabelle 16: Anteil einzelner Dienstleistungsbereiche am Beschäftigungsstand des Dienstleistungssektors 1988 in % ... 172

Tabelle 17: Indikatoren zur regionalen Infrastrukturausstattung ... 182

Tabelle 18: Die regionale Humankapitalausstattung und deren Veränderung ... 186

Tabelle 19: Regionale Binnenwanderungsprozesse in den alten Bundesländern ... 189

Tabelle 20: Zentrale Entwicklungsindikatoren Bitburg-Prüms ... 206

Tabelle 21: Verteilung der Sektoren in Bitburg-Prüm (sozialversicherungspflichtig Beschäftigte) ... 209

Tabelle 22: Entwicklung des Produzierenden Gewerbes in Bitburg-Prüm und Vergleichsräumen (Betriebe mit mehr als 20 Beschäftigten) ... 210

Tabelle 23: Beschäftigungsentwicklung in den Bereichen des Produzierenden Gewerbes in Bitburg-Prüm (Betriebe mit mehr als 20 Beschäftige) ... 213

Tabelle 24: Beschäftigte am Arbeitsort in Dienstleistungsbereichen in Bitburg-Prüm und Vergleichsregionen (in 1 000) ... 218

Tabelle 25: Baulandpreise in Bitburg-Prüm 1994/95 im Unterschied zu Vergleichsregionen ... 221

Tabelle 26: Indikatoren der sozialen und kulturellen Infrastruktur in Bitburg-Prüm und Vergleichsregionen ... 222

Tabelle 27: Lohn- und Gehaltssumme je Beschäftigten in Bitburg-Prüm im Unterschied zu Vergleichsregionen ... 223

Tabelle 28: Qualifikationsstruktur in Bitburg-Prüm und Vergleichsräumen ... 226

Tabelle 29: Verkehrsinfrastrukturindikatoren Bitburg-Prüm und Vergleichsräume ... 229

Verzeichnis der Abkürzungen

BBR	Bundesamt für Bauwesen und Raumordnung
BfLR	Bundesforschungsanstalt für Raumordnung und Landeskunde
BMBau	Bundesministerium für Raumordnung, Bauwesen und Städtebau
BMWi	Bundesministerium für Wirtschaft
BWS	Bruttowertschöpfung
BWSzM	Bruttowertschöpfung zu Marktpreisen
bspw.	beispielsweise
bzw.	beziehungsweise
d. h.	das heißt
EDV	Elektronische Datenverarbeitung
e. V.	eingetragener Verein
EU	Europäische Union
FAA	Forschungsgesellschaft für Agrarpolitik und Agrarsoziologie e.V., Bonn
GRW	Gemeinschaftsaufgabe zur Verbesserung der regionalen Wirtschaftsstruktur
KFW	Kreditanstalt für Wiederaufbau
LKW	Lastkraftwagen
PKW	Personenkraftwagen
usw.	und so weiter
u.U.	unter Umständen
vgl.	vergleiche
z. B.	zum Beispiel

1 Einleitung

1.1 Erläuterung des Untersuchungsziels

Ländliche Regionen gelten traditionell als strukturschwach und wirtschaftlich rückständig. Mit ihnen werden oft wirtschaftliche und soziale Phänomene wie hohe Arbeitslosigkeit, geringe Einkommen und Abwanderung junger und erwerbsfähiger Personen assoziiert (vgl. *Schrader* 1997, S. 8). Als charakteristisch für die Wirtschaft dieser Gebiete werden vielfach die landwirtschaftliche Produktion und kleinere Handwerks- und Industriebetriebe angesehen (vgl. *Henkel* 1995, S. 80). Zugleich wird eine „Fremdbestimmung" des Landes durch die großen Verdichtungsgebiete vermutet, die in einer Abhängigkeit vom städtischen Waren- und Dienstleistungsangebot und einer angenommenen verspäteten Aufnahme wirtschaftlicher, sozialer und technischer Neuerungen, die ihren Ursprung in den verstädterten Regionen haben, zum Ausdruck kommt (vgl. *Schrader* 1997, S. 8/9). In einem unmittelbaren Zusammenhang mit diesen Vorstellungen stehen Forderungen nach einer umfangreichen politischen Unterstützung des ländlichen Raumes, die insbesondere vor dem Hintergrund des Überganges von der Agrar- zur Industrie- und Dienstleistungsgesellschaft einen beschleunigten wirtschaftlichen Niedergang und eine soziale Erosion dieser Räume befürchten (vgl. *ASG* 1995). Diese Argumentationslinie fußt auf der Annahme, dass aufgrund des agrarstrukturellen Wandels ein massiver Arbeitsverlust im primären Sektor stattfindet, der in einem nicht ausreichenden Maße durch die Entstehung neuer Arbeitsplätze im Industrie- und Dienstleistungsbereich in ländlichen Räumen kompensiert werden kann (vgl. *ASG* 1980, S. 42 ff.). Ein dauerhaftes oder allenfalls nur mit großen Anstrengungen zu beseitigendes Wirtschafts- und Wohlstandsgefälle zwischen Stadt und Land erscheint damit gewissermaßen als ökonomische Gesetzmäßigkeit.

Tatsächlich ist mit einem Blick auf die wirtschaftsräumliche Entwicklung der Vergangenheit erkennbar, dass räumliche und sektorale Strukturen einem beständigen Wandel unterliegen. Dieser führt dazu, dass regionale Wohlstands- und Einkommensniveaus keineswegs immer während festgeschrieben sind, sondern dass - wie die prosperierende Entwicklung Süd- gegenüber Norddeutschlands und der Niedergang des Ruhrgebietes seit den 60er Jahren verdeutlichen (vgl. *Bröcker* 1989; *Hamm/Wienert* 1990) - ehemals rückständige Gebiete wirtschaftlich aufholen und den Abstand zu den „Leitregionen" nachhaltig verringern können.

Das Untersuchungsziel der vorliegenden Arbeit ist es, einen solchen Wandel räumlicher Strukturen zwischen unterschiedlich stark verdichteten Regionen zu erfassen und mit seinen Determinanten zu erklären. Als räumliche Analyseeinheiten stehen dabei die Regionen der alten Bundesrepublik im Vordergrund des Interesses. Eine besondere Zielsetzung dieser Untersuchung besteht in der Klärung der Frage, ob sich seit dem Beginn der 80er Jahre die Wirtschaftsentwicklungen der Regionen in der früheren Bundesrepublik eher aufeinander zubewegt oder voneinander entfernt haben. Mit anderen Worten soll der oft gestellten Frage nach einer konvergenten/divergenten Entwicklung zwischen Nationalstaaten, die in der Wirtschaftsstärke deutlich differieren, hier auf einer kleineren räumlichen Ebene nachgegangen werden.

Unter dem Begriff „Regionen“ sind in dieser Arbeit Räume zu verstehen, die sich hinsichtlich Bevölkerungsverdichtung und Größe des regionalen Zentrums voneinander unterscheiden. Damit wird das Gebiet der früheren Bundesrepublik in die bekannten Regionskategorien Verdichtungsgebiete, Regionen mit Verdichtungsansätzen und ländliche Räume unterteilt. Mit dieser Festlegung scheiden - die aktuelle Diskussion prägende - räumliche Problemfälle wie die neuen Bundesländer oder auch die Frage nach einer möglichen Konvergenz von Regionen im europäischen Binnenmarkt aus der Untersuchung aus.

Das Aufgreifen dieses Themas ist vor allem deshalb als viel versprechend anzusehen, weil es im regionalwissenschaftlichen Schrifttum in jüngster Zeit vermehrt Hinweise für eine, im interregionalen Vergleich, überdurchschnittlich positive Entwicklung der ländlichen Räume in der Bundesrepublik gibt. Nach Bade (1997, S. 256) erweckt die Analyse der Wirtschaftsentwicklung in den Regionen der Bundesrepublik seit den letzten zwanzig Jahren „ein eher optimistisches Bild von den wirtschaftlichen Perspektiven ländlicher Regionen.“ Bade begründet dieses Urteil durch einen besseren Verlauf der Beschäftigungsentwicklung in den nicht-zentralen gegenüber den zentralen Regionen während dieser Zeit. Lichtblau/Rhein (1993, S. 63 ff.) erkennen aufgrund der vergleichsweise günstigen Beschäftigungsentwicklung in ländlichen Regionen gar einen „Regionalwandel zu Lasten der Kerne“. Als Begründung für eine vermeintlich erhöhte wirtschaftliche Dynamik dünn besiedelter Regionen werden unterschiedliche Faktoren angeführt. Ein wesentlicher Grund für die vergangene regionale Entwicklung sei eine im interregionalen Vergleich überdurchschnittliche Entwicklung des gewerblich-industriellen Sektors in ländlichen Räumen. In diesem Zusammenhang werden die Entwicklung des Handwerks und insbesondere die Ansiedlung von kleinen und mittleren Industriebetrieben herausgestellt, die die Abwanderung aus ländlichen Räumen verhindert und zu einer Stabilisierung der Wirtschaftsentwicklung dieses Regionstyps beigetragen hätten (vgl. *Henkel* 1995, S. 160 f.). Gefördert werde diese Entwicklung durch eine Verbesserung des Standortpotentials - etwa in den Bereichen Verkehrs- und Kommunikationsinfrastruktur - in peripheren Gebieten (vgl. *Bade* 1997, S. 252 ff.). Zudem, so wird argumentiert, konnte in den letzten Jahren ein starker Anstieg der Agglomerationsnachteile - d. h. eine überproportionale Erhöhung der Kosten für Boden, Arbeitskräfte, Transport etc. - beobachtet werden, der über gestiegene Produktionskosten eine verminderte regionale Wettbewerbsfähigkeit der in Ballungsgebieten ansässigen Wirtschaftseinheiten bewirkt habe (vgl. *Lichtblau/ Rhein* 1993, S. 73). Gerade vor dem Hintergrund eines stark angestiegenen Kostenniveaus in den Verdichtungszentren hätten die Standortvorteile der ländlichen Räume wie die Verfügbarkeit und Kosten von Flächen und Arbeitskräften stärker an Bedeutung gewonnen (vgl. *Zarth* 1995, S. 18 f.). Im Zuge dieser Entwicklung sei es auch zu einer qualitativen Aufwertung der Arbeitsplätze gekommen. Waren früher vorwiegend einfache Fertigungsaktivitäten in ländlichen Räumen anzutreffen, so hätten in den 80er Jahren verstärkt anspruchsvolle Dienstleistungstätigkeiten (z. B. Ingenieurbüros, Unternehmensberatungen) in dünn besiedelten Gebieten Einzug gehalten (vgl. *Bade* 1995).

Diese Auffassungen, die gerade die weitere Existenz des klassischen Stadt-Land-Musters in Frage stellen, sind aber in der wissenschaftlichen Diskussion keineswegs unbestritten. Im scharfen Kontrast hierzu stehen Beiträge, die - im Sinne althergebrachter Vorstellungen vom ländlichen Raum und seinen Wirtschaftsweisen - ein nach wie vor ausgeprägtes Gefälle in der Wirtschaftskraft zwischen hoch- und gering verdichteten Gebieten postulieren bzw. eine Vergrößerung desselben im weiteren Verlauf der Wirtschaftsentwicklung befürchten. So erkennt etwa Gaebe (1991, S. 97 f.) nicht nur keine neue Dynamik in der wirtschaftlichen Entwicklung zwischen hochverdichteten und ländlichen Regionen in den 80er Jahren, sondern er beobachtet sogar eine Vergrößerung regionaler Ungleichgewichte (Disparitäten) zugunsten der Zentralregionen. Allerdings fällt Gaebe dieses Urteil nicht - wie Lichtblau/Rhein (1993) oder Bade (1997) - auf Basis der Verteilung und Entwicklung von Beschäftigtenzahlen, sondern unter Verwendung der Kennziffern „Bruttowertschöpfung je Einwohner" und Höhe der kommunale Steuereinnahmen und regionaler Einkommen. Klemmer wiederum (1996, S. 450 ff.) erkennt erhebliche „Entwicklungsrisiken" ländlicher Regionen, die dazu führen können, dass dieser Raumtyp vom „allgemeinen volkswirtschaftlichen Entwicklungstrend abgekoppelt" werden kann. Er führt die angenommenen Gefahren für die ländliche Entwicklung auf allgemeine Tendenzen des wirtschaftlichen Strukturwandels - wie etwa die Internationalisierung und Tertiärisierung der Produktion und Verkürzung der Produktlebenszyklen - zurück. Quintessenz seiner Ausführung ist die These, dass die peripheren ländlichen Räume aufgrund ihrer räumlichen Lage, ihrer kleinbetrieblich industriellen Wirtschaftsstruktur, eines hohen Bestandes an niedrig qualifizierten Arbeitskräften und wenig innovativen Branchen zur Bewältigung dieser Herausforderungen schlecht vorbereitet sind. Zarth/Huege (1999, S. 6) sehen ebenfalls in einer zunehmenden Globalisierung ein mögliches Gefährdungspotential für ländliche Regionen. Sie gründen ihre Überlegungen auf zwei Annahmen. Erstens würde die Globalisierung einen steigenden Rationalisierungsdruck im industriellen Sektor hervorrufen. Diesem seien ländliche stärker als städtische Regionen ausgesetzt, da in der Vergangenheit gerade im industriellen Bereich wirtschaftsräumliche Dezentralisierungstendenzen zu beobachten waren und diese - aufgrund der Internationalisierungstendenzen - in Zukunft weniger auf die ländlichen Regionen Deutschlands ausgerichtet sein werden. Zweitens besäßen ländliche Regionen eine nur geringe Standortattraktivität für international tätige Investoren. Zarth/Huege begründen den letztgenannten Aspekt mit einem nach wie vor nur unterdurchschnittlichen Ausstattungsniveau im Bereich der unternehmensnahen Dienstleistungen und einem hohen Anteil an arbeitsintensiver Fertigung in ländlichen Gebieten.

Die vorgestellten gegensätzlichen Ansichten zur Wirtschaftsentwicklung ländlicher Gebiete verdeutlichen exemplarisch zweierlei. Zunächst zeigen sich erstens abweichende Ergebnisse in der Diagnose der vergangenen Wirtschaftsentwicklung zwischen dünn und dicht besiedelten Gebieten. Die wirtschaftliche Entwicklung in den Raumtypen entzieht sich einer einfachen Beurteilung, die stark von den verwendeten Indikatoren, mit denen das Niveau der wirtschaftlichen Entwicklung von Regionen gemessen wird, bestimmt ist. So beurteilt Bade (1997) die Entwicklung ländlicher Räume auf Grundlage von Beschäftigungszahlen positiv, während Gaebe (1991) unter Verwendung von Wertschöpfungskennziffern zu einem gegensätzlichen Urteil kommt.

Darüber hinaus wird zweitens erkennbar, dass vielfach die Erklärungsmomente dieselben sind - jedoch mit jeweils entgegengesetztem Vorzeichen. Beispielsweise wird eine mit industriellen Klein- und Mittelunternehmen durchsetzte Wirtschaftsstruktur als Standortvorteil gesehen (*Bade* 1997) oder als potentieller Gefährdungsfaktor (*Klemmer* 1996). Die vorliegende Arbeit soll zur Klärung dieser Gegensätze einen Beitrag leisten und - wie oben schon ausgeführt - eine eigene Einschätzung zur untersuchungsleitenden Frage konvergenter bzw. divergenter Regionalentwicklungen abgeben.

Methodisch geht es dabei um zwei zentrale, miteinander verflochtene Sachverhalte. Zum einen konzentriert sich die Analyse auf die Wirtschaftseinheiten in den verschiedenen Regionstypen (vorrangig auf Unternehmen des sekundären und tertiären Sektors) und auf die Frage nach deren wirtschaftlichen Situation und Entwicklung. Konkret stehen dabei alle Gegebenheiten im Mittelpunkt, die Erkenntnisse hinsichtlich der wirtschaftlichen Stärke der Produktionseinheiten in den Räumen der früheren Bundesrepublik liefern können. Es wird somit untersucht, wie sich die Wirtschaft einer Raumkategorie in Relation zu anderen Regionalwirtschaften entwickelt.

Zum anderen ist eine Klärung der Frage beabsichtigt, inwiefern sich die Regionen selbst in Konkurrenz zu anderen Regionen durchzusetzen vermögen. Dabei handelt es sich nur scheinbar um den gleichen, zuvor erläuterten Sachverhalt. Denn der zweite Aspekt zielt mehr auf die Untersuchung regionaler Standortbedingungen und ihres Einflusses auf die Entfaltung wirtschaftlicher Aktivitäten ab. Mit der Untersuchung regionaler Standortqualitäten wird daher die Analyseebene des regionalen Produktionsprozesses verlassen und mehr nach den Faktoren gefragt, die ihn fördernd oder hemmend beeinflussen. Dieses Vorgehen gründet sich auf die Überlegung, dass sich Wirtschaftsräume durch ökonomisch unterschiedliche Potentiale auszeichnen, die in erster Linie im regionalen Unternehmensbestand und in der Ausstattung mit entwicklungsbedeutsamen Standortfaktoren zum Ausdruck kommen. Durch die Festlegung auf diese Untersuchungsaspekte soll letztendlich die im Mittelpunkt stehende Frage beantwortet werden, inwiefern eine neue räumliche Dynamik in Westdeutschland beobachtet werden kann und was die Ursachen möglicher Änderungen interregionaler Wirtschaftsentwicklungen sein könnten.

1.2 Vorgehensweise

Das angestrebte Untersuchungsziel soll in den folgenden Arbeitsschritten realisiert werden:

In ***Kapitel 2*** wird ein Überblick über (flächendeckende) sekundärstatistische Befunde der Wirtschaftsentwicklung in den Räumen Westdeutschlands gegeben. Ziel dieses Kapitel ist es, durch eine empirische Aufbereitung entwicklungsbedeutsamer Fakten der amtlichen Statistik die räumliche Wirtschaftsentwicklung im früheren Bundesgebiet vom Beginn der 80er Jahre an bis in die jüngste Vergangenheit nachzuzeichnen. Die Darstellung unterschiedlicher empirischer Befunde zur regionalen Wirtschaftsentwicklung soll verdeutlichen, wie ambivalent die Beurteilung räumlicher Wirtschaftsentwicklung insbesondere in den dünn besiedelten Regionen in der Tat ist und dass deshalb tiefergehende Untersuchungen erforderlich sind.

Die weiteren Untersuchungsschritte in ***Kapitel 3*** widmen sich der Erarbeitung eines theoretischen Bezugsrahmens. Konkret ist es das Ziel, die Entstehung der Raumstruktur in einer hoch entwickelten Volkswirtschaft wie der Bundesrepublik mit industriellen Kernzentren und dünn besiedelten ländlichen Räumen aus ökonomischer Sicht zu erklären. Dabei sollen zum einen die hierbei bestimmenden Faktoren offen gelegt und zum anderen herausgearbeitet werden, welche Produktionsformen welche Standorte bevorzugen und wie die Standortqualität in unterschiedlich stark verdichteten Gebieten einzuschätzen ist Auf diesem Wege können Hypothesen in Bezug auf die ökonomischen Potentiale der Regionen in der Bundesrepublik gebildet werden. Das theoretische Fundament bilden traditionelle makroökonomische Landschaftsstrukturmodelle und neuere Erklärungsansätze zur regionalökonomischen Entwicklung. Erstere zielen in erster Linie auf die Klärung der Frage ab, auf welche Art und Weise es grundsätzlich zu der Herausbildung von Räumen mit einem hohen und solchen mit einem eher geringen wirtschaftlichen Aktivitätsniveau gekommen ist. Neuere Modellansätze - wie die Modelle der neuen Wachstumstheorie - stellen die Faktoren regionalökomischer Entwicklung in jüngster Zeit in den Mittelpunkt der Betrachtung. Sie liefern damit Anhaltspunkte zur Erklärung regionaler Konvergenz- bzw. Divergenzprozesse zwischen unterschiedlich stark verdichteten Räumen.

In ***Kapitel 4*** werden die theoretischen Befunde aus der Diskussion der Landschaftsstrukturmodelle empirisch untersucht. Im Vordergrund steht dabei die Überprüfung der ökonomischen Potentiale (Wirtschaftsstruktur und Standortqualität) der Regionen Westdeutschlands. Hierbei werden im Hinblick auf die quantitative und qualitative Ausgestaltung die Faktoren in den Regionen Westdeutschlands näher untersucht, die im Rahmen der theoretischen Überlegungen als bedeutend für die wirtschaftliche Entwicklung einer Region erkannt wurden. Besonderes Augenmerk liegt in diesem Kapitel auf einem interregionalen Vergleich der Standortqualität und der Wirtschaftsstruktur zwischen städtischen und ländlichen Räumen in der alten Bundesrepublik seit dem Beginn der 80er Jahre.

In ***Gliederungspunkt 5*** werden die Ergebnisse einer - im Rahmen der Mitarbeit an einem Forschungsprojekt durchgeführten - regionalen Fallstudie vorgestellt. Hierbei wurde der Landkreis Bitburg-Prüm in Rheinland-Pfalz in Bezug auf seine heutige wirtschaftliche Situation, seine wirtschaftliche Entwicklung sowie deren Träger und Bestimmungsfaktoren untersucht. Mit der Präsentation eigener empirischer Auswertungen wird die Zielsetzung verfolgt, die im Verlauf der Arbeit erzielten Ergebnisse an einem konkreten Fall zu überprüfen und zu vertiefen.

1.3 Grundlagen

Im Folgenden werden zum einen das in dieser Arbeit verwendete Raumraster und die Gründe für die Wahl des Untersuchungszeitraumes erläutert. Zum anderen werden die interessierenden Wirtschaftsbereiche gekennzeichnet. Hierbei werden auch die Charakteristika des sektoralen Strukturwandels dargestellt, weil - wie in der Einleitung beschrieben wurde - in einem Zuwachs von Industrie- und Dienstleistungsbeschäftigung bei einem gleichzeitigen Bedeutungsverlust des Agrarsektors zum Teil ein Gefährdungspotential für die Entwicklung ländlicher Räume erblickt wird. Im Rahmen dieser Arbeit kommt deshalb dem Einfluss des sektoralen Strukturwandels auf raumwirtschaftliche Prozesse eine hohe Bedeutung zu.

1.3.1 Die Raumeinteilung

Das in dieser Arbeit verwendete Raumraster gestaltet sich wie folgt. Als kleinste räumliche Beobachtungseinheit fungieren die Landkreise und die kreisfreien Städte. Kreise stellen die kleinsten administrativen Einheiten dar, für die wesentliche statistische Informationen hinsichtlich der Wirtschaftsentwicklung verfügbar sind. Auf diesem Wege wird eine kleinräumige Betrachtungsweise des alten Bundesgebietes ermöglicht. Damit können bspw. Unterschiede in der Höhe der Arbeitslosigkeit zwischen den Kernstädten eines Raumes und dem angrenzenden Umland näher untersucht werden. Eine Darstellung der Wirtschafts- und Arbeitsmarktentwicklung in den Kreisen Westdeutschlands ist aber nur ein erster Schritt zur Analyse divergierender Entwicklungen in unterschiedlich strukturierten Regionen des Bundesgebietes. Eine Bildung von Regionstypen ist erforderlich, die Landkreise und kreisfreien Städte nach gemeinsamen bzw. trennenden Merkmalen sinnvoll sortiert und anschließend die Einheiten mit gleichartigen Merkmalsausprägungen einem bestimmten Regionstyp zuordnet.

Die in dieser Arbeit gewählte Klassifizierung basiert auf einer gängigen, häufig verwendeten räumlichen Differenzierungsmethode der Bundesanstalt für Landeskunde und Raumordnung (*BfLR* 1995, S. 2, seit 1998: Bundesamt für Bauwesen und Raumordnung (BBR)). Danach erfolgen Abgrenzung und Zuordnung einer Region zu einem Gebietstyp allein nach siedlungsstrukturellen Gesichtspunkten. Als bestimmende Indikatoren werden die Einwohnerdichte und die Zentralität (Größe des regionalen Zentrums) verwendet. Auf Basis dieser Indikatoren können die Regionen des (alten) Bundesgebietes zu den folgenden vier Raumtypen zusammengefasst werden (vgl. Karte 1):

- Regionen mit großen Verdichtungsräumen (Raumtyp 1)
- Regionen mit Verdichtungsansätzen (Raumtyp 2)
- Ländlich geprägte Regionen (Raumtyp 3)
- Gering besiedelte peripher gelegene ländliche Regionen (Raumtyp 4)

Karte 1: Siedlungsstrukturelle Regionstypen

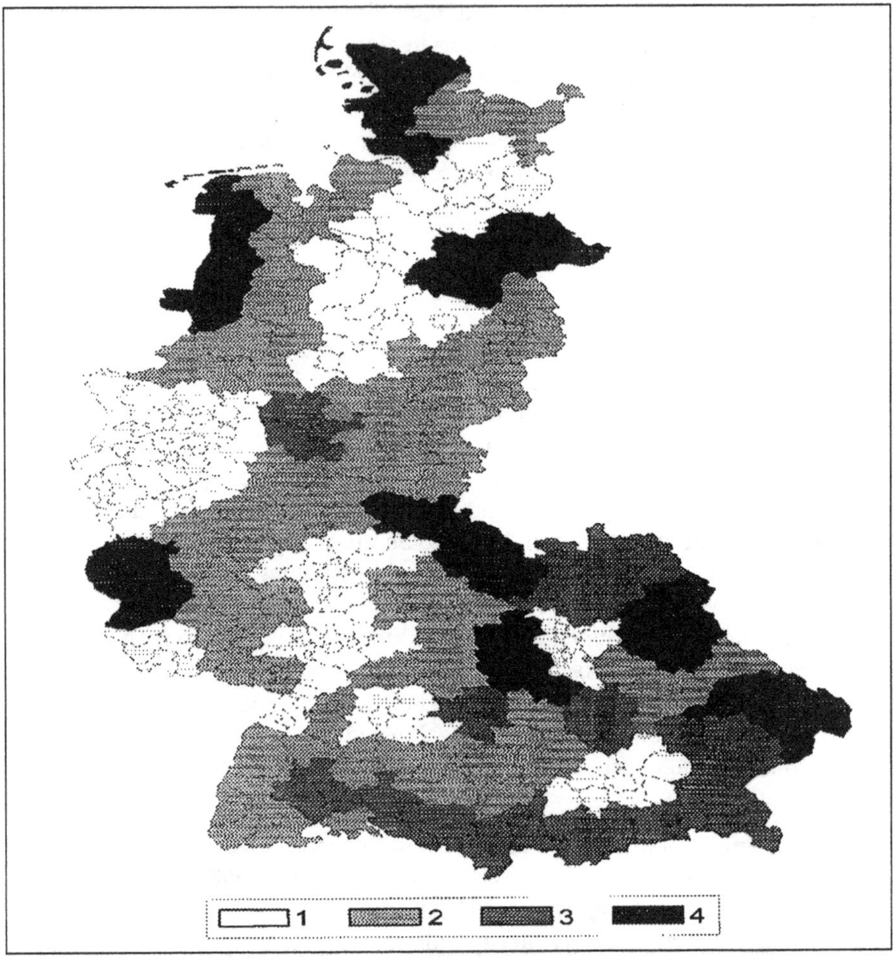

1: Regionen mit großen Verdichtungsräumen
2: Regionen mit Verdichtungsansätzen
3: Ländlich geprägte Regionen darunter
4: gering besiedelte peripher gelegene Regionen

Quelle: nach BfLR 1995, Karte 2.

Eine Region wird nach dem Klassifizierungsschema der BfLR dem Raumtyp 1 (große Verdichtungsgebiete) dann zugerechnet, wenn diese Region entweder durch ein Großzentrum (mit mehr als 300000 Einwohnern) oder durch eine Bevölkerungsdichte von mehr als 300 Einwohnern je qkm charakterisiert ist. Regionen mit Verdichtungsansätzen zeichnen sich durch ein Oberzentrum mit mindestens 100000 Einwohnern und/oder einer Einwohnerdichte von über 150 Einwohnern je qkm aus. Die ländlichen Regionen haben schließlich kleinere Zentren und eine Bevölkerungsdichte von unter 150 Einwohner je qkm. Diese Raumeinteilung hat bspw. zur Folge, dass ein Kreis, der - aufgrund seiner geringen Einwohnerdichte (< 150 Einwohner je qkm) - als ländlich einzustufen wäre, dem Raumtyp 2 zugeordnet wird, wenn das regionale Oberzentrum die Einwohnerzahl von 100 000 überschreitet.

Die Feineinteilung des ländlichen Raumes in verdichtete und weniger verdichtete Kreise erlaubt die Untersuchung der Frage, ob die wirtschaftliche Entwicklung einer Region in besonderer Weise von der Entfernung und Lage zu den großen Verdichtungsräumen abhängig ist. Bei den gering verdichteten ländlichen Kreisen handelt es sich in der Mehrzahl um die peripher, abseits großer Wirtschaftsräume gelegene Gebiete, die Vorstellungen von wirtschafts- und strukturschwachen Räumen mit einem hohen Besatz an landwirtschaftlichen Betrieben am nächsten kommen dürften. Daher besitzt die gesonderte Analyse dieses Raumtyps unter dem Gesichtspunkt vermuteter wirtschaftlicher Entwicklungsrisiken (vgl. dazu die Einleitung) einen hohen Erkenntniswert.

Aus Karte 1 wird die Verteilung der oben aufgeführten Regionstypen auf das Gebiet der alten Bundesländer deutlich.

Auf Basis des gewählten räumlichen Klassifizierungsschemas teilen sich die insgesamt 327 westdeutschen Kreise folgendermaßen auf die Strukturtypen auf: Die Verdichtungsräume zählen 118 Kreise, auf die Regionen mit Verdichtungsansätzen fallen 119 und auf die ländlichen Gebiete 90 Landkreise und kreisfreie Städte. Innerhalb der Kategorie des ländlichen Raumes werden 47 Kreise den stärker besiedelten Regionen und 43 Kreise den dünn besiedelten ländlichen Räumen zugerechnet (vgl. *BfLR* 1997, S. 20).

Die Regionen mit großen Verdichtungsräumen besitzen einen Flächenanteil an der Gesamtfläche der alten Bundesländer von 27 %, während auf die Regionen mit Verdichtungsansätzen ein Anteil von 39 % und auf die ländlichen Räume von 34 % entfällt (dichter besiedelt 13 %, dünner besiedelt 21 %; *BBR* 1998, S. 13 f.). Dem hohen Flächenanteil der ländlichen Räume steht eine deutliche Konzentration der Bevölkerung auf die zentralen Gebiete gegenüber. So verteilen sich rund 54 % der Gesamtbevölkerung der alten Bundesrepublik 1996 auf die Verdichtungsräume. In den Regionen mit Verdichtungsansätzen leben hingegen 35 % und in den ländlichen Regionen 11 % der Bevölkerung (dichter besiedelt 9 %, dünner besiedelt 2 %).

Es ist an dieser Stelle darauf hinzuweisen, dass in dieser Arbeit aufgrund der Heterogenität von Raumwirtschaften nur Grundmerkmale, die typisch für die Regionskategorien sind, beschrieben werden können. Es handelt sich hier um eine Durchschnittsbetrachtung, von der die wirtschaftliche Situation einzelner Teilräume eines Regionstyps nach oben oder unten abweichen kann. Außerhalb des Untersuchungsziels liegen somit die interregionalen Disparitäten, d. h. die Entwicklungsunterschiede innerhalb des ländlichen Raumes oder innerhalb der Verdichtungsgebiete. Deren Zunahme wird in den letzten Jahren in der Regionalökonomik verstärkt diskutiert (vgl. *Stiens* 1997).

1.3.2 Zu untersuchende Wirtschaftsbereiche und Merkmale des sektoralen Strukturwandels

Ein wesentliches Charakteristikum des wirtschaftssektoralen Strukturwandels ist der relative Bedeutungszuwachs von Dienstleistungstätigkeiten bei einem gleichzeitigen Bedeutungsverlust industrieller und landwirtschaftlicher Produktion. Bevor darauf näher eingegangen wird, soll nachfolgend zunächst versucht werden, einzelne Wirtschaftsbereiche und Tätigkeiten den Sektoren zuzuordnen und diese damit gegeneinander abzugrenzen.

1.3.2.1 Abgrenzung der zu untersuchenden Wirtschaftsbereiche

Die Systematisierung der in den einzelnen Raumtypen zu untersuchenden Wirtschaftsbereiche orientiert sich an der gebräuchlichen Sektoreneinteilung. Hierbei wird nach primärem (Landwirtschaft), sekundärem (Produzierendes Gewerbe) und tertiärem (Dienstleistungen) Sektor unterschieden. Dieser Gesichtspunkt besitzt im Rahmen der vorliegenden Arbeit aus zweierlei Gründen einen hohen Stellenwert. Zum einen wird eine „Raumabhängigkeit“ der Wirtschaftsbereiche derart unterstellt, dass sich die Regionskategorien auf jeweils spezifische Art für die Ansiedlung von Sektoren eignen (vgl. hierzu die empirischen Befunde in Kapitel 2 und die theoretischen Ausführungen in Gliederungspunkt 3). So wird bei Dienstleistungen stärker als bei der industriellen Produktion eine Abhängigkeit von zentralen Standorten angenommen, während die Landwirtschaft als bestimmend für den ländlichen Raum angesehen wird. Zum anderen können im Zeitablauf Beschäftigungsverschiebungen zugunsten des tertiären Sektors beobachtet werden, die bei einer unterstellten Verdichtungsabhängigkeit der Wirtschaftsaktivitäten wiederum Folgen für die Raumstruktur besitzen.

Auf Basis der amtlichen Statistik können, je nach Aggregationsebene, zwischen fünf, elf und fünfunddreißig Wirtschaftsbereiche unterschieden werden, die den Sektoren zuzuordnen sind.

Bereitet die Zuordnung einzelner Wirtschaftsbereiche zum Produzierenden Gewerbe keine Probleme[1], so treten diese aber bei der Klassifizierung des Dienstleistungssektors auf. Grundsätzlich stellt sich bei der Betrachtung des Dienstleistungssektors das Problem des Fehlens einer einheitlichen Definition und Systematisierung der einzelnen Bestandteile dieses Sektors (vgl. *Schedl/ Vogler-Ludwig* 1987, S. 11 ff.). Aus diesem Grund gehen die Meinungen darüber, was unter Dienstleistungen genau zu verstehen und wie der Dienstleistungssektor gegenüber anderen Sektoren abzugrenzen ist, auseinander. In der Literatur werden folgende Merkmale als typisch für Dienstleistungen - und damit als geeignet zur Abgrenzung von anderen Wirtschaftsbereichen - genannt:

- Dienstleistungen sind immateriell, sie sind nicht lagerfähig, können nicht versendet und nicht auf Vorrat gehalten werden (vgl. *Schedler/Vogler-Ludwig* 1987, S. 12).
- Dienstleistungsarbeit zeichnet sich durch das „Uno-actu-Merkmal" aus. Dies bedeutet, dass Produktion und Konsumtion ort- und zeitgleich zusammenfallen. Beispiele hierfür sind die Dienstleistungen des Frisörs oder des Arztes, die ohne Anwesenheit des Dienstleistungsempfängers nicht produziert werden können (vgl. *Reske* 1990. S. 12)
- Dienstleistungen zielen unmittelbar - d. h. nicht erst über den Verbrauch von Sachgütern - auf die Befriedigung persönlicher Bedürfnisse ab. Es handelt sich um „Dienste am Menschen" (*Häußermann/Siebel* 1995, S. 24).
- Dienstleistungen beziehen sich aber nicht nur wie im vorherigen Punkt unmittelbar auf die Endnachfrage, sondern fließen auch in die Produktion von Waren ein (z. B. Wartung der Maschinen). Hierbei kann die Dienstleistungsproduktion intern oder extern (z. B. über Beratungsunternehmen) erfolgen (vgl. *Reske* 1990, S. 12).

---

1 Im sekundären wie auch im primären Sektor sind solche Zuordnungsprobleme selten, weil der Einsatz von Produktionsfaktoren, die Produktionsverfahren und die hergestellten Produkte zumeist einheitliche Merkmale aufweisen (vgl. *Maleri* 1991, S. 7).

Tabelle 1: Wirtschaftsbereiche in der Volkswirtschaftlichen Gesamtrechnung der Länder

VGR der Länder: Aggregationsebenen der Wirtschaftsbereiche beim Nachweis der Ergebnisse		
35 Bereiche	11 Bereiche	5 Bereiche
1. Landwirtschaft 2. Gewerbliche Gärtnerei und Tierhaltung, Forstwirtschaft und Fischerei	1. Land- und Forstwirtschaft, Tierhaltung und Fischerei	1. Land- und Forstwirtschaft, Tierhaltung und Fischerei
3. Elektrizitäts-, Gas-, Fern wärme- und Wasserversorgung 4. Bergbau	2. Elektrizitäts-, Gas-, Fernwärme- und Wasserversorgung, Bergbau	2. Produzierendes Gewerbe
5. Chemische Industrie, Mineralölverarbeitung usw. 6. Herstellung von Kunststoff- und Gummiwaren 7. Gewerbe der Steine und Erden, Feinkeramik, Glasgewerbe 8. Eisen- und NE-Metallerzeugung und –bearbeitung 9. Stahl- und Maschinenbau 10. Fahrzeugbau 11. Elektrotechnik, Feinmechanik, Optik, Herstellung von Uhren 12. Herstellung von EBM-Waren, Spielwaren, Musikinstrumenten usw. 13. Holzbe- und –verarbeitung 14. Zellstoff-, Papier-, Pappeerzeugung und –verarbeitung, Druckerei usw. 15. Leder-, Textil- und Bekleidungsgewerbe 16. Ernährungsgewerbe, Getränkeherstellung, Tabakverarbeitung	3. Verarbeitendes Gewerbe	

VGR der Länder: Aggregationsebenen der Wirtschaftsbereiche beim Nachweis der Ergebnisse		
35 Bereiche	11 Bereiche	5 Bereiche
17. Bauhauptgewerbe 18. Ausbaugewerbe	4. Baugewerbe	
19. Großhandel, Handelsvermittlung 20. Einzelhandel	5. Handel	3. Handel und Verkehr
21. Eisenbahnen 22. Schifffahrt, Wasserstraßen, Häfen 23. Deutsche Bundespost 24. Übriger Verkehr	6. Verkehr und Nachrichtenübermittlung	
25. Kreditinstitute 26. Versicherungsunternehmen	7. Kreditinstitute und Versicherungsunternehmen	4. Dienstleistungsunternehmen
27. Wohnungsvermietung	8. Wohnungsvermietung	
28. Gastgewerbe, Heime 29. Bildung, Wissenschaft, Kultur usw., Verlagsgewerbe 30. Gesundheits- und Veterinärwesen 31. Übrige Dienstleistungen	9. Sonstige Dienstleistungsunternehmen	
32. Gebietskörperschaften 33. Sozialversicherung	10. Staat	5. Staat, private Haushalte und private Organisationen ohne Erwerbszweck
34. Private Haushalte 35. Private Organisationen ohne Erwerbszweck	11. Private Haushalte und private Organisationen ohne Erwerbszweck	

Aus: Statistische Rundschau Nordrhein-Westfalen Heft 5/91

Die Eignung dieser Charakterisierungsmerkmale zur Abgrenzung von Dienstleistungsprodukten zu industriellen Gütern bzw. von Dienstleistungstätigkeiten zur Industriearbeit ist jedoch umstritten. Schedl/Vogler-Ludwig (1987, S. 12) weisen etwa darauf hin, dass auch die Arbeit eines Chirurgen und das von ihm geschaffene Produktionsergebnis materieller Natur sind, obwohl Ärzte prinzipiell zum Dienstleistungssektor gerechnet werden. Dieses Beispiel zeigt, dass Güter in der Regel aus einer Kombination von Sach- und Dienstleistung bestehen (vgl. *Mehnert/Schäfer* 1998, S. 16 f.). Ob ein Gut somit als Dienstleistungs- oder als Fertigungsgut aufzufassen ist, wird unter diesem Gesichtspunkt vom Verhältnis von Dienstleistungs- zu Sachleistungsanteil bei der Herstellung dieses Gutes bestimmt. Auch das „Uno-actu-Prinzip" und die Annahme der Nicht-Lagerfähigkeit treffen nicht auf jede Art von Dienstleistung zu. Die Anwesenheit des Konsumenten bei der Leistungserstellung ist beispielsweise dann obsolet, wenn das Ergebnis der Dienstleistungstätigkeit doch lagerfähig und nicht standortgebunden ist. Beispiel hierfür ist etwa die Möglichkeit, Dienstleistungen mit Hilfe elektronischer Medien dauerhaft zu speichern und zu versenden (vgl. *Reske* 1990, S. 12). Vor dem Hintergrund dieser Einwände wird das „Uno-actu-Prinzip" zum Teil weiter interpretiert. Nicht die Anwesenheit des Dienstleistungsnehmers zeichnet eine Dienstleistung aus, sondern das Vorhandensein des „externen Faktors" (vgl. *Bade* 1995, S. 18). Der externe Faktor ist das Objekt, das dem Auftraggeber zugerechnet wird und der Dienstleistende zur Ausführung seiner Tätigkeit benötigt. Dies kann der Leistungsnehmer selbst sein (beim Zahnarzt), sonstige ihm gehörende Dinge (z. B. die Unterlagen zum Aufstellen einer Steuererklärung). Ein direkter Kontakt zwischen Leistungsgeber und Leistungsnehmer ist hierbei nicht mehr zwingend erforderlich. Die Steuerklärung kann sowohl persönlich vom Steuerberater überbracht oder auch auf dem Postweg zugestellt werden.

In empirischen Untersuchungen und der amtlichen Statistik werden diese Definitionsprobleme häufig dadurch umgangen, dass der Dienstleistungssektor als Residualgröße definiert wird, d. h. als der Wirtschaftsbereich, der nach Abzug landwirtschaftlicher und industrieller Produktion übrig bleibt. Folglich wird der Dienstleistungssektor vielfach aus der Summe der Wirtschaftsbereiche „Handel und Verkehr", „Dienstleistungsunternehmen" sowie den Bereichen „Staat, private Haushalte und private Organisationen ohne Erwerbszweck" gebildet (vgl. *Sommer* 1989, S. 12).

Als bedeutende Schwäche der rein sektoralen Abgrenzung wird jedoch der Umstand gesehen, dass die Zuordnung eines Unternehmens zu einem Sektor allein durch seinen wirtschaftlichen Schwerpunkt bestimmt wird. Damit werden alle in einem Unternehmen Beschäftigten - unabhängig von der Art der ausgeübten Tätigkeit - einem Sektor zugerechnet. Die Folge ist, dass Dienstleistungstätigkeiten in anderen Sektoren und insbesondere innerhalb des Produzierenden Gewerbes unberücksichtigt bleiben. Mit anderen Worten werden durch eine sektorale Aufteilung eine erhebliche Zahl von Dienstleistungsberufen dem Fertigungsbereich und nicht - was wirtschaftssystematisch korrekt wäre - dem tertiären Sektor zugerechnet (vgl. *Reske* 1990, S. 13). Dieses Problem wird durch eine funktionale Betrachtungsweise umgangen. In funktionaler Perspektive werden die ausgeübten Tätigkeiten danach sortiert, ob sie dem direkten Fertigungsbereich, d. h. der Produktion landwirtschaftlicher Güter oder industrieller Waren, zugeordnet werden können oder ob die Tätigkeiten Dienstleistungscharakter haben (vgl. *Häußermann/Siebel* 1995, S. 22). Die Arbeit eines Bühnenbauers in einem Theater zählt demnach zum Fertigungssektor, während der Physiotherapeut in einem Industriewerk dem Dienstleistungsbereich zugerechnet wird. Statistische Grundlage der funktionalen Analyse ist die Beschäftigtenstatistik.

Dienstleistungen umfassen ein breites Spektrum unterschiedlicher Tätigkeiten. Um der Heterogenität des Dienstleistungsbegriffes Herr zu werden, werden Dienstleistungen oft danach unterschieden, ob sie in Angebots- bzw. Nachfragemerkmalen übereinstimmen. Diesem Differenzierungskriterium folgend lassen sich fünf Gruppen von Dienstleistungen bilden: In nachfrageorientierter Perspektive haushalts- und personenbezogene sowie unternehmensnahe Dienste, unter Angebotsgesichtspunkten staatlich oder privat angebotene Dienstleistungen (vgl. *Reissert/Schmid/Jahn* 1989, S. 41 ff.). Daneben gibt es noch so genannte distributive Dienstleistungen, die sowohl von Haushalten als auch von Unternehmen bezogen werden.

Vor dem Hintergrund dieser Überlegungen stellt sich die Frage, wie in einer Arbeit mit raumwirtschaftlichem Bezug Dienstleistungen definiert und klassifiziert werden sollen. Es wurde entschieden, eine nachfrageorientierte Differenzierung nach haushaltsbezogenen und unternehmensorientierten Dienstleistungen vorzunehmen. Diese Festlegung erfolgt, weil - wie im Verlauf der Untersuchung noch zu zeigen sein wird - die räumliche Verteilung dieser beiden Dienstleistungsarten ausgeprägte räumliche Unterschiede aufweist. Ferner wird innerhalb der Gruppe der unternehmensnahen Dienstleistungen die Gruppe der höherwertigen produktionsorientierten Dienstleistungen isoliert. Die in Tabelle 2 dargestellte Klassifizierung nimmt eine Trennung von Dienstleistungen nach funktionalen Aspekten vor, d. h. die verschiedenen Berufe werden nach der Art ihrer Tätigkeit den Dienstleistungsbereichen zugeordnet. Mit dieser funktionalen Abgrenzung werden auch Dienstleistungstätigkeiten innerhalb des Produzierenden Gewerbes abgebildet.

Tabelle 2: Klassifizierung der Dienstleistungen

1. Haushaltsorientierte Dienstleistungsberufe – Warenkaufleute [66-68] ohne Groß- und Einzelhandelskaufleute [671] – Publizistische, Übersetzungs-, Bibliotheks- und verwandte Berufe [82] – Gesundheitsdienstberufe [84-85] – Sozial- und Erziehungsberufe, anderweitig nicht genannte geistes- und naturwissenschaftliche Berufe [86-89] – Berufe in der Körperpflege [90] – Hotel- und Gaststättenberufe [91] – Haus- und ernährungswirtschaftliche Berufe [92]	**2. Sowohl von Haushalten als auch von Unternehmen bezogene Dienstleistungstätigkeiten** – Groß- und Einzelhandelskaufleute [671] – Dienstleistungskaufleute und zugehörige Berufe [69-79] (darunter: Bankfachleute [691]; Lebens- und Sachversicherungsfachleute [694]; ohne Verkehrskaufleute (Güterverkehr) [701] – Verkehrsberufe [71-73] – Ordnungs- und Sicherheitsberufe [79-81] – Künstler und zugeordnete Berufe [83] – Reinigungs- und Entsorgungsberufe [93]
3. Produktionsorientierte Dienstleistungsberufe – Ingenieure, Chemiker, Physiker, Mathematiker [60-61] – Techniker [62] – Technische Sonderfachkräfte [63] – Verkehrskaufleute (Güterverkehr) [701] – Lagerverwalter, Lager- und Transportarbeiter [74] – Organisations- , Verwaltungs- und Büroberufe [75-78]	**4. Höherwertige unternehmensbezogene Dienstleistungen** – Unternehmer, Geschäftsbereichsleiter, Geschäftsführer, Direktionsassistent [750-751] – Forschung und Entwicklung: Ingenieure, Chemiker, Physiker, Mathematiker [60-61] – Rechnungskaufleute, Informatiker [77] – Unternehmensberatung: Unternehmensberater [757], Wirtschaftsprüfer- und Steuerberater [753], Rechtsvertreter und –berater [813] – Werbefachleute [703]

Quelle: Sommer (1989), S. 53 ff. und Statistisches Bundesamt 1992, S. 44 ff.

Anm.: Die zweistelligen Zahlen in den Klammern geben die Berufsgruppen an. Darunter versteht die amtliche Statistik die „fachlich näher zueinander gehörenden, dem Wesen ihrer Berufsaufgabe und Tätigkeit nach verwandten Berufe [...] (vgl. *Statistisches Bundesamt* 1992, S. 13)“. Die dreistelligen Ziffern sind die Berufsordnungen. Sie gliedern die Berufsgruppen weiter auf und verfeinern diese (vgl. *Statistisches Bundesamt* 1992, S. 13).

Im weiteren Verlauf der Untersuchung werden Dienstleistungen vorrangig nach dieser funktionalen Klassifizierung abgegrenzt, um mögliche räumliche Unterschiede in der Tertiärisierung innerhalb des Produzierenden Gewerbes offen legen zu können. Hiervon wird jedoch abgewichen, wenn auf Daten der amtlichen Statistik, die auf der sektoralen Gliederung basieren, zurückgegriffen wird. In diesem Fall setzt sich der Dienstleistungssektor aus den Wirtschaftsbereichen „Handel und Verkehr“, „Dienstleistungsunternehmen“ und „Staat, private Haushalte und Organisationen ohne Erwerbszweck“ zusammen.

Die relativ unzureichende statistische Erfassung von Dienstleistungstätigkeiten führt ferner dazu, dass sich die empirischen Betrachtungen - aufgrund der Verfügbarkeit statistischen Datenmaterials - in vielen Fällen auf den sekundären Sektor beschränken müssen. Der industrielle Bereich ist in der amtlichen Statistik weitaus besser empirisch abgesichert als der Dienstleistungssektor (vgl. *Struff* 1997, S. 62).

1.3.2.2 Das Wachstum der Dienstleistungsproduktion: Die Drei-Sektoren-Hypothese

Die sektorale Dreiteilung der Volkswirtschaft hat ihren Ausgangspunkt in den Ansätzen von Fisher (1939), Clark (1957) und Fourastié (1954), die als die Begründer der Drei-Sektoren-Theorie gelten (vgl. *Reske* 1990, S. 16). Ausgangspunkt dieses Ansatzes ist die empirische Beobachtung, dass im Laufe der wirtschaftlichen Entwicklung eine Verschiebung der Schwergewichte der Beschäftigung zunächst vom primären zum sekundären und schließlich zum tertiären Sektor stattfindet (vgl. Abbildung 1). Dieses als Tertiärisierung bezeichnetes Phänomen kann in allen Industrieländern beobachtet werden (vgl. *Häußermann/ Siebel* 1995, S. 51 ff.).[2]

---

[2] Das Wachstum der Dienstleistungen bedeutet nicht automatisch, dass die anderen Sektoren absolut an Beschäftigung eingebüßt haben. Dieser Fall kann, muss aber nicht eintreten. Mit Tertiärisierung ist lediglich gemeint, dass Dienstleistungen relativ an Bedeutung gewonnen haben (vgl. *Bade* 1995, S. 4). Kontrovers wird in diesem Zusammenhang diskutiert, ob Deutschland - wie oft vermutet wird - im Unterschied zu anderen Volkswirtschaften (wobei besonders der Vergleich zu den USA hervorgehoben wird) eine „Dienstleistungslücke“ aufweise (vgl. hierzu *Cornetz/Schäfer* 1998).

Abbildung 1: Die Tertiärisierung im Zeitablauf

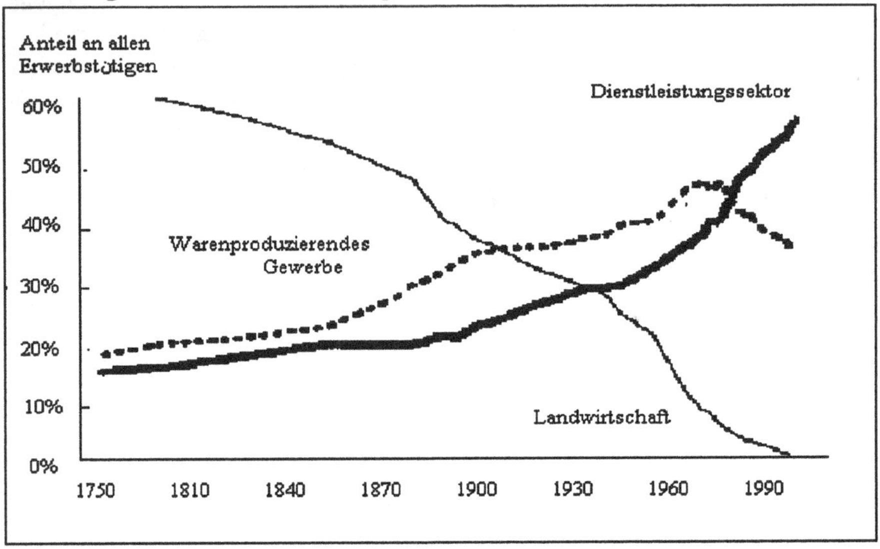

Quelle: Bade 1995, S. 2.

Gegen diesen Befund wird allerdings der Einwand erhoben, er spiegle lediglich eine Verlagerung von zuvor intern erstellten Dienstleistungen auf externe Leistungsanbieter (vgl. *Bade* 1995, S. 14). Als Auslöser dieser Entwicklung wird ein erhöhter Wettbewerbsdruck für Industrieunternehmen angenommen, der diese veranlasse, sich aus Kosten- und Erlösgründen auf die unternehmensspezifischen Kernkompetenzen zu konzentrieren und betriebliche Aufgaben, deren externer Bezug billiger als die Eigenproduktion ist, auszulagern. Diese Entwicklungslinie wurde in jüngster Zeit unter dem Stichwort „Outsourcing" im wissenschaftlichen Schrifttum diskutiert (vgl. z. B. *Bruch* 1998). Das Wachstum der Dienstleistungsproduktion wäre demnach nur ein statistisches „Artefakt". Diese Ansicht wird aber durch eine funktionale Betrachtungsweise nicht bestätigt. Auch unter funktionalen Gesichtspunkten zeigt sich eindeutig ein Trend zur Tertiärisierung (vgl. *Bade* 1995, S. 7).

1.3.2.2.1 Gründe für die Zunahme von Dienstleistungstätigkeiten

Die unterschiedlichen Begründungen für die Tertiärisierung lassen sich grob in nachfrage- und angebotsorientierte Erklärungsmomente einordnen. Eher nachfrageorientierte Vertreter der Drei-Sektoren-Hypothese (z B. *Clark* 1957) argumentieren, dass infolge des steigenden Wohlstandes mehr höherwertige Güter nachgefragt werden. Dazu werden auch bzw. in besonderem Maße Dienstleistungen gezählt („weniger Lebensmittel - mehr Kultur"; zitiert nach *Bade* 1990, S. 12). Es wird angenommen, dass mit steigendem Einkommen der Ausgabenanteil der privaten Haushalte für Güter des Grundbedarfs wie Nahrungsmittel und Unterkunft abnimmt und dafür mehr Einkommensteile aufgewendet werden, um den unersättlichen „Hunger nach Tertiärem" zu stillen (*Fourastié* 1954, S. 275). Als Triebfeder für die Zunahme der (haushaltsorientierten) Dienstleistungsnachfrage wird neben der Befriedigung höherer Bedürfnisse auch das Bestreben der Menschen angeführt, Zeit sparen zu wollen (vgl. *Häußermann/ Siebel* 1995, S. 32). Dienstleistungen dienen in diesem Sinne dazu, den (knappen) Bestand an Freizeit zu vergrößern - indem etwa Teile der im Haushalt anfallenden Arbeit nicht mehr selbst, sondern von Dienstleistern verrichtet werden. Zusammenfassend ist festzustellen, dass die Zunahme der Dienstleistungsproduktion im Rahmen der nachfrageorientierten Diskussion wesentlich auf Verschiebungen in der Präferenzstruktur der Wirtschaftssubjekte zurückgeführt wird und sich das Wachstum der Dienstleistungen folgerichtig auf die haushaltsnahen Bereiche konzentriert.

Von Theoretikern der Drei-Sektoren-Hypothese wird der starke relative Bedeutungszuwachs des tertiären Sektors jedoch nicht nur durch eine Zunahme der Nachfrage nach Dienstleistungen, sondern auch durch angebotsspezifische Ursachen begründet. Danach sind die Möglichkeiten, durch technischen Fortschritt Produktivitätssteigerungen zu erreichen, im Dienstleistungssektor im Vergleich zur Industrie deutlich begrenzt. Diese These beruht auf der Annahme, dass Dienstleistungen immateriell sind, und es deswegen nicht - wie vom Produzierenden Gewerbe bekannt - Techniken zur Produktivitätssteigerung geben kann (vgl. *Häußermann/Siebel* 1995, S. 139). Ein Produktionswachstum ist bei Dienstleistungen daher in erster Linie nur durch einen erhöhten Einsatz von Arbeitskräften - und weniger durch Mechanisierung - möglich. Die steigenden Beschäftigungsanteile des Dienstleistungssektors beruhen somit einerseits auf einer erhöhten Nachfrage nach Dienstleistungen, andererseits stiege in angebotstheoretischer Perspektive - aufgrund der angenommenen geringen Produktivitätssteigerungen - die Beschäftigung im tertiären Sektor auch dann, wenn das Nachfragewachstum in allen Sektoren gleich wäre. Vor dem Hintergrund der Beobachtung, dass der technische Fortschritt je nach Wirtschaftsbereich mit unterschiedlicher Intensität auftritt, gelangt Fourastié zur Dreiteilung der Wirtschaftsaktivitäten einer Volkswirtschaft in primären, sekundären und tertiären Sektor (vgl. *Maleri* 1991, S. 8). Der Agrarsektor ist für ihn dabei der Bereich mit mittlerem, die Industrie der Bereich mit hohem und die Dienstleistungen der Sektor mit geringem Produktivitätssteigerungspotential.

1.3.2.2.2 Kritik an der Drei-Sektoren-Hypothese

Die Popularität und Anziehungskraft der Drei-Sektoren-Hypothese resultiert in hohem Maße aus dem positiven Gesellschaftsbild, das aus den getroffenen Annahmen abgeleitet werden kann (vgl. *Schedl/Vogler-Ludwig* 1987, S. 2). Die Tertiärisierung fördere zum einen - da Dienstleistungen annahmegemäß einerseits der Befriedigung höherwertiger Bedürfnisse dienen und andererseits durch haushaltsnahe Dienste mehr Freizeit konsumiert wird (die dann wiederum zum Konsum von Kulturgütern benutzt werden kann) - eine allgemeine Höherentwicklung und Akademisierung des Menschen. Zum anderen sind die geringen Produktivitätssteigerungen bei den Dienstleistungen dafür verantwortlich, dass ausreichend Arbeitsplätze vorhanden sind, so dass aus der Landwirtschaft und der Industrie rationalisierungsbedingt freigesetzte Arbeitskräfte leicht im tertiären Sektor Beschäftigung finden (vgl. *Häußermann/Siebel* 1995, S. 35). Nicht zuletzt werden von den Drei-Sektoren-Theoretikern humanere Arbeitsbedingungen in einer postindustriellen Gesellschaft angenommen, da vor allem bei den personenbezogenen Dienstleistungen der Mensch im Mittelpunkt des Produktionsprozesses steht und nicht wie im industriellen Herstellungsprozess der Kontakt des Arbeiters zum Endabnehmer vielfach vollständig fehlt (vgl. *Häußermann/Siebel* 1995, S. 41 f.). Die mit dem Trend zur Dienstleistungsgesellschaft verknüpften Erwartungen brachte Fourastié prägnant im Titel seines 1949 erschienenen Buches „Die große Hoffnung des zwanzigsten Jahrhunderts" zum Ausdruck.

Die Annahmen und die abgeleiteten Folgerungen der Drei-Sektoren-Hypothese werden jedoch heute - nicht zuletzt, weil die prognostizierte Beschäftigungsexpansion bisher noch nicht in dem Umfang eingetreten ist, der in vielen westlichen Ländern einen nachhaltigen Abbau der Arbeitslosigkeit bewirken könnte - zum Teil in Frage gestellt (vgl. *Stille* 1988, S. 7). So zeigt sich bei näherer Betrachtung, dass zentrale Grundannahmen der Drei-Sektoren-Hypothese nicht haltbar sind:

- Einige Dienstleistungssparten realisieren sehr wohl hohe Produktivitätssteigerungen. Dabei ist etwa an den Verkehrssektor oder an die Buchhaltung, die durch EDV rationalisiert wird, zu denken (vgl. *Maleri* 1991, S. 9).
- Das stärkste Wachstum im Dienstleistungsbereich verzeichneten in den letzten Jahren nicht die personenbezogenen, sondern die unternehmensnahen

Dienstleistungen (vgl. *Bade* 1995, S. 6 ff.).[3] Als Erklärungen für diesen Sachverhalt werden in erster Linie ein erhöhter Wettbewerb auf den Gütermärkten und eine zunehmende Mechanisierung und Technisierung der Produktion genannt. Diese Entwicklungslinien bedingen einen erhöhten Einsatz von qualifiziertem Personal etwa in den Bereichen Forschung und Entwicklung, Marketing etc. (vgl. *Bade* 1987, S. 42 ff. und 1995, S. 13 ff.). Zudem müssten die Unternehmen erhöhten staatlichen Auflagen (z. B. im Umwelt- und Sicherheitsbereich) durch die Vorhaltung personeller Ressourcen Rechnung tragen (vgl. *Bade* 1995, S. 13). Daneben wird angeführt, dass die Zunahme der Dienstleistungsnachfrage privater Haushalte zu einem Gutteil weniger auf Präferenzverschiebungen beruhe, sondern durch Veränderungen im demographischen Aufbau der Bevölkerung bedingt sei. So habe sich die Nachfrage nach Gesundheitsdiensten erhöht, weil der Anteil älterer Menschen an der Gesamtbevölkerung gestiegen sei (vgl. *Bade* 1995, S. 10).

- Die Tatsache, dass die Zahl der haushaltsnahen Dienste nicht in dem erhofften Umfang gestiegen ist, wird von einigen Autoren auf deren relativ hohen Preis zurückgeführt (vgl. *Schedl/Vogler-Ludwig* 1987, S. 3 ff.). Diese These wurde vor allem durch die Überlegungen Baumols (1967 S. 422 f.) populär, der als zentrales Problem für das Wachstum haushaltsnaher Dienste deren geringe Produktivität und damit hohen personellen Arbeitseinsatz erkannte. Problematisch ist dies insbesondere deshalb, weil die Lohnentwicklung im Dienstleistungssektor, der - wie Baumol (1967 S. 419 f.) unterstellt - keine oder nur geringe Produktivitätssteigerungen realisieren kann, nicht unabhängig von der in den übrigen sehr produktiven Wirtschaftszweigen ist. Lohnerhöhungen bei den personenbezogenen Dienstleistungen, die über dem Produktivitätszuwachs liegen, ziehen jedoch Kostensteigerungen nach sich. Diese haben zur Folge, dass die Preise für haushaltsnahe Dienstleistungen im Zeitablauf in zunehmendem Maße über der Zahlungsbereitschaft privater Haushalte liegt (vgl. *Häußermann/Siebel* 1995, S. 44 ff.). Die Konsequenz dieser Entwicklung ist nach der These Baumols ein allmähliches Verschwinden privatwirtschaftlich angebotener haushaltsnaher Dienstleistungen vom Markt. Um einem drohenden Unterangebot haushaltsorientierter Dienstleistungen entgegenzuwirken, übernimmt daher der Staat die Bereitstellung, was

---

3 Bade untersuchte die Entwicklung der Erwerbstätigkeit in den Wirtschaftsabteilungen unternehmens- und haushaltsnahe Dienstleistungen zwischen 1973 und 1993. In diesem Zeitraum kam es zu einer Expansion der von Unternehmen nachgefragten Dienstleistungen um 120 %, die haushaltsorientierten Dienste stiegen um 50 %. Absolut gesehen ist gleichwohl der Anteil der haushaltsnahen Dienstleistungen an der Gesamtbeschäftigung vierfach höher als der Anteil der unternehmensnahen Dienstleistungen.

aber nach Baumol auf längere Sicht erhebliche Finanzierungsprobleme mit sich bringt. Diese Entwicklungstendenzen hätten somit zur Folge, dass die privaten Haushalte einen vergleichsweise geringen Anteil am Wachstum der haushaltsnahen Dienste besäßen und deren Zuwachs stärker auf staatliches Angebot zurückzuführen sei. Empirische Daten für die Bundesrepublik weisen in der Tat darauf hin, dass im Vergleich zu den Privathaushalten der Anteil des Staates an den personenbezogenen Dienstleistungen - insbesondere in den Bereichen Bildung und Gesundheit - im Zeitablauf angestiegen ist (vgl. *Stille* 1988, S. 78 ff.).

- Fourastié argumentierte, dass eine wesentliche Triebfeder der Dienstleistungsnachfrage das Streben der Menschen nach mehr Freizeit ist. In den letzten Jahrzehnten ist die Jahresarbeitszeit kontinuierlich gesunken, während sich gleichzeitig das Einkommen erhöht hat. Diesem Umstand sei es zuzuschreiben, dass Privatpersonen die Hausarbeit nicht auf Dienstleister verlagern, sondern vielmehr die gewonnene Zeit zur Eigen- und Heimarbeit nützten („Self-Service-economy"; vgl. *Gershuny* 1981, S. 90 ff.). Dazu sind aber vielfach Werkzeuge und Sachgüter notwendig. Deren Herstellung bewirke nun aber eine Stärkung des industriellen Sektors und damit zugleich eine Abschwächung des Trends zur Dienstleistungsgesellschaft.

Resümierend ist zu sagen, dass zweifellos der Anteil der Beschäftigten in Dienstleistungsberufen im Zeitablauf ständig steigt, allerdings das Ausmaß der Zunahme nicht den aus der Drei-Sektoren-Hypothese ableitbaren Erwartungen entspricht. Insbesondere das Nachfragepotential der privaten Haushalte nach Dienstleistungen wurde augenscheinlich von den frühen Drei-Sektoren-Theoretikern überschätzt. Aus den vorgestellten Befunden ergibt sich für die vorliegende Arbeit die Anforderung, die Dienstleistungsentwicklung in den verschiedenen Raumtypen zum einen daraufhin zu analysieren, ob sich die Tertiärisierung in allen Raumtypen mit derselben Intensität vollzog. Zum anderen ist zu untersuchen, ob räumliche Unterschiede im Wachstum der verschiedenen Dienstleistungssparten (z. B. haushalts- und unternehmensnah) festgestellt werden können.

1.3.3 Untersuchungszeitraum

Der Beobachtungszeitraum der vorliegenden Arbeit erstreckt sich vom Beginn der 80er Jahre bis zur Gegenwart. Dieser Zeitraum wurde aus mehreren Gründen gewählt. Zum einen wurde erst in den letzten Jahren die Verfügbarkeit regionalwirtschaftlicher Datensammlungen, die für eine flächendeckende Beschreibung regionaler Entwicklungen herangezogen werden können, erheblich verbessert (vgl. *Köhler* 1996). Zum anderen - dieser Aspekt ist der wesentliche für die Festlegung des Analysezeitraumes - sind gerade für den Zeitraum vom Beginn der 80er Jahre bis in die Gegenwart die wissenschaftlichen Meinungen über den Verlauf regionalwirtschaftlicher Entwicklungen in Deutschland im Allgemeinen und der in ländlichen Regionen im Besonderen kontrovers. Wie in der Einleitung gezeigt, bestehen Diskrepanzen in der Diagnose vergangener Entwicklungen und den darauf aufbauenden Urteilen im Hinblick auf die Wettbewerbsstärke von Regionalwirtschaften. Da es das Ziel der vorliegenden Arbeit gerade ist, einen Beitrag zur Klärung der aufgezeigten unterschiedlichen Auffassungen zu liefern, bietet es sich an, diese Zeitspanne in den Mittelpunkt der vorliegenden Untersuchung zu stellen. Der gewählte Untersuchungszeitraum dürfte ebenfalls den Vorteil besitzen, lang genug zu sein, um Zufallsschwankungen auszuschalten und einen Eindruck über längerfristige Entwicklungstrends erlangen zu können.

2 Wirtschaftliche Entwicklung in den Regionen Deutschlands – Bestandsaufnahme anhand statistischer Daten auf Kreisebene

Dieses Kapitel hat zum Ziel, der These einer vermeintlichen wirtschaftsräumlichen Dezentralisierung in einem ersten Arbeitsschritt anhand statistischen Datenmaterials nachzugehen. Zu diesem Zweck werden die in wissenschaftlichen Untersuchungen häufig verwendeten Kennziffern der amtlichen Statistik benutzt. Hierbei handelt es sich um wirtschaftsbezogene Strukturdaten, die für das Gebiet der alten Bundesrepublik auf Kreisebene über einen längeren Zeitraum zur Verfügung stehen (vgl. zu den einzelnen Regionalindikatoren auf Kreisebene: *Köhler* 1996, S. 687). Ihre Relevanz wird dadurch betont, dass sie zum Teil von politischer Seite zur Ermittlung der Förderbedürftigkeit von Regionen im Rahmen strukturpolitischer Maßnahmen herangezogen werden (vgl. Kapitel 3.4).

2.1 Auswahl geeigneter Indikatoren zur Ermittlung regionalwirtschaftlicher Disparitäten

Bei der Untersuchung der vergangenen und aktuellen Wirtschaftsentwicklung von Regionen ergibt sich das Problem der Auswahl geeigneter Indikatoren, die treffsicher und ohne einen breiten Interpretationsspielraum den Untersuchungsgegenstand beschreiben können. In Anbetracht des oben formulierten Untersuchungsziels und der bisher vorgenommenen Definitionen werden die folgenden Bedingungen an die Indikatoren gestellt: Es werden nur Daten benutzt, die auf Kreisebene über einen längeren Zeitraum zur Verfügung stehen und damit in das Muster der oben definierten Raumkategorien überführt werden können. Ferner ist eine Fokussierung der Analyse auf nur eine oder wenige „populäre“ Kennziffern (wie z. B. die Arbeitslosenquote) zu vermeiden. Dahinter verbirgt sich die Überlegung, die Wirtschaftsentwicklung einer Region nicht lediglich auf Basis eines einzigen Indikators zu bewerten, dessen Aussagen möglicherweise im Widerspruch zu den Ergebnissen anderer Kennzahlen stehen. Deshalb stützt sich die folgende Analyse nicht nur auf eine Kennziffer, sondern auf ein ganzes Indikatorenbündel. Es ist anzumerken, dass regionalstatistische Daten oft mit einer Verspätung von zwei bis drei Jahren veröffentlicht werden. Aus diesem Grund ist es zum Teil nicht möglich, allerneuste Entwicklungen in der zweiten Hälfte der neunziger Jahre in die Analyse mit einfließen zu lassen (vgl. *BfLR* 1997, S. 22).

Die verwendeten Indikatoren sind:[4]

- die Arbeitslosenrate
- die Beschäftigungsentwicklung
- die Bruttowertschöpfung je Erwerbstätigen
- das verfügbare Einkommen sowie der Bruttolohn je Beschäftigten im Produzierenden Gewerbe.

Die verwendeten Indikatoren werden im Folgenden näher beschrieben:

1. Die ***Arbeitslosenrate*** ist ein bedeutender Indikator zur Messung und Beurteilung der Wirtschafts- und Arbeitsmarktentwicklung in einem Land bzw. einer Region. Sie wird gebildet, indem die Zahl der registrierten Arbeitslosen auf die Anzahl der Arbeitnehmer (Erwerbstätige plus Arbeitslose) bezogen wird (vgl. *BfLR* 1995, S. 138). Eine niedrige Arbeitslosenrate gilt als ein Indikator für eine hohe Nachfrage der regional ansässigen Unternehmen nach Arbeitskräften, die aus - wie implizit angenommen wird - einer guten Auftragslage der Betriebe sowie allgemein als günstig beurteilten Wachstumsaussichten der Wirtschaft resultiere. Allerdings weist die Kennziffer „regionale Arbeitslosenrate" durchaus einige Schwachpunkte auf, die ihre Eignung als Arbeitsmarktindikator einschränken (vgl. *Struff* 1997, S. 40 f.). Starke Schwankungen im regionalen Arbeitskräfteangebot (etwa durch Zu- oder Abwanderungen) können die Entwicklung und damit die Stärke der regionalen Wirtschaft über- bzw. unterzeichnen. So werden bspw. keine Abwanderungen von arbeitslosen Einwohnern berücksichtigt, die über eine Verminderung der regional registrierten Zahl von Arbeitslosen dazu beitragen, evtl. ein zu positives Bild der regionalen Beschäftigungslage zu zeichnen. Ebenso kann der positive Beschäftigungseffekt einer Erhöhung der Arbeitskräftenachfrage ortsansässiger Unternehmen durch steigende Zuwanderungen arbeitswilliger und -fähiger Personen konterkariert werden. Darüber hinaus werden Pendelbewegungen nicht erfasst. Damit kann ein Gebiet eine relativ gesehen geringe Arbeitslosenrate aufweisen, obwohl es nur die Funktion als Wohn-, aber nicht als Produktionsstandort erfüllt. Außerdem fließen in die Arbeitslosenquote die so genannte „stille Reserve"[5] sowie räumliche Unter-

---

4 Vgl. zur Diskussion der Problematik der Aussagefähigkeit und Zuverlässigkeit von Regionalindikatoren Struff (1997, S. 33 ff.) oder auch Hauser (1996).

5 Zur „stillen Reserve" zählen die Arbeitslosen, die weder als arbeitslos registriert sind noch an staatlich finanzierten Programmen wie z. B. Umschulungs- oder Arbeitsbeschaffungsmaßnahmen teilnehmen. Hierbei kann es sich zum einen um erwerbsfähige Personen handeln, die zwar arbeitssuchend sind, sich jedoch nicht arbeitslos gemeldet haben. Zum anderen zählen solche Personen zur stillen Reserve, die aus Resignation ihre Stellensuche aufgegeben haben und erst

schiede in der Altersstruktur nicht mit ein. Ein interregional unterschiedlich stark ausgeprägtes Zurückziehen von Personen in die stille Reserve - etwa aufgrund eines im regionalen Vergleich höheren durchschnittlichen Lebensalters - spiegelt sich in der Arbeitslosenquote nicht wider. Diese Gesichtspunkte sind bei der Interpretation der Arbeitslosenrate als Wirtschaftsindikator zu berücksichtigen.

2. Die Analyse der ***Entwicklung der sozialversicherungspflichtig Beschäftigten und der Erwerbstätigen*** in den verschiedenen Raumtypen liefert im Unterschied zur Arbeitslosenrate - unter der Bedingung einer alle Räume betreffenden hohen Arbeitslosigkeit - ein besseres Bild über die wirtschaftliche Situation regionaler Unternehmen. Die im Zeitablauf festzustellenden regionalen Schwankungen und Streuungen in der Höhe der betrieblichen Beschäftigung eignen sich besser als die Arbeitslosenquote zur Beurteilung des Zustandes und der Entwicklung der Produktionseinheiten in den Regionalwirtschaften. Die Datenbasis der Analyse mit sozialversicherungspflichtig Beschäftigten ist die Beschäftigtenstatistik der Bundesanstalt für Arbeit (vgl. *BBR* 1999, S. 100). Im Unterschied zur amtlichen Erwerbstätigenrechnung werden bei der Beschäftigtenstatistik die mithelfenden Familienangehörigen, Selbständige, Beamte und alle geringfügig beschäftigten Arbeitnehmer nicht mit einbezogen (vgl. *Gemeinschaftsveröffentlichung der Statistischen Landesämter* 1996).

3. Arbeitslosenquote und Erwerbstätigen- bzw. Beschäftigtenrechnung besitzen den Nachteil, dass sie lediglich Angebots- und Nachfragerelationen auf dem Arbeitsmarkt bzw. den Input an Arbeitskräften widerspiegeln. Daraus können aber keine direkten Schlüsse auf die Höhe des betrieblichen Outputs und auf die Wirtschaftskraft von Unternehmen gezogen werden. Ein Anstieg der Beschäftigung muss nicht zwangsläufig mit einer hohen Produktivität und Wertschöpfung (und damit mit einer hohen Entlohnung der Faktoren Arbeit und Kapital) der Unternehmen korrelieren. Im Folgenden wird daher versucht, mit Hilfe eines statistischen Indikators die Leistungskraft der Wirtschaft in den Regionen der früheren Bundesrepublik zu messen. Als ein geeigneter Indikator bietet sich hierbei die ***Bruttowertschöpfung (BWS)*** an. Die Bruttowertschöpfung gibt den Wert der volkswirtschaftlichen Leistung (Produktionswert der hergestellten Sachgüter und Dienstleistungen abzüglich bezogener Vorleistungen) an, der innerhalb eines abgegrenzten Wirtschaftsgebietes, z. B. eines Kreises als tiefste regionale Ebene, entstanden ist. Sie wird

---

dann wieder aktiv eine Arbeitsstelle suchen würden, wenn sich für sie die Arbeitsmarktchancen verbessern (vgl. *Bartling/Luzius* 1998, S. 210).

zu Marktpreisen oder - nach Abzug des Saldos aus Produktionssteuern und Subventionen[6] - zu Faktorpreisen berechnet. Die ausgewiesene Bruttowertschöpfung umfasst somit die Leistung der einzelnen Wirtschaftsbereiche bzw. der Sektoren insgesamt (*Gemeinschaftsveröffentlichung der Statistischen Landesämter (Hg.)* 1995). Allerdings ist es - aufgrund regionaler Differenzen z. B. im Industriebesatz oder in der durchschnittlichen Betriebsgröße - wenig sinnvoll, die gesamte Bruttowertschöpfung einer Region der eines anderen Gebietes gegenüberzustellen. Hier bietet sich zur Herstellung inter regionaler Vergleichsmöglichkeiten die Bildung des Indikators BWS je Erwerbstätigen an. Die BWS je Erwerbstätigen wird auch als Näherungsgröße für die regionale Arbeitsproduktivität verwendet. Diese Größe ist aber nur ein recht grobes Maß zur Messung der Arbeitsproduktivität, weil regionale und betriebliche Differenzen im Qualifikationsprofil der Arbeitnehmer und der Arbeitszeit nicht berücksichtigt werden (z. B. Teilzeitbeschäftigung, vgl. *Volkswirtschaftliche Gesamtrechnungen der Länder* 1995, S. 12 f.). Damit wird die Arbeitsproduktivität in den Branchen tendenziell zu gering angesetzt, die einen hohen Anteil an Teilzeitbeschäftigung aufweisen.

4. Wichtige Informationen über Ausmaß regionalwirtschaftlicher Divergenzen und über den Entwicklungsstand einer Regionalwirtschaft können darüber hinaus aus der Analyse des ***Lohnniveaus*** je Beschäftigten und des ***verfügbaren Einkommens*** der privaten Haushalte abgeleitet werden. Eine Beschränkung der Untersuchung auf vornehmlich quantitative räumliche Beschäftigungsveränderungen wie der Erwerbstätigenentwicklung führt zur Vernachlässigung regionaler Disparitäten in der Qualifikation und Produktivität der Beschäftigten. Unterstellt man einen Zusammenhang zwischen der Produktivität bzw. der Qualifikation der Arbeitskräfte und dem Lohn- und Gehaltsniveau, kann die Höhe der regionalen Entlohnung als Indikator für das Qualifi-

---

6 Wobei die Produktionssteuer von der Bruttowertschöpfung zu Marktpreisen abgezogen und die Subventionen hinzuaddiert werden. Das Aggregat BWS zu Faktorkosten besitzt gegenüber der Berechnung zu Marktpreisen den Vorteil, dass staatliche Eingriffe in Form von Steuern und Subventionen in den Wirtschaftsprozeß berücksichtigt werden. Die BWS zu Faktorkosten ist ein Maß zur Ermittlung der Faktoreinkommen, d.h. sie gibt Auskunft über die Höhe der im Produktionsprozeß erzielten Einkommen von Arbeit und Kapital. Es ist aber anzumerken, dass die BWS zu Marktpreisen datenmäßig erheblich besser ausgestattet ist als die BWS zu Faktorkosten. Besonders auf kleinräumiger Ebene (Kreise) können Verzerrungen auftreten durch ungenaue Ermittlung oder starke räumliche Schwankungen der Produktionssteuern (Tabak, Mineralölerzeugnisse etc.) (vgl. *Gerss* 1993).

kationsniveau der Arbeitskräfte angesehen werden (vgl. *BfLR* 1995, S. 102).[7] Aus Gründen der Datenverfügbarkeit muss sich bei der verfolgten Zielsetzung einer räumlich disaggregierten Analyse die Betrachtung allerdings auf das Produzierende Gewerbe beschränken.[8] Die amtliche Statistik weist hierzu die Bruttojahreslohnsumme auf Kreisebene aus. Diese wird auf die Anzahl der im sekundären Sektor beschäftigten Arbeitskräfte bezogen. Das durchschnittlich verfügbare Einkommen der privaten Haushalte wird als Maßstab für den materiellen Wohlstand (je Einwohner) benutzt. In diesem Aggregat werden auch die Folgen staatlicher Umverteilung berücksichtigt (direkte Steuern, Sozialversicherungen, Unterstützungszahlungen etc.). Es entspricht dem Bruttoeinkommen aus unselbständiger Arbeit und Unternehmertätigkeit zuzüglich dem Bruttoeinkommen aus Vermögen und empfangenen laufenden Übertragungen abzüglich den geleisteten Steuern, Sozialbeiträgen und sonstigen Übertragungen. Die deutsche Regionalstatistik hat diese Kennziffer erstmalig 1989 für das Gebiet der alten Bundesrepublik ausgewiesen (vgl. *Struff* 1997. S. 74).

2.2 Darstellung empirischer Befunde

Nachfolgend werden zu den eben angeführten Indikatoren empirische Ergebnisse auf Ebene der Stadt- und Landkreise vorgestellt. Die Darstellungs- und Vorgehensweise ist bei den verwendeten Aggregaten weitgehend einheitlich. Eine kartographische und eine tabellarische Darstellung der Befunde soll sich

---

7 Im Hinblick auf die Diskussion über die Standortqualität der Bundesrepublik im internationalen Maßstab werden die hohen inländischen Lohn- und Arbeitskosten oft als ein bedeutender Standortnachteil eingestuft. Dabei wird zum Teil übersehen, dass hohe Löhne auch ein Zeichen für eine überdurchschnittliche Produktivität der Arbeitskräfte sind (vgl. *Lorz* 1994, S. 449 f.). Wenn zu hohe Löhne in wissenschaftlichen Diskussionen beklagt werden, ist damit der Teil der Lohnanstieges angesprochen, der über die Produktivitätssteigerungen hinausgeht. Unterschiedlich hohe Löhne zwischen Ländern beruhen nicht nur auf Produktivitätsdifferenzen, sondern zum Teil auf nationalen Besonderheiten, z. B. in der Wirtschaftsverfassung bzw. der Lohnfindung. Insbesondere wird vermutet, dass in Staaten, in denen - wie in der Bundesrepublik - die Lohnfindung auf hoher Zentralitätsebene erfolgt (vgl. *Haisken-DeNew/Schwarze* 1997, S. 53), die Arbeitskosten über den in Ländern mit dezentraler Lohnfindung liegen und daraus ein bedeutender Standortnachteil erwachsen kann. Dieses Erklärungsmuster eignet sich aber weniger, um innerhalb eines Landes mit für alle Teilregionen gültigen Wirtschaftsregeln eine räumlich unterschiedliche Lohnhöhe zu begründen. Zwangsläufig sind regionale Disparitäten in der Entlohnung nicht die Folge unterschiedlicher Arbeitsmarktsysteme, sondern beruhen auf regionsspezifischen Ursachen wie bspw. die Qualifikation der Beschäftigten oder - wie später gezeigt wird - auf Agglomerationseffekten.

8 Andere Statistiken - wie z. B. die Volkswirtschaftliche Gesamtrechnung - geben zwar Aufschluss über das Einkommensniveau in anderen Sektoren und Wirtschaftsbereichen. Diese werden aber nicht in tiefer räumlicher Gliederung ausgewiesen (vgl. *Jakoby* 1990, S. 36).

gegenseitig ergänzen. Aufgabe der Tabellen wird es sein, die wirtschaftliche Entwicklung der oben beschriebenen Regionstypen durch Zahlenmaterial darzulegen. Die Karten können - aufgrund ihrer feinen räumlichen Differenzierung in Stadt- und Landkreise - dazu beitragen, sowohl großräumige als auch kleinräumige Unterschiede in der Wirtschaftsentwicklung auf dem Gebiet der alten Bundesländer offen zu legen. Zwar ist es bei einer Anzahl von über 300 Kreisen nicht möglich auf alle detailliert einzugehen, jedoch lassen sich aus den Karten zum Teil wesentliche kleinräumige Variationen erkennen. Das Kennzeichen der inhaltlichen Auswertung in Kartenform ist die Bildung von Quartilen (vgl. *Schulze* 1990, S. 45). Dabei werden die Merkmalsausprägungen der insgesamt 327 Kreise (ohne Berlin) des alten Bundesgebietes zu vier zahlenmäßig gleich großen Gruppen zusammengefasst.

2.2.1 Arbeitslosenrate

2.2.1.1 Regionale Entwicklung der Arbeitslosenrate

Die folgende Tabelle 3 gibt einen Überblick über die Verteilung der Arbeitslosigkeit und deren Entwicklung in den westdeutschen Regionen seit 1986. Karte 2 zeigt die Verteilung der Arbeitslosigkeit auf das Gebiet der alten Bundesrepublik für 1996.

Tabelle 3: Regionale Arbeitslosigkeit in Westdeutschland (in %)

	REGIONSTYP				MITTELWERT
	Große Verdichtungsräume	Regionen mit Verdichtungs ansätzen	Ländliche Gebiete stark besiedelt	Ländliche Gebiete schwach besiedelt	
Arbeitslosenquote 1986	10,1	10,0	11,0		10,3
Arbeitslosenquote 1990	6,8	6,0	4,2	6,5	6,4
Arbeitslosenquote 1993	8,4	8,1	6,3	8,2	8,1
Arbeitslosenquote 1998	10,3	9,4	8,2	8,9	9,8

Quelle: BfLR 1987, S. 137f.; 1992, S. 89f.; 1995, S. 139f.; BBR 1999, S. 155 f.

Karte 2: Arbeitslosenquote 1996

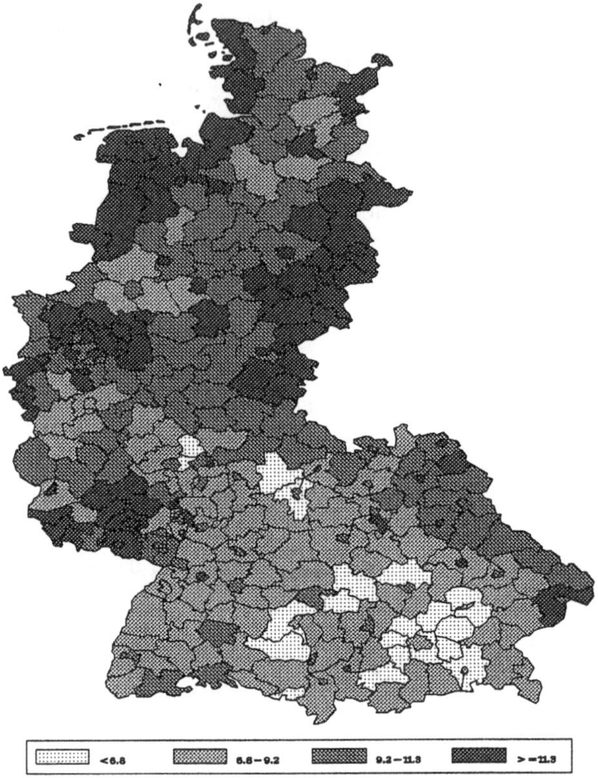

Quelle: FAA 1998; Daten aus: Statistik Regional; Gemeinschaftsveröffentlichung der Statistischen Landesämter 1997

Karte 2 veranschaulicht für 1996 das bekannte Phänomen des Nord-Süd-Gefälles in der Höhe der Arbeitslosigkeit. Während im Norden der alten Bundesländer fast durchweg für alle Kreise eine Arbeitslosigkeit von größer als 9,2 % (und für eine Vielzahl von Gebieten mehr als 11,3 %) beobachtet werden kann, stellt sich für den Süden (Hessen, Baden-Württemberg und Bayern) die Situation günstiger dar. Die Mehrzahl der Gebiete - bis auf einige zumeist ländliche Kreise im Osten Bayerns - weisen eine Arbeitslosenquote von weniger als 9,2 % - zum Teil auch von unter 6,8 % auf. Auffallend sind ferner die hohen

Arbeitslosenraten in den altindustrialisierten Regionen wie im Ruhrgebiet oder im Saarland. Bemerkenswert ist zudem, dass sich die kreisfreien Städte in der Höhe der Arbeitslosigkeit deutlich von ihrem Umland abheben. In den an die Kernstädte angrenzenden Kreise ist die Beschäftigungslosigkeit weit weniger ausgeprägt als in den urbanen Zentren. Besonders augenfällig in der Karte ist dieser Sachverhalt im Süden der Bundesrepublik. Diese Feststellung trifft aber genauso auf die nördlichen Bundesländer zu. Dort sind allerdings die kleinräumigen Unterschiede aus der Karte häufig nicht erkennbar, weil die hohe Zahl von Landkreisen und kreisfreien Städten im oberen Quartil diese feinen Differenzierungen optisch nicht offen legt. Vergleicht man in Tabelle 3 die regional unterschiedlichen Arbeitslosenquoten und deren Entwicklung, so ist die im Zeitablauf sinkende Arbeitslosigkeit sowohl in den stärker als auch in den dünner besiedelten ländlichen Regionen auffallend. Beide Regionstypen weisen 1998 eine Arbeitslosenquote auf, die unter dem Bundesdurchschnitt und unter dem Durchschnitt der anderen Regionskategorien liegt. 1986 ergab sich bei der Betrachtung dieses Indikators noch ein anderes Bild. Damals war die Arbeitslosenrate in den ländlichen Regionen im interregionalen Vergleich überdurchschnittlich hoch.

2.2.1.2 Einordnung der Ergebnisse

Ländliche Regionen galten lange Zeit als Gebiete mit latent hoher Arbeitslosigkeit (vgl. *Schrader* 1997, S. 7 f.). Dieses Bild konnte jedoch mit Hilfe der vorliegenden Daten für die Gesamtheit der ländlichen Regionen nicht bestätigt werden. Bemerkenswert ist die Tatsache, dass sich der Abstand zu den Metropolitanregionen in der Höhe der Arbeitslosenrate seit den 80er Jahren sogar zugunsten der ländlichen Räume vergrößert hat. Diese auf den ersten Blick positive Entwicklung ländlicher Räume wird aber von verschiedenen regionalwissenschaftlichen Arbeiten in Frage gestellt (vgl. etwa *ASG* 1995, S. 119 oder *Uhlmann* 1989, S. 54 ff.). Der Grund für die kritische Einschätzung der Entwicklung ländlicher Räume liegt in der Annahme einer über Jahrzehnte hinweg kontinuierlichen Bevölkerungsverminderung in vielen ländlichen Regionen. Als Auslöser der Bevölkerungsrückgänge werden in vielen raumwissenschaftlichen Untersuchungen Abwanderungen von Personengruppen angesehen, die vornehmlich aus Gründen des guten Arbeitsplatzangebotes und qualifizierten Ausbildungs- und Weiterbildungsmöglichkeiten in den Verdichtungsgebieten ihr vertrautes ländliches Umfeld verließen. Abwanderungstendenzen gerade jüngerer Bevölkerungsgruppen gelten als ein für ländliche Räume erhebliches dauerhaftes Problem und Entwicklungshemmnis.

Der Sachverhalt, dass die Bevölkerungsentwicklung in den Verdichtungsregionen durch ein größeres Wachstum gekennzeichnet ist als auf dem flachen Land, lässt sich für weite Teile des 19. und 20. Jahrhundert belegen (vgl. *Henkel* 1995, S. 50). Galten traditionell hohe Geburten-/Sterbeüberschüsse in ländlichen Regionen und Wanderungsbewegungen von dünn hin zu dichter besiedelten Räumen als die herausragenden Kennzeichen der räumlichen Bevölkerungsentwicklung (vgl. *Henkel* 1995, S. 53), so zeigen sich speziell in der neueren empirischen Forschung andere, zum Teil entgegengesetzte, Entwicklungslinien. Hervorzuheben sind hierbei insbesondere seit den 80er Jahren ausgeprägte großräumige Dezentralisierungstendenzen der Bevölkerungsentwicklung auf der Ebene der siedlungsstrukturellen Regionstypen (vgl. Tabelle 4).

Tabelle 4: Regionale Bevölkerungsentwicklung in Westdeutschland (ohne Berlin) (in %)

	REGIONSTYP				MITTEL-WERT
	Große Verdichtungs-räume	Regionen mit Verdichtungs ansätzen	Ländliche Gebiete stark besiedelt	Ländliche Gebiete schwach besiedelt	
Bevölkerungs-entwicklung 1980 - 1997	+ 5,9	+ 10,6	+ 11,0	+ 10,0	+ 8,0
Bevölkerungs-entwicklung 1990 - 1997	+ 3,6	+ 6,3	+ 6,1	+ 6,9	+ 4,8
			Ländliche Gebiete gesamt: 1980-1997: + 10,8 1990-1997: + 6,2		

Quelle: BBR 1999, S. 30 ff.

In der Summe haben sämtliche Gebietskategorien in Westdeutschland zwischen 1980 und 1997 Bevölkerungszunahmen erfahren. Die Höhe des Bevölkerungswachstums war dabei in den nicht-zentralen Regionen deutlich höher als in den Zentralregionen. Innerhalb der Kategorie des ländlichen Raumes bildete sich ein Gefälle zwischen den strukturstarken und strukturschwachen Regionen. Die

Zuwächse der Einwohnerzahlen in ländlichen Regionen lagen aber in jedem Fall im Niveau deutlich über den Werten der städtischen Räume. Dies gilt selbst für die Gegenüberstellung von dünn besiedelten ländlichen Räumen auf der einen und Verdichtungsregionen auf der anderen Seite. Der Bevölkerungszuwachs in den dünn besiedelten ländlichen Regionen hat sich in den 90er Jahren überproportional beschleunigt, was in der im interregionalen Vergleich höchsten Wachstumsrate in diesem Zeitraum zum Ausdruck kommt. Untersuchungen der BfLR ergaben, dass für diese Entwicklung weniger natürliche Ursachen (wie inter regional divergierende Geburten- oder Sterberaten) oder Wanderungen von Ausländern verantwortlich waren, sondern in erster Linie Wanderungsbewegungen inländischer Bevölkerungsgruppen von den verdichteten hin zu weniger verdichteten Räumen. Getragen werden diese Zuwanderungen insbesondere von jungen Familien (vgl. *BfLR* 1997, S. 29 und Kapitel 4.3.2).

Resümierend ist zu sagen, dass die im interregionalen Vergleich geringere Arbeitslosigkeit dünn besiedelter Regionen in Anbetracht der räumlichen Bevölkerungsentwicklung in einem positiven Licht erscheint. Die folgende Analyse der Beschäftigungsentwicklung wird diesen positiven Trend bestätigen.

2.2.2 Beschäftigung

2.2.2.1 Regionale Entwicklung der Beschäftigung

Im Folgenden werden die Veränderungen in der Beschäftigungsentwicklung in den Regionen der früheren Bundesrepublik in den Vordergrund der Betrachtung gestellt. Die folgende Tabelle verschafft einen Überblick über die Entwicklung der sozialversicherungspflichtig Beschäftigten in den Regionstypen seit dem Beginn der 80er Jahre.

Tabelle 5 veranschaulicht zwei Sachverhalte. Auf der einen Seite sind über die Hälfte der sozialversicherungspflichtig Beschäftigten in den Verdichtungsräume tätig (rund 57 %). In den Regionen mit Verdichtungsansätzen arbeiten etwa 33 %, in den dichter besiedelten ländlichen Regionen rund 8 % und in den schwächer besiedelten ländlichen Regionen nur in etwa 2 % aller Beschäftigten. Dies verdeutlicht den hohen Stellenwert der Ballungsregionen für das wirtschaftliche Leben innerhalb der Bundesrepublik. Auf der anderen Seite verlief die Beschäftigungsentwicklung seit 1980 zweifelsfrei zugunsten der nichtzentralen Regionen, wobei in dieser Gruppe insbesondere die ländlichen Räume einen deutlichen Zuwachs an Beschäftigung erfuhren.

Tabelle 5: Anzahl und Entwicklung der sozialversicherungspflichtig Beschäftigten in den Regionen Westdeutschlands

	Beschäftigte 1998 in Tsd.	Entwicklung 1980-1998 in %
Hochverdichtete Regionen	12.069,3	- 2,8
Regionen mit Verdichtungsansätzen	7.103,1	+ 0,7
Stärker besiedelte ländliche Räume	1.708,9	+ 2,0
Dünn besiedelte ländliche Räume	448,6	+ 3,3
Summe	21.329,9	- 1,2

Quelle: BBR 1999, S. 102 ff.

Dieser Tatbestand wird auch von den beiden folgenden Schaubildern bestätigt, die die Erwerbstätigenentwicklung in den peripheren Regionen und den Kernstädten der Verdichtungsräume - jeweils im Relation zum Bundesdurchschnitt - pointiert gegenüberstellen.

Anhand Abbildung 2 wird deutlich, dass das Muster der räumlichen Wirtschaftsentwicklung nicht allein mit dem bekannten Phänomen einer anhaltenden Suburbanisierungstendenz, also mit einer zunehmenden Ausuferung der Verdichtungszentren, beschrieben werden kann (vgl. hierzu *Seitz* 1996). Dazu haben sich die weit von den hoch verdichteten Regionen liegenden Räume zu positiv entwickelt. Damit kann auf der Grundlage von Beschäftigtenzahlen eine Entwicklung hin zur Disurbanisierung, die eine Verlagerung wirtschaftlicher Aktivitäten in vormals strukturschwache Randgebiet zur Folge hat, beobachtet werden (vgl. *Bade* 1996, S. 13).

Abbildung 2: Entwicklung der Erwerbstätigkeit in peripheren Regionen und Zentren in Relation zum Bundesdurchschnitt

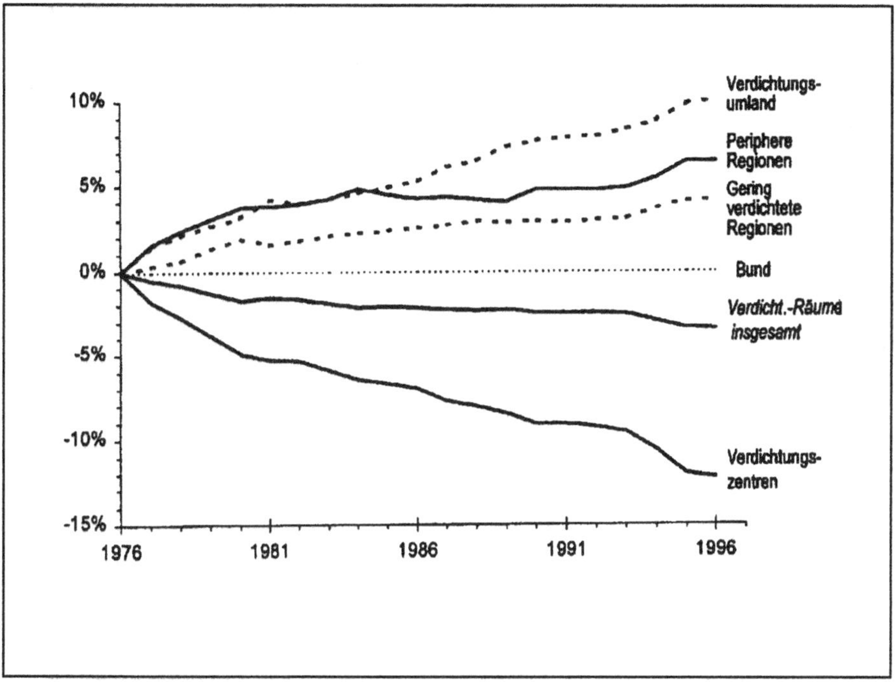

Quelle: nach Bade 1998 (S. 14 u. 16)

2.2.2.2 Einordnung der Ergebnisse

Die soeben dargelegten Ergebnisse der räumlichen Beschäftigungsentwicklung weisen auf großräumige wirtschaftliche Dezentralisierungstendenzen hin. Die Begründungen in der Literatur für diese Entwicklung sind mannigfaltig. So wird auf Engpässe auf den Arbeits- und Bodenmärkten in den Verdichtungsräumen hingewiesen, die Investitionen von Unternehmen in abgelegenere Regionen - aufgrund eines dort allgemein geringen Kostenniveaus - nach sich ziehen würden (vgl. *Zarth* 1995, S. 18 f.). Andere Autoren (z. B. *Bröcker/Peschel* 1989, S. 18 oder *Bade* 1997, S. 254) weisen auf eine verbesserte Infrastrukturausstattung - insbesondere in den Bereichen Straße und Kommunikation - hin, die deutlich die Erreichbarkeit peripher gelegener Regionen verbessert habe. Dadurch seien die ländlichen Räume in die Lage versetzt worden, verstärkt das städtische

Waren-, Dienstleistungs- und Informationsangebot in Anspruch nehmen zu können. Auf diesem Wege hätten sich die klassischen Standortnachteile ländlicher Gebiete in diesen Bereichen abgemildert. Diese These führt zu der oft geäußerten Vermutung, dass überwiegend die ballungsnahen ländlichen Räume bzw. solche, die günstig zu überregionalen Verkehrsachsen gelegen sind, in hohem Maße von der verbesserten Infrastrukturausstattung profitiert haben (vgl. *Schäfer* 1997, S. 4). Gemein ist vielen Aussagen im wissenschaftlichen Schrifttum die Überzeugung, dass weniger die Standortstärke der ländlichen Gebiete als vielmehr die Standortschwäche - oder besser: die Überlastungserscheinungen - der Agglomerationen ausschlaggebend für die Raumentwicklung der vergangenen Jahre gewesen sind (vgl. hierzu auch *Bade* 1997, S. 247 f.). Eine besondere Wirtschaftsstärke der ländlichen Regionen und ihrer Unternehmen wird dabei nicht erkannt. Die vielfach vermutete latente Strukturschwäche des ländlichen Raumes hat deshalb zur Folge, dass die aus der Analyse vergangener Entwicklungen abgeleiteten Projektionen zukünftiger Entwicklungsverläufe ländlicher Gebiete im wissenschaftlichen Schrifttum oft nicht positiv ausfallen. So macht etwa Zarth (1995 S. 20 f.) darauf aufmerksam, dass die relativ positive Entwicklung nicht-zentraler Gebiete überwiegend vom Produzierenden Gewerbe, das in ländlichen Räumen kleinbetrieblich strukturiert sei, getragen werde. Gefährdungspotentiale sieht er - wie eine Reihe anderer Regionalwissenschaftler (z. B. *Klemmer* 1996, *Gaebe 1991*, *DeHaen/Isermeyer* 1989, *Henkel* 1995) auch - in einer allgemein sinkenden Bedeutung des sekundären Sektors und in einer zunehmenden Konkurrenz ausländischer Standorte. Dem verschärften Wettbewerb seien die Klein- und Mittelbetriebe sowie die für ländliche Räume als typisch geltenden Zweigniederlassungen großer Industrieunternehmen, die nach verbreiteter Meinung mehrheitlich einfache standardisierte Produkte fertigen und nicht gerade die „Speerspitze“ des technologischen Fortschrittes symbolisieren (vgl. *Henkel* 1995, S. 172), nur schwerlich gewachsen (vgl. Kapitel 4.2.2).

2.2.3 Räumliche Veränderungen in der Höhe der Bruttowertschöpfung und des Einkommens

2.2.3.1 Vorbemerkungen

Die relative Prosperität der Arbeitsmarktentwicklung in den Umlandgebieten der Kernstädte und den ländlich geprägten Regionen lassen diese Regionstypen als die Gewinner der wirtschaftlichen Entwicklung der letzten Jahre erscheinen. Es stellt sich allerdings die Frage, ob eine Untersuchung allein auf Basis der Beschäftigtenzahlen tatsächlich wirtschaftliches Wachstum von Regionen korrekt wiederzugeben vermag, so dass die Betrachtung anderer wirtschaftsbedeutsamer Fakten obsolet würde. Grundsätzlich unterstellt eine ökonomische Analyse, die aus dem Input an Arbeitskräften auf die Leistungsfähigkeit von Unternehmen bzw. Regionen folgert, einen engen Zusammenhang zwischen beiden Größen. Konkret bedeutet dies, dass eine Steigerung der Beschäftigung mit einer Steigerung des Umsatzes bzw. der Wertschöpfung je Beschäftigten (als Indikator der Leistungsfähigkeit) einher geht. Davon ist aber nicht zwangsläufig auszugehen. Bereits in den siebziger Jahren konnte die Tendenz beobachtet werden, dass Umsatz- und Produktionssteigerungen bei über der Hälfte der untersuchten Unternehmen keine zusätzlichen Einstellungen nach sich zogen (vgl. *Friedrich/ Spitznagel* 1981). Lediglich 29 % der wachsenden (bezogen auf den Output) Betriebe stellten damals neue Arbeitskräfte ein. Die Einschätzung, dass es verfehlt ist, allein auf Grundlage der Beschäftigungsentwicklung Aussagen über die Wirtschaftskraft von Regionen treffen zu wollen, verdeutlichen folgende Kennziffern, bei denen von möglichen räumlichen Dezentralisierungstendenzen nicht viel zu erkennen ist.

2.2.3.2 Bruttowertschöpfung

2.2.3.2.1 Regionale Veränderungen in der Bruttowertschöpfung

Karte 3 und 4 geben einen Überblick über den Stand der regionalen Wirtschaftskraft 1980 und 1994 auf Kreisebene in den alten Bundesländern.

Anders als bei den Regionalindikatoren Arbeitslosenrate und Erwerbstätigenentwicklung treten bei der BWSzM je Erwerbstätigen regionale Disparitäten im Sinne eines klassischen Stadt-Land-Gegensatzes zutage, die sich im Beobachtungszeitraum kaum vermindert haben. Im oberen Quartil (gewogenes Bundesmittel = 100) befinden sich fast ausschließlich die großen Kernstädte und die Zentralregionen. Insbesondere die wirtschaftliche Dominanz der Rhein-Main-Neckar-Region wird in beiden Karten hervorgehoben. Dagegen ist das Gros der ländlichen Regionen auch 1994 in den beiden unteren Quartilen vertreten und liegt damit unter dem einfachen arithmetischen Mittel aller 327 Kreise von 92,33. Dies dokumentiert die auch in jüngerer Vergangenheit noch existierende beachtliche Diskrepanz in der regionalen wirtschaftlichen Leistungsfähigkeit. Die ländlich-geprägten Regionen erreichen 1994 im Mittel in etwa 85 % der bundesdurchschnittlichen Arbeitsproduktivität (vgl. Tabelle 6).

Karte 3: BWSzM je Erwerbstätigen 1980 (BRD=100)

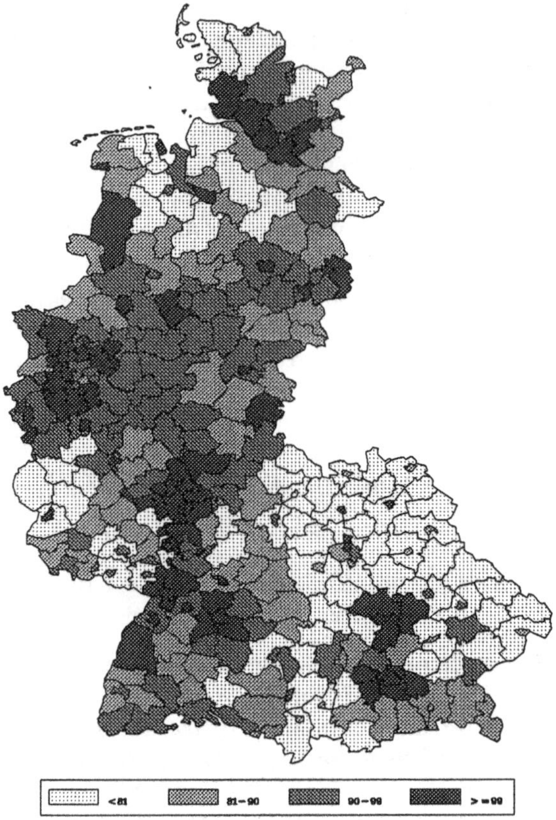

Quelle: FAA 1998; Daten aus: Statistik Regional, Gemeinschaftsveröffentlichung der Statistischen Landesämter 1997.

Karte 4: BWSzM je Erwerbstätigen 1994 (BRD=100)

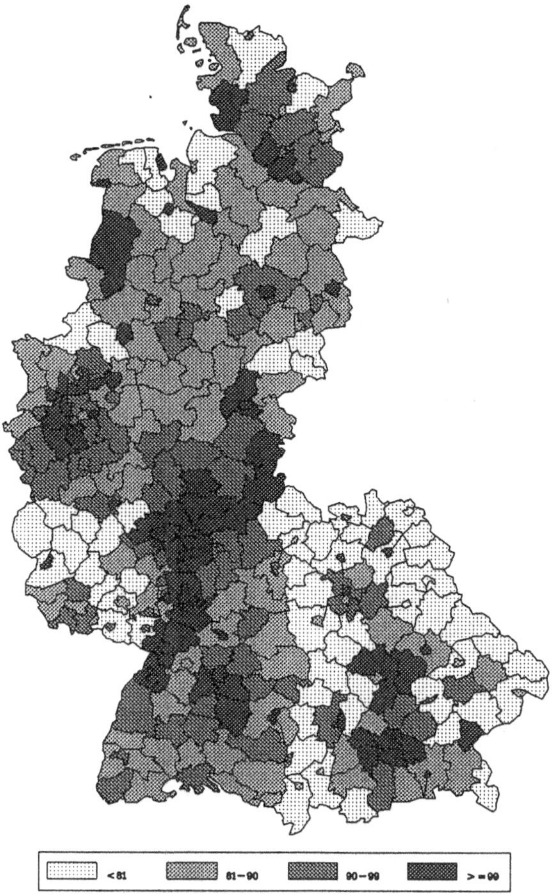

Quelle: FAA 1998; Daten aus: Statistik Regional, Gemeinschaftsveröffentlichung der Statistischen Landesämter 1997.

Allerdings lassen sich aus obigen Karten nur ungenau Schlüsse im Hinblick auf dynamische Veränderungsprozesse ziehen.[9] Stellt man nun die Veränderungen in der Höhe der BWS kartographisch dar, können die folgenden raumstrukturellen Sachverhalt abgeleitet werden.

Karte 5: BWSzM je Erwerbstätigen (BRD=100) Veränderung 1994-1980

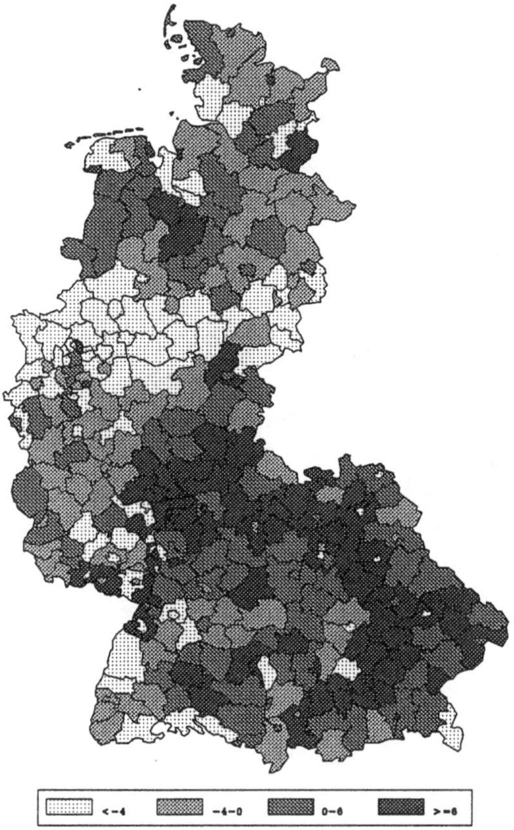

Quelle: FAA 1998; Daten aus: Statistik Regional, Gemeinschaftsveröffentlichung der Statistischen Landesämter 1997.

---

9 Anzumerken ist, dass in allen Teilräumen der alten Bundesrepublik die BWSzM je Erwerbstätigen gegenüber 1980 deutlich gestiegen ist, im Schnitt aller 327 Kreis um fast das Doppelte. Jeder der 327 Kreise weist somit 1994 eine höhere durchschnittliche Arbeitsproduktivität als 1980 auf.

Tabelle 6: BWSzM je Erwerbstätigen 1980 und 1994 in den Regionen Westdeutschlands (arithm. Mittel)

	REGIONSTYP				SUMME
	Große Verdichtungsräume	Regionen mit Verdichtungsansätzen	Ländliche Gebiete stark besiedelt	 schwach besiedelt	
1980 (BRD=100)	100,19	89,85	86,22	80,30	91,78
1994 (BRD=100)	100,81	89,11	88,52	82,27	92,33
Anteil der Sektoren an der BWSzM 1994 in %					
Landwirtschaft	0,5	1,8	2,3	3,2	
Produzierendes Gewerbe	32,9	37,8	37,8	35,6	
Handel und Verkehr	15,6	13,4	13,6	13,7	
Sonstige Dienstleistungen	51,0	47,0	46,3	47,5	
Summe	100,0	100,0	100,0	100,0	

Quelle: Statistik Regional; Gemeinschaftsveröffentlichung der Statistischen Landesämter 1998; BBR 1998, S. 135 ff.

Zum einen ist aus Karte 5 ein Nord-Süd-Gefälle in der Entwicklung der Wirtschaftskraft erkennbar. In den nördlichen Bundesländern entwickelte sich die Rhein-Ruhr-Region unterdurchschnittlich. Aber auch in den übrigen Räumen im Norden überwiegen eher die Kreise der beiden unteren Quartile. Demgegenüber gehört das Gros der südlichen Kreise den beiden oberen Quartilen an, d. h. diese Gebiete haben sich in Relation zum Bundesdurchschnitt ausgesprochen günstig entwickelt. Auffallend hierbei sind insbesondere die zahlreichen Kreise in Hessen und Bayern, die dem oberen Quartil zugehörig sind.

Zum anderen zeigt sich, dass - vor allen Dingen im Süden - viele geringer verdichtete Regionen an Wirtschaftskraft zugelegt haben und so den Rückstand zu anderen Gebieten verringern konnten. Im Norden ist dieses Bild aber keineswegs so eindeutig. Dort gibt es viele dünn besiedelte Regionen, die sich nur unterdurchschnittlich entwickelt haben. Für die Summe der Regionstypen verschafft Tabelle 6 einen Überblick.

Tabelle 6 bestätigt das Gefälle in der wirtschaftlichen Leistungsfähigkeit von den hochverdichteten Gebieten hin zu den dünn besiedelten Räumen. Des Weiteren sind gewisse Aufholprozesse der ländlichen Regionen erkennbar. Die durchschnittliche Arbeitsproduktivität näherte sich im Beobachtungszeitraum dem Bundesdurchschnitt leicht an, ohne diesen jedoch annähernd erreichen zu können. Demgegenüber konnten die Ballungsräume ihre BWSzM je Erwerbstätigen in Relation zum Restgebiet nur noch geringfügig erhöhen. Die Regionen mit Verdichtungsansätzen verloren sogar - relativ gesehen - etwas an Boden zum Bundesdurchschnitt.

Resümierend ist festzuhalten, dass nicht alle ländlichen Gebiete gleichermaßen ihren Rückstand in der wirtschaftlichen Leistungsfähigkeit verringern konnten (vgl. Karte 5). Insbesondere die dünner besiedelten Gebiete im Norden Westdeutschlands erreichten nicht das Entwicklungstempo der vergleichbaren Regionen im Süden. Daher kann nicht von einem eindeutigen regionsspezifischen Entwicklungsmuster gesprochen werden, etwa derart, dass die Summe der ländlichen Regionen sich in der Vergangenheit positiver als die der hochverdichteten Räume entwickelt hat.

Wird der Anteil der Sektoren an der gesamten Wertschöpfung in den Regionstypen untersucht, so fällt auf, dass mit sinkendem Verdichtungsgrad die Bedeutung des primären und sekundären Sektors tendenziell ansteigt. Es zeigt sich hier die schon in der Einleitung angesprochene vergleichsweise hohe Relevanz des gewerblich-industriellen Bereichs für die Wirtschaftsentwicklung in den nicht-zentralen Regionen. Der Beitrag der Landwirtschaft zur regionalen Wertschöpfung beträgt aber selbst in den dünn besiedelten ländlichen Regionen kaum mehr als 3 %.

2.2.3.3.2 Einordnung der Ergebnisse

Die regionalen Differenzen in der Höhe der Wertschöpfung je Erwerbstätigen nähren die Vermutung, dass wirtschaftliche Effizienz und wirtschaftliche Aktivräume untrennbar mit vorhandenen Ballungszentren verbunden sind. Umgekehrt bedeutet dies für ländliche Räume, dass sich die dort ansässigen Wirtschaftseinheiten durch eine nur unterdurchschnittliche ökonomische Leistungsfähigkeit auszeichnen. Dieser Sachverhalt kann dahingehend interpretiert werden, dass die für ländliche Räume als typisch geltenden Produktionseinheiten (Handwerksbetriebe sowie kleinere und mittelständische warenproduzierende Unternehmen; vgl. *Henkel* 1995, S. 153 ff.) im interregionalen Kontext als relativ wirtschaftsschwach einzustufen sind. Aus diesem Umstand werden wiederum, was die künftige Entwicklungen betrifft, Risiken für dünn besiedelte ländliche Regionen abgeleitet (vgl. etwa *ASG* 1995, S. 118). Auf Basis des anschließend dargestellten Indikators Bruttojahreslohnsumme je Beschäftigten kann die Folgerung gezogen werden, dass auch im Humankapitalbereich deutliche Divergenzen zwischen ländlichen und städtischen Räumen zugunsten Letzterer bestehen.

2.2.3.3 Lohn- und Gehaltsniveau und verfügbares Einkommen

2.2.3.3.1 Regionale Lohndisparitäten im Produzierenden Gewerbe und verfügbares regionales Einkommen

Ähnlich wie bei der Darstellung der BWSzM je Erwerbstätigen zeigen sich im regionalen Lohnniveau deutliche und zudem noch dauerhafte regionale Disparitäten. Es schält sich ein kontinuierlich durchlaufendes Lohngefälle von den Verdichtungsgebieten hin zu den schwach besiedelten ländlichen Räumen heraus.

Aus Tabelle 7 geht klar ein siedlungsstrukturelles Gefälle in der Höhe der Entlohnung je Beschäftigten hervor. Dieses Aggregat weist in den Verdichtungsgebieten die höchsten Werte auf, gefolgt von den Regionen mit Verdichtungsansätzen und den ländlichen Räumen. Innerhalb des Raumtyps ländlicher Raum fallen die dünner besiedelten gegenüber den dichter besiedelten Gebieten zurück. Für ländliche Regionen ebenfalls ungünstig sind die Entwicklungstendenzen in der Lohnhöhe je Beschäftigten in der Industrie von 1985 bis 1998. In der Summe vergrößerte sich in diesem Zeitraum der Abstand bei dieser Kennziffer zu den Verdichtungsregionen und dem Bundesdurchschnitt.

Tabelle 7: Lohn und Gehalt in der Industrie je Beschäftigten/Monat und Verfügbares Einkommen je Einwohner in den Regionen Westdeutschlands in DM (arithm. Mittel)

	REGIONSTYP			
	Große Verdichtungs-räume	Regionen mit Verdichtungs-ansätzen	Ländliche Gebiete	DURCH-SCHNITT
Lohn und Gehalt 1985	3.722	3.292	3.093	3.512
Lohn und Gehalt 1989	4.440	3.998	3.762	4.219
Lohn und Gehalt 1998	6.258	5.619	5.106	5.902
			Davon dünn besiedelt: 4.677	
In % des Bundes-durchschnittes	1985: 105,98	1985: 93,73	1985: 88,06	
	1989: 105,23	1989: 94,76	1989: 89,17	
	1998: 106,03	1998: 95,20	1998: 86,51	
Verfügbares Einkommen je Einwohner 1992	28.628	25.761	24.211	27.143
			Davon dünn besiedelt: 23.558	
In % des Bundesdurch-schnittes	105,47	94,90	89,19	
			Davon dünn besiedelt: 86,79	

Quelle: BBR 1999, S.120 ff.; BfLR 1986, S. 127 und 1989/90, S. 157

Zu ähnlichen Ergebnissen führt die Analyse des verfügbaren regionalen Einkommens der privaten Haushalte als Indikator des materiellen Wohlstandes. Diese - erstmalig 1989 auf Kreisebene ausgewiesene - Kennziffer weist auf ein deutlich höheres Wohlstandsniveau in den Zentralregionen im Unterschied zum Restgebiet der Bundesrepublik hin. Die mit Abstand niedrigsten Werte werden in den dünn besiedelten ländlichen Regionen gemessen. Bei der Interpretation dieses Indikators ist jedoch darauf zu achten, dass der regionale Lebensstandard nicht nur durch das Einkommen, sondern auch durch die Höhe des regionalen Preisniveaus oder das private Vermögen wie z. B. Haus- und Grundeigentum beeinflusst wird (vgl. *Gaebe* 1991, S. 97). Flächendeckende räumlich disaggregierte Daten auf Kreisebene hierzu existieren in der amtlichen Statistik allerdings nicht (vgl. *Wiliamowitz-Moellendorff* 1986, S. 152 ff.). Unumstritten ist in jedem Fall die Erkenntnis, dass die Baulandpreise und damit die Kosten für die Nutzung von Wohnraum in ländlichen Regionen deutlich unter denen in städtischen Gebieten liegen (Tabelle 8). Dadurch erfolgt tendenziell eine Angleichung in der Höhe der Realeinkommen in den unterschiedlichen Raumkategorien.

Tabelle 8: Durchschnittliches Baulandpreisniveau in den westdeutschen Regionen

REGIONS-TYPEN	BAULAND-PREISE DM JE QM 1980/81/82	BAULAND-PREISE DM JE QM 1987/88/89	BAULAND-PREISE DM JE QM 1996/97
Große Verdichtungsgebiete	156	180	226
Regionen mit Verdichtungsansätzen	73	95	122
Stärker besiedelte ländliche Räume	85	135	100
Dünn besiedelte ländliche Räume	40	53	79

Quelle: BfLR 1995, S. 230, BBR 1999, S. 264 ff.

2.2.3.3.2 Einordnung der Ergebnisse

Die Lohndisparitäten im Produzierenden Gewerbe zwischen städtischen und ländlichen Räume fügen sich vor dem Hintergrund einer im interregionalen Vergleich unterdurchschnittlichen Wertschöpfung in das gängige Bild von ländlichen Räumen als Produktionsstandorten von lohnintensiven Branchen mit geringem Technologieanteil ein (vgl. *Schrader* 1997, S. 7). Wird ein Zusammenhang zwischen der Lohnhöhe und dem Qualifikationsniveau der Arbeitskräfte unterstellt, kann über die unterdurchschnittliche Entlohnung in ländlichen Regionen auf einen im interregionalen Vergleich unterdurchschnittlichen Ausbildungsstand der Beschäftigten in diesen Räumen geschlossen werden.[10] Ländliche Regionen erscheinen damit geradezu für die Ansiedlung von solchen Wirtschaftsbereichen prädestiniert, die vergleichsweise geringe Anforderungen an die Qualifikation der vorhandenen Arbeitskräfte stellen. Entscheidend für die Beurteilung der Entwicklung ist in hohem Maße die Tatsache, dass im Zeitablauf keine Annäherungstendenzen zwischen unterschiedlich stark verdichteten Regionen beobachtet werden konnten. Dieser Umstand ist in Anbetracht einer fortschreitenden Tertiärisierung und einer infolgedessen angenommenen Erhöhung der Qualifikationsanforderungen an die Beschäftigten (dies trifft besonders auf die stark wachsenden unternehmensorientierten Dienstleistungen zu; vgl. Kapitel 1.3.2) ein wichtiger Grund für die Äußerung von Befürchtungen im Hinblick auf die Entwicklungsfähigkeit der ländlichen Räume (vgl. *De Haen/Isermeyer* 1989, S. 4). Für die weiteren Untersuchungsschritte folgt aus diesen Ergebnissen die Notwendigkeit einer genaueren Analyse der Qualifikationsstruktur der Beschäftigten in ländlichen Gebieten (vgl. Kapitel 4.3).

2.3 Fazit

2.3.1 Zusammenfassung der Ergebnisse

In der Einleitung wurde darauf hingewiesen, dass unterschiedliche Einschätzungen der wirtschaftlichen Entwicklung von Regionen und ihren Produktions-

---

[10] Diese Aussage gilt jedoch nur eingeschränkt. Das regionale Lohnniveau wird von verschiedenen Faktoren beeinflusst. Ein Faktor, der einen positiven Einfluss auf die Lohnhöhe besitzt, ist z. B. das regionale Preisniveau (vgl. *Jakoby* 1990, S. 66 ff.). Da die Lebenshaltungskosten in den städtischen Regionen - wie anhand der hohen Bodenpreise deutlich wird - über den in nichtzentralen Räumen liegen, ist schon aus diesem Grund von einem vergleichsweise hohen Lohnniveau in den Ballungsgebieten auszugehen. Jakoby nennt als weitere Determinanten regionaler Entlohnungsdifferenzen Macht- und Abhängigkeitsbeziehungen zwischen Verdichtungsgebieten und ländlichen Regionen sowie produktivitätssteigernde Agglomerationsvorteile in Metropolregionen (vgl. auch Gliederungspunkt 3.2.4).

betrieben durch die Verwendung verschiedenartiger Indikatoren begründet sein könnten. Das Ziel dieses empirisch ausgerichteten Kapitels bestand zum einen darin, anhand unterschiedlicher wirtschaftlicher Kennziffern die Gründe für das Zustandekommen widersprüchlicher Aussagen aufzuzeigen. Zum anderen sollte eine empirische Basis für weitere Untersuchungsschritte geschaffen werden, die eine Ableitung weiterführender untersuchungsleitender Fragen ermöglicht. Die bisherigen Ergebnisse lassen sich folgendermaßen zusammenfassen:

1. Die regionale Verteilung der Arbeitslosigkeit weist eine augenfällige Divergenz zwischen hochverdichteten und gering verdichteten Gebieten zugunsten der Letzteren auf. Seit 1986 ist bei diesem Indikator ein Wandel im Muster der räumlichen Disparitäten zu erkennen. Wiesen die ländlichen Regionen 1986 noch die bundesweit höchste Arbeitslosenrate auf, liegen die Werte sowohl für die dichter als auch für die dünner besiedelten ländlichen Regionen 1998 unter dem Niveau aller anderen Regionstypen. Demgegenüber stieg die Arbeitslosenrate in den Verdichtungsräumen überproportional an. Besonders hoch ist die Unterbeschäftigung in den Kernstädten der Verdichtungsgebiete. Sehr positiv entwickelten sich, wie die Karten offen legen, die ländlichen Räume im Süden der Republik.

2. Deutliche räumliche Dezentralisierungstendenzen in der Beschäftigtenentwicklung traten im Untersuchungszeitraum zutage. Diese erstreckten sich nicht nur auf die Umlandgebiete der Kernstädte (die weit überproportional an Beschäftigung verloren), sondern auch auf peripher gelegene, dünn besiedelte Regionen. Von allen Raumtypen entwickelten sich die stärker besiedelten ländlichen Regionen am positivsten.

3. Gegenüber der positiven Arbeitsmarktbilanz in den nicht-zentralen Gebieten zeigten sich bei der - an der Bruttowertschöpfung je Erwerbstätigen gemessenen - wirtschaftlichen Leistungskraft aller Unternehmenseinheiten ein klares regionales Gefälle zugunsten der großen Verdichtungsräume. Dieses Gefälle hat sich seit Beginn der 80er Jahre geringfügig geglättet. Der Wert der geschaffenen volkswirtschaftlichen Leistungen je Arbeitskraft übersteigt den in den dünn besiedelten Räumen um etwa 20 %. Außerhalb der Zentralregionen ist der Anteil des primären und sekundären Sektors an der gesamten Wertschöpfung vergleichsweise hoch. In besonderem Maße trifft die letzte Aussage auf die Kategorie der dünn besiedelten ländlichen Regionen zu.

4. Mit der räumlichen Entwicklung der BWSzM korreliert die Entlohnung im Produzierenden Gewerbe und die regionale Verteilung des privaten verfügbaren Einkommens, die in den Verdichtungsregionen eindeutig über der in den ländlichen Gebieten liegen. Die räumlichen Disparitäten in der Höhe der

Entlohnung in der Industrie haben sich zwischen 1985 und 1998 sogar erhöht.

5. Bei den dargestellten Indikatoren weisen die stärker besiedelten ländlichen Regionen nicht immer günstigere Werte als die dünn besiedelten ländlichen Räume auf. In Bezug auf die Entwicklung der Beschäftigungs- und Bevölkerungsentwicklung zeigt sich, dass ab 1990 im Unterschied zur Zeit davor die Entwicklung innerhalb des ländlichen Raumes zugunsten der dünner besiedelten Gebiete verlief.

6. Die kartographische Darstellung hebt die Vielfalt und Unterschiedlichkeit der wirtschaftlichen Entwicklung von kreisfreien Städten und Landkreisen hervor. Deutlich wird, dass prosperierende und sich mäßig entwickelnde Kreise in allen Raumtypen anzutreffen sind. Die benutzte Raumsystematisierung verdeckt somit zum Teil Disparitäten innerhalb eines Regionstyps, die u. U. in ihrem Ausmaß und ihrer Entwicklung höher als zwischen siedlungsstrukturell unterschiedlichen Räumen sein können (vgl. *Stiens* 1990, S. 40 ff.).

Vor dem Hintergrund der dargestellten empirischen Befunde eine Bilanz im Hinblick auf die Beurteilung der Frage nach regionaler Konvergenz oder Divergenz zu ziehen fällt, schwer. Einerseits deuten Arbeitsmarktindikatoren auf einen klaren Aufholprozess nicht-zentraler Regionen hin, andererseits kann aus der Analyse der BWSzM und der Einkommenskennziffern gefolgert werden, dass die positive Beschäftigungsentwicklung unter Inkaufnahme der Ansiedlung wenig innovativer Unternehmen und damit eines geringen Wachstumspotentials erreicht wurde.

In zahlreichen regionalwissenschaftlichen Untersuchungen ist die These anzutreffen, dass in ländlichen Räumen die Produktion technologisch wenig anspruchsvoller Waren und Dienstleistungen überwiegt. Diese These bildet die Grundlage für die Vermutung, dass der Trend zur Dienstleistungs- und Kommunikationsgesellschaft zwangsläufig die Zentren stärkt und die ländlichen Räume schwächt (vgl. *Henkel* 1995, S. 172). Unterstellt man deren Gültigkeit, ist die günstige Entwicklung der ländlichen Räume in den letzten Jahren gewissermaßen als eine kurze Episode zu betrachten (vgl. *Klemmer* 1996). Die für eine erfolgreiche Bewältigung des Strukturwandels als wichtig erachteten Voraussetzungen wie ein hoher Bestand an hoch qualifizierten Arbeitskräften und an infrastrukturellen Einrichtungen für Aus- und Weiterbildung, für Forschung, Information und Beratung sehen viele Regionalforscher in dünn besiedelten Gebieten als in nicht ausreichendem Maße gegeben an (vgl. etwa *Ewringmann/ Kortenkamp* 1986, *Funck* 1989, *Gaebe* 1991, *Henkel* 1995, *Klemmer* 1996).

Abweichende Auffassungen zu dieser in der Regionalökonomik vorherrschenden Meinung einer latenten Wirtschafts- und Strukturschwäche ländlicher Regionen sind seltener anzutreffen. Bemerkenswerterweise sind es aber die vermeintlichen Schwachpunkte der ländlichen Wirtschaft (wie z. B. deren kleinbetriebliche Struktur), die dann als eine Stärke im Standortwettbewerb aufgefasst werden. So nimmt Bade (1997, S. 254 f.) auf Basis ausländischer Untersuchungen an, dass sich in den letzten Jahren kleinere Unternehmen in ländlichen Räumen gegründet hätten, die über ein hohes technologisches Leistungspotential verfügten. Gravierende Standortnachteile in ländlichen Räumen, die die positive Entwicklung dieser Unternehmen hemmen könnten, erkennt Bade hierbei nicht. Ewers/Fritsch (1989, S. 108 ff.) lehnen es ebenfalls ab, von einer generellen technologischen Rückständigkeit der Wirtschaftseinheiten in ländlichen Räumen zu sprechen. Sie kommen in ihren empirischen Untersuchungen zu dem Schluss, dass im Hinblick auf die Übernahme neuer Techniken keine signifikanten Divergenzen zwischen siedlungsstrukturell unterschiedlichen Räumen bestehen. In eine ähnliche Richtung weist eine Studie von Brüderl/Preisendörfer/Ziegler (1996), die keinen verdichtungsbedingten Zusammenhang zwischen dem Standort eines neugegründeten Unternehmens und dessen Marktchancen zu erkennen vermochten.

2.3.2 Folgerungen fürs weitere Vorgehen

Alles in allem verbleibt ein ambivalenter Eindruck im Hinblick auf die Frage, ob ein grundlegender Wandel im Muster räumlicher Disparitäten in Westdeutschland seit den achtziger Jahren eingetreten ist. Ohne genaue Untersuchungen regionaler Wirtschaftsstrukturen (nach Art der Betriebe, Wirtschaftszweig, Technologieeinsatz etc.) und regionaler Standortbedingungen ist nicht endgültig darüber zu urteilen, wie die vergleichsweise günstige Beschäftigungsentwicklung bei einem gleichzeitig kaum verminderten Produktivitätsrückstand in ländlichen Räumen zu bewerten ist.

Mit einer Untersuchung der Wirtschaftsstruktur und der Standortqualität der westdeutschen ländlichen Regionen sollen die folgenden zentralen Fragekomplexe beantwortet werden:

1. Konzentrieren sich die Wirtschaftstätigkeiten außerhalb der Agglomerationsräume tatsächlich vornehmlich auf Sektoren und Wirtschaftsbereiche, die einen nur geringen Innovationsgrad aufweisen? Sind dies etwa Wirtschaftszweige, die über kurz oder lang schrumpfen werden und nur geringe Wachstumspotentiale besitzen?

2. Bedeutet somit die strukturell-sektorale Zusammensetzung der ländlichen Wirtschaft ein Gefährdungspotential für die Entwicklung peripherer Gebiete? Die bisherigen Ausführungen geben einen Hinweis darauf, dass die Beantwortung dieser Frage in hohem Maße davon abhängt, wie hoch das wirtschaftliche und technologische Potential der Unternehmen in den nichtzentralen Regionen ist.

3. Welche Standortfaktoren werden generell für die Entwicklung von Regionen in einer hoch entwickelten Volkswirtschaft wie der Bundesrepublik als wesentlich angesehen und wie ist es um den Zustand dieser wichtigen Determinanten wirtschaftlicher Entwicklung in ländlichen Räumen bestellt?

4. Inwiefern beeinflussten die Standortbedingungen in ländlichen Räumen und den Agglomerationen die regionalwirtschaftliche Entwicklung der letzten Jahre? Lassen sich konkrete Faktoren ausmachen, die einen bestimmenden Einfluss auf die regionsspezifische Ausprägung der Wirtschaftsstruktur in den Gebietskategorien ausgeübt haben? In diesem Zusammenhang ist zu untersuchen, ob die positive Arbeitsmarktentwicklung der ländlichen Räume vorwiegend dadurch zustande kam, dass sich in den Ballungsregionen die Standortbedingungen aufgrund zunehmender Engpässe auf den Faktormärkten verschlechterten (so etwa *Zarth* 1995, S. 18 f.) und/oder ob sich in ländlichen Regionen die Standortqualität derart erhöht hat, dass diese auch ohne eine Zunahme der Agglomerationsnachteile sich im Standortwettbewerb gut behaupten konnten.

5. Können aus dem Verhältnis von Standortstärken und -schwächen in den jeweiligen Raumtypen Folgerungen im Hinblick auf die Frage nach regionaler Konvergenz bzw. Divergenz gezogen werden? Diese Frage ist zukunftsorientiert und zielt auf die Klärung des Sachverhaltes ab, inwiefern die Standortvoraussetzungen für eine erfolgreiche Bewältigung des Trends zur Dienstleistungs- und Informationsgesellschaft in ländlichen Räumen gegeben sind.

Die Aufgabe des nachfolgenden Kapitels besteht darin, einen theoretischen Unterbau zu erarbeiten, der die Entstehung der ökonomischen Raumstruktur in einer modernen Volkswirtschaft nachzeichnen kann. Mit einer ausführlichen Beschreibung der Raumstruktur und ihrer Bestimmungsfaktoren wird das Ziel verfolgt, ein Fundament für die Diskussion der ökonomischen Potentiale und deren Veränderungen im Zeitablauf in unterschiedlich stark verdichteten Regionen zu legen. Nachfolgende Überlegungen sollen vor allem deutlich machen, wo komparative Vorteile der Gebietskategorien im Hinblick auf Wirtschaftsstruktur und Standortqualität aus Sicht der Regionalökonomik zu vermuten sind.

3 Die ökonomische Raumstruktur in einer hochentwickelten Volkswirtschaft

Das angestrebte Ziel, die Raumstruktur Westdeutschlands zu beschreiben und zu erklären, stützt sich auf makroökonomische Landschaftsstrukturmodelle, die die Entwicklung der Raumwirtschaftstheorie maßgeblich mit bestimmt haben. Für die Erklärung raumwirtschaftlicher Wachstumsprozesse werden aber nicht Standortstrukturtheorien, sondern neuere Ansätze regionaler Wachstumstheorien herangezogen. Im Anschluss werden die Gründe für das gewählte Vorgehen erläutert.

3.1 Erläuterung der Vorgehensweise

3.1.1 Vorbemerkungen

Bevor dargelegt wird, weshalb Landschaftsstrukturmodelle und regionale Wachstumsmodelle den theoretischen Rahmen der vorliegenden Arbeit bilden, ist vorab darauf hinzuweisen, dass in diesem Beitrag nur die ökonomischen Bestimmungsgründe der Regionalentwicklung im Mittelpunkt des Untersuchungsinteresses stehen. Es ist daher nicht die Zielsetzung, alle Faktoren, die regionalwirtschaftliche Disparitäten begründen können, zu erfassen. Die Beschränkung auf die ökonomischen Faktoren erfolgt deswegen, weil sonst etwa auch soziale Phänomene berücksichtigen werden müssten (vgl. *Siebert* 1967, S. 2 f.). Zum Beispiel wäre in diesem Zusammenhang eine Analyse des Arbeitsfleißes, des Hanges zur Selbständigkeit oder auch der Geburtenneigung (die letztlich die Höhe des regionalen Arbeitsangebotes mit bestimmen) in räumlicher Hinsicht notwendig. Diese Aufgabe ist aber vor dem Hintergrund einer - auch ohne die Beachtung sozialer Aspekte - hohen Komplexität der Materie kaum zu bewerkstelligen. Wollte man nach einer umfangreichen - auch soziale und kulturelle Determinanten einschließenden[11] - Diskussion zahlreicher und vielschichtiger Einflussfaktoren der Regionalentwicklung zusätzlich eine empirische Überprüfung der einzelnen Faktoren durchführen, so würde dies den Rahmen der Arbeit sprengen. Die vorliegende Arbeit orientiert sich somit an der Auffassung Schätzls (1996, S. 18), wonach „Theorien und Modelle nicht in der Lage sind,

---

[11] Als Beispiel für eine Untersuchung, die sowohl ökonomische als auch sozialwissenschaftliche Gesichtspunkte berücksichtigt, kann die von Krätke u. a. (1997 S. 11 ff.) angeführt werden. Hierbei thematisieren die Autoren ausdrücklich „den Einfluß eines regional differenzierten sozioökonomischen Institutionengefüges auf die Raumentwicklung“ (S. 12), wobei darunter Spielregeln für die Aktivitäten der privaten Wirtschaftssubjekte zu verstehen sind, die in erster Linie aus regionsspezifischen Normen und Verhaltensmustern resultieren.

die komplexe Realität einer Raumstelle in allen Einzelheiten und in ihrer Individualität zu erfassen." Aus diesem Grund wird der folgende Weg beschritten: Der Aufbau und die Veränderung der Raumstruktur wird ausschließlich aus dem Blickwinkel der Ökonomie untersucht. Da es sich hierbei nur um einen Teilaspekt regionaler Prozesse handelt, ist die folgende Diskussion als skizzenhafte Ableitung von wesentlichen, eben den ökonomischen, Einflussfaktoren regionaler Entwicklungen zu verstehen.

Das Hauptuntersuchungsinteresse richtet sich hierbei auf regionsinterne Faktoren, die in der regionalökonomischen Diskussion einen zentralen Stellenwert einnehmen und Wettbewerbsvorteile von Regionen begründen können. Wegdefiniert werden damit im wesentlichen Wachstumsdeterminanten, die entweder alle Regionen im gleichen Ausmaße tangieren oder über das angestrebte Untersuchungsziel hinausgehen. Dazu gehören beispielsweise politische Rahmensetzungen (sofern für alle Regionen einheitliche Regeln definiert werden) sowie die angesprochenen Elemente des sozialen Systems. Nicht vernachlässigt werden dürfen allerdings die Instrumente und Aktivitäten der Regionalpolitik, weil diese ex definitione raumwirtschaftliche Zielsetzungen verfolgen, also auf Verbesserungen der wirtschaftlichen Position eines Teilraumes im Vergleich zum „Restgebiet" ausgerichtet sind. Genauso ist es im Rahmen des behandelten Themas unerlässlich, die Infrastrukturpolitik mit in die Überlegungen einzubinden, da diese einerseits einen Teilbereich der Regionalpolitik bildet (vgl. Kapitel 3.4) und andererseits über die Bereitstellung von Infrastruktureinrichtungen (etwa im Verkehrs- und Bildungssektor) einen hohen Einfluss auf die Entwicklungsfähigkeit von Regionen ausübt (vgl. *Hardt* 1995, S. 195).

3.1.2 Problem: Fehlen einer einheitlichen und geschlossenen Raumwirtschaftstheorie

Räumliche Aspekte nahmen in den Wirtschaftswissenschaften lange Zeit eine nachgeordnete Stellung ein. Dass wirtschaftliches Wachstum nicht nur mit sektoralen Umwälzungen einher geht, sondern auch zur Herausbildung räumlicher Ungleichgewichte führt (vgl. *v. Böventer* 1979 S. 2), wurde im klassischen, deduktiv ermittelten Theoriegebäude lange vernachlässigt (vgl. *Schätzl* 1996 S. 15). Treffend formulierte Isard (1956, S.25) den in diesem Zusammenhang häufig zitierten Ausdruck vom „Wunderland ohne räumliche Dimension." Angebot und Nachfrage trafen sich am punktuellen Markt. Damit wurden alle Faktoren aus der ökonomischen Theorie isoliert, die durch räumliche Bedingungen determiniert sind und zur Folge haben, dass die Wettbewerbsfähigkeit von Unternehmen auch von ihrem Unternehmensstandort beeinflusst wird. Ebenso wenig konnte erklärt werden, weshalb in der Realität räumliche Zusammenballungen von Personen und unternehmerischen Aktivitäten beobachtet werden konnten und welche Determinanten hierbei ausschlaggebend sind. Neben der dominierenden ökonomischen Hauptströmung entwickelten sich raumbezogene Zweigrichtungen, die mehr oder weniger untereinander und mit der herrschenden ökonomischen Lehre verbunden waren (vgl. *v. Böventer* 1962b, S. 1). Eine zufrieden stellende Integration der unterschiedlichen Theorieansätze, die zum Teil nur „komplexere Hypothesen" sind (*Schätzl* 1996, S. 27), ist bisher noch nicht gelungen. Schätzl gliedert die Raumwirtschaftstheorie in drei Modellkomplexe, die ihrerseits wiederum in vielfältige Zweigrichtungen zerlegt werden können. Er unterscheidet Standorttheorien, räumliche Mobilitätstheorien und regionale Wachstums- und Entwicklungstheorien.

Standorttheorien konzentrieren sich auf die Frage nach der Verteilung von Wirtschaftsaktivitäten im Raum. Sie können in einzelwirtschaftliche Standortwahltheorien und gesamtwirtschaftliche Landschaftsstrukturmodelle aufgespalten werden (vgl. *Schätzl* 1996, S. 28 ff.). Einzelwirtschaftlich orientierte Ansätze untersuchen den optimalen Standort eines Betriebes der Landwirtschaft, der Industrie oder des Dienstleistungssektors in Abhängigkeit der lokalen Produktionsbedingungen (z. B. *Launhardt* 1882 und *Weber* 1922). Gesamtwirtschaftliche Landschaftsstrukturmodelle verlassen diese einzelbetriebsorientierte Sichtweise und richten sich auf die Erklärung der räumlichen Anordnung aller Wirtschaftsaktivitäten einer Volkswirtschaft und den raumstrukturellen Veränderungen in der Zeit (vgl. *v. Thünen* 1875, *Christaller* 1933, *Lösch* 1944, *v. Böventer* 1962). Im Mittelpunkt dieser Ansätze steht die Suche nach den optimalen Standorten der Produktionseinheiten des primären, sekundären und tertiären Sektors.

Gegenstand der räumlichen ***Mobilitätstheorien*** sind interregionale Wanderungen von Faktoren (Arbeit, Kapital und technisches Wissen) und von Gütern und Dienstleistungen (vgl. *Schätzl* 1996, S. 20). Sie untersuchen, unter welchen Bedingungen Warenaustausch zwischen Regionen stattfindet und unter welchen Prämissen mobile Produktionsfaktoren über Regionsgrenzen hinaus wandern. Da räumliche Mobilitätstheorien mit der Analyse der Wanderungen von Produktionsfaktoren entscheidende Wachstumsdeterminanten zum Gegenstand haben, sind sie zum Verständnis regionaler Wachstumstheorien von wesentlicher Bedeutung (vgl. *Schätzl* 1996, S. 93).

Regionale Wachstumstheorien stellen letztendlich die umfangreichste Gruppe an Modellen dar. Gegenüber den Ansätzen der Standorttheorie rücken sie nicht die Verteilung von Wirtschaftsaktivitäten in den Mittelpunkt ihrer Untersuchungen, sondern konzentrieren sich auf die Gründe für eine ungleiche oder konvergente Entwicklung von Regionalwirtschaften. Mit anderen Worten haben regionale Wachstumstheorien nicht die Struktur des Raumes, sondern die Prozesse zwischen einzelnen Teilräumen zum Untersuchungsgegenstand (vgl. *Schätzl* 1996, S. 18 ff.). Aus der Vielzahl von Modellen lassen sich in Anlehnung an Schätzl folgende wesentliche Ansätze herauskristallisieren: Neben neoklassischen, postkeynesianischen und Exportbasis-Ansätzen lassen sich Wirtschaftsstufentheorien, Theorien der regionalen und sektoralen Polarisation sowie endogene Entwicklungsmodelle isolieren. Postkeynesianische Theorien wurden im Rahmen regionalökonomischer Betrachtungen dazu verwendet, um die Entwicklung eines Raumes mit der Entwicklung der Nachfrage, insbesondere der Investitionstätigkeit, begründen zu können. Kernaussage der Exportbasis-Modelle ist die These, dass das wirtschaftliche Potential eines Raumes an dem Anteil der Sektoren mit überregionalem Absatzmarkt gemessen werden kann. Ein hoher Besatz mit exportorientierten Betrieben gilt im Rahmen der Exportbasis-Theorie als Indikator eines hohen regionalen Einkommensniveaus, da diese Unternehmen durch ihren überregionalen Absatzmarkt zusätzliche Einkommensströme in die Region zu lenken vermögen (vgl. *Rittenbruch* 1968).

Jüngere Theorien der endogenen Entwicklung machen die Wirtschaftsentwicklung von Regionen weniger von überregionalen Faktoren wie der Exportnachfrage, sondern von der Summe regionsinterner Wachstumsfaktoren - dem regionalen Entwicklungspotential - abhängig (vgl. z. B. *Hahne* 1984 oder *Biehl et al.* 1974). Das regionale Entwicklungspotential setzt sich, je nach zugrunde liegender Definition, aus unterschiedlichen Teilpotentialen zusammen. Als problematisch bei diesem Konzept wird die schwierige Operationalisierbarkeit des Begriffs regionales Entwicklungspotential angesehen (vgl. *Schätzl* 1996, S. 149). Biehl et al. differenzieren etwa nach Infrastruktur, Wirtschaftsstruktur, Siedlungsstruktur (Agglomerationsgrad) und großräumiger Lage bzw. Standortpotential, während Hahne (1984) diesen Katalog noch um Elemente wie Umwelt-, Entscheidungs- und soziokulturelles Potential erweitert.

Wirtschaftsstufentheorien erklären die regionale Entwicklung aus komplexen entwicklungsgeschichtlichen Abläufen, die eine stete Höherentwicklung eines Landes und seiner Regionen zur Folge haben. Der Übergang zu einer höheren Stufe erfolgt nicht für alle Regionen gleichzeitig, sondern manche Räume erreichen die nächst höher gelegene Stufe früher als andere. Ein bekannter Vertreter dieser Richtung ist Rostow (1960), der fünf Wirtschaftsstufen - angefangen von der traditionellen, agrarisch geprägten Gesellschaft bis zur Phase des Massenkonsums - entwickelte. Aber auch die Sektorentheorie von Fourastié wurde in diesem Zusammenhang zur Interpretation raumwirtschaftlicher Prozesse verwendet (vgl. *Krieger-Boden* 1995, S. 30).

Besondere Bedeutung in raumwirtschaftlicher Hinsicht erlangten neoklassische Modelle und die Polarisationstheorien. Polarisationstheoretische Ansätze gelangen im Unterschied zum klassischen Theoriegebäude zu entgegengesetzten Ergebnissen in räumlicher Perspektive. Sie schließen die Möglichkeit einer Konvergenz zwischen unterschiedlich wirtschaftsstarken Regionen a priori aus (vgl. *Schätzl*, 1996, S.154 ff.).[12] Nach diesen Ansätzen entwickelt sich die ökonomisch stärkere Region (d. h. diejenige mit der besseren Ausstattung an wachstumsstiftenden Produktionsfaktoren) in einem Prozess ständigen Wachstum prosperierend weiter, während die rückständige Region nicht nur wirtschaftlich stagniert, sondern sogar Ressourcen durch Abwanderung in die wirtschaftlichen Aktivräume verliert. Das dauerhafte Wachstum geht aus der Annahme hervor, dass durch die hohe Interdependenz ökonomischer Aktivitäten ein einmal angestoßener Wachstumsprozess in einer Region oder in einem Wirtschaftszweig positive Rückwirkungen auf andere Sektoren in diesem Gebiet ausübt und dadurch weiteres Wachstum in anderen Bereichen und die Zuwanderung von Produktionsfaktoren induziert werden. Aufgrund der Annahme, dass eine räumlich unterschiedliche Verteilung wirtschaftlicher Ressourcen eine unveränderliche dauerhafte Verfestigung regionaler Disparitäten zur Folge hat, sind polarisationstheoretische Ansätze jedoch nicht dazu in der Lage, den Niedergang ehemaliger wirtschaftlicher Leitregionen wie z. B. des Ruhrgebietes zu erklären (vgl. *Rohr-Zänker* 1998, S. 17 ff.).

Einfache neoklassische Modelle[13] postulieren demgegenüber eine Nivellierung interregionaler Wachstumsunterschiede durch Wanderungsprozesse von Kapital und Arbeitskräften, die durch geringe Faktorkosten und damit höheren Grenzproduktivitäten in den wirtschaftsschwachen Regionen ausgelöst werden. Der Realitätsgehalt neoklassischer Ansätze lässt sich durch Erweiterungen des einfachen Grundmodells sukzessive erhöhen (vgl. z. B. *Siebert* 1967). Damit wird die unrealistische Annahme einer absoluten Konvergenz, d. h. einer völligen Nivellierung von Einkommens-, Produktivitäts- und Wachstumsunterschiede sowie Divergenzen in der Sektoralstruktur aufgehoben. Als Begründung für die Mög-

---

12 Eine Ausnahme hierzu bildet der Ansatz von Hirschman (1958), der im Gegensatz zu den Annahmen Mydrals (1974) unterstellt, dass sich nach einer Phase divergierenden regionalen Wachstums ein Abbau interregionaler Wachstumsunterschiede anschließt (vgl. *Velsinger/ Lienenkamp* 1996, S. 36). Auslöser einer konvergenten Regionalentwicklung sind in erster Linie politische Gegenkräfte, die sehr starken Verdichtungen entgegenwirken.

13 Das in regionalökonomischen Arbeiten vielfach zitierte neoklassische Grundmodell von Borts/Stein (1964) unterstellt eine vollständige Einebnung interregionaler Wachstums- und Wohlstandsunterschiede, die sich bei folgenden Grundannahmen einstellt: Vollbeschäftigung, vollkommene Konkurrenz, freie Mobilität der Faktoren, Transportkosten von Null, Produktionsfunktion mit konstanten Skalenerträgen, Ein-Gut-Produktion.

lichkeit eines ungleichen Verlaufs regionaler Entwicklungen wird die Immobilität von Produktionsfaktoren (z. B. des technischen Wissens) angeführt, also auf Erklärungsansätze der räumlichen Mobilitätstheorien zurückgegriffen. Letztendlich nähern sich damit die Ergebnisse aus der Analyse der Polarisationsmodelle und des neoklassischen Modells einander an. Dieses Beispiel illustriert, dass die Grenzen zwischen unterschiedlichen regionaltheoretischen Ansätzen fließend werden können, wenn Erweiterungen eingebaut werden (vgl. *Krieger-Boden* 1995, S. 47). Mit Hilfe regionalökonomischer Ansätze können daher sowohl Tendenzen ausgleichenden als auch divergierenden Wachstums zwischen Regionalwirtschaften begründet werden (vgl. *Krieger-Boden* 1995, S. 46).

3.1.3 Begründung des eigenen Vorgehens

Zur Gesamtbeurteilung des ökonomischen Raumsystems ist es nach den Überlegungen Schätzls (1996, S. 18 ff.) notwendig, die drei Theorieklassen Standort-, regionale Mobilitäts- und Wachstumstheorien, die jeweils andere Aspekte der Raumwirtschaft betonen, in einen gemeinsamen Kontext zu stellen. Dies bedeutet, dass sowohl die Raumstruktur (und die Gründe für die räumliche Verteilung wirtschaftlicher Aktivitäten) als auch die Interaktionen zwischen Regionen (der Güter- und Dienstleistungsaustausch und die Mobilität von Faktoren) sowie regionale Wachstumsprozesse in die Analyse mit einfließen müssen.

Diesem Vorgehen folgt auch diese Arbeit. Die Entscheidung, welche raumtheoretischen Modellansätze hierbei letztlich den theoretischen Bezugsrahmen bilden, hängt wesentlich von den gesteckten Untersuchungszielen ab. Da die Zielsetzung verfolgt wird, eine Analyse der Wirtschaftsstruktur und Standortqualität in den Regionen der früheren Bundesrepublik durchzuführen, wobei insbesondere dynamische Veränderungen beider Momente im Vordergrund des Untersuchungsinteresses stehen, müssen die Theorien folgendes leisten können:

Sie müssen zunächst dazu in der Lage sein, Erklärungen für die Herausbildung der ökonomischen Raumstruktur in einer hoch entwickelten Volkswirtschaft wie der Bundesrepublik zu liefern. Zur Bewältigung dieser Aufgabe bieten sich die gesamtwirtschaftlichen Landschaftsstrukturmodelle der Standortstrukturtheorien an. Aufbauend auf der Analyse der Gründe für eine unterschiedliche Verteilung von Wirtschaftsaktivitäten im Raum soll mit diesem Ansatz eine Einschätzung darüber ermöglicht werden, welche Produktionseinheiten und welche Standortstärken bzw. -schwächen in den siedlungsstrukturellen Regionstypen zu erwarten sind. Im Hinblick darauf wird in dieser Arbeit vor allen Dingen auf die Überlegungen v. Böventers aufgebaut, der eine Integration und Weiterentwicklung der klassischen Standortstrukturtheorien von v. Thünen, Christaller und Lösch vornahm (vgl. *Schätzl* 1996, S. 88). Hierbei werden auch Elemente der räumlichen Mobilitätstheorien in die Analyse mit einfließen, da den Wanderungsbewegungen der Produktionsfaktoren eine hohe Bedeutung für die Entwicklung der ökonomischen Raumstruktur beigemessen wird. Daneben ist zwischen dem Ansatz von v. Böventer und den Wirtschaftsstufentheorien eine Verbindung zu erkennen, weil v. Böventer die Entwicklung der Regionskategorien vor dem Hintergrund des sektoralen Strukturwandels diskutiert (vgl. *Krieger-Boden* 1995, S. 41).

Die standorttheoretische Analyse bildet das Fundament für die darauf folgende Interpretation regionaler Entwicklungsprozesse während der achtziger und neunziger Jahre in der alten Bundesrepublik. Für die Analyse dynamischer Prozesse in den siedlungsstrukturellen Regionstypen seit dem Beginn der 80er Jahre ist zur theoretischen Fundierung die Verwendung von Ansätzen regionaler Wachstumstheorien zweckmäßig, die im Unterschied zu den Standorttheorien nicht auf die Erklärung der Gründe für die Verteilung der Produktionseinheiten im Raum ausgerichtet sind, sondern das Wachstum der gegebenen Aktivitäten in einer Region der Hauptuntersuchungsgegenstand bildet.[14] Im Unterschied zu traditionellen Ansätzen betonen die neueren Modelle regionaler Wachstumstheorien stärker die Bedeutung qualifikatorischer Aspekte wie die regionale Verteilung des Humankapitals zur Generierung von Wachstumsprozessen. Gerade in einem hohen Bestand an technischem Wissen und an qualifizierten Arbeitskräften wird eine wesentliche Voraussetzung zur erfolgreichen Bewältigung des sektoralen und technologischen Strukturwandels in einer Region erkannt (vgl. Gliederungspunkt 3.3.3).

Die folgenden Gliederungspunkte beziehen sich daher auf die Standort- bzw. Landschaftsstrukturmodelle, ab Kapitel 3.3. wird mit den regionalen Wachstumstheorien der Fokus stärker auf dynamische raumwirtschaftliche Veränderungen gerichtet.

---

14 Eine inhaltliche Verbindung dieser Ansätze fordert auch Schätzl (1996, S. 187). Regionalökonomische Wachstumstheorien unterstellen zumeist eine ungleiche Verteilung wirtschaftlicher Ressourcen im Raum und untersuchen daraufhin, ob sich Regionen mit unterschiedlicher Ressourcenausstattung konvergent oder divergent entwickeln. Sie erklären aber nicht, wie es überhaupt zu einer unterschiedlichen räumlichen Verteilung von Ressourcen kommen konnte. Hierzu können Landschaftsstrukturmodelle Erkenntnisse liefern.

3.2 Gesamtwirtschaftliche Standortstrukturtheorien

Im Folgenden werden zuerst die älteren Theorien, die eng mit den Namen Thünen, Lösch und Christaller verbunden sind und die Basis für die Weiterentwicklung v. Böventers (1962a und 1979) bilden, in knapper Form dargestellt. Trotz vereinfachender und wirklichkeitsfremder Annahmen wie z. B. homogene Fläche, räumliche Gleichverteilung der Bevölkerung, gleiche Präferenzen, erlauben diese Modelle die Isolierung ökonomischer Faktoren, die Unregelmäßigkeiten in der Verteilung der Produktionsstätten bewirken können. Mit Hilfe des v. Böventer-Modells kann darauf hin der Realitätsgehalt der statischen Gleichgewichtsmodelle erhöht werden, da die Grundannahmen modifiziert und „Unregelmäßigkeiten" (wie ungleiche natürliche Standortbedingungen, räumliche Konzentration von Konsum, wirtschaftliche Konzentrationstendendenzen, Faktorwanderungen oder historische Zufälligkeiten etc.) eingeführt werden. Abschließend werden die theoretischen Überlegungen im Hinblick auf das dieser Arbeit zugrunde liegende Erkenntnisinteresse zusammengefasst. In Form von Hypothesen werden theoretische Erwartungen hinsichtlich regionsspezifischer Merkmale der Wirtschaftsstrukturen und Standortqualitäten formuliert.

3.2.1 Totalmodelle einer Wirtschaftslandschaft (v. Thünen, Christaller und Lösch)

Nachfolgend wird der Darstellung des Modells v. Thünens vergleichsweise wenig Raum gegeben, da v. Thünen die optimale räumliche Anordnung der landwirtschaftlichen Produktion untersuchte, diese aber in der vorliegenden Arbeit eine untergeordnete Stellung einnimmt. Dennoch fließt sein Modell hier mit ein, da es als konstituierend für die Entwicklung der Raumforschung gilt und die Entstehung anderer raumwirtschaftlicher - mehr auf den sekundären und tertiären Sektor gerichteten - Ansätze maßgeblich beeinflusst hat (vgl. *Meyer* 1970, Sp. 3371). Etwas ausführlicher werden dagegen die Ansätze von Christaller und Lösch behandelt. Die in den drei Modellen angeführten raumdifferenzierenden Faktoren[15] - d. h. die ökonomischen Gründe für eine ungleichgewichtige Verteilung von Produktion und Konsum im Raum - werden abschließend zusammengefasst und ihre Wirkung auf die Raumstruktur herausgestellt.

---

15 Der Begriff „raumdifferenzierende Faktoren" geht auf Böventer (1962b) zurück.

3.2.2 Landwirtschaftliche Standorttheorie (v. Thünen)

Von Thünen (1826) war einer der ersten Nationalökonomen, die sich mit den Eigenschaften und der unterschiedlichen Beschaffenheit von Standorten und deren Eignung für verschiedene Produktionsformen beschäftigten. Seine Forschungen können deshalb als Initialzündung für die Entwicklung der Standorttheorie angesehen werden, weil er als Erster räumliche Elemente in die Wirtschaftswissenschaften eingeführt hat (vgl. *v. Böventer* 1962a, S. 82). Von Thünen untersuchte die ökonomisch optimale Verteilung der Standorte für die Herstellung landwirtschaftlicher Produkte. Seinem deduktiven Modell liegen eine Reihe restriktiver Annahmen zugrunde (vgl. *Schätzl* 1996, S. 61):

- Der betrachtete Wirtschaftsraum ist von der übrigen Welt abgeschottet. In seiner Mitte liegt die einzige Stadt des Gebietes. Die sie umgebende Fläche ist homogen, d. h. überall gleich fruchtbar und kostenintensiv zu bewirtschaften.
- In der Stadt befindet sich der zentrale Markt des Raumes. Die Landwirte verkaufen dort ihre Waren und kaufen industrielle Erzeugnisse, die nur in der Stadt produziert werden.
- Des Weiteren existieren Transportkosten, die proportional zum Gewicht des Agrarproduktes und der Entfernung zum Absatzmarkt, d.h. der Stadt, sind.
- Die Landwirte betreiben Gewinnmaximierung und sind in der Lage, ihr Angebot unmittelbar an Nachfrageschwankungen anzupassen.

Ausgehend von diesen klassischen Gleichgewichtsbedingungen stellt sich die Frage, in welcher Distanz von der Stadt die verschiedenen landwirtschaftlichen Produkte angebaut werden. Das bestimmende Element hierbei ist die so genannte Lagerente R (vgl. *Krieger-Boden* 1995, S. 6). Diese setzt sich aus fünf Faktoren zusammen: Dem Marktpreis des Gutes p, den Produktionskosten C, den Transportkosten T, der Entfernung d sowie dem Bodenertrag je Flächeneinheit E.

$$R = E\,(p - Td - C)$$

Es ist leicht erkennbar, dass die Lagerente mit zunehmender Entfernung vom Absatzzentrum (Stadt) sinken muss. Da infolge der Homogenitätsbedingung die Bodenqualität überall gleich hoch ist und damit die Lage des Produktionsortes eines bestimmten Gutes für die Höhe seines Bodenertrags (ohne zusätzlichen Dünger) keine Relevanz besitzt, nimmt die Lagerente bei konstanten Marktpreisen mit zunehmender Distanz und damit ansteigenden Transportkosten zur Stadt ab.

Werden für unterschiedliche landwirtschaftliche Güter unterschiedlich hohe Marktpreise, Bodenerträge und Transportkosten aufgrund des Gewichts der Waren angenommen, so ist zu klären, in welchem Abstand zur Stadt die einzelnen Produktionsstätten angesiedelt sind. Die Entscheidung darüber, ob ein Gut in Zentrumsnähe oder den Randgebieten produziert wird, richtet sich nach der Höhe der Lagerente. Unter Berücksichtigung obiger Faktoren ist die Lagerente dann sehr hoch, je höher der Marktpreis, der Bodenertrag je Flächeneinheit und je geringer die Transport- und Produktionskosten sind (vgl. *Krieger-Boden* 1995, S. 6 f.). Aus diesem Grund sind die Hersteller von Gütern, deren gesamten Produktionskosten einen vergleichsweise hohen Transportkostenanteil aufweisen, bestrebt, sich in möglichst unmittelbarer räumlicher Nähe zur Stadt niederzulassen. Dies gelingt ihnen umso eher, je höher der Marktpreis und der Bodenertrag je Flächeneinheit und damit die Lagerente ist. Die Bestrebungen der Landwirte, die Transportkosten zu minimieren, führen zu einem intensiven Wettbewerb um das knappe Gut „Boden in räumlicher Nähe“ zur Stadt. Als Folge davon bildet sich ein Zentrum-Peripherie-Gefälle in der Höhe der Bodenpreise heraus (vgl. *Schätzl* 1996, S. 63). Die Existenz einer - relativ gesehen - hohen Lagerente erlaubt es Produzenten, einen hohen Bodenpreis bzw. Pacht zu zahlen und damit Konkurrenten, die sich in der Nähe der Stadt ansiedeln wollen, zu überbieten.

Das Zusammenwirken obiger Faktoren bewirkt, dass bspw. in unmittelbarer Nähe zur Stadt Forstwirtschaft betrieben wird. Die Begründung hierfür lautet wie folgt: Holz besitzt von allen land- und forstwirtschaftlichen Produkten mit das günstigste Marktpreis/Produktionskosten-Verhältnis. Die hohe Lagerente kann bei der Holzproduktion jedoch nur dann realisiert werden, wenn der Erlös nicht durch die - bei Holz beträchtlichen - Transportkosten aufgefressen wird. Dies wäre der Fall, wenn die Forstwirtschaft in großer Entfernung von der Stadt betrieben würde. Die dann anfallenden Transportkosten ließen die Produktion unrentabel werden. Aus diesem Grund sind die Forstleute auch bereit, einen hohen Bodenpreis (den sie aufgrund des hohen Marktpreises und Bodenertrages aufbringen können) für die Möglichkeit zur Bewirtschaftung in unmittelbarer Umgebung zur Stadt zu zahlen (vgl. v. *Thünen* 1875, S. 172 ff.).

Unter den gesetzten Modellprämissen bilden sich die bekannten Thünenschen Ringe heraus[16]:

---

16 Produkt I erzielt bei einem Transportaufwand (k) von 0 die höchste Lagerente, die aber infolge weit überdurchschnittlich hoher Transportkosten im Vergleich zu den Anbauprodukten II und III schneller sinkt. Deswegen wird Produkt I in unmittelbarer Nähe zur Stadt angepflanzt usw.

Abbildung 3: Lagerenten und Art der Bodennutzung bei drei Anbauprodukten

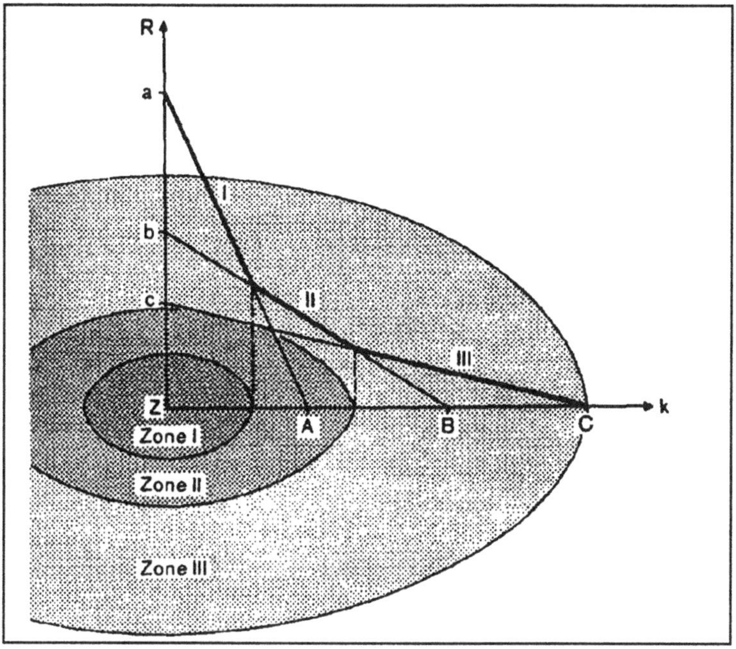

Quelle: Schätzl (1996), S. 65.

In einem bestimmten, genau festgelegten Radius zum Absatzzentrum (konzentrische Kreise) werden die Produkte angepflanzt, die unter Beachtung der genannten Faktoren den optimalen Ertrag gewährleisten. In unmittelbarer Umgebung der Stadt wird das landwirtschaftliche Gut hergestellt, das die höchste Lagerente aufweist. Ein Wechsel auf eine andere Bodennutzungsart erfolgt dann, wenn die Lagerente des gerade angebauten Gutes unter die Lagerente eines anderen Produktes sinkt usw.

In v. Thünens Modell kommt zweifellos der Höhe der Transportkosten die entscheidende Rolle zur Differenzierung ökonomischer Aktivitäten im Raum zu. Das Streben nach Minimierung der Transportkosten führt dazu, dass sich besonders leistungsfähige landwirtschaftliche Produktionszweige, d. h. solche, die ein günstiges Marktpreis/Produktionskosten-Verhältnis und/oder einen hohen Output je Flächeneinheit besitzen, in Zentrumsnähe ansiedeln. Bemerkenswert ist die

Tatsache, dass trotz der restriktiven Modellannahmen[17] empirische Arbeiten die Existenz von Zonen der Bodennutzung nachweisen konnten. Damit wird nicht nur die hohe Bedeutung der Transportkosten für die Standortwahl der landwirtschaftlichen Produktion hervorgehoben, sondern darüber hinaus ein Hinweis auf den allgemein hohen Stellenwert der Kosten der Raumüberwindung für das Wirtschaftsleben - jedenfalls im 19. Jahrhundert - gegeben. Von Thünen gelang mit seinem Modell der Nachweis, dass Marktkräfte unabhängig von natürlichen Produktionsverhältnissen eine räumliche Differenzierung von Wirtschaftsaktivitäten bewirken (vgl. *Maier/Tödtling* 1995, S. 125).

3.2.3 Die Modelle von Christaller und Lösch

Wie soeben dargelegt, konzipierte Thünen sein Landschaftsstrukturmodell zur Erklärung der räumlichen Anordnung der Produktion verschiedenartiger Agrarprodukte im letzten Jahrhundert. Der Ansatz eignet sich daher nur beschränkt für die Zielsetzung dieser Arbeit, weil er für eine Standortanalyse der Industrieproduktion und der Dienstleistungsaktivitäten originär nicht entwickelt wurde. Aus diesem Grund ist es angebracht, Theorien zu berücksichtigen, die die Verteilung der industriellen Produktion und des Dienstleistungssektors in einem Gesamtraum zum Thema haben. Als die herausragenden Vertreter solcher Landschaftsstrukturmodelle gelten Christaller (1933) und Lösch (1940). Da beide Modelle in weiten Teilen Gemeinsamkeiten und Überschneidungen aufweisen, werden diese zuerst dargestellt. Daraufhin werden die Aussagen der Ansätze einzeln erläutert und einander gegenübergestellt. Zum Schluss werden die Implikationen der Theorien hinsichtlich der räumlichen Wirtschaftsstruktur und ihrer Bestimmungsgrößen zusammengetragen.

3.2.3.1 Erläuterung der Grundannahmen beider Modelle

Christaller und Lösch verfolgen mit ihren Untersuchungen das Ziel, die Bestimmungsfaktoren für die Entstehung unterschiedlich großer Siedlungen offen zu legen und deren - unter ökonomischen Gesichtspunkten - optimale Anordnung in einem Wirtschaftsraum aufzuzeigen (vgl. *v. Böventer* 1962a, S.82). Beide Ansätze sind die ersten Versuche, ein detailliertes Totalbild der Landschafts-

---

17 Die restriktiven Modellannahmen wurden von v. Thünen selbst und später von anderen Regionalwissenschaftlern zum Teil aufgehoben und so eine höhere Realitätsnähe erreicht. Die Grundaussage, dass „die Lagerente zu einer unterschiedlichen räumlichen Verteilung der Bodennutzungsarten führt, blieb jedoch unangetastet" (*Schätzl*, 1996, S. 66 ff.).

struktur - das über die isolierte Betrachtung einer einzelnen Stadt und des primären Sektors bei v. Thünen hinausgeht - abzuleiten und zu erklären. In beiden Fällen handelt es sich um Partialmodelle, die aus Vereinfachungsgründen von wichtigen realen Gegebenheiten (wie z. B. Bevölkerungsbewegungen) absehen. Konkret gehen Christaller und Lösch von folgenden klassischen Homogenitäts- und Gleichgewichtsbedingungen aus (vgl. *Schätzl* 1995, S. 69 ff.; *Maier/Tödtling* 1995 S. 145/S. 47 ff./S. 110 und *v. Böventer* 1962a, S. 83 ff.):

a) Die Fläche des betrachteten Wirtschaftsraumes ist in jeder Beziehung homogen, d. h. es existieren keine räumlichen Unterschiede in der Verteilung der Produktionsfaktoren Arbeit, Boden und Kapital. Das technische Wissen ist ebenfalls ubiquitär. Damit weisen die Produktionskosten für ein bestimmtes Gut in jedem Ort des Raumes die gleiche Höhe auf.

b) Bevölkerungsbewegungen sind ausgeschlossen. Des Weiteren besitzen alle Individuen die gleichen Präferenzen und die gleiche Kaufkraft sowie denselben Informationsstand. Somit ist die Höhe der kaufkräftigen Nachfrage in allen Raumpunkten identisch.

c) Alle Individuen handeln nach dem Rationalprinzip. Die Unternehmen sind bestrebt maximalen Gewinn, die Nachfrager maximalen Nutzen zu erreichen. Ein Unternehmen stellt jeweils ein Gut her. Von Zwischenprodukten wird abstrahiert.

d) Es werden Konkurrenzbedingungen unterstellt. Die Anbieter handeln nach der Regel Preis gleich Grenzkosten. Der Preis ist für Anbieter und Nachfrager ein Datum. Das Angebot ist räumlich konzentriert bei räumlich gleichmäßig verteilter Nachfrage. Es gelten einheitliche Ab-Werk-Preise, d. h. der Preis eines Gutes steigt proportional zu seinen Transportkosten. Transportkosten werden als Preisaufschlag verstanden. Unterschiedlich hohe Transportkosten sind somit die Begründung für eine räumliche Differenzierung der Preise.

e) Im Hinblick auf die Produktions- und Kostenfunktion wird unterstellt, dass die Unternehmen mit zunächst steigenden und später sinkenden Skalenerträgen produzieren. Steigende Skalenerträge (oder auch interne Ersparnisse bzw. economies of scale) bedeuten eine unterproportionale Zunahme der Kosten bei einer Steigerung des Outputs. Als Begründungen für diesen Sachverhalt werden in der Literatur etwa die Existenz von Unteilbarkeiten und von Anfangsinvestitionen, die eine betriebliche Mindestgröße erfordern, eine ausdifferenzierte Arbeitsteilung oder durch steigende Betriebsgröße sinkende Lagerhaltungskosten sowie kostengünstigere Betriebsorganisation (Fließbandfertigung) angeführt (vgl. *Maier/Tödtling* 1995, S. 110; *Fritsch/Wein/ Ewers* 1993, S. 124 ff.). Allerdings sind ab einer bestimmten Ausbringungsmenge auch sinkende Skalenerträge möglich. Denkbare Ursachen hierfür sind zum einen erhöhte Transaktionskosten etwa für die Organisation und Überwachung der zunehmenden innerbetrieblichen Arbeitsteilung (vgl. *Fritsch/Wein/Ewers* 1993, S. 127). In diesem Zusammenhang sind auch etwaige Ineffizienzen zu berücksichtigen, die durch eine übermäßige Büro kratisierung der Verwaltung („Wasserkopf") entstehen können (vgl. *Maier/ Tödtling* 1995, S. 111). Aus den vorgestellten Annahmen ergibt sich der in Abbildung 4 dargestellte Verlauf der Kostenfunktionen.

Abbildung 4: Kostenfunktionen

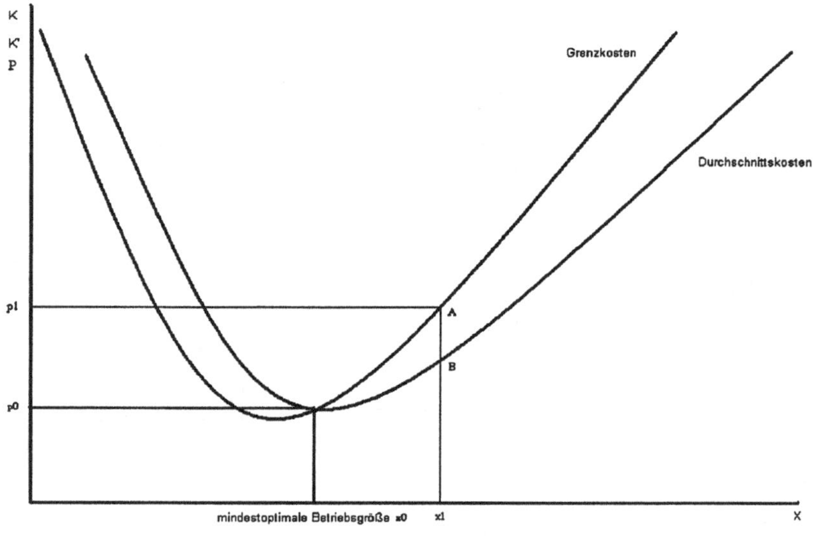

Quelle: nach Bertmann 1999, S. 60

Da Unternehmen im Rahmen des Modells der vollständigen Konkurrenz keinen Einfluss auf den Marktpreis besitzen, können sie sich nur über Veränderungen in der Höhe der Ausbringungsmenge an geänderte Marktverhältnisse anpassen. Bei einem Marktpreis von p0 wird das gewinnstrebende Unternehmen die Menge x0 produzieren. Die Kombination p0/x0 symbolisiert die mindestoptimale Betriebsgröße. In diesem Fall produziert das Unternehmen gerade kostendeckend. Kommt es zu einer Preissteigerung - die etwa durch eine Nachfrageerhöhung ausgelöst wird - passt sich das Unternehmen an die veränderte Situation über eine Erhöhung der Ausbringungsmenge an. Es erzielt bei einer solchen Mengen-/Preiskonstellation einen Stückgewinn in Höhe der Differenz zwischen Grenz- und Durchschnittskosten (vgl. die Situation p1/x1 in Abbildung 4). Allerdings besteht diese Situation im Rahmen der Marktform der vollständigen Konkurrenz nur auf kurze Sicht. Durch die Gewinne etablierter Unternehmen angelockt, dringen neue Anbieter in den Markt, die zu einer Ausdehnung des Angebotes und zu fallenden Preisen beitragen. Langfristig produzieren die Anbieter in Höhe der mindestoptimalen Betriebsgröße (vgl. *Bartmann/Busch/Schwaab* 1999, S. 68 ff.).

Vor dem Hintergrund der vorgestellten Prämissen führen ökonomische Aktivitäten zu einer Differenzierung des Raumes in Teilräume mit einer Anhäufung von Wirtschaftstätigkeiten und in solche, die ein geringeres Niveau an bzw. überhaupt keine Produktionstätigkeiten besitzen. Das Zustandekommen einer solchen ökonomischen Raumstruktur kann folgendermaßen begründet werden. Die branchenspezifischen Produktionsfunktionen (bzw. die daraus resultierenden unterschiedlichen mindestoptimalen Betriebsgrößen) und die Transportkosten haben zur Folge, dass der gewinnoptimale Absatzbereich spezifische Unterschiede zwischen den Gütern aufweist (vgl. *v. Böventer* 1962a, S. 83 ff.). Zum einen repräsentiert die mindestoptimale Betriebsgröße das Absatzvolumen, das erforderlich ist, damit eine Produktion unter Konkurrenzbedingungen überhaupt aufgenommen wird. Konkret bedeutet dies, dass sich mit steigender mindestoptimaler Betriebsgröße - unter der Annahme der Gleichverteilung der Bevölkerung und damit der kaufkräftigen Nachfrage - auch das regionale Absatzgebiet vergrößern muss. Zum anderen lässt sich aber der räumliche Absatzmarkt nicht beliebig erweitern. Der Möglichkeit, räumlich weit entfernte Märkte beliefern zu können, stehen die mit zunehmender räumlichen Distanz steigenden Transportkosten entgegen. Diese erhöhen proportional zur Entfernung den Ab-Werk-Preis, so dass ab einer bestimmten Grenze die Nachfrage auf Null sinkt (vgl. *Maier/Tödtling* 1995, S. 147).

Zusammenfassend lassen sich also zwei räumliche Grenzen der Absatzgebiete unterscheiden: Zum einen eine untere Grenze (Christaller: „innere Reichweite“;

Lösch: „notwendige Versendungsweite"), die das betriebswirtschaftlich notwendige Nachfrageminimum repräsentiert. Zum anderen definiert die obere Grenze (Christaller: „äußere Reichweite"; Lösch: „äußere Versendungsweite") die maximale Nachfrage nach einem Gut oder einer Dienstleistung. Dies bedeutet, dass Dienstleistungen oder Güter an einem Ort nur dann angeboten und produziert werden, wenn die äußere Reichweite größer als die innere Reichweite bzw. mindestens ihr gleich ist (vgl. *Eckey* 1978, S. 63). Auf diesem Weg bilden sich für jedes Produkt spezifische Markgebiete heraus.

Da die Unternehmen Gewinnmaximierung betreiben, ist jedes Unternehmen - unter Beachtung seiner individuellen Produktions- und Nachfragefunktion sowie der Transportkosten - bestrebt, seinen Absatzbereich möglichst bis zur äußeren Versendungsweite bzw. Reichweite auszudehnen. Im Produktionszentrum und in den Umlandgebieten sind die Gewinne konsequenterweise - aufgrund einer vergleichsweise geringen Transportkostenbelastung - höher als in den weiter entfernten Absatzgebieten (vgl. *Maier/Tödtling* 1995 S. 146 f.). Mit zunehmender Entfernung nehmen die Unternehmensgewinne kontinuierlich ab, bis sie am Rand des Absatzgebietes den Wert Null erreichen. Die Konsumenten, die jenseits dieser Grenze ansässig sind, werden deshalb von einem anderen Produzenten beliefert. D. h. um die homogene Fläche vollständig versorgen zu können, muss das Gut an mehreren Standorten hergestellt und vertrieben werden. Eine flächendeckende Versorgung des gesamten Wirtschaftsraumes wird in den Modellen durch die Gleichgewichtsannahmen, insbesondere die räumliche Gleichverteilung der Bevölkerung und die Gewinnhypothese der Unternehmen, sichergestellt. Dort, wo ein Unternehmen ein Produkt - aufgrund hoher Transportkosten - nicht mehr konkurrenzfähig anbieten kann, wird sich in geringerer räumlicher Distanz zu den Nachfragern ein anderes Unternehmen niederlassen und ein homogenes Gut offerieren. Aufgrund der unterstellten Konkurrenzsituation und des freien Markteintrittes werden die Absatzregionen der Anbieter letztendlich so weit aneinander gedrängt, bis jedes Unternehmen gerade seine kostendeckende Mindestnachfrage realisiert, d. h. die mindestoptimale Ausbringungsmenge realisiert wird. Der Unternehmensgewinn ist in diesem Fall null (vgl. *Maier/ Tödtling* 1995, S. 147 f.). Die Marktgebiete eines Unternehmens besitzen dabei nicht die Form von Kreisen, sondern es ergibt sich eine Bienenwabenform (regelmäßige Sechsecke; vgl. *Schätzl*, 1996 S. 72).[18]

---

[18] Die Begründung hierfür liegt in dem Sachverhalt, dass regelmäßige Sechsecke eine Fläche lückenlos und mit geringsten Transportkosten auszufüllen vermögen (vgl. *Maier/Tödtling* 1995, S. 148).

Wie erläutert, gelten diese Grundannahmen (die den Marktbereich jedes einzelnen Gutes definieren) sowohl für das System der zentralen Orte von Christaller als auch für die Theorie der Marktnetze von Lösch. Die Unterschiede zwischen beiden Modellen resultieren aus der Ableitung der Marktnetze (vgl. *v. Böventer* 1962a, S. 85). Dabei geht es um die Frage, wie die Produktion unterschiedlicher Güter im Raum angeordnet wird und wie sich die Handelsbeziehungen zwischen den Standorten gestalten. Der entscheidende Unterschied zwischen den Ansätzen Löschs und Christallers besteht darin, dass Christaller sein Landschaftsstrukturmodell „top to down" entwickelt und Lösch den „bottom-up"-Ansatz verfolgt. Konkret bedeutet dies, dass Christaller das System der Marktnetze ableitet, indem er mit dem Gut mit dem größten Absatzgebiet beginnt, während Lösch die kleinsten Einheiten (Bauernhöfe) als Ausgangspunkt seiner Untersuchung zugrunde legt (vgl. *v. Böventer* 1962a, S. 85).

3.2.3.2 Theorie der zentralen Orte (Christaller)

Christaller entwirft seine Struktur der räumlichen Ordnung ausgehend vom Gut mit dem (zunächst) größten Absatzradius (im folgenden auch als G1 bezeichnet). Der Wirtschaftsraum ist in dieser Ausgangssituation durch gleichmäßig über die Fläche verteilte Produktionsorte des Gutes der hohen Ordnung gekennzeichnet (vgl. hierzu *v. Böventer* 1962a, S. 85 ff. oder *Schätzl* 1996 S. 69 ff.). Auf dieser Grundlage untersucht Christaller, wie sich die Güter mit geringerem Absatzgebiet (G2, ..., Gn) in das Modell einfügen müssen, um eine optimale Versorgung des Gesamtraumes mit Gütern und Dienstleistungen gewährleisten zu können. Christaller unterstellt, dass das Gut mit dem nächst niedrigeren Absatzradius auf jeden Fall in den Produktionsorten des Gutes 1 hergestellt und angeboten wird. Sollte G2 ähnlich große Mindestabsatzgebiete aufweisen wie G1, ist die Errichtung neuer Produktionsstandorte zur Sicherstellung einer flächendeckenden Versorgung (noch) nicht erforderlich.

Dies ändert sich aber, wenn für Gut 3 deutlich kleinere Marktgebiete angenommen werden (vgl. *v. Böventer* 1962a, S. 86). Eine Produktion von G3 lediglich in den Siedlungen, in denen G1 und G2 produziert werden (in Abbildung 5 sind dies die A-Standorte), würde für eine vollständige Versorgung des gesamten Wirtschaftsgebietes nicht ausreichen. Die Begründung hierfür ist in den - in Relation zu G1 und G2 - kleineren Absatzgebieten zu sehen, die bspw. aufgrund einer hohen Teilbarkeit des Produktionsprozesses und damit nur geringer Größenvorteile, hoher lokaler Nachfrage oder hoher Transportkosten entstanden sind. Beispielsweise ist der räumliche Absatzmarkt einer kleinen Dorfbäckerei kleiner als das Einzugsgebiet eines großen Supermarktes. Würde daher G3 nur in den Produktionsorten von G1 hergestellt werden, würden sich die Absatzgebiete dieses Produkts nicht berühren, was eine Nichtversorgung von Teilräumen zur Folge hätte (vgl. *Maier/Tödtling* 1995, S. 148). Dass dieser Fall nicht eintritt, liegt daran, dass sich die Produktionsaufnahme für das Gut G3 in den von den zentralen Orten nicht erreichten Regionen lohnt und diese Versorgungslücke damit beseitigt wird. Als Konsequenz wird das Gut mit dem geringeren Absatzradius an einer größeren Zahl von Standorten produziert als die zentralen Güter G1 und G2.

Das Charakteristische an der räumlichen Anordnung der neuen Produktionsstandorte ist die Tatsache, dass diese an den Eckpunkten der bestehenden Marktgebiete entstehen, also jeweils sechs Städte, in denen G2 produziert wird, um einen Produktionsstandort von G1 angesiedelt sind. Da jeder Produktionsstandort von G1 seinerseits von sechs anderen Orten umgeben ist, die ebenfalls G1 herstellen, fallen rein rechnerisch auf jede zentrale Stadt drei Produktionsorte, die G2 produzieren (vgl. *v. Böventer 1962a,* S. 86 f.). Dieses System lässt sich durch die Einbeziehung weiterer Güter mit geringeren Absatzradien beliebig erweitern (siehe Abbildung 5).

Abbildung 5: System der zentralen Orte

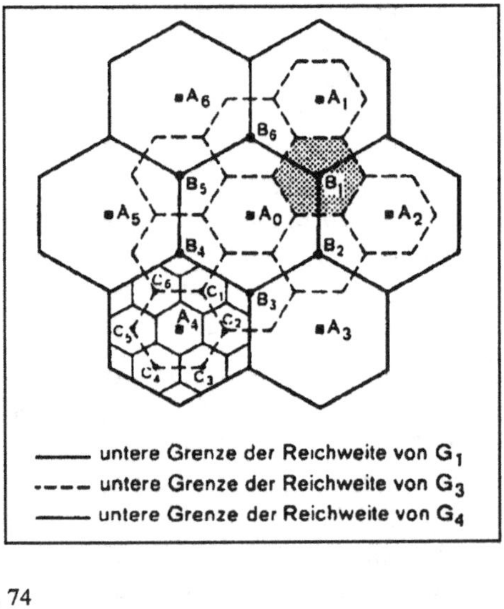

Quelle: Schätzl 1996 S. 74

Im Endeffekt führt das Christaller-System zu einer statischen, sich in einem stabilen Gleichgewichtszustand befindenden Landschaftsstruktur, die durch eine hierarchische Ordnung von Städten gekennzeichnet ist. Die Zentralität der Städte bzw. deren Hierarchie im Städtegefüge wird nach der Anzahl und dem Rang der bereitgestellten Güter und Dienstleistungen gemessen (vgl. *King* 1984, S. 32). Je mehr Produktionsstandorte in einem Ort vereint sind, umso höher ist die Zentralitätsstufe dieses Ortes anzusetzen. Dabei gibt es nur einen Ort, an dem alle Güter produziert werden. Ein charakteristisches Merkmal des Christaller-Systems ist die Tatsache, dass alle Güter, die in Orten mit niedriger Zentralitätsstufe hergestellt werden, auch in allen zentraleren Städten produziert werden, der umgekehrte Fall jedoch ausgeschlossen ist. D. h. Wirtschaftseinheiten in einer kleineren Stadt werden in diesem Modell niemals Abnehmer in einer größeren Stadt mit Waren beliefern (vgl. *Schätzl* 1996, S. 74 f.). Die nachfolgende Behandlung des Lösch-Systems wird diese Annahme modifizieren.

Ein weiteres Kennzeichen der Theorie der zentralen Orte ist die Tatsache, dass optimales und tatsächliches Absatzgebiet nur in Ausnahmefällen übereinstimmen (vgl. *v. Böventer* 1962a, S. 87 f. und 1979, S. 26). Dadurch, dass Christaller die Verteilung der Orte der niedrigen Ordnung nach festen Regeln vornimmt (auf jeden nächst zentraleren Ort werden stets drei Produktionsorte mit einem nächst geringeren Absatzradius „zugeordnet"), kommt es nur dann zu einer Identität von betriebsoptimalen und tatsächlichem Absatzgebiet, wenn die Größe eines optimalen Einzelabsatzgebiete zu einem Drittel die Fläche des nächstgrößeren Marktgebietes ausfüllt. Dies bedeutet, dass das Marktgebiet eines Gutes durch die Absatzregionen der zentralen Güter im Vorhinein bereits festgelegt ist, unabhängig vom produktspezifisch optimalen Absatzbereich.

Immer wieder wird in der regionalwissenschaftlichen Literatur darauf hingewiesen, dass das Modell von Christaller mit seiner gleichmäßigen Streuung der Produktionsorte über die Fläche in sektoraler Hinsicht mehr die räumliche Verteilung von Dienstleistungsunternehmen als die von Industriebetrieben beschreibt (vgl. *v. Böventer* 1962a und 1979; *Sommer* 1989; *Eckey* 1978). Als Begründung für diese These wird etwa von v. Böventer (1979, S. 233f.) argumentiert, dass die räumliche Nähe zu ihrem Absatzgebiet für eine Vielzahl von Dienstleistungsproduktionen einen *höheren* Stellenwert besitzt, als dies bei der Industrieproduktion der Fall ist.[19] Den Ausgangspunkt dieser Annahme bilden

[19] Diese Aussage bezieht sich insbesondere auf die haushaltsnahen Dienstleistungen. Wird unterstellt, dass die unternehmensbezogenen Dienstleistungen vielfach größere Mindestmarktgebiete als die haushaltsnahen Dienste benötigen, folgt daraus, dass erstere im Raum stärker konzentriert sind als bspw. haushaltsorientierte Dienstleistungen, die den täglichen Bedarf decken (vgl. *Sommer* 1989, S. 68 ff.).

zum einen die in Kapitel 1.3.2 aufgeführten Eigenschaften der Dienstleistungsproduktion einer - in Relation zum industriellen Sektor - geringeren Lager- und Transportfähigkeit von Dienstleistungen, die ein zeitliches und räumliches Zusammenfallen von Produktion und Konsumtion nach sich ziehen („uno-actu-Prinzip").[20] Dieser Sachverhalt erfordert eine geringe räumliche Entfernung zwischen den Dienstleistungsproduzenten und ihren Konsumenten und führt dazu, dass sich die Dienstleistungsproduktion gemäß der räumlichen Verteilung der Haushalte oder der Unternehmen (je nachdem, ob es sich um haushalts- oder unternehmensnahe Dienstleistungen handelt) über die Fläche verteilt.

Zum anderen wird für den sekundären Sektor eine höhere Bedeutung von Unteilbarkeiten und den Erfordernissen minimaler Betriebsgrößen vermutet. In diesem Zusammenhang wird darauf verwiesen, dass die Kapitalintensität im Dienstleistungsbereich unter der im industriellen Sektor liege (vgl. *Hatzfeld/ Schröer* 1993, S. 335). Letztgenannte Faktoren erklären (neben der Rohstoffabhängigkeit der Industrieproduktion, die besonders in der Industrialisierungsphase eine starke räumliche Orientierung der Industrieunternehmen an den Orten der Rohstoffvorkommen mit sich brachte; vgl. Kapitel 3.2.4.1), weshalb - wie in der Realität zu beobachten ist - große Industriekonzerne mit mehreren tausend Beschäftigten an wenigen Raumpunkten entstanden sind. Der tendenziell höhere Kapitaleinsatz bei Industrie- gegenüber Dienstleistungsunternehmen bedingt also eine vergleichsweise hohe Immobilität industrieller Unternehmen. Anders formuliert sind wegen der Existenz von Unteilbarkeiten die Unternehmen im industriellen Bereich größer und räumlich stärker konzentriert als im tertiären Sektor.

Resümierend ist zu sagen, dass Christaller in seinem Modell gezeigt hat, wie durch das Wirken ökonomischer Faktoren zwangsläufig regionalwirtschaftliche Disparitäten entstehen müssen - selbst unter der Bedingung einer homogenen Fläche. Die eine räumliche Differenzierung auslösenden ökonomischen Kräfte sind dabei die Transportkosten sowie die produktspezifischen Produktions- und Nachfragebedingungen.

---

20 Bei der Diskussion der als typisch anzusehenden Merkmale von Dienstleistungen wurde allerdings auch deutlich, dass diese Kennzeichen in jüngere Zeit aufgrund des technischen Fortschritts (beispielsweise die Erledigung der Buchführung in einer anderen Region oder Land und die Übermittlung der Daten übers Internet) Dienstleistungen weniger zutreffend beschrieben können als dies in der Zeit von Christaller der Fall war. Aus diesem Grund ist davon auszugehen, dass heutzutage die Notwendigkeit der räumlichen Nähe zwischen Dienstleistungserbringer und Dienstleistungsempfänger aufgrund des uno-actu-Prinzips durch den elektronischen Fortschritt in verschiedenen Bereichen abgenommen hat.

3.2.3.3 Theorie der Marktnetze (Lösch-System)

Lösch (1944) verfolgte in seinen Untersuchungen - ähnlich wie Christaller - die Zielsetzung, einen Beitrag zur Klärung der Frage nach einer ökonomisch effizienten räumlichen Anordnung von Produktionsstandorten in einem Wirtschaftsraum zu liefern. Im Gegensatz zu Christaller ergibt sich aber unter den Modellprämissen Löschs die Möglichkeit zur räumlichen Spezialisierung von Produktionen (vgl. *v. Böventer* 1962a, S. 90). Lösch berücksichtigt damit die Effekte der interregionalen Arbeitsteilung, die dazu führen können, dass sich Orte auf die Herstellung bestimmter Güter spezialisieren und so ein Warentausch auch zwischen Orten der gleichen Zentralitätsstufe stattfindet. Dieser Fall war bei Christaller ausgeschlossen. Lösch sah sein Modell selbst als „industriellen Gegenfall zu Thünens isoliertem Staat" (*Lösch* 1944, S. 90) an, konzentrierte sich in seinen Überlegungen also vornehmlich auf die Standortverteilung der Unternehmen des Produzierenden Gewerbes.

Der Ausgangspunkt zur Ableitung der Raumstruktur nach dem Lösch-Modell sind nicht die Orte höherer Zentralitätsstufen, sondern die kleinsten wirtschaftlichen Einheiten (bei Lösch sind dies gleichmäßig über die Fläche verstreute Bauernhöfe). Während Christaller die Verteilung der Wirtschaftsaktivitäten in Abhängigkeit von der Lage der größten Städte ableitet, werden die Marktnetze Löschs und damit auch die Entstehung großer Wirtschaftszentren durch die räumliche Anordnung kleinerer Produktionsorte bestimmt.

Die Tatsache, dass die Bauernhöfe gleichmäßig über den Wirtschaftsraum verteilt sind und auf diesem Weg eine vollständige Versorgung der Bevölkerung sicherstellen, ist in den weiter oben definierten Gleichgewichts- und Homogenitätsannahmen begründet. Von dieser Grundstruktur ausgehend analysiert Lösch die Anordnung der Produktionsstätten von industriellen Gütern und Dienstleistungen, die im Unterschied zum Agrarbereich ein größeres Absatzgebiet besitzen (vgl. *Schätzl* 1996, S. 81 ff.). Es ist plausibel, dass diese höherrangigen Produktionen aufgrund ihres größeren Absatzgebietes nicht in jeder Agrarsiedlung angesiedelt sein müssen bzw. aus Rentabilitätsgründen nicht sein können („notwendige Versendungsweite"). Dies führt dazu, dass das Gut der - im Vergleich zum landwirtschaftlichen Produkt - nächsthöheren Zentralitätsstufe, je nach dem individuellen betriebsoptimalen Marktgebiet, in jeder dritten Siedlung produziert wird, das Gut der übernächsten Zentralitätsstufe nur in jeder vierten Siedlung usw. (vgl. *v. Böventer* 1962a, S.88). Mit diesem Vorgehen wird eine Deckungsgleichheit von betriebsoptimalen mit tatsächlichen Absatzgebieten herbeigeführt.

Lösch verschiebt nun die unterschiedlichen Marktnetze so lange im Raum, bis a) möglichst viele Produktionsstätten auf einen Ort oder dieselbe Region fallen und b) es einen zentralen Ort gibt, in dem alle Güter produziert werden. Hierin besteht eine wichtige Analogie zum Christaller-Modell. Auch dort gibt es nur einen Ort, der alle Produktionsaktivitäten auf sich vereint. Der Unterschied zur Theorie der zentralen Orte ist aber darin zu sehen, dass die Hierarchie der Städte im Lösch-System nicht so streng ist. Dies resultiert aus dem folgenden Umstand: Lösch erhebt den Anspruch mit seinem Modell die - unter ökonomischen Gesichtspunkten - optimale Raumstruktur aufzuzeigen („Idealbild einer Wirtschaftslandschaft"; *Lösch* 1944, S. 9).

Abbildung 6: System der Marktnetze

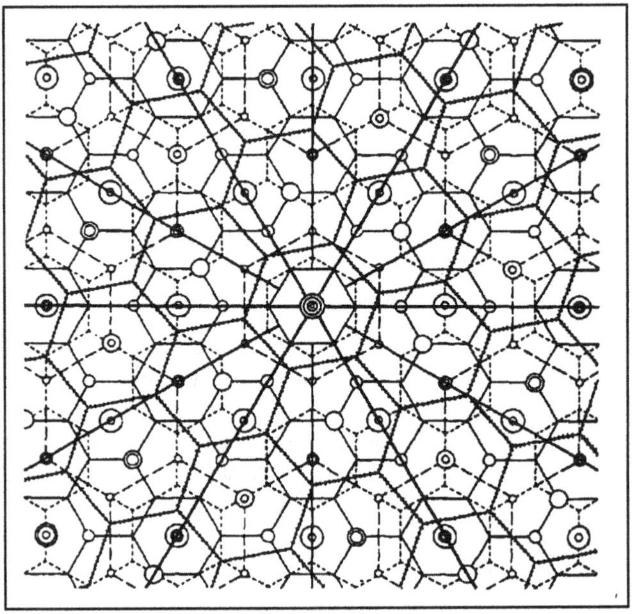

Quelle: Schätzl 1996, S. 84.

Faktisch ist damit - neben der Minimierung der gesamtwirtschaftlichen Produktionskosten - vor allem die Verwirklichung minimaler Transportkosten angesprochen. Um den Transportaufwand zu reduzieren, bietet es sich an, eine möglichst hohe Zahl von Produktionen auf einen Ort oder eine Region zu legen (vgl.

Maier/Tödtling 1995, S. 154). Lösch erreicht dies dadurch, dass die Marktnetze so lange um das Großzentrum herum rotiert werden, bis Gebiete mit einem hohen Besatz an wirtschaftlichen Aktivitäten und solche mit nur geringen oder keinen Produktionen entstehen. Dies hat zur Folge, dass die örtliche Nachfrage maximiert, die Transportkosten und die Zahl der Verkehrswege aber minimiert werden (vgl. *Schätzl* 1996, S. 83 f). Dadurch, dass sich die Herstellung zahlreicher Güter auf wenige Orte konzentriert, wird den Nachfragern der Bezug unterschiedlicher Güter an einem Ort ermöglicht und es entfällt damit die Notwendigkeit, verschiedene und unter Umständen weit voneinander entfernt liegende Produktionsorte aufzusuchen. Letztendlich führt diese Konstellation zu einer Aufteilung in städtearme und städtereiche Gebiete.

Das Landschaftsstrukturmodell Löschs weist gegenüber der Zentralen-Orte-Theorie die folgenden Unterschiede auf:

- Bei Christaller besteht ein festes Zuordnungsverhältnis zwischen den Orten einer Zentralitätsstufe und den Orten des nächsthöheren Zentralitätsgrades. Auf jede Stadt entfallen drei Siedlungen, die eine Zentralitätsstufe niedriger sind. Bei Lösch dagegen gibt es einen solchen festen Zuordnungsfaktor nicht. Es werden vielmehr die optimalen Marktgebiete so lange im Raum angeordnet, bis eine Versorgung zu minimalen gesamtwirtschaftlichen Kosten (Produktions- und Transportkosten) sichergestellt ist. Eine strenge hierarchische Ordnung wie im Christaller-System ist dabei aber nicht zu erkennen.

- Im Lösch-Modell sind gewisse Produktionsspezialisierungen der Städte denkbar. Die Theorie der zentralen Orte schloss Handelsbeziehungen zwischen Städten verschiedener Größenordnungen aus. Dass ein kleiner Ort eine Stadt mit hoher Zentralitätsstufe mit Gütern versorgt, ist im Christaller-System nicht vorstellbar, da die großen Siedlungen auf jeden Fall das produzieren, was die kleineren herstellen. Das Lösch-System ist insofern realitätsnäher, als auch kleinere Orte Versorgungsfunktionen für die Zentralstädte wahrnehmen können, die in diesen nicht erfüllt werden. Beispielhaft ist hier an einen Zulieferer mit Sitz in einem ländlichen Gebiet, der seine Waren in einem Ballungsraum an einen industriellen Großbetrieb absetzt, zu denken. Das Lösch-Modell berücksichtigt also räumliche Spezialisierungen der Produktion und eine differenzierte interregionale Arbeitsteilung (*v. Böventer* 1962a, S. 90).

- Ein weiteres wirklichkeitsnahes Ergebnis von Lösch besteht in der Ableitung von - mit industrieller Produktion - geringer und höher verdichteten Gebieten. Bei Christaller war dagegen die Verteilung ökonomischer Aktivitäten über den Wirtschaftsraum vollkommen gleichmäßig (vgl. *v. Böventer* 1962a, S. 90).

- Die Theorie Christallers eignet sich eher für die Erklärung der räumlichen Verteilung der Dienstleistungserstellung als für die Beschreibung der regionalen Struktur der Industrieproduktion. Diese Einschätzung beruht auf der Annahme, dass Faktoren wie interne Ersparnisse einen höheren und die Nähe zum räumlichen Absatzmarkt einen geringeren Stellenwert für die Industrie- im Unterschied zur Dienstleistungsproduktion besitzen (vgl. *Sommer* 1989, S. 68).

3.2.3.4 Zusammenfassung und Kritik der Standortstrukturtheorien

Die Modelle von v. Thünen, Christaller und Lösch wurden so weit dargestellt, wie es für das in dieser Arbeit verfolgte Untersuchungsziel erforderlich ist. Diese - für die Entwicklung der Raumwirtschaftstheorie als richtungsweisend geltenden Ansätze - stellen die Grundlage für das Modell v. Böventers dar, der zum einen eine Integration der genannten Modelle, zum anderen eine Weiterentwicklung in Richtung auf eine größere Realitätsnähe zu erreichen versuchte. Die vorliegende Arbeit stützt sich in größerem Maße auf das v. Böventer-Modell, weniger auf die traditionellen Ansätze. Bevor intensiver auf den v. Böventer-Ansatz eingegangen wird, werden nachfolgend zunächst die Ergebnisse aus der Analyse der Theorien von v. Thünen, Christaller und Lösch zusammengetragen.

1. Die Ansätze von Christaller und Lösch zeigen, dass allein das Wirken ökonomischer Kräfte dazu führt, dass auf einer völlig gleichförmigen Fläche räumliche wirtschaftliche Disparitäten entstehen. Dabei sind die produzierenden Tätigkeiten mit einem geringen Absatzgebiet noch mehr oder minder gleichmäßig über die Fläche verstreut, während sich die größeren Industrie- und die Dienstleistungsproduktionen auf wenige größere Städte verteilen. Die landwirtschaftlichen Produktionen siedeln sich im v. Thünen-Modell, je nach Höhe der Bodenrente, um die Siedlungen herum an.

2. Die ökonomischen Bestimmungsfaktoren der räumlichen Differenzierung sind die produktspezifischen Nachfrage- und Produktionsverhältnisse sowie die Höhe der Transportkosten. Ein Unternehmen benötigt dabei ein Minimum an Nachfrage, d. h. räumlicher Ausdehnung des Marktgebietes, um gerade kostendeckend wirtschaften zu können. Je nach dem Verlauf der Produktionsfunktion eines Gutes oder einer Dienstleistung unterscheidet sich die betriebsnotwendige Mindestnachfrage und damit die Größe des minimal notwendigen Absatzgebietes voneinander. Andererseits kann das Unternehmen

nicht beliebig wachsen und sein Absatzbereich ausdehnen, da in diesem Fall der Anstieg der Transportkosten nachfragebegrenzend wirkt. Auf diese Weise entstehen für jedes Gut - je nach seiner individuellen Produktions- und Nachfragefunktion - spezifisch große Marktgebiete.

Die direkte Verwendbarkeit der bisher diskutierten theoretischen Modelle von Christaller und Lösch für das in dieser Arbeit verfolgte Untersuchungsziel ist wegen der Vernachlässigung wichtiger realer Gegebenheiten nicht möglich (vgl. *v. Böventer* 1962a, S. 91 ff.; *Maier/Tödtling* 1995, S. 154 f.). Dazu zählen etwa die ökonomischen Effekte von räumlichen Zusammenballungen wirtschaftlicher Aktivitäten (Lokalisations- und Urbanisationseffekte). Zu diesem Bereich gehören auch Kostenvorteile für Unternehmen, die aus einer hohen Infrastrukturausstattung in einem zentralen Ort resultieren und folglich nur an dieser Raumstelle realisiert werden können. Ebenso wenig wurden in den bisherigen Ansätzen Bevölkerungsbewegungen berücksichtigt. Die Außerachtlassung von Migrationen führt zu der nicht realistischen Situation, dass zwar die Produktionseinheiten räumlich geballt sind, diese Konzentrationen jedoch keine Auswirkungen auf die Standortentscheidungen der privaten Haushalte besitzen. Des Weiteren abstrahieren die Modelle - aufgrund der getroffenen Homogenitätsannahme - von räumlichen Unterschieden in der Höhe der Produktionsfaktorkosten, die beispielsweise durch eine räumlich ungleichmäßige Verteilung von Rohstoffvorkommen und Bodenschätzen bedingt ist. Eine Weiterentwicklung der Theorien hinsichtlich dieser Gesichtspunkte leistete v. Böventer, dessen Modell im Folgenden vorgestellt wird.

3.2.4 Herleitung der ökonomischen Potentiale unterschiedlich stark verdichteter Regionen in einer hochentwickelten Volkswirtschaft

Aufbauend auf den Modellen von v. Thünen, Lösch und Christaller versuchte v. Böventer (1962a, 1979), eine Integration und größere Realitätsnähe dieser Ansätze zu erreichen. Dazu erweiterte er die Modellannahmen und untersuchte darauf hin, wie sich unter dem Einfluss raumdifferenzierender Faktoren Siedlungsstrukturen entwickeln. Im Anschluss werden zunächst die Prämissen, die v. Böventer seinem Ansatz zugrunde legt, dargestellt. Daran anschließend werden die raumstrukturierenden Faktoren und die aus deren Zusammenwirken resultierende Raumstruktur einer hoch entwickelten Volkswirtschaft beschrieben.

3.2.4.1 Modifikationen der Modelle von Christaller und Lösch

Von Böventer erweiterte die Standortstrukturtheorien von Christaller und Lösch dadurch, dass er die Homogenitätsannahmen aufhob und zusätzliche Bausteine - wie Agglomerationseffekte - in die Theorien einfügte. Abstrahierten Christaller und Lösch in ihren Partialmodellen von wichtigen realen Bedingungen, um das Erscheinungsbild einer Landschaft zu demonstrieren, die „sich der Mensch selbst durch seine ökonomischen Aktivitäten schafft" (*v. Böventer* 1979, S. XII), so sind diese vereinfachenden Annahmen im Folgenden aufzuheben. Die Modelle werden damit um die folgenden Elemente und Verhaltensannahmen erweitert.

- Natürliche Produktionsbedingungen

Werden naturbedingte Unregelmäßigkeiten der Fläche (im Hinblick auf die Bodenqualität und -ressourcen oder die klimatischen Verhältnisse) unterstellt, ist die räumliche Spezialisierung - entgegen den Prämissen der vorstehenden Modelle - nicht mehr nur Folge von internen Ersparnissen, Nachfragebedingungen und Transportkosten (vgl. *v. Böventer* 1962a, S. 101). Die räumliche Konzentration günstiger natürlicher Standortbedingungen wie Bodenschätze, angenehmes Klima oder ein hoher landschaftlicher Reiz kann die Zuwanderung von Personen oder Unternehmen begünstigen und damit regionalwirtschaftliche Disparitäten mit begründen. Als historische Beispiele für die Ballung unternehmerischer Aktivitäten aufgrund natürlicher Gegebenheiten können die Entstehung des Ruhrgebietes oder die prosperierende Entwicklung von Hafenstädten gesehen werden. Im letzteren Fall äußern sich die Vorteile vorhandener natürlicher Standortbedingungen jedoch nicht im Auftreten von Rohstoffvorkommen, sondern in einer zentralen Verkehrslage, die einen Transportkostenvorteil bei der Produktionsansiedlung in den Hafenstädten im Gegensatz zu einem Standort im Hinterland begründet (vgl. *v. Böventer* 1962a, S. 113).

- Regional unterschiedlich hohe Kosten der Produktionsfaktoren Arbeit und Boden

Ein weiteres wesentliches Element traditioneller Landschaftsstrukturmodelle ist die quantitative und qualitative Homogenität der Produktionsfaktoren Arbeit und Boden. Diese Annahme wird im Folgenden aufgehoben und räumliche Differenzierungen in der Verfügbarkeit und der Beschaffenheit der Faktoren eingeführt. Von Böventer unterstellt in diesem Zusammenhang eine positive Korrelation zwischen zunehmender Verdichtung und steigenden Bodenpreisen bzw. Lohnkosten (vgl. *v. Böventer* 1979, S. 12). Räumliche Unterschiede in der Verfügbarkeit und dem Kostenniveau des Faktors Boden sind durch eine räumlich unterschiedlich hohe Nachfrage nach Flächen bedingt. In Gebieten mit hoher wirtschaftlicher Aktivität und/oder solchen mit den bereits angesprochenen günstigen natürlichen Produktionsbedingungen sind die Bodenpreise tendenziell höher als in dünn besiedelten flächengroßen Regionen. In Bezug auf regionale Unterschiede in der Höhe des Lohn- und Einkommensniveaus nimmt v. Böventer (1962a, S. 130) an, dass diese auf vielfältigen Ursachen beruhen - wie etwa regional divergierende Branchenstrukturen und Arbeitsqualitäten, räumlich unterschiedlich hohe Lebenshaltungskosten oder Unterschieden im Aufbau der Bevölkerung (vgl. hierzu auch *Jakoby* 1990).

Unabhängig von der Vielfältigkeit der Faktoren sieht v. Böventer (1979, S. 12 und 246) hauptsächlich in der Existenz von Agglomerationsvorteilen den bestimmenden Faktor für eine - im interregionalen Vergleich - hohe Produktivität und damit relativ hoher Einkommen der Produktionsfaktoren in den Verdichtungsgebieten. Ein interregional überdurchschnittliches Lohnniveau wird von den in den Zentralregionen ansässigen Unternehmen bezahlt, um bei starkem Wachstum eine erhöhte Zuwanderung von Arbeitskräften erreichen zu können. Zur Verwirklichung dieses Zieles muss die Bezahlung in den urbanen Räumen mindestens so weit über der in den nicht-zentralen Regionen liegen, dass wenigstens ein Ausgleich für die in den Verdichtungsräumen vergleichsweise hohen Lebenshaltungskosten gegeben ist (vgl. *v. Böventer* 1962a, S. 133).

- Bevölkerungsbewegungen

Christaller und Lösch schlossen Bevölkerungsbewegungen aus ihren Modellen aus. Das Abstrahieren von Bevölkerungswanderungen war deswegen eine unabdingbare Voraussetzung zur Konstruktion ihrer Raumwirtschaftsmodelle, weil Bevölkerungsballungen in wenigen Orten zugleich eine regionale Konzentration von kaufkräftiger Nachfrage und Arbeitskräften bedeuten. Unter diesen Bedingungen hätten Christaller und Lösch ihre optimalen sechseckigen Marktgebiete nicht erstellen können (vgl. *v. Böventer* 1962a, S. 92 f.). Die Konstruktion beider Modelle basiert auf der Annahme, dass Unternehmen, die dasselbe Gut produzieren, ein gleich großes Marktgebiet beliefern und demzufolge auch gleich groß sein müssen. Über das gesamte Wirtschaftsgebiet spannt sich somit - als logische Folge der in jedem Raumpunkt homogenen Nachfragebedingungen - ein gleichmäßiges Netz von Absatzgebieten. Bei Bevölkerungsbewegungen und damit räumlich unterschiedlich konzentrierter Nachfrage sind aber Rückwirkungen auf die Größe der regionalen Marktgebiete zu erwarten: In Regionen, die durch eine hohe lokale Nachfrage infolge einer Bevölkerungsmassierung gekennzeichnet sind, erreichen dieselben Unternehmen ihre betriebsnotwendige Mindestnachfrage bei einer geringeren Ausdehnung des Absatzmarktes, als dies in eher dünn besiedelten Gebieten der Fall ist (vgl. *Maier/Tödtling* 1995, S. 155).

Als auslösender Beweggrund für Wanderungen arbeitsfähiger Personen wird von v. Böventer (1962a, S. 101) eine höhere Entlohnung in anderen Region angenommen. In diesem Zusammenhang werden von v. Böventer auch Mobilitätshemmnisse berücksichtigt, die einer Wanderung der Arbeitskräfte zu dem Ort ihrer höchsten Entlohnung im Wege stehen. Er unterstellt, dass die Wanderung selbst mit hohen Kosten verbunden ist und insbesondere Personen aus wirtschaftlich rückständigen Regionen diese nicht tragen können. Zu den Wanderungskosten zählt v. Böventer auch Kosten zum Erlangen einer höheren Ausbildung, die zur erfolgreichen Arbeitsaufnahme in anderen Regionen erforderlich sein können. Mobilitätshemmnisse können in diesem Sinne ein wichtiger Faktor zur Erklärung dauerhafter Arbeitslosigkeit in wirtschaftsschwachen Gebieten sein.[21]

Das Ausmaß der Bereitschaft zur Wanderung über Regionsgrenzen hinweg wird zudem vom Entwicklungsstand einer Volkswirtschaft bestimmt. Im Hinblick auf eine hoch entwickelte Volkswirtschaft unterstellt v. Böventer eine ausgeprägtere Mobilitätsbereitschaft der erwerbsfähigen Bevölkerung als in früheren Stadien, vornehmlich deshalb, weil durch den Bedeutungsverlust der landwirtschaftlichen Produktion im Laufe der wirtschaftlichen Entwicklung das Arbeitsplatzangebot in den dünner besiedelten Regionen abnimmt (vgl. *v. Böventer* 1979, S. 245). Damit geht von Böventer in seinen Überlegungen vom klassischen Muster der Land-Stadt-Wanderung aus, das für weite Abschnitte des 19. und 20. Jahrhunderts Gültigkeit besaß (vgl. Kapitel 2.2.1).

- Agglomerationseffekte

In den Modellen Christallers und Löschs präferieren Unternehmer, die neu die Produktion aufnehmen, bereits bestehende Siedlungen als Produktionsstandorte. Durch dieses Standortwahlverhalten räumlich noch nicht festgelegter Wirtschaftsaktivitäten kann erst das charakteristische System von Marktnetzen und die Hierarchie der zentralen Orte entstehen. Eine Begründung, weshalb sich neue Produktionsformen bevorzugt in größeren Zentren niederlassen, wird jedoch nicht geliefert (vgl. *v. Böventer* 1962a, S. 89). Die Erklärung für das Fehlen

---

21 Mobilitätswiderstände oder Beharrungskräfte werden in der Literatur noch mit weiteren Faktoren begründet. So wird etwa von Siebert (1967, S. 59 ff.) auf die Existenz sozialer Beweggründe wie Familie, Bekanntenkreis, regionale Identität stiftendes Umfeld etc. hingewiesen. Diese Faktoren können bewirken, dass Personen trotz ungünstigen persönlichen wirtschaftlichen Perspektiven nicht aus der Heimatregion abwandern, obwohl sie in einem anderen Raum entweder überhaupt einen Arbeitsplatz oder eine bessere Entlohnung oder eine ihrer Qualifikation entsprechenden Stelle bekommen könnten. Auch wird ein Zusammenhang zwischen der Qualifikation und der Wanderungshäufigkeit angenommen. Hochqualifizierte Arbeitskräfte gelten im Schnitt als mobiler im Unterschied zu geringer qualifizierten, da letztere aufgrund ihrer Qualifikation tendenziell geringere Möglichkeiten zur Arbeitsaufnahme in anderen Regionen besitzen.

dieser Begründung ist, dass damit eine konstituierende Bedingung zur Ableitung gleichmäßiger Marktgebiete - die aufgrund der Homogenitätsannahme in jedem Raumpunkt gleich hohen Produktionskosten - nicht mehr gegeben ist.

Dass Unternehmen in der Realität oft gerade die Standorte zur Ansiedlung präferieren, in denen bereits eine Konzentration von Produktionen und Bevölkerung zu beobachten ist, lässt sich mit der ökonomischen Vorteilhaftigkeit einer Ansiedlung in einem Verdichtungsraum erklären. Agglomerations- oder Ballungseffekte sind als externe Effekte in räumlicher Dimension zu interpretieren. Sie besitzen jedoch nicht nur eine positive Ausprägung. Mit einem starken Anstieg des Verdichtungsgrades werden nämlich zunehmend Verdichtungsnachteile wie etwa Engpässe auf den Faktormärkten und Überbeanspruchung infrastruktureller Einrichtungen spürbar, die im Endeffekt zu Produktionskostensteigerungen führen können. Letztendlich wird mit dem Einfügen von Agglomerationseffekten in die bisherigen Modellprämissen die Annahme aufgehoben, dass Unternehmen desselben Wirtschaftszweiges - unabhängig von der räumlichen Lage - dieselben Produktionsfunktionen besitzen (vgl. *Reimers* 1981, S. 18). Unterschiede in den Produktions- und Kostenfunktionen treten selbst dann auf, wenn der Einsatz identischer Technologien unterstellt wird.

Nach einer gängigen Klassifizierung von Isard (1956) können Agglomerationseffekte in localization und urbanization economies (Lokalisations- und Urbanisierungseffekte) unterteilt werden. Localization economies beziehen sich dabei auf die Kostenersparnisse, die ein Betrieb dadurch erhält, indem er sich dort ansiedelt, wo bereits Unternehmen des gleichen Produktionszweiges ansässig sind. Ein ansiedlungsbereiter Betrieb sucht also ganz bewusst - was unter Wettbewerbsgesichtspunkten nicht zu erwarten wäre[22] - die räumliche Nähe zu seinen Konkurrenten. Im regionalwissenschaftlichen Schrifttum werden für ein solches Verhalten Gründe wie die Nähe zu einem - den betrieblichen Ansprüchen entsprechenden - Arbeitskräftevorkommen oder auf die Branche spezialisierte Zulieferer- und Reperaturunternehmen (vgl. *Schätzl* 1996, S. 32; siehe unten) genannt. Des Weiteren wird angenommen, dass durch die räumliche Nähe der Transfer von Know-how gefördert wird (vgl. *Feix* 1996, S. 41). Gerade der letztgenannte Gesichtspunkt nimmt in neueren regionalwissenschaftlichen Arbeiten einen hohen Stellenwert zur Erklärung von räumlich begrenzten Innovations- und Wachstumsprozessen ein (vgl. Kapitel 3.3).

---

22 Plausibler und ökonomisch nachvollziehbarer wäre das Verhalten der Produzenten, den Abstand zu ihren Konkurrenten zu maximieren, um so ein möglichst großes eigenes Absatzgebiet erlangen zu können (vgl. *Maier/Tödtling* 1992, S. 68).

Bei externen Ersparnissen durch Urbanisierungsvorteile handelt es sich demgegenüber um Produktions- und Absatzkostenersparnisse, die aus der Zusammenballung unterschiedlicher Wirtschaftstätigkeiten auf einen Raumpunkt resultieren. Von Böventer (1979, S.11) bezeichnet diese Art positiver externer Effekte auch als „Verstädterungsvorteile". Sie gehen aus der geringen räumlichen Distanz und daraus resultierenden geringen Transportkosten und sozialen Entfernungen zwischen unterschiedlichen Akteuren des Wirtschaftsprozesses hervor. Urbanisierungsvorteile können für Unternehmen ähnliche Kostenersparnisse in der Produktion bewirken, wie dies bei den Lokalisationsvorteilen der Fall ist. Für die Entstehung der urbanization economies wird insbesondere einem breiten Angebot an privaten und öffentlichen Dienstleistungen, Verwaltungen und infrastrukturellen Einrichtungen eine herausragende Bedeutung beigemessen (vgl. *Lauschmann* 1976, S. 48). Neben diesen, die betriebliche Inputseite betreffenden, externen Ersparnissen entstehen durch Urbanisierungsvorteile für Unternehmen Kostenersparnisse auch auf der Absatzseite. Diese betreffen primär Betriebe des Dienstleistungssektors und der marktorientierten Industrien wie Ge- und Verbrauchsgüterherstellung. Aufgrund eines naturgemäß großen Absatzmarktes in den Städten sind diese Produktionsformen bestrebt, sich möglichst zentrumsnah niederzulassen. Auf der anderen Seite orientierten sich - wie das Beispiel Ruhrgebiet zeigt - die klassischen Unternehmen der Schwerindustrie bei ihrer Standortentscheidung weniger an der Verteilung der Nachfrage, sondern in höherem Maße an der regionalen Anordnung der Rohstoffvorkommen. Diese Überlegungen verdeutlichen, dass die Bedeutung von urbanization economies - je nach Wirtschaftszweig - unterschiedlich hoch sein kann (vgl. *Lauschmann* 1976, S. 46 f.).

Ein weiteres Kennzeichen der Urbanisationsvorteile ist darin zu sehen, dass sie über die Grenzen der Agglomerationen hinweg wirksam werden können (vgl. *v. Böventer* 1979, S. 12). An dem breiten und differenzierten Angebot an Waren, Dienstleistungen und Arbeitskräften können auch Unternehmen und Konsumenten partizipieren, die nicht direkt im hochverdichteten Zentrum ansässig sind. Es leuchtet unmittelbar ein, dass für die räumliche Ausdehnung der Urbanisationseffekte der Ausstattung eines Landes oder einer Region mit Verkehrs- und Kommunikationsinfrastruktur ein bedeutender Stellenwert zukommt. Durch geringe Kosten der Raumüberwindung können Ballungseffekte stärker ins Hinterland streuen. Dies kann prinzipiell auf die abgelegeneren Regionen positiv wirken, da diese von den positiven Strahleffekten der Verdichtungsgebiete profitieren können. Mit anderen Worten gelangen ballungsimmanente Merkmale wie hohe Informationsdichte, vielfältiges Angebot an Waren, Vorleistungen und Dienstleistungen über sinkende Transport- und Kommunikationskosten ins Hinterland. In der Regionalökonomik werden solche Strahleffekte als Ausbreitungs- bzw. Anstoßeffekte bezeichnet (vgl. *Eckey* 1978, S. 97). Auf der anderen Seite kann aber auch exakt die gegenteilige Entwicklung - nämlich eines Entzuges wirtschaftlicher Ressourcen aus den dünn besiedelten Regionen - erwartet werden (backward-linkage). Denn für die Aufrechterhaltung der prosperierenden Wirtschaftsentwicklung in den Agglomerationen kann es erforderlich sein, die wirtschaftlichen Ressourcen des Umlandes gewissermaßen auszubeuten und in den städtischen Produktionsprozess zu integrieren. Damit verbindet sich die Gefahr eines dauerhaften Rückstandes und einer Manifestierung der überlegenen wirtschaftlichen Position der Verdichtungsräume und ihrer Wirtschaftseinheiten (vgl. *Lauschmann* 1976, S. 38 u. S. 78). Diese Erklärungslinien bilden das Fundament der in Kapitel 3. 1 erwähnten Polarisationstheorien, wobei diese meist unterstellen, dass die Entzugs- die Anstoßeffekte überwiegen.

Im Folgenden soll eine knappe Auflistung der wichtigsten Agglomerationsvorteile (Lokalisations- und Urbanisationseffekte) die damit verbundenen unterschiedlichen Komplexe und Felder illustrieren und zusammenfassen (vgl. hierzu: *v. Böventer* 1979, S. 11 f.).

- Vorteile eines gemeinsamen *großen Absatzmarktes*, der durch die räumliche Verdichtung von Einkommen und/oder der Nachfrage resultiert.
- Räumliche *Nähe zu Lieferanten* (Kostenersparnisse durch Nutzung eines gemeinsamen Pools an Zulieferbetrieben)
- Verringerung der Suchkosten nach geeigneten Arbeitskräften durch Nutzung eines *großen gemeinsamen und diversifizierten Arbeitsmarktes.*
- *Förderung des Wissens- und Erfahrungsaustausches* sowie der betrieblichen Kooperation durch räumliche Nähe zu Unternehmen der gleichen oder einer anderen Branche.
- Vorhandenes hohes *wissenschaftlich-technisches und betriebswirtschaftliches Wissen* durch Zusammenballung von privaten und öffentlichen Forschungseinrichtungen sowie Beraterfirmen.
- *Überdurchschnittliche infrastrukturelle Versorgung.*[23] Breites Angebot an öffentlichen Versorgungs- und Verwaltungseinrichtungen, die einer gewissen Mindestgröße bedürfen.[24]

---

23 Vgl. zur genauen Definition der unter wirtschaftlichen Gesichtspunkten besonders wichtigen Infrastrukturbereiche das Kapitel 3.4 über Regionalpolitik.

24 Infrastruktureinrichtungen zählen zu den langfristigen Kapitalanlagen, die nach v. Böventer (1979, S. 283 ff.) - als historische Vorgabe für weitere Entwicklungen - zu einer Verfestigung

Mit einer Ansiedlung in einer Agglomeration sind keineswegs nur die genannten Vorteile verbunden, sondern es müssen auch Agglomerationsnachteile in Kauf genommen werden, die die Tendenz zur Agglomerationsbildung hemmen können. Diese Nachteile resultieren aus dem allgemein hohen ökonomischen Aktivitätsniveau in Zentren und der daraus folgenden Überbeanspruchung infrastruktureller Einrichtungen sowie der Begrenztheit von Faktoren. Agglomerationsnachteile äußern sich damit in bekannten städtischen Problemfeldern wie steigende Bodenpreise, hohe Lohnkosten, Umweltbelastungen, Verkehrsprobleme etc.

Zweifellos besitzen Agglomerationseffekte in der regionalökonomischen Theorie eine herausragende Bedeutung zur Erklärung regionaler Entwicklungsverläufe. Ein zufrieden stellender empirischer Nachweis über die genaue Bedeutung der Lokalisations- und Urbanisierungseffekte und vor allem über deren Einfluss auf Output und Produktivität ist jedoch bis heute noch nicht gelungen.[25] Noch immer ist daher die Aussage v. Böventers aus dem Jahre 1962 aktuell, dass „gerade vom theoretischen Standpunkt aus sehr viel Allgemeines über die Agglomerationsvor- und -nachteile gesagt werden kann und dass gerade auf diesem Gebiet die Auffüllung der theoretischen Beziehungen mit empirischen Untersuchungsergebnissen von größter Wichtigkeit ist“ (*v. Böventer* 1962a, S. 125 und 1979, S. 5). Aus diesem Grund ist angesichts der aufgezeigten unterschiedlichen Facetten der Agglomerationseffekte der Versuch zum Scheitern verurteilt, diese in Gänze ermitteln und ihnen einen exakt quantifizierten Wert zuweisen zu wollen. Damit haftet Aussagen über eine mögliche Änderung der Agglomerationseffekte in die eine oder andere Richtung zwangsläufig etwas Spekulatives an. Dieses Problem lässt sich aber bei der Diskussion über die Entwicklung der Agglomerationsvor- bzw. -nachteile nicht umgehen. Problematisch ist es besonders dann, wenn ein Agglomerationseffekt nicht direkt durch Indikatoren der amtlichen Statistik abgebildet wird, wie dies etwa bei Unterschieden bei den Bodenpreisen, im Lohnniveau oder bei der Infrastrukturausstattung der Fall ist. Bei-

---

des status quo in raumwirtschaftlicher Hinsicht beitragen und somit den Abbau regionaler Disparitäten ver- bzw. behindern können (siehe Kapitel 3.4).

25 Viele empirische Studien versuchen daher, auf indirektem Wege den Nachweis für die Existenz von Agglomerationsvor- und -nachteilen zu erbringen. Beispielsweise wird eine günstige Beschäftigungsentwicklung einer Branche als Indikator für die Existenz von Lokalisationsvorteilen angesehen. Allerdings besteht bei einem solchen Vorgehen stets die Gefahr von Fehlinterpretationen, etwa derart, dass ein Zusammenhang zwischen Größen hergestellt wird, der in Wahrheit nicht besteht (vgl. Bröcker 1989, S. 32). So könnte die günstige Beschäftigungsentwicklung auf anderen Faktoren als der Zusammenballung von Unternehmen der gleichen Branche beruhen. Unter Umständen handelt es sich um Faktoren, die überhaupt nicht in dem Faktorenkatalog der Untersuchung enthalten sind.

spielsweise ist es nur mit hohem Aufwand möglich, die Vorteile der räumlichen Nähe zu Mitbewerbern oder sonstigen Wirtschafts- oder Verwaltungseinheiten für alle Produktionsbetriebe einer Region empirisch zu erfassen - zumal die Bedeutung der Ballungseffekte, je nach Wirtschaftszweig oder sogar je nach Unternehmen, unterschiedlich hoch eingeschätzt wird (vgl. *v. Böventer* 1979, S. 184 f.).

- Produktdifferenzierung

Die unrealistischen Annahmen homogener Produkte und identischer persönlicher Präferenzen werden im Folgenden aufgehoben. Dadurch wird eine Produktdifferenzierung zugelassen. Zum einen erhöht sich damit - aus Sicht der Konsumenten erwünscht - die Produktvielfalt. Zum anderen können sich Anbieter Marktnischen schaffen, wenn es ihnen gelingt, sich in den Augen der Nachfrager von den Konkurrenten in positiver Weise abzusetzen und ihr Produkt als einzigartig erscheinen zu lassen. Die Einführung dieser Annahme in das hier behandelte raumwirtschaftliche Modell hat die folgenden Konsequenzen. Einerseits lassen sich unter der Bedingung persönlicher Präferenzen und heterogener Produkte die Marktgebiete nicht mehr trennscharf voneinander abgrenzen, sondern es kommt zu Überlappungen und gegenseitigen Durchdringungen von Absatzgebieten ähnlicher Güter und Dienstleistungen, die in den Modellen von Christaller und Lösch ausgeschlossen waren (vgl. *v. Böventer* 1962a, S. 104). Damit sind andererseits Rückwirkungen auf die Konkurrenzsituation zwischen Unternehmen desselben Marktbereiches zu berücksichtigen. Dadurch, dass in den Augen der Nachfrager die Produkte unterschiedlicher Hersteller nicht mehr vollkommen gegeneinander austauschbar sind und damit die Zahl der Anbieter, die Produkte in einer identischen Beschaffenheit und Güte herstellen, sinkt, ist eine Abnahme der Wettbewerbsintensität möglich (vgl. Kapitel 3.2.4.2.2).

- Historische Zufallseinflüsse

Nicht zuletzt üben historische Zufälligkeiten einen - wenn auch schwer zu beziffernden - Einfluss auf die Raumstruktur aus. So führt z. B. Reimers (1981, S. 14) den Fall an, dass an einem Standort ein erfolgreiches Unternehmen nur deshalb entstand, weil in diesem Ort die Ehefrau des Firmengründers beheimatet ist. Die Berücksichtigung dieser Annahmen bedeutet ein weiteres Abrücken von den traditionellen Landschaftsstrukturmodellen, in denen unter rein ökonomischen Gesichtspunkten der Standort eines Unternehmens festgelegt wurde. Im Rahmen der vorliegenden Arbeiten werden historische Zufälligkeiten allerdings nicht in die Betrachtung mit aufgenommen, da keine schlüssigen Ableitungen über deren Veränderungen im Zeitablauf möglich sind.

Nachfolgend werden - in Anlehnung an das Modell v. Böventers - die soeben erläuterten Modifikationen in die Standortstrukturmodelle eingefügt und untersucht, wie sich unter diesen Bedingungen das räumliche Wirtschaftsgefüge einer modernen Volkswirtschaft darstellt. Dazu wird zunächst geklärt, anhand welcher Charakteristika v. Böventer überhaupt eine moderne von einer weniger entwickelten Volkswirtschaft unterscheidet.

3.2.4.2 Die räumliche Wirtschaftsstruktur in hochentwickelten Volkswirtschaften

3.2.4.2.1 Vorbemerkungen

Die Darstellung der Modelle von v. Thünen, Christaller und Lösch machte deutlich, dass den Faktoren Transportkosten sowie den produktspezifischen Nachfrage- und Produktionsbedingungen ein hoher Stellenwert zur Erklärung raumwirtschaftlicher Disparitäten auf einer homogenen Fläche zukommt. Von Böventer ergänzte diese Betrachtungsweise um Agglomerationseffekte und natürliche Produktionsbedingungen. Zugleich fügte er realistische Annahmen in Bezug auf Wanderungsverhalten und Produktvielfalt in die traditionellen Modelle ein. Fasst man den jetzigen Stand der Untersuchung zusammen, so lassen sich in Anlehnung an v. Böventer (1979, S. 9 ff.) die folgenden zentralen Bestimmungsgründe der Raumstruktur isolieren:

- natürliche Produktionsbedingungen
- Transportkosten
- Agglomerationseffekte
- unternehmensinterne Skalenerträge
- Kosten und Verfügbarkeit des Produktionsfaktors Bodens.

Entgegen den statischen Modellen von v. Thünen, Lösch und Christaller unterstellt v. Böventer eine - in Abhängigkeit des wirtschaftlichen Entwicklungsstandes - unterschiedlich hohe Bedeutung dieser raumdifferenzierenden Faktoren für wirtschaftliche Prozesse. Es ist das Ziel der nachfolgenden Ausführungen, die Ausprägung jedes einzelnen raumstrukturierenden Faktors in einer hoch entwickelten Volkswirtschaft aufzuzeigen. Hierbei werden auch die Veränderungen der einzelnen Faktoren im Zeitablauf skizziert, um einen Eindruck über deren Bedeutungswandel für raumwirtschaftliche Entwicklungen erlangen zu können. Welche Folgen auf die Raumstruktur einer hoch entwickelten Volkswirtschaft letztlich unter diesen Voraussetzungen zu erwarten sind, wird im darauf folgenden Gliederungspunkt diskutiert, in dem dann die einzelnen Bausteine zu einem Gesamtbild zusammengefügt werden. Auf dieser Basis wird schließlich in Kapitel 3.5 eine Beurteilung der ökonomischen Potentiale unterschiedlich stark verdichteter Regionen in der Bundesrepublik vorgenommen.

3.2.4.2.2 Die Bestimmungsfaktoren der räumlichen Struktur und deren Ausprägung in einer modernen Industriegesellschaft

3.2.4.2.2.1 Vorbemerkungen

Der Untersuchungsschwerpunkt liegt im Folgenden auf der Skizzierung des Bedeutungswandels der raumdifferenzierenden Faktoren im Zuge der wirtschaftlichen Entwicklung und auf der Beschreibung der Relevanz einzelner Faktoren für die Ausgestaltung der gegenwärtigen Raumstruktur. Die Gründe, weshalb ein raumdifferenzierender Faktor im Zeitablauf an Bedeutung gewonnen bzw. verloren hat, werden dabei in knapper Form erörtert. Bei der folgenden Analyse wird eine Ceteris-paribus-Betrachtung vorgenommen. Dies bedeutet, dass bei der Diskussion des Einflusses eines raumdifferenzierenden Faktors auf die Raumstruktur andere raumdifferenzierende Faktoren konstant gesetzt und deren Veränderungen nicht berücksichtigt werden.

3.2.4.2.2.2 Die raumstrukturierenden Faktoren im einzelnen

3.2.4.2.2.2.1 Transportkosten

3.2.4.2.2.2.1.1 Die Bedeutung der Transportkosten in einer hochentwickelten Volkswirtschaft

Im Laufe der wirtschaftlichen Entwicklung kann eine langfristige Abnahme in der Höhe der Transportkosten beobachtet werden. Das Phänomen langfristig sinkender Transportkosten hängt eng mit der Entwicklung der Verkehrsträger Eisenbahn, motorisierter Straßenverkehr und Binnenschifffahrt zusammen und wird in der Literatur mit den folgenden Entwicklungslinien begründet (vgl. *van Suntum* 1986, S. 95 ff.). Der Auf- und Ausbau der Schienenverkehrswege im 19. und zu Beginn des 20. Jahrhunderts habe - im Unterschied zur vorherigen historischen Phase, in der der Transport von Personen und Waren hauptsächlich über Binnenwasser- und Landstraßen abgewickelt wurde - das Zurücklegen von Strecken in kürzeren Zeiträumen und zu geringeren Kosten ermöglicht.

Eine weitere nachhaltige Senkung der Transportpreise ergab sich durch das Aufkommen des motorisierten Straßenverkehrs, wobei dieser erst ab den 20er

Jahren dieses Jahrhunderts zu einer ernsthaften Konkurrenz für den Schienenverkehr heranwuchs (vgl. *van Suntum* 1986, S. 97 ff.). Die in der Folgezeit (insbesondere nach dem Zweiten Weltkrieg) hohen Infrastrukturinvestitionen in diesen Verkehrsbereich führten - sowohl im Personen- als auch im Güterbereich - zu einer teilweisen Verdrängung des Schienenverkehrs und der Binnenschifffahrt durch den Straßenverkehr (vgl. Tabelle 9). Gleichzeitig fand eine Verlagerung vom öffentlichen Personenverkehr auf den motorisierten Individualverkehr statt. Das Wachstum des Verkehrs auf Straßen lässt sich hierbei nicht nur auf den Ausbau entsprechender Infrastrukturbestandteile zurückführen, sondern ist auch auf die im Zeitablauf sinkenden Kosten für den Unterhalt und den Betrieb von Kraftfahrzeugen zurückzuführen. So zeigen empirische Studien, dass die Aufwendungen eines repräsentativen 4-Personen-Arbeitsnehmerhaushaltes für die Anschaffung und Unterhaltung (einschließlich Kraftstoffe, Versicherung etc.) eines Kraftfahrzeuges seit 1965 - im Unterschied zur zunehmenden Belastung des Einkommens durch die Kosten für Nutzung von Wohnraum - gesunken sind (vgl. *Verkehr in Zahlen* 1997, S. 262 f.).

Als weiteres Argument für eine Abnahme der Kosten der Raumüberwindung wird angeführt, dass sich sowohl das Gewicht als auch die Größe industrieller Güter im Schnitt vermindert habe (vgl. *Petzina* 1994, S. 120). Dieser Sachverhalt wird zum Teil daraus abgeleitet, dass im Produktionsprozess in der Vergangenheit schwere durch leichte Materialien substituiert worden seien. Dies habe mit dazu beigetragen, dass der Anteil der Transportkosten an den Gesamtkosten und am Umsatz eines Produktes im Laufe der wirtschaftlichen Entwicklung gesunken sei. Zeigen lässt sich dies daran, dass der Anteil der so genannten transportkostenunempfindlichen Wirtschaftszweige im Laufe der Zeit stetig zunahm. Dabei handelt es sich um Industriezweige, die einen Transportkostenanteil von weniger als 5% am Umsatz aufweisen. Bereits um 1980 lag der Anteil der transportkostenunempfindlichen Industrien an allen Unternehmen des Produzierenden Gewerbes bei nahezu 75 % (vgl. *Lauschmann* 1976, S. 38).

Insgesamt kann festgehalten werden, dass sich durch die beschriebenen Entwicklungstendenzen die Mobilität von Gütern und Personen im Zeitablauf erhöht sowie die Erreichbarkeit verstreut liegender Siedlungen deutlich verbessert hat (vgl. *v. Böventer* 1979, S. 245 ff.). Der diese Entwicklung bestimmende Verkehrsträger ist seit dem Zweiten Weltkrieg zweifelsohne der Straßenverkehr.

Tabelle 9: Indikatoren zur Entwicklung des Verkehrs auf dem Gebiet der alten Bundesrepublik

	Straßenlänge (in 1000 Km)	KfZ-Bestand in Mio.	Streckennetz der Bahn (in 1000 KM)	Fahrzeugbestand der Bahn in 1000		
				Loko-motiven	Personen-wagen	Güter-wagen
1950	176 davon Auto-bahnen: 3,5	2,7 davon PKW: 0,7	46,4	19,3	30,9	364
1960	181 davon Auto-bahnen: 3,9	9,4 davon PKW: 8,9	46,9	15,3	30,6	416
1970	210 davon Auto-bahnen: 5,9	19,8 davon PKW: 15,1	44,2	11,8	26,7	424
1980	220 davon Auto-bahnen: 9,2	31,6 davon PKW: 25,9	42,7	11,0	23,4	437
1990	221 davon Auto-bahnen: 10,7	42,5 davon PKW: 35,5	40,9	9,9	19,5	365

Anteile der Verkehrsbereiche an der Verkehrsleistung (Personen- und Tonnenkilometer) in %

Personenverkehr

	Eisenbahnen	Öffentlicher Straßen-personenverkehr	Luftverkehr	Motorisierter Individualverkehr
1977	6,7	12,2	1,6	79,5
1996	7,1	8,4	2,9	81,6

Güterverkehr (Binnenländischer Verkehr einschl. Straßengüternahverkehr)

	Eisenbahnen	Binnenschifffahrt	Rohrfernleitungen	Straßenverkehr
1977	24,0	21,2	6,6	48,2
1996	15,9	14,4	3,4	66,2

Quelle: Verkehr in Zahlen 1997, S. 7, S. 218 f., S. 234 f.

3.2.4.2.2.2.1.2 Raumwirtschaftliche Folgerungen

Eine deutliche Abnahme der Transportkosten hat erhebliche Auswirkungen auf die Gestalt der aus den traditionellen Modellen abgeleiteten Landschaftsstrukturen und Marktgebieten. Transportkosten können vor dem Hintergrund der obigen Diskussion als der Faktor angesehen werden, der Unternehmen Schutz vor der Konkurrenz anderer Unternehmen bot, die ihren Standort in einem weit entfernt gelegenen Gebiet haben (vgl. *v. Böventer* 1979, S. 10). Bei der Existenz verhältnismäßig hoher Transportkosten verkleinert sich wegen der hohen Belastung des Ab-Werk-Preises mit Transportkosten das Marktgebiet und umgekehrt. Sinkende Transportpreise bewirken demgemäß, dass ein Unternehmen prinzipiell in einem größeren Absatzraum agieren kann, sich allerdings auch einem größeren Kreis von Mitkonkurrenten gegenüber sieht. Der sinkende Außenschutz vor überregionalen Mitbewerbern kann zu einer räumlichen und sektoralen Konzentration führen. Ob dieser Fall eintritt, ist jedoch nicht nur von Entwicklung der Kosten der Raumüberwindung, sondern auch von anderen Faktoren wie etwa der Höhe der branchenspezifischen Unteilbarkeiten oder externer Agglomerationsvorteile abhängig (vgl. *v. Böventer* 1979, S. 10 und Gliederungspunkt 3.2.4.2.3).

3.2.4.2.2.2.2 Unternehmensinterne Skalenerträge

3.2.4.2.2.2.2.1 Die Bedeutung unternehmensinterner Skalenerträge in einer hochentwickelten Volkswirtschaft

Von Böventer unterstellt im Laufe der wirtschaftlichen Entwicklung mit steigendem Industrialisierungsgrad eine ökonomisch und technisch bedingte allgemeine Zunahme der mindestoptimalen Betriebsgröße (vgl. *v. Böventer* 1962a, S. 122). Der Tatbestand von - an der Beschäftigung gemessen - immer größer werdenden Unternehmenseinheiten ist für weite Teile der neueren Wirtschaftsgeschichte als charakteristisch anzusehen. Die infolge technischer Innovationen (Dampfmaschine, Elektrizität und Eisenbahn) ausgelöste industrielle Revolution im 19. Jahrhundert hatte die Entstehung der industriellen Massenfertigung in großbetrieblichen Einheiten zur Folge (vgl. *Tichy* 1990, S. 61). Diese zeichnet sich gegenüber der Produktion in kleineren Unternehmensformen durch größere Unteilbarkeiten und einen größeren Kapitalstock aus.

Die steigende Bedeutung interner Ersparnisse kann wettbewerbliche Konsequenzen für die Gefährdung der Rivalität zwischen den Anbietern durch eine Zunahme wirtschaftlicher Konzentration haben (vgl. *Bartling* 1980, S. 17 f.). Steigende interne Ersparnisse bedingen eine größere mindestoptimale Betriebsgröße und können zu einer Verringerung der Anbieterzahl auf einem Markt führen. Die Entstehung von Oligopolen oder Monopolen kann somit die Folge unternehmensinterner Ersparnisse sein. Ob sich eine solche Marktform tatsächlich herausbildet, wird vom Nachfragevolumen und von der Höhe der Marktzutrittsschranken bestimmt. Die Gesamtnachfrage eines Marktes - zum Marktpreis in Höhe der mindestoptimalen betrieblichen Ausbringungsmenge - dividiert durch die mindestoptimale Ausbringungsmenge der Unternehmen legt tendenziell die sich unter Effizienzgesichtspunkten im Wettbewerbsprozess entwickelnde Anzahl der Unternehmen auf einem Markt fest (vgl. *Bartling* 1980, S. 17).

In diesem Zusammenhang ist auch die von den Nachfragern gewünschte Produktdifferenzierung zu berücksichtigen (vgl. *Bartling* 1980, S. 18). Im Falle einer hohen Produktdifferenzierung kommt es zu einer Splittung von Produktmärkten in - je nach der Anzahl der Varianten eines Produktes - verschiedene Teilmärkte. Je höher also das Maß an Produktdifferenzierung ist und je höher die unternehmensinternen Ersparnisse sind, desto höher ist auch tendenziell das Maß an wirtschaftlicher Konzentration auf einem (Teil-)Markt. Ist die branchenspezifische Nachfrage beispielsweise so hoch, dass die Unternehmen im Bereich der sinkenden Durchschnittskosten produzieren, kann langfristig nur ein Anbieter am Markt bestehen (natürliches Monopol; vgl. *Fritsch/Wein/Ewers* 1993, S. 124 ff.).

Problematisch ist eine Verringerung der Anbieterzahl in wettbewerbspolitischer Hinsicht insbesondere deshalb, weil damit die Durchsetzung von Wettbewerbsbeschränkungen durch die Anbieter erleichtert wird. Unternehmen können in einem kleinen Kreis von Anbietern - im Unterschied zu einer großen Herstellerschar - leichter ihre Verhaltensweisen einander anzugleichen und so den aus Sicht der Anbieter unerwünschten Konkurrenzdruck auszuschalten (vgl. *Bartling* 1981, S. 139 ff.). Ein solidarisches Parallelverhalten der Unternehmen - im Hinblick auf die betriebliche Preis-, Produkt- und Vertriebspolitik - muss dabei nicht immer freiwillig erfolgen. Möglich ist auch, dass die in einer Branche - gemessen am Marktanteil - kleineren Wirtschaftseinheiten ihre Aktionen den dominierenden Unternehmen aus Furcht vor einem Verdrängungswettbewerb bei abweichendem Verhalten anpassen. Ein Verdrängungswettbewerb kann auch gezielt als Instrument von einem oder mehreren Unternehmen eingesetzt werden, um in eine dominierende monopolartige Marktstellung gelangen zu können.

Erfolgreich können jedoch eine solche Strategie und andere Wettbewerbsbeschränkungen letztendlich nur dann sein, wenn hohe Marktzutrittschranken - wie bspw. hohe Unteilbarkeiten - bestehen, d. h. nicht mit einem plötzlichen Eintreten branchenfremder Konkurrenten auf den eigenen Markt zu rechnen ist. Marktzutrittschranken sind nicht nur in Größenvorteilen begründet, sondern resultieren auch aus bereits vermachteten Marktstrukturen, die den etablierten Unternehmen absolute Kostenvorteile sichern (vgl. *Bartling* 1980, S. 131 ff.). Ein Beispiel hiefür ist ein - aufgrund der langen Markterfahrung und Marktpräsenz - besserer Ressourcenzugang. Marktzutrittschranken können zudem in institutionelle Regelungen (wie etwa das hoheitliche Monopol zur Briefbeförderung), die Wettbewerb auf Märkten ausschalten bzw. begrenzen, begründet sein (vgl. *Bartling* 1980, S. 131 ff.). Steigende Marktanteile und ein Wachstum von Unternehmen erfolgen vor dem Hintergrund dieser Überlegung nicht mehr nur aus produktionstechnisch bedingten Gegebenheiten wie Größenvorteilen, sondern können sich auch aus dem Vorliegen vermachteter Marktstrukturen in Verbindung mit hohen Marktzutrittsschranken ergeben.

In der Praxis gibt es jedoch Probleme bei der Unterscheidung zwischen wettbewerblichen und nicht-wettbewerblichen Marktprozessen. Die Ursache dafür ist, dass prinzipiell Probleme bei der Identifizierung einer Marktbeherrschung einerseits und eines möglichen Missbrauchs dieser Marktmacht andererseits bestehen (vgl. *Bartling* 1980, S. 91 ff.). Zum einen ergeben sich Schwierigkeiten bei der Abgrenzung des für die Analyse von Wettbewerbsprozessen relevanten Marktes. Dies hängt nicht zuletzt mit der Produktdifferenzierung und der damit einhergehenden Aufteilung von Märkten in zahlreiche Teilmärkte zusammen. Hierbei stellt sich die Frage, ob jeder Teilmarkt als eigener Markt begriffen wird - dies setzt voraus, dass in den Augen der Nachfrager zwischen den Gütern der Teilmärkte keine starken Substitutionsbeziehungen bestehen - oder ob Märkte gleichartiger Güter zu einem Markt zusammengefasst werden. Ursächlich für die Probleme bei der Erkennung von Missbrauch der Marktmacht ist der Tatbestand, dass meist wettbewerbliche Vergleichsmärkte fehlen und deswegen nicht bekannt ist, wie das Marktergebnis unter Konkurrenzbedingungen aussehen würde.[26]

---

[26] Vor dem Hintergrund dieser Überlegungen folgert Bartling (1997, S. 19 ff.) im Hinblick auf wettbewerbspolitische Konsequenzen, dass unabhängig von der bestehenden Marktform eine Wettbewerbspolitik bei niedrigen Marktzutrittsschranken - aufgrund latent vorhandener potentieller Konkurrenz – im Prinzip entbehrlich ist. Bei Polypolen und weiten Oligopolen und hohen Marktzutrittschranken ist eine Kontrolle verhaltensbedingter Wettbewerbsbeschränkungen (wie z. B. Kartellbildung) erforderlich. Bei engen Oligopolen oder Monopolen und hohen Marktzutrittsschranken reichen Verhaltensverbote nicht mehr aus, weil aufgrund der überschaubaren Herstellerschar und der langjährigen Erfahrung im Umgang miteinander ein Konkurrenzverhalten zwischen den Anbietern nicht erwartet werden kann. In diesem Fall ist der Einsatz von Marktstruktureingriffen erforderlich. Diese können vielfältig gestaltet sein. Denkbar ist etwa eine Herabsetzung der Marktzutrittschranken oder eine Entflechtung der vermachteten Marktstrukturen. Liegt ein natürliches Monopol vor, ist die Einrichtung eines wettbewerblichen Ausnahmebereiches angebracht (z. B. durch permanente Kontrolle des Monopols oder die Herstellung einer staatlichen Versorgung in diesem Bereich; vgl. *Bartling* 1980, S. 139 ff.).

Konzentrationstendenzen auf Ebene der Betriebsgröße hielten - wie Tabelle 10 dokumentiert - bis in die 70er Jahre hinein an. Danach erfährt diese Entwicklungstendenz jedoch einen Bruch. Der Anteil der Unternehmen mit 200 und mehr Beschäftigten an der Gesamtbeschäftigung in der Bundesrepublik sank zwischen 1970 und 1987. Demgegenüber verhielt sich in dieser Zeit die Gruppe der kleineren Unternehmen mit bis zu 49 Beschäftigten beschäftigungsexpansiv und konnten ihren Anteil an der bundesrepublikanischen Gesamtbeschäftigung steigern. Aus der unteren Hälfte von Tabelle 10 geht hervor, dass zwischen 1970 und 1987 eine größere Zahl von kleineren Unternehmen mit bis zu 49 Beschäftigten festgestellt werden kann, wohingegen sich in den darüber liegenden Größenklassen die Zahl der Unternehmen verringerte.[27]

Wie diese jüngste Entwicklung zu interpretieren ist, wird in der ökonomischen Literatur - u. a. unter dem Stichwort der so genannten „Kleinbetriebshypothese“ - kontrovers diskutiert. Die Kleinbetriebshypothese besagt, dass ab den 70er Jahre neue Arbeitsplätze in zunehmendem Maße nicht von den großen industriellen Einheiten, sondern von Klein- und Mittelbetrieben geschaffen wurden. Auslöser dieser These war die Arbeit von Birch (1979) mit dem Titel „job generation process.“ Birch wies für die USA nach, dass das Arbeitsplatzwachstum in erster Linie von Klein- und Mittelbetrieben getragen wurde. Nach seiner Untersuchung wurden in den USA zwischen 1969 und 1976 81,5 % der neu geschaffenen Arbeitsplätze von Unternehmen erzeugt, die weniger als 100 Beschäftigte aufwiesen.[28]

---

27 Aus dieser Entwicklung auf eine Abnahme der wirtschaftlichen Konzentration zu schließen ist jedoch voreilig, da aus obiger Statistik keine Erkenntnisse hinsichtlich der Kapitalverflechtungen von Unternehmen und deren Zusammengehörigkeit zu einem Konzern ableitbar sind.

28 An der Birch-Studie entzündete sich allerdings heftige Kritik (vgl. *Eckart/v. Einem/ Stahl* 1987). Diese richtet sich in erster Linie auf die der Birch-Untersuchung zugrundeliegende Datenbasis und der Frage nach der Repräsentativität der Ergebnisse. Birch gewann seine Ergebnisse auf Grundlage von Daten der amerikanischen Kreditauskunftei Dun & Bradstreet, die zum damaligen Zeitpunkt über Datensätze für etwa 8,1 Mio amerikanischer Unternehmen verfügte (vgl. *Eckart/v. Einem/ Stahl* 1987, S. 24 ff.). Kritisiert wird an dieser Datenquelle unter anderem ihre nicht vorhandene Repräsentativität für den gesamten Unternehmensbestand in den USA. Zudem werden bei Dun & Bradstreet Rechtsform- und Standortwechsel irrtümlicherweise als Stillegung eines Unternehmens und Gründung eines neuen interpretiert. Dieser Sachverhalt erschwert auch die statistische Beurteilung der Stillegung von Unternehmen, die sich nach Birch in den unteren Beschäftigungsgrößenklassen häufiger als in den oberen ereignen. Birch nimmt an, dass es sich bei einem Großteil der vermeintlich stillgelegten Betriebe lediglich um Verlagerungen kleinerer Unternehmen handelte und beließ sie in seinem Sample. Dadurch wird eventuell die Beschäftigungsentwicklung in den unteren Betriebsgrößenklassen überschätzt. Daneben werden Zweigbetriebe nicht immer gesondert ausgewiesen, so dass sich bei einer von Birch vorgenommenen Summierung der Beschäftigten aller Zweigbetriebe zur Ermittlung der Beschäftigtenzahl eines Mehrbetriebsunternehmens letztere unter Umständen zu gering ausgewiesen wird. Aufgrund der Bedenken gegenüber der von Birch verwendeten Datenbasis gelangen Eckart/v. Einem/Stahl

Tabelle 10: Unternehmensstruktur und Beschäftigung nach Größenklassen und im Zeitverlauf in der Bundesrepublik Deutschland

Jahr	Beschäftigte in Unternehmen mit ... Beschäftigten in der Bundesrepublik Deutschland									
	1	2-9	10-19	20-49	50-99	100-199	200-499	500-999	1000+	insg.
	in 1000									
1950	-	-	-	-	-	-	-	-	-	13283,5
1961	5048,9		3311,9		1505,1	1498,1	1954,9	1264,0	6123,6	20708,5
1970	539,7	4144,2	1512,0	1873,6	1499,9	1533,1	2101,1	1399,2	6635,8	21255,5
1987	566,8	4878,1	2058,7	2089,5	1437,6	1443,1	1919,4	1283,8	6241,3	21916,6
	in v. H.									
1950	-	-	-	-	-	-	-	-	-	100
1961	24,4		16,0		7,3	7,2	9,4	6,1	29,6	100
1970	2,5	19,5	7,1	8,8	7,1	7,3	9,9	6,6	31,2	100
1987	2,6	22,3	9,4	9,5	6,6	6,6	8,8	5,9	28,5	100
Jahr	Unternehmen mit ... Beschäftigten in der Bundesrepublik Deutschland									
	1	2-9	10-19	20-49	50-99	100-199	200-499	500-999	1000+	insg.
	in 1000									
1950	-	-	-	-	-	-	-	-	-	2131,4
1961	1977,3		171,5		21,8	10,8	6,4	1,9	1,4	2191,2
1970	539,7	1145,5	114,3	62,2	21,7	11,2	6,9	2,0	1,6	1905,1
1987	566,8	1283,1	156,3	70,7	20,8	10,4	6,3	1,8	1,5	2097,9
	in v. H.									
1950	-	-	-	-	-	-	-	-	-	100
1961	90,2		7,8		1,0	0,5	0,3	0,1	0,1	100
1970	28,3	60,1	6,0	3,3	1,1	0,6	0,4	0,1	0,1	100
1987	27,0	60,2	7,5	3,4	1,0	0,5	0,3	0,1	0,1	100

Quelle: nach Bögenhold 1996, S. 108, Berechnungen auf Basis der Arbeitsstättenzählung.

(1987, S. 41) zu dem Ergebnis, dass zwar die Grundaussage der Birch-Studie nicht zu bezweifeln sei - dass in erster Linie kleinere Betriebe neue Arbeitsplätze schaffen -, allerdings die genaue Höhe dieses Anteils nicht zu beziffern sei.

Sehr unterschiedlich werden die möglichen Gründe für die beobachteten größenspezifischen Besonderheiten bei der Arbeitsplatzentwicklung beurteilt.[29] Es existieren hierzu verschiedene Erklärungsmuster, die sich grob in zwei Gruppen einteilen lassen. Die erste Gruppe sieht die Gründe für das unterschiedlich ausgeprägte Beschäftigungsverhalten der Beschäftigungsgrößenklassen in für große Organisationsformen ungünstigen Veränderungen der Nachfrage- und Angebotsverhältnisse und weniger in einer besonderen Leistungsfähigkeit kleinerer Betriebe. Die zweite Gruppe stellt ebenfalls auf geänderte Marktverhältnisse als Auslöser der nachgewiesenen größenspezifischen Beschäftigungsentwicklung ab, rückt im Gegensatz zur ersten Gruppe aber stärker die Fähigkeit der Klein- und Mittelbetriebe zur flexiblen Anpassung an geänderte Marktdaten in den Mittelpunkt der Argumentation. Beide Erklärungslinien sind nicht als gegensätzliche Betrachtungsweisen zu verstehen und sie schließen einander nicht aus. Im Folgenden werden deren Grundaussagen wiedergegeben.

Der überdurchschnittliche Beschäftigungsabbau in großen Wirtschaftseinheiten seit den 70er Jahren wird zum Teil auf eine sinkende Bedeutung von Massenproduktionsvorteilen zurückgeführt (vgl. *Ewers* 1984, S. 97 ff.). Verantwortlich hierfür wären in erster Linie zwei Veränderungsprozesse sowohl bei den Angebots- als auch bei den Nachfragebedingungen. Hinsichtlich der Veränderungen auf der Angebotsseite werden wiederum zwei Strömungen besonders herausgestellt. Dies ist zum einen der technologische Wandel und zum anderen die zunehmende Konkurrenz auf den Weltmärkten für standardisierte Produkte.

Vielfach wird behauptet, der technologische Wandel besäße dezentralisierende Effekte, d. h. neue technische Entwicklungen begünstigten eher klein- als großbetriebliche Einheiten (vgl. *Klodt* 1980, S. 89; *Ewers* 1984, S. 97; *Sorge* 1987, S. 237 ff.). Als Belege für diese These werden etwa die Fortschritte in der elektronischen Datenverarbeitung und in der automatisierten Steuerung von Fertigungsprozessen angeführt. Im Unterschied zu Großrechenanlagen sorgte die

---

29 Eine wesentliche und einfache Begründung für im Zeitablauf durchschnittlich sinkende Betriebsgrößen ist der sektorale Strukturwandel. Da Dienstleistungsunternehmungen tendenziell kleiner als Wirtschaftseinheiten des produzierenden Gewerbes sind, ist eine positive Korrelation zwischen der Tertiärisierung und einem Rückgang der durchschnittlichen Betriebsgröße zwangsläufig. Allerdings läßt sich der Trend zu kleineren Organisationsformen nicht allein mit den Folgen des sektoralen Strukturwandels begründen (vgl. *Ewers* 1984, S. 96; *Cramer* 1990, S. 23; *Acs/Audretsch* 1990, S. 37). Auch innerhalb des produzierenden Gewerbes wuchsen die kleineren Betriebe - gemessen an der Beschäftigung - stärker als die größeren. Dieser Aspekt soll im folgenden im Vordergrund der Betrachtung stehen.

Verbreitung der Personal Computer auch für ein Vordringen der neuen Informationstechnologie in Klein- und Mittelbetriebe. Ebenso lässt sich zeigen, dass die ab Ende der 70er Jahre eingeführten computer-numerisch gesteuerten Werkzeugmaschinen (CNC) im Unterschied zur vorhergehenden Generation (NC-Maschinen) stärker in kleineren Unternehmungen eingesetzt wurden (vgl. *Sorge* 1987, S. 238; vgl. *Acs/Audretsch* 1990, S. 40 ff.). Trotz zweifellos vorhandenen dezentralisierenden Effekte des technischen Wandels können jedoch auch Beispiele für den gegenteiligen Fall einer Bevorteilung großer Unternehmen durch Strömungen des technischen Fortschrittes genannt werden (vgl. *Sorge* 1987, S. 238 ff.). So sei etwa die Entwicklung der Industrieroboter und flexibler Fertigungssysteme in erster Linie Großunternehmen zugute gekommen. Besonders ist aber zu berücksichtigen, dass auch Techniken mit eindeutig dezentralisierendem Charakter von Großunternehmen zur Produktivitätssteigerung genutzt werden können. Eine leistungsfähige und handhabbare Informationstechnik zum Beispiel kann von großen Organisationseinheiten zur Optimierung innerbetrieblicher Abläufe eingesetzt werden. Damit kann die für solche Betriebsgrößen oft als typisch angesehene Schwerfälligkeit überwunden werden (vgl. *Sorge* 1987, S. 238). Im Lichte dieser Betrachtung ist die Bildung eines eindeutigen Urteils darüber, ob und inwiefern durch neue Produktionstechniken eine bestimmte Beschäftigungsgrößenklasse Vorteile erlangt, schwierig. In jedem Fall dürfte die Behauptung, dass durch neue Technologien vorrangig Klein- und Mittelbetriebe ihre Produktivität erhöhen konnten, voreilig sein (vgl. *Berger* 1990, S. 13; *Sorge* 1987, S. 243).

Als zweiter Einflussfaktor auf der Angebotsseite für die Dezentralisierung der Betriebsgrößen wurde die Erhöhung der Wettbewerbsintensität auf den Märkten für standardisierte Massenprodukte genannt. Diese Argumentationslinie unterstellt als Ausgangspunkt eine in den 60er und 70er Jahre zunehmende Industrialisierung der Schwellenländer. Die Unternehmen dieser Länder wuchsen auf den Märkten für Massenwaren, die mit einem hohen Arbeitskräfteaufwand produziert werden, aufgrund des allgemein geringen Kostenniveaus in diesen Gebieten zu einer ernsthaften Konkurrenz für die Großunternehmen und Konzerne in den hoch entwickelten Volkswirtschaften heran. Letztere mussten daher zur Erhaltung ihrer Wettbewerbsfähigkeit Reorganisationsmaßnahmen durchführen, in deren Verlauf auch zahlreiche Arbeitskräfte freigesetzt wurden (vgl. *Derenbach* 1986, S. 63 f). Klein- und Mittelbetriebe sind nach dieser Argumentation aus zwei Gründen weniger von der beschriebenen Entwicklungstendenz betroffen. Zum einen seien diese stärker auf den Binnenmarkt ausgerichtet und zum anderen besetzten kleinere und mittlere Unternehmen in vielen Fällen Marktnischen, die von den veränderten internationalen Konkurrenzbedingungen weitgehend unberührt blieben (vgl. *Ewers* 1984, S. 98). In vielen Fällen seien diese Marktnischen erst durch die veränderten Verhaltensweisen der großen Unternehmen entstanden. Strebten diese bis in die 80er Jahre nach einer Verbreiterung der Geschäftstätigkeit (Diversifikation), lässt sich für die 90er Jahre der entgegengesetze Trend einer Beschränkung auf Kernkompetenzen beobachten (vgl. *Maier/ Tödtling* 1995, S. 81 f.). Infolge dieser Umstrukturierungsmaßnahmen wurden zahlreiche kleinere Betriebsbereiche aus dem Unternehmensverbund ausgelagert und verschiedene Geschäftsfelder aufgegeben (vgl. *Triponez* 1998, S. 388 f.). Damit schufen die Rationalisierungsbemühungen der Großunternehmen Marktlücken, die von kleineren Betriebsformen besetzt werden konnten (vgl. *Maier/Tödtling* 1995, S. 82). Der (an der Beschäftigung gemessene) wachsende Stellenwert kleinerer Betriebsformen wird somit nach diesem Erklärungsmuster auf Reorganisationsprozesse von Großunternehmen zurückgeführt (so etwa *Bade (b)* 1987, S. 84 ff.).

Analysiert man die Veränderungsprozesse auf der Nachfrageseite im Zeitablauf, fällt auf, dass in zahlreichen wissenschaftlichen Untersuchungen ab den 70er Jahren eine Tendenz weg von der Nachfrage nach einheitlichen Massenwaren hin zu mehr individuellen, direkter auf Kundenwünsche zugeschnittene, Produkte angenommen wird (vgl. *Piore/Sabel* 1985, *Sorge* 1987, *Ewers* 1984). Die Grundzüge dieses Erklärungsmuster können wie folgt wiedergegeben werden: Es wird unterstellt, dass Unternehmen bis in die 70er Jahre hinein Standardprodukte und Dienstleistungen auf relativ stabilen Verbrauchermärkten anbieten konnten. Dadurch wurde es ihnen ermöglicht, durch Größenwachstum von Kostendegressionen zu profitieren. Ab den 70er Jahren habe sich allerdings das wirtschaftliche Umfeld gewandelt. Einerseits sei - wie oben beschrieben - eine Erhöhung des internationalen Wettbewerbsdrucks eingetreten und andererseits sei ein wachsender Wunsch der Verbraucher nach Individualität der von ihnen gekauften Produkte zu beobachten (vgl. *Acs/Audretsch* 1990, S. 40). Letzterer Sachverhalt wird oft damit erklärt, dass durch wachsendes Einkommen und einen allgemein gestiegenen Bildungsstand die Nachfrage nach spezialisierten Gütern zugenommen habe. Zudem habe die Verbesserung der Informationstechnologie dazu beigetragen, das Wissen über verschiedene Märkte und Produkte zu erhöhen. Der Wunsch der Konsumenten nach einer höheren Produktvielfalt führt nun dazu, dass der Stellenwert der Kostenvorteile aus Massenproduktion sinkt. Nach dieser These sind die Käufer bereit, zugunsten von Individualität und Qualität auf einen geringeren Preis aufgrund von Massenproduktionsvorteilen zu verzichten. Sowohl der zunehmende Wettbewerb als auch der Wunsch nach Nachfragedifferenzierung bewirkt eine Verschlechterung der wirtschaftlichen Rahmenbedingungen für große Organisationsformen während der letzten Jahre. An dieser Stelle setzt die Argumentationslinie an, die die besondere Anpassungsleistungen von kleineren Unternehmen in den Mittelpunkt der Diskussion stellt.

Ausgangspunkt dieser Argumentation ist die Überlegung, dass sich Unternehmen auf einem starken Wandel unterliegenden Märkten nur dann behaupten können, wenn sie über ein hohes Maß an Flexibilität verfügen. Klein- und Mittelbetrieben wird dieses Attribut vielfach eher als einem Großbetrieb zugeschrieben (vgl. *Blessin* 1998, S. 1; *Acs/Audretsch* 1990, S. 39; *Piore/Sabel* 1985, S. 286 ff.). Populär wurde in diesem Zusammenhang die These der „flexiblen Spezialisierung" von Piore/Sabel (1985). Danach gelingt es den kleinbetrieblichen besser als großbetrieblichen Organisationsformen, Flexibilität der Produktionsorganisation mit Produktspezialisierung zu verbinden. Als Belege für ihre These führen Piore/Sabel (1985, S. 254 ff.) unter anderem die überwiegend kleinbetrieblich strukturierte Werkzeugmaschinenindustrie in Baden-Württemberg an. Dabei handele es sich in der Mehrzahl um kleinere Unternehmen, die in verhältnismäßig geringen Stückzahlen Produkte auf hohem Qualitätsniveau fertigen. Diese Unternehmen besäßen die Fähigkeit, Produktionsprozesse verhältnismäßig schnell mit geringem Aufwand umzugestalten. Dadurch werde eine effiziente Anpassung der Endprodukte an die individuellen Kundenwünsche ermöglicht. Die genaue Erfüllung der Kundenwünsche besäße bei diesen kleinen hochspezialisierten Organisationsformen hohe Priorität. In diesem Sinne argumentiert auch Simon (1997) in seiner Untersuchung zu den Erfolgsstrategien unbekannter Weltmarktführer („hidden champions"). Simon stellte fest, dass es in der Bundesrepublik eine hohe Zahl von mittelständischen Unternehmen gibt, die in einem relativ eng abgegrenzten Marktsegment agieren und in vielen Fällen auf dem Weltmarkt eine starke Position besitzen (vgl. *Simon* 1997, S. 11 ff.). Für Simon sind diese weitgehend unbekannten Klein- und Mittelbetriebe wichtige Stützpfeiler der inländischen Wirtschaftsentwicklung. Als die entscheidenden Ursachen für die starke Marktstellung der hidden champions sieht er ihre enge Bindung zum Kunden und die damit verbundene Fähigkeit zur Durchführung von kontinuierlichen Innovationsprozessen an (vgl. *Simon* 1997, S. 98 ff.). Aufgrund der hohen Kundenorientierung würden Änderungen der Nachfragerpräferenzen verhältnismäßig schnell erkannt und könnten damit unmittelbar in den Produktionsablauf und die Produktgestaltung integriert werden.

Allerdings wird in der Literatur zu der Sichtweise, die aufgrund veränderter Rahmenbedingungen in jüngster Zeit den Klein- im Unterschied zum Großbetrieb im Vorteil sieht, kritisch angemerkt, dass damit - auch wenn die Gültigkeit dieser Aussage auf der Ebene eines Einzelbetriebes akzeptiert wird - keineswegs eine allgemeine Entwicklungstendenz hin zu kleinen rechtlich selbständigen Klein- und Mittelbetrieben angenommen werden kann. Vertreter dieser Position verweisen auf empirische Daten zur Entwicklung der Konzentration auf Unternehmens- und Konzernebene (vgl. etwa *Bade(b)* 1987). Anhand dieser Daten sind keine wirtschaftlichen Dezentralisationstendenzen erkennbar. Ganz im Gegenteil unterstreichen die hohen Umsatz- und Gewinnsteigerungen sowie die „Megafusionen" der jüngsten Zeit auch die in den 90er Jahren existierende ökonomische Potenz großer Organisationsformen (vgl. *Monopolkommission* 1995, S. 48 ff.; *Siegwart 1998*). Ursächlich hierfür könnte sein, dass sich - wie oben beschrieben - auch Groß- und Verbundunternehmen die Vorteile kleinerer Betriebsformen zunutze machen können. Durch eine Aufteilung verschiedener Betriebsfelder auf kleinere Einheiten kann bspw. eine Stärkung der Wirtschaftskraft und Wettbewerbsfähigkeit der Gesamtunternehmung erzielt werden. Bei Unternehmen, die aus mehreren kleineren Betrieben bestehen, kann daher, so wird argumentiert, die Rentabilität mit steigender Konzentration noch zunehmen, während beim Einzelbetrieb die Effizienz insbesondere bei größeren Einheiten zurückgehe (vgl. *Kaufer* 1980). Vergegenwärtigt man sich die Diskussion der vergangenen Jahre über die Reorganisation der Großunternehmen und Konzerne („Beschränkung auf Kernkompetenz"), die Auslagerung von Betriebsbereichen („outsourcing") oder flexible Organisationsformen wird deutlich, dass eine vermeintliche Schwächung des Großbetriebes nicht zwangsläufig einen Niedergang von Groß- und Verbundunternehmen bedeuten muss (vgl. *Tödtling*, 1995; *Berger* 1990, S. 13; *Woltron* 1996, S. 170). In der Realität lässt sich also eine gegenläufige Tendenz in der Entwicklung auf Betriebs- und der auf Unternehmens- bzw. Konzernebene beobachten (vgl. *Tichy* 1990). Während einerseits große international tätige Konzerne entstehen (global player), konnten andererseits Klein- und Mittelbetriebe ihre Position im Wettbewerb behaupten oder sogar ausbauen. Diese Entwicklungstendenz lässt sich beispielsweise in der relativ jungen Branche der Informationstechnologie beobachten. In diesem Wirtschaftszweig agieren wenige Branchenriesen neben einer Vielzahl kleinerer Unternehmungen (vgl. *Sorge* 1987, S. 239).

3.2.4.2.2.2.2.2 Raumwirtschaftliche Folgerungen

Eine Zunahme der Betriebsgröße aufgrund einer steigenden Bedeutung unternehmensinterner Ersparnisse im Zeitablauf führt ceteris paribus - d. h. bei konstanten Rahmenbedingungen, wobei hierbei insbesondere die Höhe der Transportkosten und die Agglomerationseffekte konstant zu halten sind - zu einer wirtschaftlichen Konzentration in sektoraler und räumlicher Hinsicht: „Je ausgedehnter bei der Produktion der Bereich sinkender Grenzkosten ist, desto größer ist unter sonst gleichen Bedingungen die optimale Ausstoßmenge je Betrieb, desto kleiner ist die Zahl der Betriebe und desto größer die Konzentration im Raum" (*v. Böventer* 1979, S. 10). Steigende interne Skalenerträge erhöhen genauso wie die oben getroffene Annahme einer Produktdifferenzierung die Wahrscheinlichkeit einer Oligopol- oder im Extremfall Monopolbildung. Liegen etwa hohe Unteilbarkeiten und eine vergleichsweise geringe Marktnachfrage vor, ist die Anzahl der Anbieter auf einem Markt kleiner als im umgekehrten Fall hoher Teilbarkeit und hoher Nachfrage. Damit wächst - unter Annahme hoher Marktzutrittsschranken - die Gefahr von Wettbewerbsbeschränkungen. Bei der Existenz nicht-wettbewerblicher Marktprozesse und verkrustet-vermachteter Marktstrukturen ist auch in räumlicher Hinsicht eine Verkrustung in dem Sinne zu erwarten, dass sich keine neuen Konkurrenten in Räumen außerhalb der Gebiete, in denen die marktbeherrschenden Unternehmen ihren Sitz haben, bilden können.

Die aufgezeigten Entwicklungstendenzen der jüngsten Vergangenheit auf Angebots- und Nachfrageseite sprechen jedoch für eine etwas gesunkene Bedeutung von Massenproduktionsvorteilen. Wird unterstellt, dass damit auch sinkende Marktzutrittsschranken einhergehen, kann aus dem Wachstum in den unteren Betriebsgrößenklassen eine geringere Konzentration der Produktion im Raum gefolgert werden. Eine solche Entwicklung ist aber nur dann zu erwarten, wenn andere Bestimmungsfaktoren der räumlichen Entwicklung konstant gehalten werden. Werden aber sinkende Transportkosten und steigende Agglomerationsvorteile in die Betrachtung mit eingebunden, können diese im Verbund mit Konzentrationstendenzen - wie im Gliederungspunkt 3.2.4.2.3 gezeigt wird - eine Beschleunigung des eben beschriebenen räumlichen und sektoralen Konzentrationsprozesses bewirken.

3.4.2.4.2.2.2.3 Agglomerationseffekte

3.2.4.2.2.2.3.1 Die Bedeutung der Agglomerationseffekte in einer hochentwickelten Volkswirtschaft

Von Böventer geht in seinen Modellannahmen davon aus, dass im Laufe der historischen Entwicklung Agglomerationseffekte einen steigenden Stellenwert für die Wirtschaftsentwicklung einer Volkswirtschaft oder einer Region erlangen (vgl. *v. Böventer* 1979, S. 13). Es wird unterstellt, dass zu Beginn des Verdichtungsprozesses die Agglomerationsvorteile die -nachteile deutlich überwiegen und durch zusätzliche Verdichtungen die Vorteilhaftigkeit einer Ansiedlung in einem Verdichtungsraum zunächst immer größer wird. Allerdings wächst die Differenz zwischen Agglomerationsvor- und -nachteilen nicht unendlich, sondern ab einem gewissen Verdichtungsgrad (der für jede Branche oder für jedes Unternehmen spezifische Unterschiede aufweisen kann) erhöhen sich die Verdichtungsnachteile in einem stärkeren Maße als die Agglomerationsvorteile (vgl. *v. Böventer* 1962a, S. 124 und *Klaus/Schleicher* 1983, S. 7).

Eine erhöhte Relevanz von Agglomerationseffekten für raumwirtschaftliche Prozesse wird mit den folgenden Entwicklungslinien des sektoralen Strukturwandels begründet. Ein sinkender Beschäftigungsgrad in der Landwirtschaft führt zu einer Freisetzung von Arbeitskräften in diesem Sektor. Damit setzen Wanderungsbewegungen von Arbeitskräften in Richtung auf die Zentralregionen beim Übergang von der Stufe der wirtschaftlichen Entwicklung, die noch stark agrarisch geprägt war, in die Industrialisierungsphase ein (vgl. *v. Böventer* 1962a, S. 124). Im Zuge des sektoralen Strukturwandels nimmt somit die Gleichmäßigkeit der Verteilung der volkswirtschaftlichen Produktionsaktivitäten im Raum dadurch ab, dass die Herstellung von Industriewaren im Unterschied zur landwirtschaftlichen Produktion räumlich konzentrierter ist. Beschleunigt wird diese Entwicklung durch die nächste Stufe der wirtschaftlichen Entwicklung - den Übergang von der Industrie- zur Dienstleistungsgesellschaft. Vor dem Hintergrund eines steigenden Anteils tertiärer Tätigkeiten an der Gesamtbeschäftigung eines Landes einerseits (vgl. Kapitel 1.3.2) und der angenommenen prinzipiell höheren Absatzorientierung von Dienstleistungen andererseits (vgl. Kapitel 3.2.3.2)[30] wird gefolgert, dass sich ein wachsender Anteil der Wirtschaftsaktivitäten räumlich konzentrieren muss (vgl. *DeHaen/Isermeyer* 1990, S. 4). Daneben zeigt sich auch innerhalb des industriellen Sektors eine Verlagerung weg von den Branchen, die auf Standorte mit großen Rohstoffvorkommen angewiesen sind (wie z. B. die Schwerindustrie), hin zu solchen, die ihren Standort mehr verbrauchsorientiert wählen (Ge- und Verbrauchsgüterindustrien). Da die Unternehmen ihre Waren und Dienstleistungen überwiegend stärker in den hochverdichteten als in den ländlichen Regionen verkaufen (bzw. die Erreichbarkeit von Absatzmärkten prinzipiell von den Verdichtungsregionen aus besser ist), werden sie bei ihrer Standortwahl die Nähe zum städtischen Markt

---

30 Für Dienstleistungen wurde angenommen, dass diese ihre Standortentscheidung weniger nach der räumlichen Verteilung immobiler Ressourcen wie Rohstoffvorkommen oder auch nicht wanderungsbereite Arbeitskräfte treffen müssen (vgl. *v. Böventer* 1979, S. 233 f.). Dadurch wählen Dienstleistungsbetriebe ihren Standort eher als Industrieunternehmen unter dem Gesichtspunkt der Absatzorientierung. Letztere siedeln sich aufgrund regional begrenzter Ressourcen auch in abgelegenen ländlichen Räumen an (vgl. *v. Böventer* 1962a, S. 114).

suchen bzw. einen solchen Standort wählen, der verkehrsmäßig gut an die Agglomerationen angebunden ist.[31]

Neben dem großen Marktvolumen wird auch für andere Elemente der positiven Agglomerationseffekte angenommen, dass sie im Laufe der wirtschaftlichen Entwicklung an Gewicht für die Standortentscheidungen von Unternehmen gewinnen. Hierbei ist etwa an die Verfügbarkeit qualifizierter Arbeitskräfte oder eine gute infrastrukturelle Ausstattung zu denken (vgl. hierzu ausführlicher nächsten Gliederungspunkt). Alles in allem erfolgt unter Zugrundelegung dieser Rahmenbedingungen mit steigendem Industrialisierungsgrad die räumliche Standortwahl einer wachsenden Zahl von Unternehmen unter dem Gesichtspunkt der Nähe zu Regionen mit hohen Agglomerationsvorteilen (unter der Voraussetzung, dass diese von den Wirtschaftseinheiten höher als die negativen Ballungseffekte bewertet werden; vgl. *v. Böventer* 1962a, S. 127).

3.2.4.2.2.2.3.2 Raumwirtschaftliche Folgerungen

Hohe Agglomerationsvorteile bewirken nicht nur eine Zunahme der räumlichen Verdichtung, sondern haben auch Auswirkungen auf die Produktionsverfahren und damit auf die optimale Ausbringungsmenge und die Größe von Unternehmen (vgl. *v. Böventer* 1962a, S. 120). Es wird im Folgenden unterstellt, dass Unternehmen Gewinnmaximierung betreiben und sich in einer optimalen Weise an die Kostenstruktur eines Standortes anpassen. Ferner wird davon ausgegangen, dass grundsätzlich die Produktionskosten in den Zentren als auch die Agglomerationsvorteile mit zunehmendem Verdichtungsgrad steigen. Dies bedeutet, dass der Verlauf der Durchschnittskostenkurve von den Agglomerationseffekten mit bestimmt wird. Da in größeren Städten ein höheres Kostenniveau als in nicht-zentralen Regionen besteht, verschiebt sich die Durchschnittskostenkurve mit zunehmender Verdichtung nach oben (vgl. *v. Böventer* 1979, S. 160). Inwiefern sich unter diesen Bedingungen für eine Unternehmung ein zentrumsorientierter Standort gegenüber einem Standort in einem dünn besiedelten Gebiet als vorteilhaft darstellt, wird von dem Verhältnis der höheren Produktionskosten in den Städten zu den Infrastrukturvorteilen, Marktvorteilen etc. in diesen Gebieten determiniert.

---

[31] In diese Betrachtung fließen die im Zeitablauf sinkenden Transportkosten nicht mit ein. Es geht an dieser Stelle darum, grundsätzlich die raumwirtschaftlichen Auswirkungen von Agglomerationseffekten herauszuarbeiten. Sinkende Kosten der Raumüberwindung mindern die Notwendigkeit einer Ansiedlung in räumlicher Nähe zum Absatzgebiet (vgl. Kapitel 3.2.4.3).

Hier sind verschiedene Kombinationen in der Ausprägung der Faktoren Agglomerationseffekte, Nachfragewachstum und höheres städtisches Kostenniveau denkbar. Steigen etwa im Verhältnis zur Kostenbelastung die Vorteile aus einer Vergrößerung des Absatzgebiets und die übrigen Agglomerationsvorteile nur unterdurchschnittlich, ist für eine Unternehmung die Ansiedlung in einem Ballungsgebiet nachteilig. Vorteilhaft ist eine solche Ansiedlung aber dann, wenn aus der Sicht der Unternehmung die Agglomerationsvorteile deutlicher ins Gewicht fallen als das höhere Kostenniveau im Verdichtungsraum. Aus den vorangegangenen Überlegungen kann folgende Hypothese gebildet werden: Da die Höhe der Agglomerationsvorteile von der Größe der Stadt abhängt - also größere Städte aufgrund größerer Märkte (Absatz- und Faktormarkt) höhere Agglomerationsvorteile als kleinere Siedlungen bieten können - ließe sich daraus eine positive Korrelation zwischen steigenden Unternehmens- und Stadtgrößen ableiten.

Diese Folgerung kann jedoch nicht auf die Realität übertragen werden. Die größten Unternehmen sind nicht zwangsläufig in den größten Städten zu finden (vgl. *v. Böventer* 1962a, S. 120). Dies ist zum einen darin begründet, dass die Höhe der Agglomerationseffekte nur zum Teil eine Funktion der Größe der Stadt ist. Räumliche Unterschiede in der ausgeübten Kommunal- und Infrastrukturpolitik und in der Wirtschaftsstruktur bestimmen die Attraktivität eines städtischen Verdichtungsraumes für unternehmerische Aktivitäten ebenfalls mit (vgl. *v. Böventer* 1979, S. 182). Zudem bringt ein höherer Verdichtungsgrad nicht nur Vorteile, sondern - besonders wenn die Verdichtung in einer Region schon sehr hoch ist - auch höhere Agglomerationsnachteile mit sich. Darüber hinaus ist die Fähigkeit der Anpassung an bestehende Kostenstrukturen einer Region von Unternehmen zu Unternehmen unterschiedlich groß einzuschätzen (vgl. *v. Böventer* 1979, S. 183). Gelingt es einem Unternehmen etwa besser als allen anderen, seine Produktionskapazitäten auf kleinem Raum unterzubringen, ist es vergleichsweise wenig von den hohen städtischen Bodenpreise betroffen, kann aber in gleichem Maße wie die anderen Wirtschaftseinheiten von den Vorteilen des städtischen Marktes profitieren.

Resümierend ist festzuhalten, dass - unter der Annahme der Konstanz anderer raumdifferenzierender Faktoren[32] - positive Agglomerationseffekte zu einer

---

32 Diese Prämisse ist für die Gültigkeit der hier erzielten Folgerungen wichtig, wobei hierbei insbesondere die Konstanz der Transportkosten hervorzuheben ist. Im Rahmen der vorigen Argumentation wurde angenommen, dass Unternehmen mit einer Ansiedlung in einer Agglomeration einen größeren Kreis von Nachfragern erreichen können bzw. einen besseren Zugang zu Vorleistungsmärkten haben. Die Mehrnachfrage kann dabei zum einen aus einer höheren Nachfrage in der Agglomeration, in der das Unternehmen ansässig ist, resultieren. Zum anderen kann das Unternehmen in einer Agglomeration besser Nachfrager in anderen Regionen erreichen, wenn unterstellt wird, dass die überregionale Verkehrsanbindung von Agglomerationen besser

räumlichen Konzentration von Wirtschaftsaktivitäten beitragen und umgekehrt. Inwiefern Agglomerationseffekte somit letztendlich zu einer wirtschaftsräumlichen Konzentration bzw. Dekonzentration beitragen, hängt davon ab, wie die Mehrheit der Produktionseinheiten die Agglomerationsvor- gegenüber den -nachteilen bewertet.

3.2.4.2.2.2.4 Verfügbarkeit des Produktionsfaktors Bodens

3.2.4.2.2.2.4.1 Die Bedeutung des Produktionsfaktors Boden in einer hochentwickelten Volkswirtschaft

Im räumlichen Modell v. Böventers wird im Laufe der wirtschaftlichen Entwicklung eine insgesamt steigende Nachfrage nach Boden unterstellt (vgl. *v. Böventer* 1979, S. 13). In sektoraler Hinsicht nimmt dabei zwar die Nachfrage nach Land für landwirtschaftliche Zwecke aufgrund technischen Fortschritts ab, allerdings wird diese Entwicklung durch den Zuwachs sonstiger wirtschaftlicher Aktivitäten und einer höheren Bodennachfrage für private Konsumzwecke (im Wohnungs- und Freizeitbereich) überkompensiert, was im Zeitablauf steigende Bodenpreise zur Folge hat (vgl. Kapitel 2.2.3.3).

3.2.4.2.2.2.4.2 Raumwirtschaftliche Folgerungen

Eine Zunahme der Nachfrage nach Land und damit einhergehende steigende Bodenpreise wirken prinzipiell der räumlichen Konzentration entgegen (vgl. *v. Böventer* 1979, S. 11). Da der Produktionsfaktor Boden aufgrund seiner Eigenschaft als immobiles Gut nicht durch Zuwanderungen vermehrt werden kann, schlagen sich Nachfragesteigerungen in hohem Maße in Kostenerhöhungen dieses Faktors nieder. In Zentralregionen überdurchschnittlich hohe Flächenpreise sind ein wesentliches Element der Agglomerationsnachteile und werden deshalb in der Regionalökonomik als wichtiger Bestimmungsfaktor für wirtschaftsräumliche Dezentralisierungstendenzen aufgefasst (vgl. *v. Böventer* 1979, S. 13).

Ob ein ausgeprägtes Bodenpreisgefälle zwischen Stadt und Land tatsächlich eine Chance zur gewerblich-industriellen Entwicklung ländlicher Räumen darstellt, wird indes nicht nur von der Höhe der Bodenpreise bestimmt. Transportkosten, die großräumige Lage und die Güte des Verkehrsnetzes beeinflussen die

---

als in nicht-zentralen Gebieten ist. Sinkende Transportpreise ermöglichen jedoch Unternehmen auch von nicht-zentralen Standorten aus, ihre Waren in weiter entfernt liegenden Gebieten zu einem konkurrenzfähigen Preis anbieten zu können (vgl. Kapitel 3.2.4.2.3).

räumliche Standortwahl von Unternehmen und Haushalten ebenso wie das Verhältnis von Agglomerationsvorteilen zu Agglomerationsnachteilen. Sollten die Verkehrswege in ländlich-peripheren Regionen schlecht ausgebaut und kaum Agglomerationsvorteile in den Siedlungen dieser Gebiete zu realisieren sein, ist die Wahrscheinlichkeit einer positiven Entwicklung dieser Räume trotz günstiger Bodenpreise und hoher Flächenverfügbarkeit gering einzuschätzen (vgl. Kapitel 3.2.4.2.3).

3.2.4.2.2.2.5 Natürliche Produktionsbedingungen

Von den natürlichen Standortbedingungen üben - wie bereits oben herausgestellt wurde - die örtlich konzentrierten Rohstoffvorkommen in hochentwickelten Volkswirtschaften einen geringeren Einfluss auf die Raumstruktur als in früheren Entwicklungsphasen aus, in denen die Schwer- und Grundstoffindustrie einen höheren volkswirtschaftlichen Stellenwert besaß. Mit dem wirtschaftlichen Niedergang dieser traditionellen Wirtschaftszweige büßen auch die Regionen ihren Standortvorteil ein, die natürliche Rohstoffvorkommen wie Kohle oder Erze besitzen. Sie verlieren damit ihre ehemals exponierte Position im regionalen Gefüge. In Deutschland sind das Ruhrgebiet und das Saarland Beispiele für den wirtschaftlichen Niedergang altindustrialisierter Gebiete und die damit verbundenen wirtschaftlichen und sozialen Probleme (vgl. *Hamm/Wienert* 1990).

Im folgenden Gliederungspunkt werden in einer Gesamtschau die räumlichen Wirkungen der beschriebenen raumprägenden Faktoren mit ihren vielfältigen Wechselwirkungen diskutiert. Daraus lassen sich die ökonomischen Potentiale unterschiedlich stark verdichteter Regionen ableiten. Mit anderen Worten kann auf Basis der gesetzten Modellprämissen hergeleitet werden, welche Produktionsformen in welchem räumlichen Typ zu erwarten sind und wodurch sich die Regionen im Hinblick auf die Standortqualität unterscheiden und sich somit unterschiedlich gut für die Ansiedlung wirtschaftlicher Aktivitäten eignen.

3.2.4.2.3 Die Gestalt der Raumstruktur und die wirtschaftliche Bedeutung ländlicher Räume in einer modernen Industriegesellschaft

3.2.4.2.3.1 Vorbemerkungen

Bevor die Charakteristika der Raumstruktur in einer modernen Volkswirtschaft erörtert werden, werden zunächst - um einen Überblick zu geben - die bei der Analyse zugrunde gelegten Annahmen aufgelistet:

- Die Höhe der Transportkosten ist im Unterschied zu früheren wirtschaftlichen Entwicklungsphasen als vergleichsweise gering einzustufen.
- Die Bedeutung der internen Skalenerträge ist über weite Strecken der Wirtschaftsgeschichte gewachsen. Aufgrund eines veränderten wirtschaftlichen Umfeldes (erhöhter internationaler Konkurrenzdruck, Veränderungen im Konsumentenverhalten in Richtung auf größere Individualität, zum Teil dezentralisierende Wirkungen des technischen Fortschrittes) sind speziell seit den 70er Jahren Anzeichen für eine etwas sinkende Bedeutung der internen Größenersparnisse erkennbar.
- Die Relevanz der Agglomerationseffekte für die Raumstruktur ist als sehr hoch anzusetzen. Dies schließt nicht aus, dass für bestimmte Branchen eine Ansiedlung in einem Verdichtungsgebiet wegen sehr hoher Verdichtungsnachteile als nicht vorteilhaft erscheint. Hierbei handelt es sich in erster Linie um solche Unternehmen, die vergleichsweise wenig von den externen Ersparnissen in einem Ballungsraum profitieren können.
- Die Nachfrage nach Boden für produktive und konsumtive Zwecke stieg im Zeitablauf an, so dass die Flächenverfügbarkeit und die Bodenpreise von großer raumwirtschaftlicher Wichtigkeit sind.
- Die räumliche Relevanz von natürlichen Rohstoffvorkommen hat im Unterschied zu früher und in Relation zu den übrigen Faktoren abgenommen.

Im Anschluss soll zunächst diskutiert werden, welche Faktoren für eine Zunahme der räumlichen Konzentration in einer modernen Volkswirtschaft (die dadurch charakterisiert ist, dass der tertiäre Sektor die höchsten Wachstumsraten verzeichnet) sprechen. Daraufhin wird untersucht, unter welchen Bedingungen der gegenteilige Fall einer wirtschaftsräumlichen Dezentralisierung erwartet werden kann.

3.2.4.2.3.2 Räumliche Konzentrationstendenzen in hochentwickelten Volkswirtschaften

Eine Zunahme der räumlichen Verdichtung wirtschaftlicher Aktivitäten bei einem gleichzeitig geringeren wirtschaftlichen Aktivitätsniveau in nicht urbanen Gebieten lässt sich auf Basis der bisherigen Ergebnisse durch das Zusammenwirken der Faktoren interne und externe Ersparnisse, sinkende Transportkosten sowie durch die Folgen des sektoralen Strukturwandels begründen. Hierbei ist es für die Interpretation der nachfolgenden Aussagen wichtig darauf hinzuweisen, dass in bezug auf die Wirkung der Agglomerationseffekte ein deutliches Überwiegen der Agglomerationsvorteile gegenüber den Agglomerationsnachteilen angenommen wird.

Die hohe Bedeutung interner und externer Ersparnisse in einer hochentwickelten Volkswirtschaft spricht dafür, dass sich die volkswirtschaftlichen Produktionskapazitäten im Unterschied zu früheren Perioden der Wirtschaftsgeschichte stärker auf wenige Raumpunkte konzentrieren.[33] Vor dem Hintergrund der Überlegungen zu den Landschaftsstrukturmodellen von Christaller und Lösch bedeutet dies, dass die Gleichmäßigkeit der Verteilung der Produktionen über die Fläche abnimmt und es zu Konzentrationsprozessen in den größten Siedlungen im Raum kommt.

Eine wichtige Voraussetzung für eine räumliche Konzentration von Wirtschaftsaktivitäten sind geringe Kosten der Raumüberwindung (vgl. *v. Böventer* 1979, S. 22). Denn unter der Annahme hoher Transportpreise würde die Errichtung von Produktionsstätten in von den Zentren weiter entfernten Regionen lohnend. Geringe Transportkosten ermöglichen jedoch die Ausweitung des Absatzgebietes der in den Agglomerationen ansässigen Unternehmen und die Belieferung bisher nicht erschlossener Märkte. Eine solche Entwicklung ist besonders beim Vorliegen hoher interner Ersparnisse und oligopolistischer bzw. monopolistischer Marktstrukturen zu erwarten. In diesem Fall wird der Marktzutritt neuer Unternehmen erheblich erschwert und ein vorhandenes Marktwachstum - das z. B. aus der Vergrößerung des Absatzgebietes resultiert - kann unter den vorhandenen Anbietern aufgeteilt werden (vgl. *Aberle* 1980, S. 54). Ein Aufbau von Produktionskapazitäten in ländlichen Räumen findet unter diesen Annahmen zur Versorgung dieser Gebiete nicht statt.[34]

Daneben ist zu berücksichtigen, dass sinkende Transportkosten nicht nur die Gründung neuer Unternehmen in ländlichen Regionen verhindern können, sondern auch zu einer Gefahr für bestehende Unternehmen in diesen Gebieten werden können. Hiervon ist unter den gesetzten Annahmen auszugehen, wenn die

---

33 Mit früheren Perioden sind die Phasen der Wirtschaftsentwicklung angesprochen, in denen die Landwirtschaft eine wesentlich höhere Bedeutung für die Erzeugung des inländischen Volkseinkommens besaß und die Industrialisierungsphase gerade einsetze (also das 18 und 19. Jh.). Damals konnten weitreichende Entleerungen ganzer Landstriche als unwahrscheinlich gelten, weil im Unterschied zu heute eine höhere Anzahl von Arbeitskräften im primären Sektor beschäftigt war und dieser sich im Gegensatz zu den übrigen Sektoren im Raum wesentlich gleichmäßiger verteilte (vgl. *v. Böventer* 1962a, S. 113 ff.).

34 Die beschriebene Wirkungskette besitzt in den Ansätzen der sogenannten „neuen Außenhandelstheorie" einen hohen Stellenwert. Dieser Ansatz, der insbesondere von Krugman (1990) geprägt wurde, vermag mit den zentralen Modellprämissen interne und externe Ersparnisse sowie Transportkosten das Bestehen dauerhafter wirtschaftlicher Disparitäten zwischen Ländern zu erklären (vgl. auch *Feix* 1996, S. 77 f.).

Anbieter in den ländlichen Regionen im selben Marktbereich agieren wie die Unternehmen in den Agglomerationen. Durch im Zeitablauf sinkende Transportkosten verlieren die ländlichen Produktionseinheiten einen natürlichen Wettbewerbsschutz vor außerregionaler Konkurrenz (vgl. *v. Böventer* 1979, S. 10). Diese sind vom theoretischen Standpunkt aus, weil sie *weniger* von internen Ersparnissen und Agglomerationsvorteilen profitieren können, gegenüber den Unternehmen in den Zentralregionen nicht wettbewerbsfähig und es besteht die Gefahr einer Verdrängung vom Markt. Unter Beachtung dieser Gegebenheiten wird damit die eigenständige Entwicklung von Industrien in dünn besiedelten Regionen insbesondere dann be- bzw. verhindert, wenn aufgrund vergleichsweise geringer Transportkosten der Wettbewerb durch regionsfremde Unternehmen an Intensität gewonnen hat und in vielen Märkten oligopolistische oder monopolistische Strukturen bestehen.[35]

Was im Rahmen des hier verwendeten raumwirtschaftlichen Modells als besonders problematisch für die Entwicklung dünn besiedelter Regionen anzusehen ist, sind die räumlichen Folgen sektoraler Umwälzungen. Mit dem Übergang zur Dienstleistungsgesellschaft sind tiefgreifende räumliche Veränderungen verbunden. Dienstleistungen werden gemäß der Theorie der zentralen Orte als typische städtische Aktivität verstanden (vgl. Kapitel 3.2.3.2). Fallen infolge des sektoralen Strukturwandels viele Arbeitsplätze in der Landwirtschaft und Industrie weg und werden gleichzeitig Arbeitsplätze in Dienstleistungsbereichen geschaffen, lässt sich folgern, dass diese Entwicklung zu Lasten des dünn besiedelten ländlichen Raumes geht. Das starke Wachstum der Dienstleistungsproduktion im Zeitablauf und die schrumpfende Beschäftigung im landwirtschaftlichen und industriellen Sektor ist nach verbreiteter Meinung für die dünn besiedelten Gebiete deswegen nachteilig, weil ihnen die Standortbedingungen für eine den Arbeitsplatzverlust im Agrarbereich kompensierende Entwicklung des Dienstleistungssektors weitgehend fehlen (vgl. z. B. *ASG* 1980, S. 42; *Birg* 1989, S. 89 f; *Gaebe* 1992, S. 95; *Klemmer* 1996, S. 459 f.; *Müller* 1983, S. 160; *Zimmermann* 1976, S. 259).

Angeführt werden in diesem Kontext unterschiedliche Standortbedingungen, von denen zumeist vermutet wird, dass sie in hochverdichteten Regionen ein höheres Niveau als in dünn besiedelten erreichen. Wird die Betrachtung nach haushaltsorientierten und unternehmensnahen Dienstleistungen differenziert, ist

---

[35] Diese Aussage bedeutet nicht, dass sich überhaupt keine Industrien in ländlichen Regionen entwickeln werden. Aufgrund des Kostengefälles zwischen städtischen und ländlichen Räumen sind letztere für die Zuwanderungen von Produktionseinheiten aus den Ballungsräumen interessant (vgl. Kapitel 3.2.4.2.3.3).

für erstere davon auszugehen, dass sie räumlich vergleichsweise breit gestreut sind. Vor allem für haushaltsnahe Dienstleistungen des täglichen bzw. häufigen Bedarfs wie z. B. Handel und Gesundheitsdienste wird im Unterschied zu den produktionsnahen angenommen, dass sie sich in ihrem Angebot stärker an der regionalen Bevölkerungsverteilung ausrichten und eine geringere Mindestmarktgröße erfordern (vgl. *Sommer* 1989, S. 75; *Reissert/Schmidt/Jahn* 1989, S. 83).[36] Unternehmensnahe Dienste wie etwa Wirtschafts- und Rechtsberatung werden demgegenüber als ein typisches Merkmal urbaner Zentren verstanden. Als wesentlicher Faktor für die Ansiedlung der wachstumsstarken produktionsorientierten Dienstleistungen wird neben einem hohen regionalen wirtschaftlichen Aktivitätsniveau ein großes Angebot an qualifizierten Arbeitskräften angesehen (vgl. *Hatzfeld/Schröer* 1993, S. 338). Als wichtig gelten aber auch sogenannte „weiche" Standortfaktoren, die keinen unmittelbaren Einfluss auf den Produktionsprozess besitzen, sondern eher die Rahmenbedingungen für die Unternehmensaktivitäten und das Lebensumfeld der Arbeitskräfte beschrieben (vgl. *Grabow* 1995). Hierzu zählen vor allen Dingen der Wohn- und Freizeitwert, das kulturelle Angebot, das Wirtschaftsklima oder das Image einer Region (vgl. *Hatzfeld/Schröer* 1993, S. 338). Ländliche Regionen besitzen hier allenfalls im Hinblick auf den Wohnwert einen Standortvorteil - vorausgesetzt die Arbeitskräfte ziehen das Wohnen in einer ruhigen ländlichen Umgebung dem Wohnen in urbanen Regionen vor und nehmen dafür evtl. längere Fahrten zur Arbeitsstätte in Kauf.

Vor dem Hintergrund dieser Überlegungen ist davon auszugehen, dass Wachstumsbranchen und innovative Wirtschaftszweige[37] weniger in den dünn besiedelten als in den städtischen Regionen angesiedelt sind. Die Bedingungen des regionalen Umfeldes in den Verdichtungsregionen für die Schaffung von Innovationen sind als wesentlich günstiger einzustufen. Insbesondere bietet die geringe räumliche Distanz zu den unterschiedlichen regionalen Akteuren des Wirtschaftsprozesses die Möglichkeit des Aufbaus „lokalisierter Netzwerke", ein Faktor, dem in der jüngeren regionalökonomischen Diskussion im Hinblick auf die Innovations- und Entwicklungsfähigkeit von Regionen hohe Aufmerksamkeit geschenkt wird (vgl. *Camagni* 1991).

---

36 Als Beispiele für haushaltsnahe Dienstleistungen, die eine größere Mindestmarktgröße erfordern, sind Freizeit- oder Kultureinrichtungen zu nennen, die zur Auslastung ein großes Einzugsgebiet benötigen und somit nicht in Orten mit niedrigem Zentralitätsgrad zu finden sind (Freizeitparks, Opern etc.).

37 Unter innovatorischen Leistungen werden gemäß der breiten, erstmaligen Definition von Schäffle (1867) Neuerungsleistungen auf verschiedenen betrieblichen Ebenen verstanden (Produkte, Produktions- und Organisationsverfahren; Erschließung neuer Rohstofflager und Absatzmärkte).

Unter lokalisierten Netzwerken sind allgemein formelle oder informelle Formen der Zusammenarbeit zwischen Unternehmen und/oder öffentlichen Einrichtungen wie z. B. Behörden oder Forschungsstätten zu verstehen (vgl. *Maier/ Tödtling* 1995, S. 85). Sie bewegen sich hinsichtlich Intensität der Verflechtung zwischen losen Marktbeziehungen (bspw. zwischen Lieferant und Kunde) und der Hierarchie in einem Unternehmensverbund (z. B. zwischen Tochterunternehmen eines Konzerns). Die Zusammenarbeit innerhalb des Unternehmenssektors kann dabei sehr vielfältig sein. Unternehmen gleicher oder unterschiedlicher Größe können genauso Netzwerkbeziehungen bilden wie Unternehmen derselben Branche oder Produktionseinheiten verschiedenartiger Wirtschaftszweige. Als Vorteil einer solchen Netzwerkbildung wird die Möglichkeit zur Arbeitsteilung und Spezialisierung beim Innovations- und Produktionsprozess angesehen (vgl. *Fritsch* 1999, S. 11 f.). Darüber hinaus wird eine schnelle Diffusion von Wissen innerhalb des Netzwerkes angenommen. Die These der „lokalisierten Netzwerke" ist eng verbunden mit den Aussagen der Modelle des „innovativen Milieus" (vgl. *Maier/Tödtling* 1995, S. 96). Der Kerngedanke dieser Ansätze besteht darin, dass die Innovationsfähigkeit eines Unternehmens nicht nur von seiner eigenen Befähigung zur Generierung technologischer oder organisatorischer Neuerungen bestimmt, sondern auch in hohem Maße vom Unternehmensumfeld beeinflusst wird. Hierbei ist das Unternehmensumfeld nicht notwendig räumlich zu interpretieren, wenngleich die räumliche Nähe (die die Möglichkeiten eines intensiven persönlichen Kontaktes und regen Gedankenaustausches erleichtert) in diesen Konzepten einen hohen Stellenwert besitzt.

Als Voraussetzungen dafür, dass in Regionen ein wachstumsstiftendes innovatives Milieu entsteht, werden positive Agglomerationseffekte sowie eine soziokulturelle Verbundenheit zwischen den Akteuren des Wirtschaftsprozesses genannt (vgl. *Fritsch* 1999, S. 8 ff.; vgl. *Maier/Tödtling* 1995, S. 86 u. 98 f.; vgl. *Schätzl* 1996, S 211 f.). Im Hinblick auf die Bedeutung der Agglomerationseffekte ist das Vorhandensein von unterschiedlichen und zahlreichen Akteuren des Wirtschaftsprozesses (unterschiedlich große Unternehmen, produktionsorientierte Dienstleistungen, Arbeitskräfte, private und öffentliche Forschungseinrichtungen, Ausbildungs- und Förderstellen) und ein intensiver Austausch von Gütern, Dienstleistungen und Informationen zwischen diesen für den Innovationsprozess und die Erzeugung von Synergieeffekten von Vorteil. Unterstützend wirkt hierbei, wenn ein Betrieb über Liefer- und Absatzbeziehungen stärker mit der regionalen als mit der überregionalen Wirtschaft verbunden ist. Die heutzutage vergleichsweise geringen Kosten der Raumüberwindung vermindern jedoch die Tendenz einer regionalen Orientierung der Wirtschaft (vgl. nächsten Gliederungspunkt). In ihrem Stellenwert für die regionale Entwicklung hervorgehoben werden in der Gruppe der Agglomerationseffekte die lokal ansässigen Forschungseinrichtungen und die produktionsnahen Dienstleistungen (vgl. *Hatzfeld/ Schröer* 1993). Als Paradebeispiel für die Wirksamkeit des regionalen innovativen Milieus wird die Rolle der Stanford Universität in Kalifornien angeführt, die diese für die Entstehung des „Silicon Valley" besaß (vgl. *Maier/Tödtling* 1995, S. 97). Hochwertige produktionsorientierte Dienstleistungen (wie z. B. Wirtschafts- und Rechtsberatung, Architekturbüros, Finanzgewerbe; zur genauen Definition vgl. Kapitel 1.3.2) beeinflussen - so wird argumentiert - nicht nur wegen der direkten Beschäftigungseffekte, sondern auch oder vor allem wegen einer Erhöhung der Wettbewerbsfähigkeit der Industrieunternehmen die Regionalentwicklung positiv.

Die Stärkung der Wettbewerbsfähigkeit der Industrieunternehmen durch produktionsorientierte Dienstleistungen wird folgendermaßen begründet: Wird ein zunehmender Konkurrenzdruck für Unternehmen (etwa durch eine Zunahme des internationalen Wettbewerbs) unterstellt, sind diese zur Erhaltung und zum Ausbau ihrer Markposition gezwungen, entweder neue Produkte zu entwickeln oder die alten Produkte durch den Einsatz neuer Produktionsverfahren preiswerter anzubieten (vgl. *Bade* 1987, S. 43 ff.). Bei der Verfolgung einer oder beider Strategien ist tendenziell mit einem verstärkten Einsatz von hochwertigen produktionsnahen Dienstleistungen zur Bewältigung einer zunehmenden Technisierung und einer steigenden Informationsflut zu rechnen (vgl. *Sommer* 1989, S. 86). Kenntnisse über Marktchancen neuer Produkte, deren Entwicklung und Forschung, die Implementierung neuer und die Änderung alter Produktionsstufen sind alles Felder, die in der Regel den Einsatz von „Wissen" erfordern. Dabei kann dieses „Wissen" intern z. B. über die Schulung von Mitarbeitern herangebildet oder extern z. B. über Beratungsunternehmen bezogen werden. Im Laufe der wirtschaftlichen Entwicklung gewinnen somit die der Fertigung vor- und nachgelagerten Bereiche zunehmend an Bedeutung (vgl. *Bade* 1990, S. 14 und Kapitel 1.3.2.2).

Nimmt man an, dass im Laufe der wirtschaftlichen Entwicklung der Anteil derjenigen Güter mit einem hohen Technologieanteil an der Gesamtproduktion eines Landes steigt, kann auf Grundlage der bisherigen theoretischen Überlegungen zu den Agglomerationseffekten erwartet werden, dass diese vornehmlich in den Metropolregionen produziert werden. Diese Einschätzung resultiert daraus, dass die Wirtschaftseinheiten in Verdichtungsgebieten grundsätzlich im Unterschied zu den Unternehmen in nicht-zentralen Regionen aufgrund von Lokalisations- und Urbanisationseffekten, die die Entstehung lokaler Netzwerke und innovativer Milieus unterstützen, als innovativer beschrieben werden können. Ausgehend von der Annahme, dass Innovationen in den Kerngebieten entstehen und sich erst mit zeitlicher Verzögerung auf das Hinterland ausbreiten, wurde die im regionalökonomischen Schrifttum bedeutende These des „hierarchischen Diffusionsverlaufs" entworfen (vgl. *Hägerstrand* 1967 und *v. Böventer* 1979, S. 246). Dabei wird angenommen, dass die Kenntnisse über den Einsatz neuer Technologien der Raumhierarchie folgend von den größten Ballungsregionen zunächst zu den nächst größeren städtischen Räumen wandern. Erst am Ende erreicht das Wissen über die Innovation die dünn besiedelten Gebiete, die im interregionalen Vergleich eine geringe Informationsdichte und wenige und schlecht ausgebaute Kommunikationskanäle aufweisen (vgl. zur Kritik dieser These die Diskussion der ökonomischen Potentiale der ländlichen Räume in Kapitel 4.2.2.2).

In den eben erläuterten Zusammenhängen sind die oftmals geäußerten Befürchtungen begründet, weitreichende Entleerungen und Verödungen ländlicher Räume seien infolge des sektoralen Strukturwandels zu erwarten. Gegenüber den Verdichtungsgebieten erscheinen die Standortvorteile der dünn besiedelten Regionen vergleichsweise bescheiden. Sie erschöpfen sich im Rahmen der hier getroffenen Annahmen hauptsächlich in einem großen Arbeitskräftereservoir (allerdings nur unter der Bedingung, dass nicht alle in ländlichen Räumen unbeschäftigten Arbeitskräfte sofort in die wirtschaftlichen Aktivräume wandern - d. h. Beharrungskräfte existieren), eine hohe Flächenverfügbarkeit und günstige Bodenpreise (vgl. *Klemmer* 1996, S. 453). Standortnachteile besitzen ländliche Regionen vor allem in den Bereichen, die in dem facettenreichen Begriff der Agglomerationsvorteile (Infrastruktur, Informationsdichte, qualifizierte Arbeitskräfte etc.) zusammengefasst wurden. Im nächsten Gliederungspunkt wird gezeigt, dass die Standortvorteile ländlicher Räume aber durchaus eine industrielle Entwicklung dieser Gebiete ermöglichen.

3.2.4.2.3.3 Ökonomische Ausgleichsmechanismen wirken Ballungstendenzen entgegen

3.2.4.2.3.3.1 Negative Agglomerationseffekte

In der vorangegangenen Diskussion wurden räumliche Konzentrationstendenzen in erster Linie mit der Existenz von Agglomerationseffekten und unternehmensinternen Skalenerträgen erklärt. Im regionalwissenschaftlichen Schrifttum werden beide Faktoren deshalb auch pointiert als „Konzentrationsvorteile" bezeichnet (vgl. *Reimers* 1981, S. 17). Es wurde gezeigt, dass bei Existenz monopolistischer oder oligopolistischer Marktstrukturen sinkende Transportkosten zu einer Verstärkung der räumlichen Konzentration beitragen können, weil Groß-

und Verbundunternehmen durch geringere Kosten der Raumüberwindung ihre Absatzmärkte räumlich ausdehnen können. Begründen diese Faktoren zwar einen Trend zur Zunahme der räumlichen Verdichtung in modernen Industriegesellschaften, so lassen sich aber auch Faktoren und Wirkungsmechanismen anführen, die diesem Trend zuwiderlaufen und wirtschaftsräumliche Dezentralisierungsvermutungen rechtfertigen können (vgl. *v. Böventer* 1962a, S. 108 f.).

Hiermit ist der ökonomische interregionale Ausgleichsmechanismus angesprochen, der über Preisänderungen Anpassungsreaktionen der privaten Wirtschaftssubjekte auslöst und damit räumliche Nivellierungstendenzen in Gang setzt. Etwaige Preis- und Kostensteigerungen können dabei auf mehreren Ebenen erwartet werden. In Metropolen, die aufgrund einer prosperierenden Entwicklung der Industrieproduktion wachsen, ist davon auszugehen, dass ab einem bestimmten Punkt des Expansionspfades Knappheiten an Flächen und Arbeitskräften auftreten werden. Infolgedessen sind höhere Faktorkosten für Boden und Arbeit in den wirtschaftlichen Aktivräumen als in den abgelegeneren, wirtschaftsschwächeren Regionen anzunehmen (vgl. *v. Böventer* 1979, S. 245). Auch können infrastrukturelle Überlastungen in den Verdichtungsgebieten zu Produktionskostensteigerungen führen (so etwa durch Staus verursachte Erhöhungen der Transportkosten). Im folgenden wird im Unterschied zum vorigen Gliederungspunkt von einem deutlich ungünstigeren Verhältnis von Agglomerationsvor- zu -nachteilen ausgegangen.

Von Böventer erkennt für die Bundesrepublik insbesondere in der Arbeitskräfteverfügbarkeit in ländlichen Regionen nach dem Zweiten Weltkrieg den entscheidenden Grund dafür, dass sich Ende der 50er und in den 60er Jahren Industrien in diesen Räumen Westdeutschlands angesiedelt haben (vgl. *v. Böventer* 1979, S. 246 f.). Zu dieser Zeit bestand in den Ballungszentren Vollbeschäftigung, während in den nicht-zentralen Regionen - zum Teil bedingt durch die hohen Zuwanderungen in ländliche Gebiete während des Krieges (Flucht vor Bombardierungen) und in der Zeit danach (Vertriebene) - offene und versteckte Arbeitslosigkeit herrschte (vgl. *v. Böventer* 1979, 247 f. und *Henkel* 1995, S. 44 f. und 160 f.). In erster Linie wurden bei der Ansiedlungsentscheidung Standorte in verkehrsgünstiger Lage und mit gut ausgebauten Verwaltungszentren bevorzugt (vgl. *v. Böventer* 1962, S. 114). In diesem Zusammenhang ist darüber hinaus für die wirtschaftliche Entwicklung eines ländlichen Teilraumes die Mobilitätsneigung der arbeitsfähigen ländlichen Bevölkerung als sehr bedeutend einzustufen. Eine hohe Abwanderungsrate in die Ballungszentren vermindert den Anreiz für Industriebetriebe zur Ansiedlung in ländliche Gebiete (vgl. *v. Böventer* 1979, S. 245).

Die negativen externen Agglomerationseffekte verschlechtern die Standortqualität der Ballungszentren insbesondere für die Branchen, die auf der einen Seite nur einen vergleichsweise geringen Nutzen von den externen Vorteilen in den Verdichtungsgebieten haben und auf der anderen Seite überproportional durch die Kostensteigerungen in diesen Regionen belastet werden. Hierzu werden in der regionalökonomischen Diskussion vielfach solche Industriezweige gezählt, die mit relativ großem Einsatz an Arbeitskräften standardisierte, wenig technologieintensive, Massenprodukte herstellen (vgl. *Klemmer* 1996, S. 457). Da diese Branchen weniger auf die räumliche Nähe zu einem großen städtischen Markt angewiesen seien und demgegenüber Standortfaktoren wie günstige Bodenpreise und Arbeitskräfteverfügbarkeit eine größere Bedeutung zukäme, wären sie relativ leicht in dünn besiedelten Gebieten anzusiedeln (vgl. *v. Böventer* 1979, S. 247).

Allerdings wird die Ansiedlung dieser Wirtschaftszweige in ländlichen Räumen in der wissenschaftlichen Literatur nicht nur positiv gesehen. Als Nachteile werden neben dem relativ geringen technologischen Niveau der zugewanderten Betriebe (weshalb nur verhältnismäßig geringe Qualifikationen der Arbeitskräfte erforderlich sind und daher auch nur geringe Arbeitseinkommen erzielt werden können) die geringen Verflechtungen mit lokal ansässigen Zulieferer- und Abnehmerindustrien empfunden (vgl. *Spehl/Töpfer/Töpfer* 1975, S. 196 f. und Kapitel 4.2). Darüber hinaus werden Befürchtungen laut, die Ansiedlungen der auf die Produktion von vergleichsweise einfach zu produzierenden Standardwaren spezialisierten Betrieben sei nicht von großer Dauer, da diese in weniger stark industrialisierten Ländern größere Produktionskostenersparnisse realisieren könnten als in den dünn besiedelten Gebieten des Hochlohnlandes Deutschland (vgl. *Klemmer* 1996, S. 457). Zusätzlichen Auftrieb erhalten diese Befürchtungen in jüngerer Zeit vor dem Hintergrund einer zunehmenden Globalisierung der Wirtschaft. (vgl. *ASG* 1995, *Rohr-Zänker* 1998, S. 24 f.).[38] Es wird erwartet, dass

---

[38] Die Globalisierung ist ein bedeutendes Thema in der wissenschaftlichen und öffentlichen Diskussion seit dem Beginn der 90er Jahre. Gemeint ist damit eine starke Zunahme des grenzüberschreitenden Austauschs von Waren, Dienstleistungen und Produktionsfaktoren. So lässt sich zeigen, dass in den letzten zehn Jahren die Direktinvestitionen von Unternehmen im Ausland und der internationale Handel mit Gütern und Dienstleistungen stärker als die Weltproduktion gestiegen sind (vgl. *Lammers* 1999, S. 9 ff.). Ebenso ist ein deutlicher Anstieg von grenzüberschreitenden Allianzen von Unternehmen erkennbar. Zurückgeführt wird eine beschleunigte Internationalisierung auf einen zunehmenden Abbau transnationaler Handelsschranken in der Vergangenheit sowie den Zusammenbruch der sozialistischen Planwirtschaften im Osten, die Privatisierung deren Wirtschaft und die Öffnung der osteuropäischen Märkte. Als weiterer wichtiger unterstützender Faktor der Globalisierung wird der technische Fortschritt bei Kommunikations-, Informations- und Verkehrssystemen angesehen. In einer Beschleunigung der Globalisierung wird nicht nur eine Quelle weiteren Wohlstandes gesehen, sondern oft auch Gefahren für die eigene ökonomische Entwicklung erkannt. Hierbei ist an einen beschleunigten Strukturwandel und

ländlichen Räumen im Gegensatz zu den Verdichtungsgebieten, denen gemäß der These des „hierarchischen Diffusionsverlaufes“ auf einem höheren technologischen Level operierende Produktionseinheiten attestiert werden, durch einen verschärften Standortewettbewerb ein massiver Arbeitsplatzabbau drohe, so dass „sich die Internationalisierung der Produktion in starkem Maße zu Lasten des ländlichen Raumes vollziehen wird“ (*Klemmer* 1996, S. 458).

3.2.4.2.3.3.2 Wirtschaftsräumliche Dezentralisierung durch sinkende Kosten der Raumüberwindung und steigende Bedeutung kleinerer Betriebe

Neben dem hohen Kostenniveau in den Verdichtungsgebieten können wirtschaftsräumliche Dezentralisierungstendenzen in modernen Industriegesellschaften noch mit zwei weiteren Überlegungen begründet werden. Gesunkene Kosten der Raumüberwindung durch eine verbesserte Verkehrs- und Kommunikationsinfrastruktur vergrößern erstens den räumlichen Wirkungsbereich der Agglomerationsvorteile. Das städtische Angebot an Dienstleistungen, Informationen etc. kann durch diese Kanäle weiter ins Hinterland streuen (vgl. *Bade* 1997, S. 254). Für die nicht-ballungsnahen Produktionseinheiten ist dieser Sachverhalt besonders vorteilhaft, weil sie einerseits von den Verstädterungsvorteilen profitieren können, ohne jedoch andererseits die negativen Agglomerationseffekte wie z. B. die hohen städtischen Bodenpreise tragen zu müssen. Sinkende Transportkosten können damit gewissermaßen eine indirekte Standortqualitätsverbesserung der ländlichen Räume bewirken. Die Standortvorteile ländlich-peripherer Gebiete wie geringe Lohnkosten und Bodenpreise gewinnen dadurch im interregionalen Vergleich an Bedeutung.

In diesem Zusammenhang ist es wichtig zu erkennen, dass ein geringes Transportkostenniveau auf die Wirtschaftsentwicklung ländlicher Räume auf zwei unterschiedliche Arten wirken kann. Im vorangegangenen Gliederungspunkt wurde herausgearbeitet, dass der Aufbau von Produktionseinheiten bei der Existenz hoher Unteilbarkeiten und hoher positiver Agglomerationsvorteile durch sinkende Transportkosten erschwert oder gar verhindert werden kann. Geringe Transportpreise eröffnen aber auch den ländlichen Wirtschaftseinheiten Zugang

---

einen zunehmenden Arbeitsplatzabbau in solchen Branchen denken, die zunehmend einem internationalen Konkurrenzdruck ausgesetzt sind. Als gefährdet gelten besonders solche Branchen, die standardisierte Massenprodukte herstellen (vgl. *Zarth; Huege* 1999, S. 2 ff.). Weitere kritische Stimmen beziehen sich auf ein vermeintlich zunehmendes politisches Gewicht global agierender Unternehmen, das die Handlungsfähigkeit von Nationalstaaten beschneidet (vgl. *Strubelt* 1999, S. 67 ff.).

zu ballungstypischen Ressourcen. Dieser Umstand wiederum kann positive Folgen auf die ländliche Regionalentwicklung besitzen. Ein solcher Effekt ist um so eher zu erwarten, je stärker die Agglomerationsnachteile gegenüber den Verdichtungsvorteilen sind. Sollte in einer Volkswirtschaft eine hohe Zahl von Wirtschaftseinheiten aufgrund starker Agglomerationsnachteile die wirtschaftlichen Rahmenbedingungen als ungünstig empfinden, gewinnen nicht-zentrale Gebiete als Ansiedlungsstandort an Attraktivität. Voraussetzung dafür ist selbstverständlich eine Standortqualität in ländlichen Regionen, die von den Unternehmen nicht noch schlechter als die Agglomerationsnachteile beurteilt wird. Vor dem Hintergrund dieses Gedankengangs wird deutlich, dass ein Urteil über die räumliche Wirkung von sinkenden Transportpreisen nur in Abhängigkeit der Ausprägung anderer raumprägender Faktoren möglich ist.

Neben den Agglomerationseffekten besitzen die unternehmensinternen Ersparnisse einen hohen Stellenwert für raumwirtschaftliche Prozesse. Die in Kapitel 3.2.4.2.2 angenommene sinkende Bedeutung interner Ersparnisse ist das zweite Argument für wirtschaftsräumliche Dezentralisierungstendenzen in modernen Volkswirtschaften. Wie in diesem Kapitel gezeigt, kann seit den 70er Jahren ein überdurchschnittliches Wachstum der Zahl der kleinen und mittleren Betriebe und der Zahl der Beschäftigten in den unteren Beschäftigungsgrößenklassen beobachtet werden. Erklärt wurde diese Entwicklung mit veränderten marktlichen Rahmendaten (Wunsch der Kunden nach Individualität und verstärkter Konkurrenzdruck auf den Märkten für Massengüter). Der festzustellende Trend zu kleineren Betriebsgrößen kann in raumwirtschaftlicher Perspektive eine im interregionalen Vergleich überdurchschnittliche Entwicklung der Regionen zur Folge haben, die - wie ländliche Regionen - einen vergleichsweise geringen Besatz mit Großunternehmen aufweisen (vgl. Kapitel 4.2.2). Als Fazit dieser Überlegungen ist zu sagen, dass unter der Annahme der Existenz hoher Agglomerationsnachteile und einer geringeren Bedeutung der internen Ersparnisse sowie geringer Transportkosten von einer positiven Wirtschaftsentwicklung dünn besiedelter Regionen auszugehen ist.

3.2.4.3 Zwischenfazit

Kennzeichnend für die traditionellen Landschaftsstrukturmodelle ist die hohe Bedeutung der Transportkosten für die räumliche Anordnung von Wirtschaftsaktivitäten. Die Höhe der Transportkosten zu den bzw. der Konsumenten entscheidet letztendlich darüber, ob ein Gut oder eine Dienstleistung eher zentral oder räumlich verstreut hergestellt und angeboten werden. Das Thünen-Modell verdeutlicht, dass in erster Linie die (landwirtschaftlichen) Waren in der Nähe der Nachfrager hergestellt werden, bei der ein Transport über eine große Distanz die Produktionsaufnahme wegen sehr hoher Kosten der Raumüberwindung betriebswirtschaftlich nicht sinnvoll erscheinen lässt. Bei Christaller und Lösch wird die Landschaftsstruktur durch das Zusammenspiel der Faktoren Transportkosten, Häufigkeit und Volumen der Nachfrage und interne Ersparnisse festgelegt. Diese Faktoren führen auf einer homogenen Fläche zu einer ausgeprägten räumlichen Differenzierung ökonomischer Aktivitäten. Die Bandbreite räumlicher Anordnungen von Wirtschaftsaktivitäten reicht dabei von Produkten der niedrigsten Zentralitätsstufe mit exorbitant hohen Transportkosten, keinen Möglichkeiten zur Realisierung interner Ersparnisse, hoher Nachfragedichte bis zu solchen des höchsten Zentralitätsgrades mit relativ geringen Transportkosten, hohen internen Ersparnissen und geringer Nachfrageintensität.

Von Böventer entwickelte die klassischen Ansätze insbesondere dadurch weiter, dass er natürlich bedingte Produktionsunterschiede, räumliche Divergenzen in der Verfügbarkeit von Arbeitskräften und Boden, externe Ersparnisse, Bevölkerungsbewegungen, Produktdifferenzierung und historische Zufälligkeiten in die Modelle einfügte. Darüber hinaus unterstellte er, dass die raumdifferenzierenden Faktoren je nach wirtschaftlichem Entwicklungsstand eine unterschiedlich hohe Bedeutung besitzen. Im Gegensatz zu einer weniger entwickelten zeichnet sich eine hoch entwickelte Volkswirtschaft durch die folgenden Merkmale aus: Relativ geringe Transportkosten, hohe Bedeutung interner und externer Ersparnisse, hohe Nachfrage nach Land und Tertiärisierung der Wirtschaft. Im Hinblick auf die internen Ersparnisse wurde angenommen, dass diese etwa seit den siebziger Jahren aufgrund Veränderungsprozessen auf Angebots- und Nachfrageseite etwas an Bedeutung verloren haben. In Bezug auf die Agglomerationseffekte wurde unterstellt, dass Agglomerationsvorteile in einer modernen Industriegesellschaft eine hohe Relevanz für wirtschaftliche Prozesse besitzen. Allerdings ist bei steigender räumlicher Verdichtung auch von einem merklichen Anstieg der Agglomerationsnachteile auszugehen.

Zusammenfassend ist auf Grundlage der bisherigen Analyse anzunehmen, dass die Raumentwicklung in hoch entwickelten Industrieländern durch eine weitgehende Zentralisierung gekennzeichnet sein dürfte. Allerdings ist wegen eines hohen und mit dem Verdichtungsgrad steigenden Kostenniveaus in den Ballungszentren ein vollkommener wirtschaftlicher Niedergang in ländlichen Gebieten nicht zu erwarten. Letztgenannte Regionen profitieren vom Wirken interregionaler Ausgleichsmechanismen, die aus Standortengpässen in den Verdichtungsgebieten resultieren. Diese geben dünn besiedelten ländlichen Regionen eine Chance zur industriellen Entwicklung. Wie stark der Trend zur räumlichen Konzentration bzw. Dekonzentration ist, wird dadurch bestimmt, wie bedeutend unternehmensinterne Ersparnisse bzw. wie die Konkurrenzverhältnisse auf einem Markt sind, ob in den städtischen Gebieten Agglomerationsnachteile auftreten bzw. wie sich die Wirtschaftseinheiten an die Produktionsgegebenheiten in den Ballungszentren anzupassen vermögen (vgl. *v. Böventer* 1979, S. 181 und 246). Daneben besitzt die Standortqualität - wie z. B. die Ausstattung mit Verkehrs- und Kommunikationsinfrastruktur - in ländlichen Regionen eine hohe Relevanz für den Verlauf der Wirtschaftsentwicklung in diesen Gebieten. Wird davon ausgegangen, dass von der Anzahl und der Qualifikation ausreichend viele Arbeitskräfte in ländlichen Regionen rekrutiert werden können und für bestimmte Wirtschaftszweige die negativen Agglomerationseffekte gewichtiger als die positiven sind (wobei angenommen wurde, dass dies besonders für die einfache standardisierte und arbeitsintensive Industrieproduktion gilt), sind vor allem solche dünn besiedelten Regionen für eine Ansiedlung geeignet, die verkehrsmäßig gut erschlossen sind und gut ausgebaute Verwaltungszentren besitzen.

Im Anschluss werden mit der Darstellung von Ansätzen der neuen Wachstumstheorien aktuelle Strömungen in der ökonomischen Theorienbildung vorgestellt, die auch zur Beantwortung regionalökonomischer Fragestellungen herangezogen wurden (vgl. *Krieger-Boden* 1995, S. 49 ff.). Die Hinzunahme dieser Ansätze erfolgt deshalb, weil sie von den unterschiedlichen wachstumsstiftenden Faktoren zwei besonders hervorheben: das betriebliche Humankapital und die Investitionen in Forschung und Entwicklung. Gerade solchen qualitativen Standortunterschieden wird in jüngerer Zeit ein steigender Stellenwert zur Erklärung einer divergenten Entwicklung von Volks- und Regionalwirtschaften beigemessen. In der besonderen Betonung dieser beiden Faktoren unterscheiden sich die neueren wachstumstheoretischen Modelle von dem bisherigen theoretischen Bezugsrahmen.

3.3 Neuere Wachstumsmodelle und regionalökonomische Implikationen

Nachfolgend wird zunächst die neoklassische Wachstumstheorie - die das Fundament der neuen Wachstumstheorie bildet - skizziert. Nach der sich anschließenden Darstellung der Grundzüge der neuen Wachstumstheorie wird diskutiert, welche neuen Erkenntnisse sich in regionalökonomischer Hinsicht durch die Betrachtung der neueren wachstumstheoretischen Ansätze gewinnen lassen.

3.3.1 Wachstumsunterschiede zwischen Volks- und Regionalwirtschaften nach dem traditionellen neoklassischen Ansatz

Als Begründer der neoklassischen Wachstumstheorie gilt Solow (1956; vgl. *Maußner/Klump* 1996, S. 35). Die Annahmen des Wachstumsmodells von Solow lassen sich wie folgt beschreiben. Das Fundament bildet ein voll funktionsfähiger Marktmechanismus (vgl. *Kurz* 1996, S. 192 f.). Dessen Kennzeichen sind Lohn- und Preisflexibilität sowie vollständiger Wettbewerb (vgl. *Bretschger* 1998, S. 26 f.). Im Hinblick auf die Produktionsfunktion wird eine Produktion mit konstanten Skalenerträgen angenommen. Daraus folgt, dass bei einer x-fachen Erhöhung der Einsatzmengen der Produktionsfaktoren Arbeit und Kapital auch die Produktion um das x-fache zunimmt. Wird nur von einem Faktor, etwa Kapital, mehr eingesetzt, nimmt der Output zwar zu, jedoch werden die Steigerungen mit zunehmendem Einsatz geringer (abnehmende Grenzerträge). Die Faktoren Arbeit und Kapital sind gegeneinander substituierbar (vgl. *Frenkel/Hemmer* 1999, S. 28 f.). Beide Faktoren sind mobil. Diese Annahme gilt ebenfalls für den technischen Fortschritt, der exogen ins neoklassische Modell einfließt. Eine Erfindung kann somit ohne zeitliche Verzögerung von jedem Unternehmen in jedem Ort eines Raumes genutzt werden (vgl. *Ramser* 1995, S. 236).

Neben dem technischen Fortschritt sind zwei weitere Parameter des Modells exogen bestimmt (vgl. *Maußner/Klump* 1996, S. 39). Es wird zum einen angenommen, dass das Arbeitskräfteangebot mit einer konstanten exogen vorgegebenen Rate wächst. Zum anderen ist die Sparquote modellexogen. Vor dem Hintergrund dieses theoretischen Bezugsrahmens ist stets sowohl die Vollbeschäftigung aller Faktoren als auch deren Lenkung hin zum Ort ihrer produktivsten Verwendung sichergestellt. Es ist nun zu klären, wie wirtschaftliches Wachstum - d. h. eine Erhöhung der Produktion - zustande kommt.

Klammert man zunächst den technischen Fortschritt aus der Betrachtung aus, lässt sich zeigen, dass unter den gesetzten Annahmen langfristig die Produktion mit der Rate des Bevölkerungsanstiegs steigt. Das neoklassische System tendiert zu einem Vollbeschäftigungsgleichgewicht, in dem der Kapitalstock, das Volkseinkommen, die Ersparnis und der Konsum mit der gleichen Rate - nämlich der exogen gegebenen Rate des Bevölkerungsanstiegs - wachsen (vgl. *Kurz* 1996, S. 193). Das Wachstumsgleichgewicht ist dann erreicht, wenn die Kapitalintensität (definiert als Kapitaleinsatz je eingesetzter Arbeitseinheit) konstant bleibt (vgl. *Maußner/Klump* 1996, S. 41 ff.). Dies ist gegeben, wenn die Steigerungsraten des Bevölkerungsanstieges und die der Abschreibung von Kapitalgütern mit der Wachstumsrate der Ersparnis übereinstimmen. In diesem Fall können - unter der Annahme von Ersparnis gleich Investitionen - die Arbeitsplätze von neu auf den Markt drängenden Arbeitskräften genauso gut mit Kapitalgütern wie die bestehenden Arbeitsplätze ausgestattet werden. Zudem kann die Abnutzung von Anlagen und Maschinen ausgeglichen werden. Mit der konstanten Kapitalausstattung pro Arbeitsplatz gehen eine konstante Arbeitsproduktivität und ein konstantes Pro-Kopf-Einkommen einher. Ferner ist die Verteilung des Einkommens auf die beiden Produktionsfaktoren festgelegt. Der Kapitalkoeffizient (der das Verhältnis zwischen Kapitaleinsatz und gesamtwirtschaftlichen Produktionsergebnis wiedergibt) ist bei gleichgewichtigem Wachstum konstant.

Abweichungen von diesem Gleichgewicht führen zu Veränderungen der Kapitalintensität, mit der Folge, dass sich letztlich wieder der alte Gleichgewichtszustand einstellt. Liegt die Pro-Kopf-Ersparnis über dem Niveau, das zur Kompensation einer steigenden Arbeitskräftezahl und von Abschreibungen erforderlich ist, bedeutet dies, das der Kapitalstock mit einer höheren Rate als das Arbeitskräftepotential wächst. Mit anderen Worten ist Kapital vergleichsweise reichlich, der Produktionsfaktor Arbeit dagegen relativ knapp vorhanden. Die Folge ist ein Anstieg des Lohnniveaus und ein Rückgang der Kapitalertragsrate. Dadurch steigt die Kapitalintensität an, d. h. es kommt zu einer verstärkten Kapitalbildung in der Produktion und damit zu einem beschleunigten Wachstumsprozess, der so lange anhält, bis das Wachstum der Zahl der Arbeitskräfte und die Abschreibungen gerade noch durch das Wachstum des Kapitalstocks kompensiert werden können. Im anderen Fall einer - im Verhältnis von Wachstum der Arbeitskräftezahl und Abschreibung - zu geringen Ersparnis vermindert sich die Kapitalintensität. Dadurch tritt ein Rückgang der Kapitalausstattung pro Arbeitsplatz und eine Verringerung des Pro-Kopf-Einkommens ein. Die Ausdehnung der Produktionskapazitäten durch die konstante Vermehrung des Produktionsfaktors Arbeit bestimmt im Gleichgewicht somit letztendlich das Wachstum einer Periode. Die aus dem Einkommen gebildete Ersparnis reicht hier gerade aus, um den Pro-Kopf-Kapitalbestand bei Bevölkerungswachstum und das Pro-Kopf-Einkommen konstant zu halten (vgl. *Frenkel/Hemmer* 1999, S. 40 ff.).

Aus diesem Sachverhalt leiten sich zentrale Aussagen ab. Es zeigt sich, dass unter neoklassischen Annahmen die Höhe der Sparquote langfristig keinen Einfluss auf die Höhe der Wachstumsrate besitzt und dass die Produktion langfristig nicht schneller als die Bevölkerung wachsen kann (vgl. *Neumann* 1994, S. 11). Vor dem Hintergrund der aufgezeigten Prämissen entsteht ein von Periode zu Periode konstantes Wachstum, das als „steady state“ bezeichnet wird (vgl. *Frenkel/Hemmer* 1999, S. 38). Die absolute Höhe der Kapitalintensität und des Pro-Kopf-Einkommens wird in dem vorgestellten Modell durch die Höhe der

Ersparnis sowie des Bevölkerungswachstums und der Abschreibung festgelegt, wobei im ersten Fall eine positive und in den beiden letzteren eine negative Korrelation vorliegt (vgl. *Maußner/Klump* 1996, S. 44).

Zunahmen des Sozialproduktes, die über das Arbeitskräftewachstum hinausgehen, können im Rahmen des traditionellen neoklassischen Ansatzes nur über den exogenen Faktor technischer Fortschritt erklärt werden (vgl. *Maußner/ Klump* 1996, S. 62 ff.). Technischer Fortschritt - in Form von Produkt- oder Prozessinnovationen - bewirkt, dass bei einem gegebenen Einsatz an Arbeit und Kapital ein höherer Output erzeugt werden kann. Mit dem vorgestellten Steady-state-Wachstum ist nur der technische Fortschritt vereinbar, der arbeitsvermehrend wirkt (Harrod-neutraler technischer Fortschritt). Dies bedeutet, dass die Kapitalproduktivität unverändert bleibt und die Produktionssteigerung nur über eine wachsende Arbeitsproduktivität zustande kommt. Dadurch steigt die Kapitalintensität an, d. h. die Kapitalausstattung je Arbeitsplatz nimmt zu. Harrod-neutraler technischer Fortschritt bewirkt keine Veränderung des Kapitalkoeffizienten und keine Änderung der Einkommensverteilung zwischen Kapital und Arbeit - beides Merkmale für gleichgewichtiges Wachstum.

Die fehlende Möglichkeit, mit Hilfe des traditionellen neoklassischen Ansatzes die Entstehung von technischem Fortschritt erklären zu können, wird - neben der ebenfalls nicht modellendogen abgeleiteten Sparquote - als Schwachstelle dieses Modells gesehen (vgl. *Maußner/Klump* 1996, S. 24). Dies wiegt besonders schwer, weil empirische Untersuchungen zeigen, dass sich der Großteil wirtschaftlichen Wachstums nicht auf den Bevölkerungsanstieg, sondern auf den technischen Fortschritt zurückführen lässt (vgl. *Kurz* 1996, S. 193 f.). Insbesondere überrascht der Befund, dass kapitalintensive Volkswirtschaften hohe Wachstumsraten aufweisen. Nach den Aussagen des neoklassischen Grundmodells hätten aufgrund der Annahme konstanter Skalenerträge der Produktionsfunktion die Grenzerträge des Sachkapitals bei zunehmender Kapitalintensivierung abnehmen müssen. Damit ist es - aufgrund des exogenen technischen Fortschrittes - nicht möglich, im Rahmen des neoklassischen Wachstumsmodells die wesentlichen Faktoren von wirtschaftlichem Wachstum zu isolieren. An dieser Stelle setzen die Modelle der neuen Wachstumstheorie an. Sie versuchen, die Entstehung des Teils des Wachstums zu erklären, der über das Bevölkerungswachstum hinausgeht. Die Ansätze der neuen Wachstumstheorie bauen auf dem theoretischen Gerüst der Neoklassik auf und erweitern dieses um endogenen technischen Fortschritt (vgl. *Ramser* 1995, S 238).

3.3.2 Neuere wachstumstheoretischer Modelle

3.3.2.1 Zentrale Bausteine und Aussagen neuerer wachstumstheoretischer Modelle

Zur Erklärung endogener Wachstumsprozesse knüpfen die neuen Ansätze an zwei zentrale Annahmen des traditionellen neoklassischen Ansatzes an (vgl. *Frenkel/Hemmer* 1999, S. 174). Dies ist zum einen die Annahme eines exogen in das Wirtschaftssystem einfließenden technischen Fortschrittes. Im traditionellen neoklassischen Ansatz wurden produktivitätserhöhende Innovationen von außen in das wirtschaftliche System hinein getragen. In den neueren wachstumstheoretischen Ansätzen werden Innovationen dagegen aus dem wirtschaftlichen System selbst heraus abgeleitet. Zum anderen setzen die Modelle der neuen Wachstumstheorie an der Prämisse sinkender Grenzerträge des Kapitals an. Die Bestrebungen von Vertretern der neuen Wachstumstheorie gehen dahin, die Modellparameter so zu verändern, dass die Grenzerträge des Kapitals bei Kapitalintensivierung nicht sinken. Damit wird die zentrale Bedingung für das Abflachen des Wachstumsprozesses im traditionellen neoklassischen Modell aufgehoben.

Einen hohen Stellenwert zur Modellierung endogenen Fortschrittes besitzen positive Spillover. Hierunter werden technologische Externalitäten verstanden, die unentgeltlich Dritten zur Verfügung stehen und deren Produktionsmöglichkeiten erweitern. Positive Spillover-Effekte treten bei der Produktion in verschiedenen Dimensionen auf (vgl. *Bretschger* 1998, S. 82 ff.). Es wird davon ausgegangen, dass mit zunehmender Kapitalakkumulation das Wissen um den Einsatz neuer Technologien, Verfahrensweisen etc. stetig zunimmt. Ein Unternehmen kann ein - aufgrund der individuellen Produktionserfahrung oder durch Forschungsaktivitäten entstandenes - Wissen annahmegemäß nur zeitlich begrenzt geheim halten. Damit können auch Firmen derselben oder einer anderen Branche von den Innovationen eines Betriebes profitieren (vgl. *Frenkel/Hemmer* 1999, S. 221 ff.). Ähnlich verhält es sich mit Humankapitalinvestitionen. Diese erhöhen nicht nur den Wissensbestand eines einzelnen Individuums, sondern ermöglichen es auch anderen Personen - sofern ein Wissens- und Gedankenaustausch stattfindet - an dem höheren Bildungsgrad des Individuums, das in seine Ausbildung investiert hat, zu partizipieren.

Im Folgenden werden die zentralen Bausteine und Ansatzpunkte von Konzeptionen der neuen Wachstumstheorie, die den technischen Fortschritt endogenisieren, wiedergegeben. Im Mittelpunkt stehen dabei die Forschungs- und Entwicklungsanstrengungen von Unternehmen (FuE) und die Frage, wie aufgrund von FuE dauerhaft Innovationen und Produktivitätsfortschritte realisiert werden können. Diese Modelle (im Zusammenhang wird in der Literatur vielfach der Ansatz von Romer (1990) angeführt; vgl. *Frenkel/Hemmer* 1999; *Barro/Sala-i-Martin* 1998; *Ramser* 1995, S. 244 ff.) unterteilen die Volkswirtschaft meist in drei Sektoren. FuE wird hierbei als eigener Wirtschaftssektor begriffen. Daneben wird nach Sektoren zur Herstellung industrieller Zwischenprodukte und dem Endprodukt- bzw. Konsumgütersektor differenziert (vgl. *Frenkel/Hemmer* 1999, S. 241 ff.; *Barro/Sala-i-Martin* 1998, S. 247 ff.). Dem Forschungssektor fällt im Rahmen neuerer wachstumstheoretischer Überlegungen die Aufgabe zu, Innovationen zu entwickeln, die im Zwischenproduktsektor zur Herstellung neuer Güter verwendet werden. Der technische Fortschritt äußert sich in diesem Fall somit in Produkt- und nicht in Prozessinnovationen. Als Produktionsmittel im Forschungssektor dienen Humankapital (qualifizierte Arbeit) und der aktuelle Stand des technischen Wissens (vgl. *Frenkel/Hemmer* 1999, S. 241). Unqualifizierte Arbeit wird - im Unterschied zu den Zwischenprodukt- und Endproduktsektoren - im Forschungssektor nicht eingesetzt. Investitionen in FuE unterliegen demselben Kalkül wie andere Investitionen auch. Da damit die Annahme sinkender Grenzerträge verbunden ist, lassen sich aus der alleinigen Betrachtung von FuE noch keine endogenen Wachstumsprozesse bilden.

Die Übernahme der Neuerungsleistungen des FuE-Sektors erfolgt durch den Erwerb von Patenten durch die Produzenten des Zwischenproduktsektors. Aus dieser Gegebenheit ergibt sich die Folgerung unvollkommener Konkurrenz auf dem Markt für Zwischenprodukte. Da die Hersteller der Zwischenprodukte über Patente verfügen, unterscheiden sich die Fertigwaren auf diesem Markt voneinander. Dies hat zur Folge, dass die Anbieter für Sachkapitalgüter nur unmittelbar miteinander konkurrieren, d. h. die Marktverhältnisse bei Zwischenprodukten sind durch monopolistische Konkurrenz gekennzeichnet (vgl. *Frenkel/Hemmer* 1999, S. 245). Im Unterschied dazu werden für den Konsumgüter produzierenden Endproduktsektor vollständige Konkurrenzbedingungen angenommen.

Endogener technischer Fortschritt ergibt sich vor dem Hintergrund dieser Prämissen aus folgenden Überlegungen. Die Erlöse, die die Unternehmen des Forschungssektors für den Verkauf ihrer Patente an die Unternehmen des Zwischenprodukt-Sektors einstreichen, können dazu eingesetzt werden, weitere Forschungsaktivitäten durchzuführen. Infolgedessen werden mehr neue Zwischenprodukte hergestellt. Der technische Fortschritt lässt sich somit an der steigenden Zahl von Zwischenprodukten ablesen (vgl. *Barro/Sala-i-Martin* 1998, S. 248). Da jedoch angenommen wurde, dass die Firmen im FuE-Sektor mit sinkenden Grenzerträgen produzieren, müsste sich das Wachstumstempo von Periode zu Periode verlangsamen. Verhindert wird dies durch die Eigenschaft des technischen Wissens als öffentliches Gut. Die Modelle der neuen Wachstumstheorie gehen - aufgrund der Existenz von Spillover-Effekten - von einer

Wechselwirkung zwischen dem neu geschaffenen Wissen im Forschungssektor und dem öffentlichen allgemein zugänglichen Wissen aus (vgl. *Bretschger* 1998, S. 122 ff.). Hierbei wird der folgende Zusammenhang unterstellt. Die Aktivitäten im Forschungssektor führen zu einer Erhöhung und Verbreiterung des öffentlichen Wissens. Umgekehrt hat eine breite allgemeine Wissensbasis Auswirkungen auf die Produktivität der Forschung. Es wird eine positive Beziehung zwischen der Höhe der öffentlichen Wissensbasis und dem Output je eingesetzter qualifizierter Arbeitskraft im Forschungssektor angenommen. Dies bedeutet, dass ein erhöhter Output des Forschungssektors eine höhere allgemein zugängliche Wissensbasis zur Folge hat, die wiederum in einem weiteren Schritt eine höhere Produktivität im FuE-Sektor bedingt usw. Vor dem Hintergrund dieser Überlegungen ist die Externalität des technischen Wissens der entscheidende Faktor zur Erklärung von endogenem technischem Fortschritt und die Quelle ständigen Wachstums (vgl. *Frenkel/Hemmer* 1999, S. 254; *Barro/Sala-i-Martin* 1998, S. 265).

Das Wachstumstempo wird von der Höhe des Einsatzes an Humankapital im Forschungssektor und dessen Produktivität bestimmt (vgl. *Frenkel/Hemmer* 1999, S. 249 ff.). Hierbei ist zu beachten, dass der Endproduktsektor und der FuE-Sektor um das Humankapital konkurrieren. Inwiefern qualifizierte Beschäftigte bereit sind, im FuE- statt im Endproduktsektor zu arbeiten, wird damit zum einen von Lohnunterschieden und unterschiedlichen Arbeitsbedingungen zwischen beiden Sektoren beeinflusst. Zum anderen ist die Bereitschaft der Wirtschaftssubjekte zum Verzicht auf heutigen zugunsten von zukünftigem Konsum für das Innovations- und Wachstumstempo ausschlaggebend (intertemporale Nutzenmaximierung). Für die Wirtschaftspolitik ergibt sich aus dem Gesagten die Konsequenz einer Förderung von Humankapital- und Wissensinvestitionen. Diese Folgerung leitet sich daraus ab, dass unter der Annahme externer Effekte der Anreiz für Unternehmen Wissen zu bilden, kleiner ist, als es gesamtwirtschaftlich optimal wäre (vgl. *Frenkel/Hemmer* 1999, S. 226).

Wachstumsunterschiede zwischen Volks- bzw. Regionalwirtschaften lassen sich im gezeigten Modellrahmen folgendermaßen erklären: Besitzt eine Volkswirtschaft im Unterschied zu einer anderen einen geringen Humankapitalstock bzw. ist die Produktivität des Humankapitals geringer, ist eine divergente Wirtschaftsentwicklung die logische Folge. Um den wirtschaftlichen Rückstand zu verringern, muss die weniger entwickelte Volkswirtschaft bereit sein, mehr Ressourcen für Forschung und Entwicklung und für die Ausbildung hoch qualifizierter Arbeitskräfte aufzuwenden, die im FuE-Sektor eingesetzt werden (vgl. *Frenkel/Hemmer* 1999, S. 260 f.).

3.3.2.2 Zusammenfassung

Wirtschaftliches Wachstum wurde im traditionellen neoklassischen Modell in erster Linie aus der quantitativen Vermehrung der Produktionsfaktoren Arbeit und Kapitalgüter und aus exogenem technischen Fortschritt abgeleitet. Im Wachstumsgleichgewicht wachsen unter neoklassischen Bedingungen der Kapitalstock, das Einkommen, der Konsum und die Ersparnis mit der Rate des Bevölkerungswachstums.

Empirische Befunde zeigen jedoch, dass das reale Wachstum von Volkswirtschaften deutlich über der Rate des Bevölkerungswachstums liegt. An diesem Sachverhalt knüpfen die verschiedenen Ansätze der neuen Wachstumstheorie an. Das Bestreben gilt der Erklärung endogener Innovations- und Wachstumsprozesse, die unter Verwendung des traditionellen neoklassischen Ansatzes nicht erklärt werden können. Als die entscheidenden Faktoren zur Begründung endogener Wachstumsprozesse kristallisierten sich bei der Skizzierung der Grundgedanken der neuen Wachstumstheorie die Höhe des verfügbaren Humankapitals, die FuE-Aktivitäten und der Stand des externen technischen Wissens heraus (vgl. *Kurz* 1996, S. 196f.). Humankapital und externes technisches Wissen bilden im Rahmen der neuen Wachstumstheorie die entscheidenden Erklärungsmomente für den Sachverhalt nicht abnehmender Grenzproduktivitäten des Kapitaleinsatzes. Sie sind die Voraussetzung zur Begründung kontinuierlicher Wachstumsprozesse (vgl. *Frenkel/Hemmer* 1999, S. 304).

Im Unterschied zum traditionellen Modell betonen die neuen Ansätze stärker die Bedeutung innovationsrelevanter Wachstumsdeterminanten. Besonders deutlich werden die Unterschiede zwischen dem alten und dem neueren Ansatz bei der Frage nach der Bedeutung ungelernter Arbeitskräfte für wirtschaftliches Wachstum. Nach den neueren wachstumstheoretischen Überlegungen üben gar nicht oder schlecht ausgebildete Arbeitskräfte keinen bzw. einen nur sehr geringen Einfluss auf die Höhe der Wachstumsrate aus (vgl. *Frenkel/Hemmer* 1999, S. 300).

3.3.3 Fazit: Regionalökonomische Folgerungen neuerer Wachstumsmodelle

3.3.3.1 Vorbemerkungen

Im Anschluss wird der Versuch unternommen, die aus der Betrachtung der neuen Wachstumstheorie gewonnenen Erkenntnisse auf die regionalökonomische Dimension zu übertragen (vgl. hierzu *Krieger-Boden* 1995, S. 65 ff.). Eine Auseinanderentwicklung von Regionen ist im Rahmen neuerer wachstumstheoretischer Überlegungen unter folgenden Konstellationen zu erwarten. Zum einen erzielt ein Gebiet dann höhere Wachstumsraten als ein anderes, wenn die externen Wissensspillovers aus der Durchführung von Forschungsaktivitäten in dieser Region nicht oder nicht in vollem Umfang auf andere Volks- bzw. Regionalwirtschaften übergehen (vgl. *Frenkel/Hemmer* 1999, S. 298). In diesem Fall ist das Wissen um technologische Neuerungen in den weniger entwickelten Ökonomien geringer als in den höherentwickelten. Dauerhafte Wachstumsrückstände können zum anderen auch mit einer geringen Humankapitalausstattung von Volks- bzw. Regionalwirtschaften begründet werden. Besitzt ein Raum einen verhältnismäßig geringen Humankapitalstock, sind dessen Chancen als relativ klein einzustufen, einerseits selbst zahlreiche marktfähige Produkt- oder Prozessinnovationen zu entwickeln bzw. andererseits die technologischen Neuerungen anderer zu adaptieren. Bei dieser Betrachtung sind auch Unterschiede in der Qualität des Humankapitals zu berücksichtigen, die ihrerseits eine interregionale Divergenz in der Wirtschaftsentwicklung begründen können (vgl. *Frenkel/Hemmer* 1999, S. 298).

3.3.3.2 Voraussetzungen für konvergente Entwicklung von Regionen

Die Modellierung divergenter Wachstumsprozesse zwischen Regionen hängt von der Mobilität des Humankapitals und des technischen Wissens ab. Nur wenn technisches Wissen auf eine Region begrenzt bleibt und dieser Raum über - im interregionalen Vergleich - überdurchschnittlich gut ausgebildete Arbeitskräfte verfügt, ist von einem im Vergleich zu anderen Räumen stets höheren Wachstumstempo dieser Region auszugehen. Steht dagegen das in wenigen Raumpunkten entstandene Wissen um Neuerungsleistungen räumlich unbegrenzt zur Verfügung, muss der Wachstumsprozess nicht räumlich begrenzt bleiben. Die Frage nach Divergenz oder Konvergenz regionaler Entwicklungen wird also entscheidend von der räumlichen Ausbreitung von Innovationen bestimmt.

Dies ist freilich keine fundamental neue Erkenntnis.[39] Schon in der regionalökonomisch bedeutsamen Arbeit von Hägerstrand (1967) wurde die überlegene wirtschaftliche Leistungsfähigkeit hochverdichteter Regionen mit der Konzentration technischer Neuerungen auf die Ballungszentren und der verzögerten

---

39 In der ökonomischen Literatur wird oft betont, dass die Akzentuierung von Humankapital als Wachstumsfaktor keineswegs eine erstmalige Entdeckung der neuen Wachstumstheorie sei. Bereits in den Werken Schumpeters ist die Annahme enthalten, dass technologischem Wissen und Humankapital für die Stimulierung wirtschaftlichen Wachstums einen bedeutendem Stellenwert besitzen („dynamischer Unternehmer"; vgl. *Krieger-Boden* 1995, S. 76).

räumlichen Ausbreitung von Innovationen erklärt („These des hierarchischen Diffusionsverlaufes").

Wird nun allerdings angenommen, dass sich die Informationen über technologische Neuerungen rasch verbreiten, also auch die abgelegenen Winkel eines Landes erreichen, können regionale Konvergenzprozesse die Folge sein. Es lässt sich in diesem Fall nicht mehr begründen, weshalb wirtschaftliches Wachstum auf eine bestimmte Region begrenzt bleiben sollte (vgl. *Bröcker* 1994, S. 43 f.). Eine unabdingbare Voraussetzung zum erfolgreichen Einsatz technologischer Neuerungen oder auch zur Verwirklichung eigener Innovationen stellen aber die vorhandenen Produktivfähigkeiten der Arbeitsbevölkerung dar. Dies bedeutet, dass periphere Gebiete eine gute Ausstattung mit Humankapital benötigen, um von Forschungsleistungen anderer profitieren zu können. Sollte dies nicht der Fall sein, besitzen periphere Regionen nur dann eine Chance zu wirtschaftlichem Wachstum, das den Abstand zu den wirtschaftsstärksten Regionen verringern würde, wenn qualifiziertes Humankapital weitgehend mobil ist und Wanderungen zu einer Aufwertung der Humankapitalausstattung in rückständigen Räume beitragen. Zusammenfassend ist also zu sagen, dass die Frage nach Konvergenz bzw. Divergenz nach neueren theoretischen Ansätzen, die dem Produktionsfaktor Humankapital einen hohen Stellenwert für regionales Wachstum beimessen, durch folgende Faktoren determiniert wird:

- Mobilität und Qualität des Humankapitals und
- räumliche Diffusion technischen Wissens.

3.3.3.3 Einordnung der Ergebnisse in den bisherigen Modellrahmen

Als das wesentliche Merkmal der Raumentwicklung in modernen Volkswirtschaften wurde in den bisherigen theoretischen Überlegungen der Trend zur räumlichen Zentralisierung angesehen (vgl. vorigen Gliederungspunkt). Begründet wurden die Zentralisierungstendenzen mit den - aufgrund sektoraler Verschiebungen - eingetretenen Bedeutungsveränderungen raumdifferenzierender Faktoren. Die Verlagerung wirtschaftlicher Aktivitäten von der Landwirtschaft zum sekundären und tertiären Sektor führt in raumwirtschaftlicher Perspektive dazu, dass Skalenerträge und die facettenreichen Agglomerationseffekte an Wichtigkeit für die räumliche Verteilung von Wirtschaftsaktivitäten gewinnen. Mit diesen sektoralen Verschiebungen gehen auch gesteigerte Anforderungen an die Ausbildung der Arbeitskräfte oder - allgemeiner formuliert - an die Qualität der Produktionsfaktoren einher.

In diesem Zusammenhang sind auch die Folgen einer zunehmenden Technisierung der Wirtschaft zu berücksichtigen. Hier besteht ein Anknüpfungspunkt zur Integration der Aussagen der neuen Wachstumstheorie in das bestehende theoretische Gerüst: Wird davon ausgegangen, dass für wirtschaftliche Wachstumsprozesse zunehmend qualitative Aspekte bedeutend werden, sind die Regionen im Vorteil, die günstige Voraussetzungen zum Aufbau von Humankapital und zur Durchführung von unternehmerischen Forschungsaktivitäten besitzen (vgl. *Bade* 1996, S. 4 f.). In diesem Zusammenhang sind auch staatliche infrastrukturelle Vorleistungen zu berücksichtigen (wie etwa die Bereitstellung universitärer Grundlagenforschung), da diese produktivitätssteigernd auf private Unternehmen wirken können (vgl. *Bretschger* 1998, S. 85).

Demgegenüber treten andere Faktoren raumwirtschaftlicher Entwicklung zunehmend in den Hintergrund. Dazu zählen bspw. die Transportkosten und die zahlenmäßige Verfügbarkeit von Arbeitskräften. Die besondere Akzentuierung des Humankapitals und innovationsrelevanter Größen entspricht verbreiteten Vorstellungen, die der Qualifikation der Mitarbeiter einen immer größer werdenden Stellenwert zur Bewältigung des in der modernen Industriewirtschaft schnell voranschreitenden technologischen Strukturwandel beimessen (vgl. *Adden* 1995, S.9). Wird die Gültigkeit dieser Annahme unterstellt, besitzen die Länder und Regionen gute Wachstumsperspektiven, die sich auf humankapitalintensive Produkte und Produktionsweisen spezialisieren (vgl. *Bröcker/Peschel* 1989, S. 20). Die Ausstattung einer Region mit Humankapital bzw. regional verfügbarem technischen Wissen relativ zu der vorhandenen Zahl der Arbeitskräfte ist entscheidend für deren Einkommensniveau und den Verlauf der weiteren wirtschaftlichen Entwicklung.

Wird davon ausgegangen, dass bei diesen Faktoren die ländlichen Regionen traditionell Nachteile gegenüber den städtischen Räumen besitzen, sind Entwicklungsrisiken dieser Raumkategorie zu erwarten. Vor allem aber verlieren die dünn besiedelten Regionen bei einem unterstellten allgemeinen Technologisierungstrend einen wichtigen Standortvorteil, der im Rahmen der bisherigen theoretischen Analyse zur industriellen Entwicklung dieser Raumkategorie beitrug. Damit ist das große Potential an wenig ausgebildeten - zu großen Teilen aus Landwirtschaft freigesetzten - Arbeitskräften und die hohe Bodenverfügbarkeit angesprochen, die für die Zuwanderung von Firmen förderlich ist, die arbeitsintensive, standardisierte Massenprodukte herstellen. Die Entwicklungsaussichten ländlicher Räume können nur dann als günstig beurteilt werden, wenn eine Erhöhung des Qualifikationsstandes der Arbeitskräfte und ein hohes technisches Wissen in diesen Regionen festgestellt werden kann (vgl. Kapitel 4.3.2).

Die Existenz eines räumlichen Gefälles in der Wirtschaftskraft wirft Fragen nach den Möglichkeiten der Regionalpolitik zur dessen Milderung bzw. Beseitigung auf - natürlich unter der Voraussetzung, dass über eine Unterstützung wirtschaftsschwacher Gebiete gesellschaftspolitischer Konsens besteht. Dieser Aspekt wird im Folgenden aufgegriffen, weil die regionalpolitische Förderung das ökonomische Potential von Regionen mit bestimmt. Daher sind Kenntnisse über regionalpolitische Fördermaßnahmen für die Beurteilung des ökonomischen Potentials eines Regionstyps wichtig.

3.4 Regionalpolitische Förderung strukturschwacher Gebiete

Nachfolgend werden zuerst die Erklärungslinien vorgestellt, die üblicherweise in der Literatur zur Begründung staatlicher Korrekturmaßnahmen der räumlichen Verteilung in einem marktwirtschaftlichen System benutzt werden. Daraufhin werden regionalpolitische Maßnahmenbereiche am Beispiel der in der Bundesrepublik Deutschland praktizierten Regionalpolitik diskutiert.

3.4.1 Rechtfertigung regionalpolitischer Maßnahmen

3.4.1.1 Wettbewerbsversagen

Staatliche Eingriffe zur Korrektur marktwirtschaftlicher Ergebnisse bedürfen in einer Marktwirtschaft einer besonderen Legitimation. Denn von einer freien Marktwirtschaft wird gerade erwartet, dass sie zu einer optimalen Allokation von Ressourcen führt und so politische Lenkungs- und Steuerungsmaßnahmen überflüssig werden (vgl. *Pohle* 1995, S. 36). Staatliche Aktivitäten werden daher zum Teil kritisch betrachtet, weil in ihnen ein besonderes Gefährdungspotential erkannt wird, das das Zustandekommen optimaler Marktergebnisse verhindern kann (vgl. *Maier/Tödtling* 1995, S. 117). Auch wenn in einem marktwirtschaftlichen Wirtschaftssystem dem Markt primär Vorrang vor staatlichem Handeln eingeräumt wird, lassen sich dennoch eine Reihe von Tatbeständen benennen, die staatliches Eingreifen aufgrund von Wettbewerbsversagen bzw. der Ergänzungsbedürftigkeit wettbewerblicher Marktprozesse begründen können. Hierbei wird in der ökonomischen Literatur oft von den folgenden Argumentationsebenen ausgegangen (vgl. *Fritsch/Wein/Ewers* 1993, S. 39 ff.):

- Positive und negative externe Effekte
- Produktionsspezifische Mängel wie Unteilbarkeiten, ruinöse Konkurrenz
- Anpassungsmängel

- Informationsmängel (Entscheidung unter Risiko oder unter Untersicherheit)
- Öffentliche Güter
- Verteilungsprobleme

Bei Vorliegen *externer Effekte* geben die Marktpreise nicht die Summe der gesamtwirtschaftlichen (privaten und sozialen) Kosten bzw. Erträge wieder (vgl. *Fritsch/Wein/Ewers* 1993, S. 56). Als Folge einer Nichtberücksichtigung aller Kosten- und Nutzengrößen entsteht eine Fehlallokation der Faktoren, d. h. die Preise entsprechen nicht den „wahren" Knappheitsverhältnissen. Ein bekanntes Beispiel hierfür sind die hohen Umweltschäden in Industriegesellschaften. Eine Überbeanspruchung natürlicher Ressourcen tritt deshalb ein, weil für den Verbrauch des Gutes „Umwelt" - z. B. durch den Straßenverkehr - kein verursachungsgerechter Preis zu entrichten ist. Liegen positive externe Effekte vor, wird von einem Gut zu wenig produziert, als es gesamtwirtschaftlich wünschenswert wäre. Ein Beispiel sind die Humankapitalinvestitionen eines Unternehmens, von denen andere Unternehmen bei einem Arbeitsplatzwechsel der Beschäftigten profitieren. In regionalwissenschaftlicher Hinsicht liegen externe Effekte in Form von Agglomerationseffekten vor (siehe unten). *Unteilbarkeiten* und ihre unter Umständen negativen Folgen auf die Wettbewerbsintensität wurden im Rahmen dieser Arbeit bereits diskutiert. Bei der Existenz von Unteilbarkeiten reduziert sich die Anzahl der Anbieter auf einem Markt, da zur rentablen Produktion eine gewisse betriebliche Mindestgröße erforderlich ist. Die Wahrscheinlichkeit des Eintretens von Wettbewerbsbeschränkungen erhöht sich mit einer zunehmenden Bedeutung von Unteilbarkeiten und einer sinkenden Zahl der auf einem Markt verbleibenden Unternehmenseinheiten (vgl. *Fritsch/Wein/Ewers* 1993, S. 123). *Ruinöse Konkurrenz* bezeichnet eine Marktsituation, bei der unter den Anbietern ein exzessiver Verdrängungs- bzw. Vernichtungswettbewerb herrscht. Sie tritt besonders in solchen Branchen auf, die durch Überkapazitäten und hohe Fixkostenblöcke gekennzeichnet sind. *Anpassungsmängel* beschreiben die Sachverhalte, dass sich entweder überhaupt kein Marktgleichgewicht bildet (z. B. aufgrund vollkommen preiselastischer Angebots- und Nachfragekurven), ein Gleichgewichtszustand instabil ist (etwa bei anomalen Reaktionen der Marktakteure) oder der Anpassungsprozess zum Gleichgewicht aufgrund bestehender Inflexibilitäten sehr viel Zeit in Anspruch nimmt (vgl. *Fritsch/Wein/Ewers* 1993, S. 216). Im Rahmen regionalwissenschaftlicher Überlegungen haben Inflexibilitäten im Zusammenhang mit Unteilbarkeiten eine große Bedeutung, da sich die Raumstruktur wegen hoher Investitionen - z. B. in den Bereichen Infrastruktureinrichtungen, Wohnhäuser und Wirtschafts- und Verwaltungsgebäude sowie Industrieanlagen - nur sehr langsam verändert (siehe unten). Im Falle des Vorliegens von *Informationsmängeln* kann die marktliche Steuerung deshalb versagen, weil die Wirtschaftsakteure entweder unzureichend und unterschiedlich gut über die Marktbedingungen informiert sind (Entscheidung unter Risiko) oder Unsicherheit bezüglich der zukünftigen Entwicklung besteht (vgl. *Fritsch/Wein/Ewers* 1993, S. 185 ff.). Ein Beispiel für Marktversagen bei Vorliegen von Risiko ist das so genannte Gefangenendilemma. Dieses beschreibt eine Situation, in der rationales Individualverhalten nicht zu gesamtwirtschaftlich optimalen Ergebnissen führt. Bei Vorliegen von Unsicherheit versagt der marktwirtschaftliche Steuerungsmechanismus, weil das Eintreten bestimmter Ereignisse ebenso wenig wie mögliche Schäden vorher bestimmbar sind (z. B. Unsicherheiten beim Einsatz von Kernenergie). (Reine) *öffentliche Güter* sind solche Güter, bei denen das Nicht-Ausschlussprinzip gilt und Nichtrivalität beim Konsum besteht. Unter diesen Voraussetzungen kommt ein privates Angebot nicht zustande. Das Nicht-Ausschlussprinzip lässt sich oft auf die Existenz von hohen externen Effekten zurückführen. In der Realität sind reine öffentliche Güter selten und vielfach abhängig vom institutionellen Rahmen. Wird dieser geändert und beispielsweise im Bereich der Infrastruktur privater Straßenbau zugelassen (in diesem Fall würde dies eine Aufhebung des Nicht-Aussschließbarkeitsprinzips bedeuten), kann für ein privates Angebot dieser Infrastrukturkomponente die notwendige Rentabilität gegeben sein (vgl. *Rielke* 1996).[40] *Verteilungsprobleme* treten dann auf, wenn die Marktverteilung von der Gesellschaft als nicht fair empfunden wird. In diesem Fall werden staatliche Eingriffe zur Korrektur der Marktergebnisse verlangt. Angewandt auf die regionalpolitische Ebene soll dabei einem - politisch als zu stark empfundenen - Einkommensgefälle zwischen Personen in verschiedenen Teilgebieten eines Staatraumes entgegen gewirkt werden (siehe unten).

3.4.1.2 Wettbewerbsdefizite und Regionalpolitik

Im Rahmen der vorliegenden Arbeit interessieren in erster Linie die Fälle von Wettbewerbsversagen, die staatliche Maßnahmen zur Korrektur raumstruktureller Gegebenheiten begründen können. Unter diesem Blickwinkel werden in der Literatur die folgenden Argumentationslinien für regionalpolitisches Handeln des Staates diskutiert:

---

40 Privatisierungs- und Liberalisierungsbestrebungen sind in den letzten Jahren in vielen Bereichen, die traditionell dem Aufgabenbereich des Staates zugerechnet wurden, zu beobachten. Hierzu zählen Bahn, Post und Telekommunikation sowie Energieversorgung (vgl. *Hermes* 1998).

Externe Effekte in Form von (positiven oder negativen) *Agglomerationseffekten* mindern die räumliche Allokationsfunktion des Markt-Preis-Mechanismus (vgl. *Maier/Tödtling* 1995, S. 119). Agglomerationseffekte können eine Tendenz zur Überverdichtung in den Ballungszentren begründen und auf diese Weise einen Mangel an Kapitel und Arbeitskräften in dünn besiedelten Regionen bewirken (vgl. *Maier/Tödtling* 1995, S. 120). Jede Wirtschaftseinheit, die sich in verdichteten Räumen niederlässt, erlangt damit Ersparnisse und Vorteile, die durch die kurzen Wege zu allen möglichen betriebsrelevanten Bereichen und durch einen großen Absatz-, Beschaffungs- und Arbeitsmarkt begründet sind (vgl. *Maier/Tödtling* 1995, S. 111 ff.). Zugleich muss in Agglomerationen aber auch ein höheres Produktionskostenniveau als anderswo in Kauf genommen werden. Ein gewinnmaximierendes Unternehmen, das sich noch nicht auf einen Standort festgelegt hat und auch nicht durch schon bestehende Anlagen räumlich gebunden ist, wird bei einer Ansiedlungsentscheidung versuchen, sein betriebsindividuelles Optimum zwischen steigenden Faktorkosten einerseits und Agglomerationsvorteilen und Marktvorteilen andererseits zu erreichen (*v. Böventer* 1962a, S. 126 f.).

In dieses Kalkül fließen die durch die Ansiedlung verursachten (sozialen) Kosten zur Beseitigung der Agglomerationsnachteile wie Überbeanspruchung infrastruktureller Einrichtungen oder Umweltschäden nicht oder nur unzureichend ein. Die Begründung hierfür liegt in dem Sachverhalt, dass neu angesiedelte Unternehmen an den Ballungsvorteilen zwar voll partizipieren können, allerdings für die dadurch entstehenden Nachteile und ihre Beseitigung nicht in dem Umfang herangezogen werden, den sie verursacht haben (vgl. *v. Böventer* 1962a, S. 127). Die Kosten der Beseitigung der negativen externen Effekte der hohen Verdichtung, bspw. durch weiteren Straßenbau, muss letztendlich die Gemeinschaft tragen (zu der selbstverständlich auch das neue Unternehmen zählt). Dies trifft aber auch Personen und Unternehmen, die nicht in den regionalen Produktionsprozess integriert oder überhaupt nicht im Ballungsraum ansässig sind. Ein Unternehmen wird aus diesem Grund selbst dann noch einen zentrumsnahen Standort wählen, wenn die Agglomerationsnachteile bereits stark angestiegen sind. Besonders Produktionsformen und Branchen, die sehr stark von Agglomerationsvorteilen profitieren, werden sich auch bei allgemein hohen Produktionskostennachteilen in Ballungsräumen zentrumsnah ansiedeln. Ein Ballungsoptimum, das durch eine Identität von gesamtwirtschaftlichen Grenzkosten und -erlösen definiert ist, wird damit nicht erreicht, sondern überschritten. Die Folge davon ist, dass eine ineffiziente Tendenz zur räumlichen Konzentration auch über den Punkt hinaus besteht, ab dem gesamtwirtschaftlich die Kosten höher als der Nutzen zusätzlicher Verdichtungen sind (vgl. hierzu *Fürst/ Klemmer/Zimmermann* 1976, S. 8 ff.).

Besonders problematisch sind die externen Agglomerationsersparnisse, wenn die Entwicklungsfähigkeit und -chancen weniger wirtschaftsstarker Gebiete ins Blickfeld der Analyse gerückt werden. Der durch nicht-internalisierte Ballungseffekte verstärkte „Zug in wenige große Verdichtungsgebiete" kann zur Folge haben, dass „die Entwicklung von Industrien in anderen Landesteilen häufig erschwert, wenn nicht gar verhindert wird" (*v. Böventer* 1962a, S. 130). Resümierend ist vor dem Hintergrund dieser Überlegungen zu sagen, dass von negativen Ballungseffekten in modernen Volkswirtschaften zweifelsohne eine räumlich dezentralisierender Effekt ausgeht. Jedoch ist aufgrund eines Auseinanderfallens von privaten gegenüber sozialen Grenzkosten davon auszugehen, dass dieser Effekt nicht zu gesamtwirtschaftlich optimalen Ergebnissen führt.

Geht man - trotz der Schwierigkeiten, die bei der empirischen Erfassung der Agglomerationseffekte bestehen (vgl. Kapitel 3.2.4.2.2) - davon aus, dass das Ballungsoptimum in der Realität tatsächlich überschritten wird, so würde zweifellos eine Internalisierung der externen Vor- und Nachteile im Interesse einer Optimierung der Produktionsbedingungen, d. h. einer Identität privater und gesamtwirtschaftlicher Kosten, eine ursachenadäquate Lösung darstellen. Allerdings birgt die Beschreitung dieses Weges angesichts der nicht exakt bestimmbaren Höhe optimaler Verdichtung die Gefahr von Fehlallokationen. Werden den Wirtschaftssubjekten in den Ballungsräumen mehr Kosten, z. B. durch Steuern, auferlegt, als sie verursacht haben, wird die Verdichtung über das erforderliche Maß hinaus eingeschränkt. Im anderen Fall einer zu geringen Anlastung externer Kosten siedeln weiterhin zu viele Wirtschaftseinheiten an, weil sie in vollem Umfang an den Agglomerationsvorteilen partizipieren können, jedoch nur zu einem Bruchteil mit den durch ihre Ansiedlung verursachten Kosten belastet werden (vgl. *Pohle* 1995, S. 37 f.).

Die praktische Regionalpolitik in der Bundesrepublik verfolgt keine Internalisierungsstrategie (siehe nächsten Gliederungspunkt). Vielmehr strebt diese die Eindämmung einer übermäßigen räumlichen Verdichtung durch eine Subventionierung wirtschaftsschwacher Regionen an. Dadurch soll für Produktionsfaktoren ein Anreiz zur Wanderung von den Verdichtungsräumen in benachteiligte Gebiete geschaffen werden. Dabei ist vor allen Dingen an den Produktionsfaktor Kapital zu denken, dessen Bestandteile Investitionen und Geldmittel im Unterschied zu den Arbeitskräften als wesentlich mobiler gelten können (vgl. *Siebert* 1967, S.67 ff.). Der durch den Kapitalzufluss induzierte Auf- und Ausbau von Unternehmen soll dazu beitragen, bisher wirtschaftlich ungenutzte Arbeitskräfteressourcen in den dünn besiedelten Regionen in die volkswirtschaftliche Leistungserstellung einzubinden. Allerdings bestehen bei der Subventionierung wirtschaftsschwacher Räume prinzipiell dieselben Probleme wie bei einer Internalisierungsstrategie. Da die genaue Förderhöhe, die zur Schaffung eines Ballungsoptimums erforderlich ist, nicht bekannt ist, ist die Gefahr von Fehlallokationen von Produktionsfaktoren gegeben.

Eine weitere wichtige Kategorie von Wettbewerbsdefiziten unter räumlichen Gesichtspunkten sind *Anpassungsmängel*. Raumstrukturelle Veränderungen unterliegen wegen existierender Immobilität von gebundenem Sachkapital und Arbeitskräften einem langen Anpassungsprozess. Aufgrund räumlich ungleich verteilter Infrastruktureinrichtungen, Industrieanlagen und Wohngebäuden wird die Flexibilität der Raumstruktur, d. h. deren Fähigkeit, sich an veränderte raumstrukturelle Gegebenheiten anzupassen, deutlich vermindert (vgl. *v. Böventer* 1979, S. 283 ff.). Einmal getätigte Ausgaben für Infrastruktureinrichtungen und Wohnstätten mit einer langen Nutzungsdauer in einem Teilraum legen unter Umständen die Raumstruktur auf Jahrzehnte hinaus fest. In diesem Kontext ist ebenfalls zu berücksichtigen, dass sich die Wirtschaftssubjekte in ihren Lebensgewohnheiten an die überkommene Raumstruktur anpassen. So dürfte in vielen Fällen allein die schlechtere wirtschaftliche Situation nicht ausreichend sein, ein wirtschaftliches Problemgebiet zu verlassen, weil z. B. ein Wohnhaus mobilitätshemmend wirkt. Genauso ist die Überlegung plausibel, dass sich Investoren bei ihrer Standortentscheidung vielfach aus Gewohnheitsgründen heraus an der überkommenen Raumstruktur orientieren und damit - weil sie kaum alternative Standorte bei ihrer Entscheidung in Betracht ziehen - zu deren Konservierung beitragen (vgl. *Klaus/Schleicher* 1983, S. 8).

Der Verlauf der raumstrukturellen Entwicklung ist somit in einem hohen Maße von der gegenwärtigen Ausgestaltung der Raumstruktur, der „historischen Komponente" (*v. Böventer* 1979, S. 283; vgl. *Jacob* 1979, S. 55 f.), abhängig. Inflexibilitäten, die durch Mobilitätsbarrieren der Produktionsfaktoren Arbeit und langfristig gebundenes Sachkapital entstehen, behindern letztendlich eine effiziente Marktlösung. Würden die Faktoren sofort zu ihren produktivsten Einsatzmöglichkeiten wandern, wäre der Einsatz regionalpolitischer Instrumente überflüssig bzw. unter Umständen sogar schädlich für die wirtschaftliche Entwicklung.

Verteilungsmotiviertes regionalpolitisches Handeln des Staates wird meist mit möglichen gesellschaftlichen Instabilitäten und der Gefahr sozialer Erosionen begründet, die zu befürchten sind, wenn zu *starke räumliche Disparitäten im regionalen Einkommensniveau* auftreten (vgl. *Fürst/Klemmer/Zimmermann* 1976, S. 7 und *Klaus/Schleicher* 1982, S. 9 f.). Hauptanliegen einer ausgleichsorientierten Regionalpolitik ist die Verhinderung einer „passiven Sanierung“ von Regionen. Eine passive Sanierung von wirtschaftsschwachen Regionen ist speziell dann zu erwarten, wenn ein fortschreitender Arbeitsplatzabbau in der Landwirtschaft zu verzeichnen und die Mobilität der erwerbsfähigen Bevölkerung aufgrund nur geringer Bindungen an das vertraute sozio-kulturelle Umfeld als hoch einzuschätzen ist (vgl. *v. Böventer* 1979, S. 13). In diesem Fall ist auch nicht damit zu rechnen, dass über das Wirken interregionaler Ausgleichsmechanismen der wirtschaftliche Niedergang der betreffenden Region aufgehalten werden kann. Eine durch Abwanderung verursachte Verminderung des Arbeitskräftepotentials dürfte der Zuwanderung industrieller Unternehmen hinderlich sein. Um einer solchen Entwicklung entgegenwirken, werden im Sinne verteilungspolitischer Zielsetzungen Maßnahmen der regionalen Strukturpolitik gefordert (vgl. nächstes Kapitel). Diese Maßnahmen müssen dabei danach ausgerichtet und bemessen sein, ob sie in der Lage sind, die Lebensbedingungen der Bevölkerung in wirtschaftsschwachen Regionen so weit verbessern zu können, dass ausgeprägte Migrationsprozesse unterbleiben. Ein wichtiges Element einer nivellierenden Regionalpolitik ist die Bereitstellung einer Mindestversorgung mit infrastrukturellen Einrichtungen, für deren Bereitstellung der Staat die Verantwortung übernimmt.[41]

3.4.2 Politische Instrumente zur Belebung wirtschaftlicher Aktivitäten in strukturschwachen Räumen

In den vorangegangen Überlegungen zur Begründung regionalpolitischer Maßnahmen wurden bereits mögliche Instrumente genannt, die eine Entwicklung von Industrien in wirtschaftlich rückständigen Gebieten unterstützen könnten. Dies waren Maßnahmen der Infrastrukturpolitik und eine Subventionierung wirtschaftsschwacher Räume mit dem Ziel, mobile Kapitalmittel zu attrahieren.

---

41 Vielfach wird aber argumentiert, die staatliche Bereitstellung von Infrastruktur trage selbst zu einer Verschärfung regionaler Disparitäten und damit zur Inflexibilität der Raumstruktur bei. Begründet wird diese Einschätzung damit, dass sich Infrastrukturinvestitionen oft an der überkommenen Raum- und Siedlungsstruktur orientierten. Dies rührt daher, weil gerade in Ballungsgebieten aller Wahrscheinlichkeit nach häufiger Engpässe im Infrastrukturbereich als in anderen Gebietskategorien auftreten werden. Das öffentliche Kapital richtet sich also nach der räumlichen Verteilung des privaten Kapitals. Wird nun angenommen, diese Beziehung gelte auch in die umgekehrte Richtung (Einrichtungen der Infrastruktur besitzen schließlich eine Vorleistungsfunktion für private Wirtschaftstätigkeit), ist davon auszugehen, dass ein Aufholprozess dünn besiedelter Regionen erschwert oder unmöglich gemacht wird (vgl. *Hardt* 1995, S. 197).

3.4.2.1 Bereitstellung eines öffentlichen Angebotes an Infrastruktur

3.4.2.1.1 Vorbemerkungen

Im bisherigen Verlauf dieser Arbeit wurde häufig von einer überlegenen Ausstattung der großen Verdichtungsgebiete mit Infrastrukturelementen, die entscheidend zur Entstehung von Verstädterungsvorteilen beitragen, gesprochen.[42] Im Folgenden gilt es, das etwas diffuse Bild der „Infrastruktur" zu konkretisieren und die - für die Regionalentwicklung - wichtigen Infrastrukturbereiche zu benennen. Als wichtig werden im Zusammenhang dieser Arbeit insbesondere die Elemente der Infrastruktur angesehen, die Bevölkerungsverlusten vorbeugen und eine Basis für die Belebung wirtschaftlicher Aktivitäten schaffen können. Damit sind die entscheidenden Kriterien genannt, die unter dem Gesichtspunkt einer Verhinderung des wirtschaftlichen Niederganges strukturschwacher Regionen in hoch entwickelten Volkswirtschaften, deren Agrarsektor keine breite Existenzgrundlage mehr bietet, erfüllt sein müssen: Die Infrastrukturausstattung muss zugleich die privaten Haushalte und die Unternehmenseinheiten in ihren Standort- und Investitionsentscheidungen positiv beeinflussen können, d. h. sie muss haushaltsbezogen und unternehmensnah sein (vgl. *Klaus/Schleicher* 1982, S. 26 f.).

3.4.2.1.2 Schwierige Operationalisierung des Infrastrukturbegriffes

So hoch der Stellenwert der infrastrukturellen Ausstattung für die ökonomische Entwicklungsfähigkeit einer Region eingeschätzt wird,[43] so kontrovers sind die Ansichten darüber, was genau unter Infrastruktur zu verstehen ist und welche Teile des volkswirtschaftlichen Kapitalstocks Bestandteile der Infrastruktur sind.

---

42 Wobei es im regionalwissenschaftlichen Schrifttum durchaus kontroverse Auffassungen darüber gibt, ob ein Mindestmaß an Infrastruktur in der Tat als Auslöser regionaler Entwicklungsimpulse angesehen werden kann oder ob eine gute infrastrukturelle Ausstattung nur die Folge wirtschaftlichen Wachstums ist. Mit letzterer Argumentationslinie könnte das vermutete hohe infrastrukturelle Niveau in den Ballungszentren erklärt werden. Die hohe räumliche Dichte wirtschaftlicher Aktivitäten „erzwingt" gewissermaßen zur Erhaltung bzw. Ausdehnung wirtschaftlicher Aktivitäten einen weiteren Ausbau infrastruktureller Einrichtungen. Hinsichtlich dieser Problematik wird in dieser Arbeit die Auffassung des „sowohl als auch" vertreten. Es wird angenommen, dass die Infrastruktur einerseits eine der Voraussetzungen für wirtschaftliche Aktivitäten ist, andererseits aber auch erfolgen kann, weil eine autonome Zunahme wirtschaftlicher Aktivitäten einen weiteren Ausbau erfordert (vgl. *Borchardt* 1971, S. 21).

43 Vgl. Biehl et al. (1975), die in der infrastrukturellen Ausstattung die wichtigste Komponente des regionalen Entwicklungspotentials erkennen; also dem Faktor, der die wirtschaftlichen Expansionsmöglichkeiten von Regionen besonders fördern bzw. bei einer Unterausstattung hemmen kann.

In der Literatur gibt es unterschiedlich weitgefasste Definitionen von Infrastruktur und eine Vielzahl von Auflistungen von Einzelbestandteilen, denen aber zumeist keine einheitliche Systematisierung zugrunde liegt (vgl. *Koch-Achelpöhler* 1998, S. 81 ff.). Eine sehr weit gefasste Abgrenzung der Infrastruktur, die die große inhaltliche Spannweite dieses Gegenstandes verdeutlicht, liefert Jochimsen (1966), der die Infrastruktur nach einer

- materiellen,
- institutionellen und
- personalen Komponente differenziert hat.

Die materielle Komponente umfasst hierbei die Gesamtheit der Anlagen, Ausrüstungen und Betriebsmittel einer Volkswirtschaft, die der Versorgung mit Verkehrs- und Energieleistungen sowie mit Telekommunikation dienen. Weiter werden alle Bauten, die der Erhaltung der natürlichen Ressourcen und der Verkehrswege förderlich sind, mit zur Infrastruktur gezählt. Ebenso sind öffentliche Gebäude und die Bereiche der Forschung, Erziehung, Fürsorge und Gesundheit Bestandteile der materiellen Infrastruktur (vgl. *Jochimsen* 1966, S. 103). Zur institutionellen Infrastruktur zählen demgegenüber „die historisch gewachsenen und politisch gesetzten Normen, Organisationen und Verfahrensweisen einer Volkswirtschaft, die den Rahmen für die Aufstellung, Abstimmung, Durchführung und Kontrolle der Wirtschaftspläne der Wirtschaftssubjekte bilden“ (vgl. *Jochimsen* 1995, S. 491). Beispiele hierfür sind die Gestaltung der Eigentumsordnung, die Geld- und Währungsverfassung, die öffentliche Verwaltung sowie das Steuerrecht und die Finanzverfassung. Die personale Infrastruktur stellt schließlich auf die quantitative und qualitative Ausgestaltung des Humankapitals eines Landes oder einer Region ab. Hierzu zählen nicht nur qualifikatorische oder erfahrungsbedingte Aspekte, sondern auch Sachverhalte wie Motivation oder Leistungswille der arbeitsfähigen Bevölkerung (vgl. *Jochimsen* 1966, S. 133).

Anhand dieser Aufzählungen wird deutlich, dass der Infrastrukturbegriff unterschiedlich weit gefasst werden kann und sowohl materielle als auch immaterielle Güter zum Infrastrukturbestand gezählt werden können. Aus diesem Grund ist im Rahmen der vorliegenden Arbeit eine Operationalisierung dieses vielschichtigen Begriffes notwendig, die sich in das bisher entworfene theoretische Gebäude einfügt. Deswegen macht es wenig Sinn, die Humankapitalausstattung im Sinne von Qualifikationen der Arbeitskräfte unter den Infrastrukturbegriff zu subsumieren, da entsprechende regionale Disparitäten bereits bei der Diskussion der Agglomerationseffekte erörtert wurden. Wohl sind in diesem Zusammenhang aber Einrichtungen wie Schulen, Universitäten und Lehrkräfte zu berücksichtigen, die für den Ausbildungsstand einer Region einen hohen Stellenwert besitzen. Zudem sind einige Bestandteile der personalen Infrastruktur wie der Fleiß oder regionale Mentalitäten im Rahmen dieser Arbeit empirisch nicht zu operationalisieren. Schwierigkeiten bereiten ebenfalls die Operationalisierung und die statistische Erfassung des umfassenden Begriffes der institutionellen Infrastruktur.

Vor dem Hintergrund dieser Überlegungen wird in dieser Arbeit und auch vielfach in regionalwissenschaftlichen Studien die Infrastruktur auf die materielle Komponente beschränkt (vgl. *Krätzschmar* 1995, S. 68; *Lauschmann* 1976, S. 278). Im Einzelnen stehen damit die folgenden Infrastrukturbestandteile im Mittelpunkt der Betrachtung und einer anschließenden empirischen Überprüfung (vgl. Kapitel 4.3):

- Verkehrswesen
- Ver- und Entsorgungseinrichtungen
- soziale Einrichtungen
- Bildung und Forschung.

Anhand dieser Auflistung wird deutlich, dass die oben vorgenommene theoretisch-systematische scharfe Trennung in haushalts- und unternehmensnahe Infrastruktur in der Realität kaum aufrechtzuerhalten sein dürfte und Überschneidungen zu beobachten sein werden. So benutzen Unternehmen Straßen für Produktionszwecke genauso wie die Bevölkerung das Straßennetz in Anspruch nimmt, um ihre Freizeitbedürfnisse zu befriedigen. Ähnlich kann ein Angebot an hervorragenden Schulen einerseits die Attraktivität einer Region für die Wohnbevölkerung steigern, andererseits ist eine gute schulische Infrastruktur auch für die regionale Wirtschaft zur Rekrutierung des Nachwuchses an Arbeitskräften von hohem Nutzen.

Dass Infrastruktureinrichtungen oft vom Staat und nicht vom Markt bereitgestellt werden bzw. ein privates Angebot von staatlicher Seite kontrolliert wird, ist in den weiter oben beschriebenen Marktversagensfällen begründet. Infrastrukturinvestitionen zeichnen sich in vielen Fällen durch hohe positive externe Effekte aus (vgl. *Krätzschmar* 1995, S. 70). Damit kommt ein privatwirtschaftliches Angebot entweder gar nicht oder in einem als nicht ausreichend empfundenen Maße zustande. Weitere Begründungen für die staatliche Bereitstellung bzw. für die staatliche Kontrolle der Bereitstellung von Infrastrukturbestandteilen sind hohe technologische Unteilbarkeiten, eine lange Nutzungsdauer, ein hoher

Investitionsbedarf und eine hohe Kapitalbindung von Infrastruktureinrichtungen (vgl. *Krätzschmar* 1995, S. 70 f.).

3.4.2.2 Anreizpolitik

Neben infrastrukturellen Maßnahmen stellt die Anreizpolitik die zweite bedeutende Kategorie von regionalpolitischen Instrumenten in marktwirtschaftlichen Systemen dar. Allgemein gesprochen handelt es sich hierbei um Maßnahmen, die mittels finanzieller Anreize die Regionalentwicklung im Sinne eines interregionalen Disparitätenabbaus direkt oder indirekt beeinflussen sollen (vgl. *Krätzschmar* 1995, S. 75). Der Einsatz finanzieller Mittel soll dazu beitragen, Standortnachteile wirtschaftsschwacher Regionen wenigstens teilweise zu kompensieren („Kompensationsfunktion"). Durch die Begünstigung der ökonomisch rückständigen Gebiete und einer Benachteiligung aufgrund Nichtförderung der Wachstumsregionen sollen finanzielle Mittel eine wirtschaftliche Entwicklung der strukturschwachen Räume unterstützen („Lokalisierungsfunktion"). Der Einsatz der Mittel kann hierbei so erfolgen, dass sie gezielt auf tatsächlich oder vermeintlich wachstumsträchtige Branchen konzentriert werden, von denen starke regionale Impulse erwartet werden („Selektionsfunktion"). Schließlich lässt sich noch eine „Komplementaritätsfunktion" zur Infrastrukturpolitik isolieren, da im regionalwissenschaftlichen Schrifttum häufig die Ansicht vertreten wird, dass infrastrukturelle Maßnahmen alleine zur wirtschaftlichen Belebung wirtschaftlicher Problemregionen nicht ausreichen, sondern durch finanzielle Vergünstigungen flankiert werden müssten (vgl. *Lauschmann* 1976, S. 284 f.).

Vom theoretischen Standpunkt können auch die im vorigen Kapitel explizit behandelten Infrastrukturmaßnahmen der Anreizpolitik zugeordnet werden. Eine verbesserte infrastrukturelle Ausstattung erhöht zweifelsohne die Standortqualität rückständiger Regionen und kann somit den entscheidenden Ausschlag zur Ansiedlung mobiler Unternehmen geben (vgl. *Krätzschmar* 1995, S. 76). Sieht man von der Infrastrukturpolitik ab, lassen sich die anreizpolitischen Maßnahmen folgendermaßen klassifizieren (vgl. *Klaus/Schleicher* 1982, S. 25 ff.):

Das Ziel *regionaler Steuer- und Subventionspolitik* besteht darin, über Gewährung von Steuervergünstigungen, Krediten, Investitionszuschüssen, Zinsverbilligungen etc. eine Korrektur überkommener unerwünschter regionaler Strukturen zu erreichen. Finanzielle Hilfen sind das Kernstück der regionalen Wirtschaftspolitik in der Bundesrepublik.

Im Rahmen einer *regionalen Tarifpolitik* sollen Leistungen (bspw. der öffentlichen Verkehrsmittel oder Energieversorgungsunternehmen) in Problemregionen verbilligt angeboten werden. Das Ziel ist es, auf diesem Wege eine Verbesserung der Standortqualität in strukturschwachen Regionen zu erreichen.

Durch die Gewährung von *Sachleistungen* können Unternehmen in den Genuss von verbilligten Mieten, Pachten oder Verkaufspreisen für - von der öffentlichen Hand erworbenes - Land, Gewerbeflächen oder Gebäude kommen.

Durch eine *regionale Vergabepolitik* soll die Verteilung öffentlicher Aufträge primär Unternehmen in strukturschwachen Räumen zugute kommen. Alle Instrumente zielen sowohl auf eine direkte Unterstützung der Unternehmen in rückständigen Regionen als auch auf die Setzung von Anreizen zur Zuwanderung regionsexterner Unternehmen in solche Gebiete ab.

3.4.3 Skizzierung der Regionalpolitik in der Bundesrepublik Deutschland

Mit dem Begriff Regionalpolitik werden in der Bundesrepublik zwei Politikfelder umrissen, die unmittelbar auf Veränderungen bzw. Gestaltung der räumlichen Struktur des Bundesgebietes ausgerichtet sind. Dies sind auf der einen Seite die Raumordnungspolitik und die Landesplanung und auf der anderen Seite die regionale Wirtschaftspolitik (vgl. *Boner* 1995, S. 71 ff.). Gemeinsam ist beiden Politikbereichen der Abbau regionaler Disparitäten als übergeordnete Zielvorstellung. Abgleitet wird diese Zielsetzung aus dem Grundgesetzartikel 72 Abs. 2 Nr. 3, indem die „Wahrung der Einheitlichkeit der Lebensverhältnisse“ als gesamtstaatliche Aufgabe festgeschrieben ist (vgl. *Nägele* 1996, S. 57).

Die gesetzliche Grundlage für die Raumordnungspolitik bildet das Raumordnungsgesetz von 1965 (ROG) (vgl. *BmBau* 1997). Darin werden eine Reihe von Leitvorstellungen formuliert, die sich vor allem auf ausgleichs- und umweltpolitische Gesichtspunkte beziehen (vgl. *Boner*, 1995, S. 77f.), wie z. B. (vgl. BmBau 1997, S. 72 f.):

- die natürlichen Lebensbedingungen zu schützen und zu entwickeln (§ 1, Abs. 2, Nr. 2),
- gleichwertige Lebensverhältnisse in allen Teilräumen herzustellen (§ 1, Abs. 2. Nr. 6),
- Ausgleich der räumlichen und strukturellen Ungleichgewichte zwischen west- und ostdeutschen Gebieten (§ 1, Abs. 2, Nr. 7).

Was unter dem Terminus „gleichwertige Lebensverhältnisse“ genauer zu verstehen ist, wurde im Bundesraumordnungsprogramm (BROG) 1975, das die Ziele des ROG detaillierter ausgeführt hat und als Orientierungsrahmen für die

Raumpolitik dient (vgl. *Jacob* 1979, S. 105), konkretisiert: „Gleichwertige Lebensbedingungen im Sinne dieses Programms sind gegeben, wenn für die Bürger in *allen* Teilräumen des Bundesgebietes ein quantitativ und qualitativ angemessenes Angebot an Wohnungen, Erwerbsmöglichkeiten und öffentlichen Infrastruktureinrichtungen in zumutbarer Entfernung zur Verfügung steht (...)" (Schriftenreihe „Raumordnung" 1975, S. 1).

Das zentrale Instrument der regionalen Wirtschaftspolitik zur Erreichung dieser Zielsetzung ist die Gemeinschaftsaufgabe Verbesserung der regionalen Wirtschaftsstruktur (GRW). Die gesetzlichen Rahmenbedingungen hierzu wurden 1969 mit der Verabschiedung des gleich lautenden Gesetzes geschaffen. Durch die GRW wurde eine Zusammenführung der regionalpolitischen Aktivitäten von Bund und Ländern erreicht. Die Zusammenarbeit der Gebietskörperschaften bezieht sich zum einen auf den Entwurf von Maßnahmen der räumlichen Strukturpolitik durch einen Planungsausschuss als auch auf deren Finanzierung, die je zur Hälfte durch den Bund und die Länder erfolgt (vgl. *Weilepp* 1995, S. 116). Der Planungsausschuss der GRW erstellt in jährlichem Turnus Rahmenpläne, in denen die Fördergebiete und -modalitäten bestimmt werden. Dabei müssen die Maßnahmen mit den Zielen und den Erfordernissen der Landesplanung und Raumordnung abgestimmt sein (vgl. *Klaus/Schleicher* 1982, S. 45 f.). Die Förderwürdigkeit von Gebieten wird anhand eines komplexen Indikators festgestellt, der sich aus Arbeitsmarkt-, Einkommens- und Infrastrukturkennziffern zusammensetzt (vgl. hierzu BMWi (Hrsg.) 1997). Gefördert werden neben ländlichen Räumen auch altindustrialisierte Gebiete wie Teile des Ruhrgebietes oder das Saarland sowie derzeit das gesamte Gebiet Ostdeutschlands.

Bei der Mittelvergabe werden zwei Förderprinzipien verfolgt - die sachliche und die räumliche Konzentration (vgl. *Clemens/Icks* 1996, S. 5 ff.). Mit der GRW werden primär Betriebe des Produzierenden Gewerbes über die Gewährung von Investitionszuschüssen gefördert (sachliche Konzentration). Rechtfertigen lässt sich diese Handhabung durch die Überlegung, dass Industrieunternehmen eher - im Unterschied zu Dienstleistungsbetrieben (die gemäß der Theorie der zentralen Orte die Nähe zum städtischen Markt suchen) - bereit sind in dünn besiedelte Regionen anzusiedeln.[44] Die in der Bundesrepublik praktizierte Förderung ist somit hauptsächlich - wenngleich mit den Förderinstrumenten der GRW durchaus eine Bestandspflege ansässiger Wirtschaftseinheiten möglich ist - darauf ausgelegt, regionale Konvergenz durch Ansiedlung von gebietsfremden In-

---

44 Wenngleich sich an dieser sektoralen Beschränkung der Förderpolitik - angesichts einer dynamischen Beschäftigungsentwicklung im tertiären Sektor - zunehmend Kritik entfaltet und daraus eine Förderung von Dienstleistungsunternehmen abgeleitet wird (vgl. *Steinröx*, 1995, S. 96).

dustriebetrieben in strukturschwache Räumen zu erreichen (vgl. *Steinröx* 1995, S. 96).[45]

Bevorzugt werden die industriellen Unternehmen gefördert, die ein überregionales Absatzgebiet beliefern. Damit wird das Ziel verfolgt, über eine verstärkte Einbindung der lokalen Wirtschaft in die interregionale Arbeitsteilung das Wachstum und den Wohlstand des wirtschaftlich weniger entwickelten Teilgebietes zu erhöhen. Anzumerken ist ferner, dass nicht nur Gewerbebetrieben finanzielle Hilfen gewährt werden, sondern auch der Auf- und Ausbau der wirtschaftsrelevanten Infrastruktur (in den Bereichen Energieversorgung, Forschungseinrichtungen, Geländeerschließung, Wirtschaftswege, Erschließung von Industrie- und Gewerbegebieten etc.) unterstützt wird.

Intraregional werden die Fördermittel auf Orte der höheren Zentralitätsstufe konzentriert (vgl. *Boner* 1995, S. 75). Durch die Ansiedlung von Industrie und den verstärkten Ausbau haushalts- und wirtschaftsnaher Infrastruktur in den großen Siedlungen dünn besiedelter Regionen erhofft man sich gemäß der Theorie der zentralen Orte und den Überlegungen zu den positiven Folgen zunehmender Verdichtung (Agglomerationsvorteile), wirtschaftliche Entwicklungspole in strukturschwachen Gebieten schaffen zu können. Die Zentren sollen somit eine Lokomotivfunktion für die Entwicklung der Region einnehmen und der Ausgangspunkt für eine weitere Industrialisierung des Raumes sein (vgl. *Jacob* 1979, S. 108).

Die Investitionsbeihilfen der GRW können mit anderen Förderprogrammen (z. B. Technologieförderung- und Mittelstandsförderung; Umweltschutzbeihilfen) gekoppelt werden (vgl. *Eckey* 1995, S. 79 ff.). Ab 1995 werden auch so genannte nicht-investive Maßnahmen gefördert. Hierzu zählen Maßnahmen im Bereich der Aus- und Weiterbildung der Mitarbeiter sowie im Bereich Forschung und Entwicklung (vgl. *Tetsch/Benterbusch/Letixerant* 1996, S. 58 ff.). Auch kann die Inanspruchnahme von Beratungsleistungen gefördert werden. Dies verdeutlicht, dass von der Regionalpolitik der Einfluss von Humankapital

---

45 Gefördert werden die Errichtung oder Erweiterung sowie Rationalisierungs- und Modernisierungsmaßnahmen einer Betriebsstätte. Die Höhe des Fördersatzes bemisst sich nach der Strukturschwäche der Region sowie der Größe des Unternehmens. Kleine und mittlere Unternehmen (worunter Unternehmen verstanden werden, die nicht mehr als 500 Beschäftigte haben, keinen Jahresumsatz von mehr als 80 Mio. Euro oder eine Bilanzsumme von nicht mehr als 54 Mio. Euro aufweisen und sich höchstens zu 25 % in Besitz anderen Unternehmen befinden) erhalten einen höheren Fördersatz als große. In den sogenannten A-Fördergebieten (Gebiete mit ausgeprägtem Entwicklungsrückstand; darunter fallen weite Teile Ostdeutschlands) können Investitionskostenzuschüsse von bis zu 50 % gewährt werden. Der maximale Fördersatz in den D-Fördergebieten (Gebiete mit schwerwiegenden Strukturproblemen) beträgt 15 % (vgl. *Bundesministerium für Wirtschaft und Technologie* 2000, S. 3-7).

und technischem Wissen - wie in Kapitel 3.3 diskutiert - für die wirtschaftliche Entwicklung von Regionen als hoch eingestuft wird. Zum Schluss ist darauf hinzuweisen, dass neben dem zentralen Instrument der Regionalpolitik in der Bundesrepublik, der GRW, weitere überaus vielfältige regionale Fördermaßnahmen auf unterschiedlichen politisch-institutionellen Ebenen existieren. So nimmt etwa der Einfluss der EU auf die Regionalpolitik im Zeitablauf stetig zu (vgl. *Ridinger* 1995). Daneben haben verschiedene Länder und Kommunen eigene raumspezifische Förderprogramme aufgelegt (vgl. *Pohle* 1995, S. 98).

3.5 Schlussfolgerungen: Merkmale der Raumstruktur in einer modernen Volkswirtschaft und die ökonomischen Potentiale ländlicher Regionen

Im Folgenden werden zunächst die Ergebnisse dieses Kapitels unter dem Gesichtspunkt zusammengefasst, wie sich grundsätzlich die Raumstruktur in einer hoch entwickelten Volkswirtschaft darstellt und durch welche wesentlichen Faktoren sie determiniert wird. Aufbauend auf diesen Befunden werden daraufhin die ökonomischen Potentiale ländlicher Regionen in den Bereichen Wirtschaftsstruktur und Standortqualität erörtert.

Es wurde deutlich, dass eine moderne Industriegesellschaft - in der der tertiäre Sektor die höchsten Wachstumsraten aufweist - tendenziell stärker als vorhergehende Epochen der Wirtschaftsgeschichte (mit einer größeren Bedeutung von Landwirtschaft und Industrie für die inländische Einkommensentwicklung) eine höhere räumliche Konzentration wirtschaftlicher Tätigkeiten besitzt. Als die wesentlichen Faktoren einer solchen räumlichen Entwicklung wurden eine Abnahme der Bedeutung natürlicher Standortbedingungen, hohe Agglomerationseffekte und unternehmensinterne Ersparnisse sowie sinkende Transportkosten genannt. Kann aus den vorstehenden Faktoren eine Zunahme der räumlichen Konzentration gefolgert werden, wirkt demgegenüber das Bodenpreisgefälle zwischen Stadt und Land auf eine räumliche Dekonzentration wirtschaftlicher Aktivitäten hin. Ferner wurde herausgearbeitet, dass die Frage nach der Stärke des Trends zur räumlichen Konzentration insbesondere von der Ausprägung der raumstrukturierenden Faktoren Agglomerationseffekte, interne Ersparnisse und Transportkosten bestimmt wird:

- Agglomerationseffekte

Bei Vorliegen hoher positiver Agglomerationseffekte ist eine räumliche Verdichtung wirtschaftlicher Aktivitäten anzunehmen. Wegen der Existenz von Agglomerationsvorteilen lässt sich begründen, dass Ballungsgebiete eine günstige Voraussetzungen für die Entstehung regionaler Netzwerke und innovativer Milieus bieten, was sich in einer im interregionalen Vergleich überdurchschnittlichen Innovations- und Leistungsfähigkeit von Unternehmen in den Verdichtungsgebieten niederschlagen kann. Als besonders wichtig kann in diesem Zusammenhang vor dem Hintergrund der Diskussion um die Ansätze der neuen Wachstumstheorie der regionale Bestand mit Humankapital und technischem Wissen gesehen werden. Beide Faktoren dürften in den städtischen Räumen ein höheres Bestandsniveau als in ländlichen Regionen aufweisen. Gleiches ist für den Bestand an unternehmensnahen Dienstleistungen zu sagen. Agglomerationseffekte begründen jedoch nicht nur eine Zunahme räumlicher Verdichtung, sondern können auch zur Erklärung wirtschaftsräumlicher Dezentralisierungstendenzen herangezogen werden. Solche Entwicklungslinien sind dann zu erwarten, wenn für ein Wirtschaftssubjekt die Ballungsnachteile etwa in Form von hohen Faktorkosten stärker als die Agglomerationsvorteile ins Gewicht fallen. Es wurde angenommen, dass insbesondere einfache standardisierte industrielle Produktionen mit einem vergleichsweise hohen Einsatz an Arbeitskräften und Flächen zur Abwanderung in dünner besiedelte Gebiete neigen.

- Interne Ersparnisse

Aufgrund zahlreicher technologischer Neuerungen im Laufe der industriellen Entwicklung nahm die Bedeutung von Unteilbarkeiten im Zeitablauf zu. Gestaltet sich das Verhältnis zwischen der Höhe der Unteilbarkeiten und den Nachfragebedingungen in einer Branche etwa so, dass auf lange Sicht nur wenige oder nur ein Anbieter bestehen können, ist von wirtschaftlichen Konzentrationen in sektoraler und räumlicher Hinsicht auszugehen. Damit wird die Produktion eines Gutes auf wenige Punkte im Raum beschränkt. Der Trend zu immer größeren Betrieben kehrte sich jedoch in den 70er Jahren um. Ab dieser Zeit lässt sich ein höheres Wachstum der kleineren Betriebsgrößenklassen feststellen (diese Aussage gilt nicht für die Unternehmensebene, da durch Fusionen die Unternehmensgröße auch in jüngerer Zeit anstieg). Erklärt wurde diese Entwicklung mit veränderten wirtschaftlichen Rahmenbedingungen, die günstiger für die Entwicklung kleiner als großer Betriebe seien. Hierbei ist der Rückgang der Nachfrage nach standardisierten industriellen Massenwaren, die verstärkte internationale Konkurrenz auf diesen Märkten und zum Teil die Wirkungen des technischen Fortschrittes zu nennen. In räumlicher Hinsicht bedeutet das Kleinbetriebswachstum eine Abnahme der räumlichen Konzentration der industriellen Produktion.

- Transportkosten

Die Entwicklung der Höhe der Transportkosten ist durch eine langfristige Abnahme gekennzeichnet. In raumwirtschaftlicher Hinsicht ergeben sich daraus im

Wesentlichen zwei Konsequenzen. Zum einen können Unternehmen Waren in einem vergrößerten Absatzgebiet konkurrenzfähig anbieten. Daraus kann sich ein Betriebsgrößenwachstum ergeben, insbesondere dann, wenn auf einem Markt anbieterseitig ein Monopol oder ein enges Oligopol besteht. Daher ist es denkbar, dass bei Vorliegen einer solchen Marktsituation Produktionseinheiten in dünner besiedelten Regionen durch den transportkostenbedingten verminderten Außenschutz vom Markt gedrängt bzw. erst gar nicht aufgebaut werden.

Es können aber im Rahmen dieser Diskussion Argumente auch dafür angeführt werden, dass sinkende Transportkosten förderlich für die wirtschaftliche Entwicklung ländlicher Räume sind. Begründet wird diese Einschätzung damit, dass durch sinkende Transportkosten die Agglomerationsvorteile räumlich weiter streuen. Wirtschaftseinheiten können somit von den Verstädterungsvorteilen profitieren, ohne sonderlich von den Verdichtungsnachteilen tangiert zu werden. Inwiefern geringe Transportkosten zu einer räumlichen Konzentration beitragen, wird von der Wirkungsrichtung von Agglomerationseffekten und unternehmensinternen Ersparnissen bestimmt. Sind die Agglomerationsnachteile im Vergleich zu den Agglomerationsvorteilen als bedeutend einzustufen und lässt sich eine sinkende Bedeutung interner Ersparnisse beobachten, können sinkende Kosten der Raumüberwindung für die Entwicklung der ländlichen Regionen förderlich sein und umgekehrt.

Die Frage nach regionaler Konvergenz bzw. Divergenz zwischen unterschiedlich stark verdichteten Regionen in der Bundesrepublik Deutschland wird im Rahmen obiger theoretischer Überlegungen wesentlich dadurch determiniert, wie bedeutend die Produktionseinheiten die Vorteile einer Ansiedlung in einem Ballungsraum gegenüber dem damit verbundenen höheren Kostenniveau einschätzen. Das Verhältnis zwischen Agglomerationsvor- und -nachteilen beeinflusst somit in hohem Maße den Verlauf der Wirtschaftsentwicklung in ländlichen Regionen. Dieses Urteil beruht darauf, dass gegenwärtig die Transportkosten ein vergleichsweise geringes Niveau aufweisen und seit den 70er Jahren eine etwas sinkende Bedeutung von Massenproduktionsvorteilen erkennbar ist. Vor dem Hintergrund einer solchen Konstellation steigt der Stellenwert der Agglomerationsvorteile zur Beantwortung der Frage nach regionaler Konvergenz bzw. Divergenz. Dieses Ergebnis wird nicht zuletzt auch von der Standortqualität in ländlichen Regionen bestimmt. Vor dem Hintergrund der Überlegungen zu den Ansätzen der neuen Wachstumstheorie, der regionalen Netzwerke und des regionalen Milieus gewinnen damit qualifikatorische Aspekte wie der Bestand an unternehmensnahen Dienstleistungen, an Humankapital und an Einrichtungen von Bildung und Forschung an Wichtigkeit für die wirtschaftliche Entwicklung ländlicher Gebiete.

In jedem Fall ist davon auszugehen, dass raumstrukturelle Veränderungen einem relativ langen Anpassungszeitraum unterliegen. Dies ist in den Inflexibilitäten der Raumstruktur begründet. Ein wichtiger Aspekt hierbei sind Einrichtungen der Infrastruktur sowie Wohn- und Industriegebäude, die eine lange Nutzungsdauer besitzen. Ein rascher Abbau regionalwirtschaftlicher Disparitäten wird unter diesen Voraussetzungen behindert. Regionalpolitische Maßnahmen zum Auf- und Ausbau der Infrastruktur in ländlichen Regionen können hier zu einer Beschleunigung raumwirtschaftlicher Prozesse und zu einem Ausgleich regionaler Disparitäten beitragen. Auch die regionalpolitische Förderung von Investitionen in Sach- und Humankapital kann wirtschaftliche Aufholprozesse ländlicher Regionen unterstützen.

Im Hinblick auf die Frage nach dem ökonomischen Potential ländlicher Regionen können die Ergebnisse dieses Kapitels folgendermaßen zusammengefasst werden. Die ***Wirtschaftsstruktur*** wird von der Landwirtschaft und von kleineren industriellen Einheiten geprägt. Der Dienstleistungssektor ist gegenüber den Verdichtungsräumen unterrepräsentiert. Ob eine solche Wirtschaftsstruktur als Entwicklungshemmnis gesehen wird, hängt von der Marktposition und dem technologischen Niveau der Betriebe in ländlichen Gebieten ab. Zudem ist die Entwicklung in jüngerer Vergangenheit im Hinblick auf das Wachstum von haushalts- und unternehmensnahen Dienstleistungen in dünn besiedelten Regionen zu berücksichtigen. Wird unterstellt, dass die Industrieunternehmen in schrumpfenden Branchen agieren und kaum ein Zuwachs im Bereich der unternehmensnahen Dienstleistungen in ländlichen Regionen gegeben ist, kann in der Tat von zukünftigen Entwicklungsproblemen dieser Raumkategorie ausgegangen werden.

Im Hinblick auf eine positive Beurteilung der ***Standortqualität*** in ländlichen Gebiete ist entscheidend, ob dieser Raumtyp neben verhältnismäßig billigen Arbeitskräften und einem großen und günstigen Flächenangebot sowie der Möglichkeit, regionalpolitische Fördermittel einzustreichen noch in anderen Bereichen eine hohe Standortgunst aufweist. Hierbei ist insbesondere an den Besatz mit qualifizieren Arbeitskräften und mit infrastrukturellen Einrichtungen (etwa in den Bereichen Bildung und Forschung) zu denken.

Das Ziel des nachfolgenden Kapitels wird es sein, die ökonomischen Potentiale der dünn besiedelten Regionen in der Bundesrepublik einer genaueren Prüfung zu unterziehen. Aufbauend auf dieser Untersuchung soll ein Urteil darüber gebildet werden, ob das vorhandene ökonomische Potential der dünn besiedelten Gebiete in der Tat Befürchtungen über die weitere Entwicklung dieses Raumtyps rechtfertigt.

4 Empirische Überprüfung der theoretisch abgeleiteten räumlichen Wirtschaftsstrukturen und Standortfaktoren in ländlichen Räumen

4.1 Vorbemerkungen

Das Hauptaugenmerk der folgenden Ausführungen zum ökonomischen Potential der ländlichen Regionen konzentriert sich auf zwei zentrale Komplexe:

1. Zuerst wird eine Untersuchung der regionalen Wirtschaftsstrukturen unter folgenden Gesichtspunkten durchgeführt:

   - Erstens soll eine großräumige Untersuchung der Verteilung der Wirtschaftsaktivitäten in sektoraler Hinsicht Aufschluss darüber geben, ob die räumliche Anordnung des Produzierenden Gewerbes im Vergleich zum Dienstleistungsbereich tatsächlich zentrumsunabhängiger ist.

   - Zweitens wird der Industriesektor näher untersucht. Hierbei stehen folgende Gesichtspunkte im Mittelpunkt des Untersuchungsinteresses. Zum einen wird analysiert werden, ob Zuwanderungen industrieller Unternehmen für die Entwicklung ländlicher Räume einen höheren Stellenwert als in anderen Regionskategorien besaßen und ob es sich bei den zugewanderten Betrieben in der Tat um die vermuteten einfachen standardisierten Produktionsformen mit einem hohen Arbeitskräfteaufwand handelte. Zum anderen wird geprüft, ob zwischen - von ihrer Struktur (Größe, Branche etc.) her - vergleichbaren Unternehmen signifikante Unterschiede in ihrer Innovationskraft in Abhängigkeit ihres Standortes bestehen. Damit soll die Eignung der ländlichen Räume als Standorte zur Generierung von Innovationen durchleuchtet werden. Zugleich soll damit ein Eindruck darüber vermittelt werden, wie wichtig die Nähe zu einem Ballungsgebiet für die Innovationsleistung von Unternehmen heutzutage einzuschätzen ist.

   - Drittens wird der Dienstleistungssektor im Hinblick auf die räumliche Verteilung von unternehmens- und haushaltsnahen Dienstleistungen untersucht. Hierbei steht die Untersuchung der Frage im Vordergrund, ob sich die unternehmensnahen Dienstleistungstätigkeiten in der Tat vornehmlich auf die Verdichtungsgebiete konzentrieren.

2. An die Analyse regionaler Wirtschaftsstrukturen schließt sich eine Untersuchung der Standortqualität ländlicher Gebiete an. Hierbei interessieren insbesondere die folgenden Gesichtspunkte:

   - Zuerst wird anhand empirischer Befunde der Ausstattungsgrad ländlicher Räume mit materieller Infrastruktur (Verkehrswesen, Ver- und Entsorgung, Bildung und Forschung, soziale Infrastruktureinrichtungen) überprüft.

- Daraufhin werden räumliche Unterschiede im Humankapital untersucht. Hier steht die Untersuchung der Behauptung im Vordergrund, die Bevölkerung in ländlichen Regionen sei im Schnitt vergleichsweise schlecht ausgebildet und die Produktionseinheiten in solchen Räumen beschäftigten im Schnitt weniger gut ausgebildete Arbeitskräfte als in den Verdichtungsgebieten.

Abschließend werden die Ergebnisse, die im Hinblick auf die Untersuchungsschwerpunkte regionale Wirtschaftsstruktur und Standortqualitäten gewonnen werden konnten, zusammengefasst. Auf Grundlage der erfolgten Analyse soll hier ein eigenes Urteil im Hinblick auf die wirtschaftlichen Entwicklungschancen bzw. -risiken dünn besiedelter Regionen gebildet werden.

4.2 Analyse regionaler Wirtschaftsstrukturen

Im Folgenden wird zuerst überblicksartig die Bedeutung des sekundären und tertiären Sektors in den Raumtypen Westdeutschlands anhand der Beschäftigung dargestellt. Daran anschließend werden beide Sektoren näher untersucht.

4.2.1 Überblick über die regionale Verteilung und Bedeutung der Sektoren

Entgegen althergebrachten Assoziationen von ländlichem Raum mit Landwirtschaft besitzt die landwirtschaftliche Produktion für den Arbeitsmarkt selbst in dünn besiedelten ländlichen Regionen nur noch einen nachgeordneten Stellenwert. Infolge des sektoralen Strukturwandels arbeiten 1996 lediglich rund 1,3 % aller Beschäftigten in den ländlich-peripheren Regionen in der Landwirtschaft. Damit liegt der Agrarsektor deutlich hinter dem Produzierenden Gewerbe mit 45,3 % und dem Dienstleistungssektor mit 53,4 % zurück (vgl. *BBR* 1998, S. 119).[46] Der Anteil der Beschäftigten in Dienstleistungsberufen ist in den Zent-

[46] Dieses Ergebnis stellt sich grundsätzlich nicht anders dar, wenn statt den sozialversicherungspflichtig Beschäftigten die Erwerbstätigenentwicklung in den westdeutschen Regionen betrachtet wird. Zu den Erwerbstätigen zählen - neben allen sozialversicherungspflichtig Beschäftigten - auch die mithelfenden Familienangehörigen, Selbständige, Beamte und alle geringfügig beschäftigten Arbeitnehmer (vgl. *Gemeinschaftsveröffentlichung der Statistischen Landesämter* 1996, S. 10 ff.). Da traditionell der Anteil der Selbstständigen in der Landwirtschaft höher als in den anderen Sektoren ist, wird bei Zugrundelegung dieser Kennzahl die Bedeutung der Landwirtschaft höher als bei den sozialversicherungspflichtig Beschäftigten ausgewiesen. Aber selbst

ralregionen deutlich höher als in den übrigen Räumen der alten Bundesrepublik. Gegenüber der Erstellung von Dienstleistungen verteilt sich die industrielle Produktion im Raum wesentlich gleichmäßiger.

Dabei gibt es signifikante regionsspezifische Besonderheiten. Wird die Regionskategorie ländliche Regionen nach der Siedlungsdichte weiter differenziert, fällt der überdurchschnittliche Stellenwert des Produzierenden Gewerbes bzw. die vergleichsweise geringe Bedeutung von Dienstleistungstätigkeiten in den dünn besiedelten ländlichen Regionen auf (vgl. Tabelle 11). Dieses Bild entspricht Vorstellungen von ländlichen Regionen als rückständige Gebiete, die - hier in sektoraler Perspektive - der Entwicklung in den Verdichtungsgebieten hinterherhinken (vgl. *Müller* 1983, S. 159 f.). Fasst man beide Kategorien des ländlichen Raumes zusammen, dann kann an dieser Stelle eine aus der Diskussion der Landschaftsstrukturmodelle abgeleitete Hypothese bestätigt werden: Dienstleistungstätigkeiten sind im Unterschied zum sekundären Sektor stärker zentrumsorientiert.

Relativiert wird dieser Eindruck jedoch, wenn die Wachstumsraten in den Regionen betrachtet werden. Die dünn besiedelten ländlichen Regionen sind der Raumtyp mit der größten Wachstumsrate im tertiären Sektor zwischen 1990 und 1998. Die Dekonzentrationstendenzen innerhalb des Dienstleistungssektors setzten - wie die Werte in den Klammern in Tabelle 11 verdeutlichen - bereits vor 1990 ein. Die dichter besiedelten ländlichen Regionen waren der Raumtyp mit der höchsten Wachstumsrate der Beschäftigung zwischen 1980 und 1993 (vgl. hierzu auch *Bade* 1995). Im Hinblick auf regionale Unterschiede in der Entwicklung des sekundären Sektors ist festzuhalten, dass auch in den ländlichen Regionen dieser Sektor Anteile an der Gesamtbeschäftigung seit 1990 verliert - jedoch im Unterschied zu den anderen Regionskategorien in einem unterdurchschnittlichen Maße.

---

in den extrem dünn besiedelten Gebieten Westdeutschlands (ostbayerische Grenzregionen) arbeiten 1994 etwa nur 10% aller Erwerbstätigen in der Landwirtschaft (vgl. *BfLR* 1997, S. 19 ff.).

Tabelle 11: Sektorale Beschäftigung und ihre Veränderung in den Regionen Westdeutschlands 1998

	REGIONSTYP					
	Große Verdichtungsräume	Regionen mit Verdichtungsansätzen	Ländliche Gebiete	Ländliche Gebiete: Stark besiedelt	Ländliche Gebiete: Dünn besiedelt	DURCHSCHNITT
Anteil Beschäftigte im primären Sektor	0,7	1,1	1,3	Stark besiedelt: 1,3	Dünn besiedelt: 1,5	0,9
Anteil Beschäftigte im sekundären Sektor	36,9	45,0	45,3	Stark besiedelt: 45,0	Dünn besiedelt: 46,3	40,5
Anteil Beschäftigte im tertiären Sektor	62,3	53,9	53,4	Stark besiedelt: 53,7	Dünn besiedelt: 52,2	58,6
Veränderungen der Anteile 1990-1998 (in Klammern 1980-1993)						
Primärer Sektor	- 2,9 (12,3)	- 12,6 (-5,4)	- 16,3	Stark besiedelt: - 18,5 (-15,9)	Dünn besiedelt: - 8,1 (-14,5)	- 9,2 (-1,1)
Sekundärer Sektor	- 19,4 (-11,3)	- 10,8 (-1,8)	- 9,1	Stark besiedelt: - 9,2 (+2,6)	Dünn besiedelt: - 8,6 (+0,3)	- 15,2 (-6,6)
Tertiärer Sektor	+ 10,8 (+ 26,6)	+ 13,5 (+ 30,4)	+ 15,3	Stark besiedelt: + 14,8 (+38,8)	Dünn besiedelt: + 17,5 (+33,6)	+ 12,0 (+28,8)

Quelle: BBR 1999, S. 120 ff.; BfLR 1986, S. 127 und 1989/90, S. 157 und 1995, S. 121f.

4.2.2 Analyse des sekundären Sektors in ländlichen Regionen

Die vergleichsweise günstige Beschäftigungsentwicklung im industriellen Sektor in ländlichen Regionen wirft die Frage nach den Trägern dieser Entwicklung auf. Dieser Aspekt ist besonders interessant, weil im Unterschied zu den Unternehmen des industriellen Sektors in den Verdichtungsregionen die Industriebetriebe in ländlichen Regionen ihre Beschäftigung weit weniger verringerten. Es ist somit zu prüfen, weshalb der Unternehmenssektor in den ländlichen Regionen im Schnitt erheblich weniger Arbeitskräfte freisetzte als die Unternehmen in den Zentralregionen. Um hierzu eine erste Antwort zu erhalten, ist zunächst eine Untersuchung des Sachverhaltes hilfreich, bei welchen Merkmalen signifikante Unterschiede zwischen den Industriebetrieben in hoch- gegenüber denen in gering verdichteten Gebieten bestehen. In diesem Zusammenhang fällt das Augenmerk zunächst auf deutliche regionale Divergenzen in der Betriebsgröße.[47] Andere regionalwirtschaftlich bedeutsame Unterschiede zwischen den Unternehmen in den Verdichtungsgebieten und denen in ländlichen Regionen werden in den Bereichen Innovation (vgl. Kapitel 4.2.2.2) und organisatorischer Status innerhalb eines Unternehmenverbundes erkannt (vgl. Kapitel 4.2.2.3).

4.2.2.1 Kleinbetriebliche Industriestruktur in ländlichen Regionen als Standortvorteil?

Die Betriebe des sekundären Sektors sind in den Verdichtungsregionen im Schnitt deutlich größer als die in den nicht-zentralen Gebieten. Eine Untersuchung von Derenbach (1986, S. 67) zeigt, dass in den Verdichtungsregionen nur rund jedes siebte Unternehmen der Größenklassen bis 100 Beschäftigten angehört, in den ländlichen Regionen dagegen jedes dritte. Bade (1983, S. 317) analysierte den räumlichen Standort der 500 größten Unternehmen in der Bundesrepublik. Er kam zu dem Ergebnis, dass annähernd 80 % der Großunternehmen ihren Stammsitz in den großen Agglomerationsräumen haben. Für 1994 ist die regionale Betriebsgrößenstruktur anhand des Indikators Beschäftigte je Betrieb dargestellt.

---

[47] Unternehmen/Betriebe werden häufig in wissenschaftlichen Untersuchungen je nach ihrer Größe Beschäftigungsgrößenklassen zugeordnet. Eine einheitliche Definition von Klein-, Mittel- und Großunternehmen existiert allerdings nicht. Die vorliegende Arbeit orientiert sich an der Abgrenzung von Derenbach (1986, S. 63). Als klein gelten dabei Betriebe mit bis zu 100 Beschäftigen. Mittelbetriebe beschäftigen bis zu 500 Arbeitskräfte, während unter Großunternehmen die Gruppe mit 501 und mehr Beschäftigten verstanden wird.

Tabelle 12: Beschäftigte je Betrieb des Verarbeitenden Gewerbes und im Bergbau in den Regionen Westdeutschlands (ohne Berlin) 1994 (arithm. Mittel)

	REGIONSTYP			
	Große Verdichtungs-gebiete	Regionen mit Verdichtungs-ansätzen	Stärker besiedelte ländliche Regionen	Dünn besiedelte ländliche Regionen
Beschäftigte je Betrieb	175,19	135,74	140,3	124,0
			Ländliche Regionen insgesamt: 132,52	

Quelle: Statistik Regional, Daten und Informationen der statistischen Ämter der Länder und des Bundes 1997

Zusammenfassend ist vor dem Hintergrund dieser Ergebnisse eine positive Korrelation zwischen der Betriebsgröße und der Siedlungsstruktur zu erkennen. Wurde lange Zeit die kleinbetriebliche Wirtschaftsstruktur eher als Entwicklungsrisiko für die ländlichen Regionen gesehen, weil das ökonomisch Potential der Kleinunternehmen im Unterschied zu größeren Unternehmen als gering angesehen wurde, so lässt sich ab dem Beginn der 80er Jahre ein Wandel dieser Diskussion beobachten, der durch die so genannte „Mittelstandshypothese" angestoßen wurde (vgl. *Müller* 1984, S. 98 ff.; *Türke* 1986, S. 61 und Kapitel 3.2.4.2.2).

Erste empirische Ergebnisse zu diesem Themengebiet für die Bundesrepublik lieferte Wittmann (1982, S. 513 ff.). Wittmann analysierte die Arbeitsplatzentwicklung in unterschiedlichen Branchen (Maschinenbau, Stahl- und Leichmetallbau, Elektrotechnik, Nahrungs- und Genussmittelgewerbe, Bekleidungsgewerbe, Textilgewerbe, Herstellung von Eisen-, Blech-, und Metallwaren, Holzverarbeitung) zwischen 1970 und 1977. In den Branchen ist in diesem Zeitraum in der Summe ein deutlicher Arbeitsplatzabbau zu beobachten. Wird die Betrachtung nach städtischen und ländlichen Regionen differenziert, ist erkennbar, dass durchweg in den ländlichen Regionen die Arbeitsplatzentwicklung in den untersuchten Branchen günstiger als in den Verdichtungsgebieten verlief: Entweder fiel der Schrumpfungsprozess in den Betrieben in ländlichen gegenüber städtischen Regionen unterdurchschnittlich aus oder die ländlichen Regionen erzielten Beschäftigungsgewinne in den Wirtschaftszweigen, die in den Verdichtungsregionen Beschäftigung abbauten.

Als einen Erklärungsgrund für die günstige Entwicklung der ländlichen Regionen führt Wittmann die hohe Anzahl kleiner und mittlerer Industriebetriebe in dieser Regionskategorie an. Seine Ergebnisse zeigen eine eindeutige positive Korrelation zwischen der durchschnittlichen Betriebsgröße in den betrachteten Branchen und der regionalen Beschäftigungsentwicklung. Zu vergleichbaren Ergebnissen gelangt Fritsch (1984). Auf Grundlage einer regionalisierten Analyse der Kreditstatistik der Kreditanstalt für Wiederaufbau (KFW) und einer postalischen Befragung von Industrieunternehmen in siedlungsstrukturell unterschiedlichen Regionen in der Bundesrepublik ging Fritsch (1984, S. 921 ff.) der Frage nach, ob die vergleichsweise günstige Beschäftigungsentwicklung in ländlichen Regionen im Wesentlichen auf einem interregional überdurchschnittlichem Wachstum oder unterdurchschnittlichen Schrumpfungsprozessen kleinerer Unternehmen beruht.[48] Als Resultat seiner Untersuchungen zeigt sich, dass sich in ländlichen Gebieten insbesondere Betriebe mit bis zu 500 Arbeitskräften im Hinblick auf die Beschäftigung als expansiv erwiesen.

Auch eine regionale Wirtschaftsanalyse von Bröcker (1989) auf Basis der Beschäftigtenstatistik zeigt einen engen Zusammenhang zwischen der regionalen Beschäftigungsentwicklung und der Betriebsgröße. Bröcker vergleicht in seiner Studie mögliche Einflussfaktoren der regionalen Wirtschaftsentwicklung im Hinblick auf die Stärke der Korrelation dieser Faktoren mit dem Verlauf der regionalen Beschäftigungsentwicklung.[49] Die Betriebsgröße schälte sich hierbei

---

48 Im Rahmen der Auswertung der Kreditstatistik verfolgte Fritsch die Arbeitsplatzentwicklung von 880 Unternehmen (ein Unternehmen kann dabei aus verschiedenen - räumlich voneinander getrennten - Betrieben bestehen) in den Jahren 1974 bis 1981. In diesem Zeitraum ist ein überdurchschnittlicher Abbau von Beschäftigten in Großunternehmen zu beobachten. Kleinere Unternehmen mit bis zu 200 Beschäftigten haben demgegenüber im Untersuchungszeitraum Arbeitsplätze geschaffen. Bei der von Fritsch durchgeführten postalischen Befragung von 748 Betrieben der Maschinenbaubranche zwischen 1970 und 1980 stand nicht das Unternehmen als organisatorische Einheit, sondern der Betrieb als Produktionsstandort im Vordergrund des Untersuchungsinteresses. In bezug auf die Arbeitsplatzentwicklung in unterschiedlichen Größenklassen zeigte sich ein vergleichbares Entwicklungsmuster wie bei der Untersuchung auf Unternehmensebene mit den KFW-Daten.

49 Bröcker untersuchte die Bestimmungsfaktoren von interregional unterschiedlichem Beschäftigungswachstum im sekundären und tertiären Sektor in den Jahren 1970 und 1982 mit Hilfe der makrostatistischen Querschnittsanalyse. Dieses Regressionsverfahren dient der Überprüfung eines signifikanten Zusammenhanges zwischen einer erklärenden Variablen (hier: Entwicklung der sozialversicherungspflichtig Beschäftigten) und unabhängigen Variablen (hier: die potentiellen Entwicklungsdeterminanten). Für das Verarbeitende Gewerbe ermittelt Bröcker einen negativen

neben dem Verdichtungsgrad als zentrales Erklärungsmoment für die günstige bzw. ungünstige Entwicklung einer Region heraus (vgl. *Bröcker* 1989, S. 128 ff.). Die Ergebnisse von Bröcker zeigen zweifelsfrei, dass ab den 70er Jahren die kleinbetrieblich strukturierten Regionen in der Bundesrepublik eine überdurchschnittlich positive Beschäftigungsentwicklung aufweisen können. Zurückgeführt wird diese Entwicklung von Bröcker auf den Sachverhalt, dass Großunternehmungen oft auf schrumpfenden Märkten agierten und von daher ein ungünstigeres wirtschaftliches Umfeld als kleinere Betriebe besäßen.

Diese Ergebnisse zeigen, dass ein Zusammenhang zwischen der allgemeinen Entwicklung der Klein- und Mittelbetriebe einerseits und der ökonomischen Entwicklung in ländlichen Regionen andererseits besteht. Die Beschäftigungsentwicklung in ländlichen Räumen verlief in den letzten beiden Jahrzehnten nicht zuletzt deshalb im interregionalen Vergleich überdurchschnittlich positiv, weil dieser Raumtyp traditionell einen vergleichsweise hohen Bestand an kleineren Betriebseinheiten aufweist. Nach Becker (1997, S. 106 ff.) bilden die vielen kleineren Gewerbebetriebe in ländlichen Regionen ein Netzwerk, das als die tragende Struktur der wirtschaftlichen Entwicklung in diesem Raumtyp gesehen werden kann. Dieser Befund überrascht, weil er den seit geraumer Zeit in vielen regionalwissenschaftlichen Studien geäußerten Annahmen über die Wettbewerbs- und Innovationsfähigkeit der industriellen Wirtschaftseinheiten in den dünn besiedelten Regionen widerspricht (vgl. *Ewers et al.* 1980, *Müller* 1983, *Ewringmann/Kortenkamp* 1986, *Funck* 1989, *Gaebe* 1991, *Henkel* 1995, *Klemmer* 1996, *Schrader* 1997, *Schön* 1997).

Bemerkenswerterweise werden die Faktoren, die im Rahmen der „Mittelstandshypothese" als Argumente für das überdurchschnittliche Wachstum dieser Betriebsform hervorgehoben wurden, in regionalwissenschaftlichen Untersuchungen entweder als nachteilig für die kleinen Unternehmen in ländlichen Regionen angesehen oder sie bleiben bei solchen Untersuchungen weitgehend unberücksichtigt. So wurden in der Diskussion um die Mittelstandshypothese die veränderten weltwirtschaftlichen Rahmendaten als ein Grund für die größenspezifischen Unterschiede im Beschäftigungsverhalten von Betrieben genannt. In diesem Zusammenhang wurde auf einen möglichen Flexibilitätsvorsprung kleinerer Firmen gegenüber Großbetrieben hingewiesen. Wird die Internationalisierung allerdings unter regionalwirtschaftlichen Gesichtspunkten diskutiert, überwiegen die Befürchtungen gegenüber den Stimmen, die darin Entwicklungschancen für ländliche Gebiete erkennen. Meist wird erwartet, dass sich die wirt-

Einfluss eines steigenden Verdichtungsgrades auf die Beschäftigungsentwicklung. Dieses Ergebnis gilt auch in abgeschwächter Form für den Dienstleistungssektor.

schaftlichen Rahmenbedingungen für die Produktionseinheiten in ländlichen Regionen aufgrund ihrer Größe und aufgrund ihres abgelegenen Standortes durch die Globalisierung deutlich stärker als für die Betriebe in den Agglomerationen verschlechtern werden (vgl. *Klemmer* 1996, S. 454 f.; *Schön* 1997, S. 40).

Die These einer möglichen Verlagerung der Nachfrage weg von standardisierten Massenwaren hin zu in kleineren Stückzahlen gefertigten individuelleren Produkten erfährt in regionalökonomischen Studien kaum Beachtung und wird nur von wenigen explizit als Chance für die kleinbetrieblich strukturierten ländlichen Regionen gesehen (vgl. etwa *Derenbach R./Gatzweiler H.-P.* 1987, S. 369 ff.). Im Rahmen der „Mittelstandshypothese“ wurde diesem Faktor hingegen ein wesentlich größerer Stellenwert zur Erklärung größenspezifischer Unterschiede im Beschäftigungsverhalten beigemessen.

Ein möglicher Erklärungsgrund für die - vor allem in den 70er und 80er Jahren nicht erwartete - relativ positive Entwicklung ländlicher Regionen könnte darin bestehen, dass die Innovationsfähigkeit der Unternehmen in ländlichen Regionen unterschätzt wurde. Zu Beginn der 80er Jahre wurde meist davon ausgegangen, dass die strukturellen und sozialen Bedingungen für Innovationen in den ländlichen Räumen nicht gegeben seien“ (ASG 1980, S. 48). Dieser Aspekt wird im Folgenden aufgegriffen.

4.2.2.2 Räumliche Unterschiede bei Innovation und Adoption

4.2.2.3.1 Einleitende Bemerkungen

Als die wesentlichen Bestimmungsfaktoren für eine hohe regionale Innovationsfähigkeit wurden in den theoretischen Ausführungen ein breites Angebot an qualifizierten Arbeitskräften, ein hohes technologisches Wissen, ein breites Angebot an unternehmensnahen Dienstleistungsbetrieben und die Möglichkeit für Unternehmen, enge Kontakte zu Zulieferern, Forschungsstätten und öffentlichen Einrichtungen etc. aufzubauen, genannt. Vom theoretischen Standpunkt aus gesehen ist ein hohes quantitatives und qualitatives Niveau bei solchen Standortfaktoren eher in den Regionen mit einem hohen wirtschaftlichen Aktivitätsniveau als in nicht-zentralen ländlichen Regionen zu vermuten. In großräumiger Hinsicht zeigt sich unter diesen Voraussetzungen das Muster des hierarchischen Diffusionsverlaufes, d. h. die Kenntnisse über die Neuerungsleistungen dringen erst mit Verzögerung in die nicht-zentralen Regionen vor. Damit wird eine positive Korrelation zwischen der Siedlungsdichte und der Innovations- bzw. der Adoptionsleistung von Unternehmen hergestellt. Ländliche Gebiete eignen sich vor dem Hintergrund dieser Annahmen nur für weniger innovative Wirtschaftszweige und Betriebe zur Ansiedlung.

4.2.2.2.2 Methodische Probleme

Bevor die Ergebnisse regionaler Innovations- und Diffusionsstudien vorgestellt und diskutiert werden, ist zunächst daraufhin zuweisen, dass bei Untersuchungen zur regionalen Innovationstätigkeit grundsätzlich methodische Probleme auf drei Ebenen auftreten können, die die Aussagekraft und die Vergleichbarkeit von regionalen Innovationsanalysen beeinträchtigen. Dies sind erstens Identifikationsprobleme, die darin bestehen, den originären Raumeinfluss von anderen Bestimmungsfaktoren des Innovationspotentials wie die Unternehmensgröße, marktliches Umfeld oder der Branche zu trennen (vgl. *Pfirrmann* 1994, S. 203 f.). Zum Teil können regionale Innovationsdisparitäten festgestellt werden, die sich aber bei der Kontrolle nach der Branchenzugehörigkeit, der Unternehmensgröße und - damit zusammenhängend - der Phase des Produktlebenszyklus[50] auflösen. Die Gründe für eine räumlich unterschiedlich hohe Fähigkeit zur Innovation und Adoption liegen also nicht in regionalen Bedingungen, sondern z. B. in größenspezifischen Innovationsunterschieden.

Darüber hinaus entstehen zweitens Probleme dadurch, dass die Innovationsleistung eines Unternehmens in vielen Fällen empirisch schwer zu messen und der Innovationsbegriff recht komplex ist. Grundsätzlich können Innovationen auf unterschiedlichen betrieblichen Ebenen erfolgen. Je nachdem, welche Neuerungsleistung im Hinblick auf Produkte, Verfahrensweisen, Organisationsformen und Absatz- sowie Rohstofferschließung im Vordergrund des Untersuchungsinteresses stehen, fällt die Bewertung der Innovationsfähigkeit eines Unternehmens unter Umständen unterschiedlich aus (vgl. *Pfirrmann* 1994, S. 204). In Abhängigkeit von der gewählten Innovationsdefinition können somit Untersuchungen, die auf demselben Datenmaterial fußen, zu unterschiedlichen Ergebnissen führen. Problematisch erscheint auch der Weg zu sein, sich der Innovationsleistung eines Unternehmens nicht über Outputindikatoren (z. B. Patente), sondern über Inputindikatoren wie Beschäftigte in FuE zu nähern. Denn von einem hohen Forschungsinput kann nicht ohne weiteres auf eine hohe Forschungsleistung geschlossen werden. Hierin vermutet Pfirrmann (1994, S. 204) eine Erklärung für den Sachverhalt, dass räumliche Innovationsunterschiede bei Zugrundele-

---

50 So wird behauptet, dass vor allem in den frühen Phasen des Produktlebenszyklus kleinere Unternehmen und in den späteren größere Einheiten das Innovationstempo bestimmen würden (vgl. *Irsch* 1990, S. 60).

gung von Inputindikatoren tendenziell deutlicher zutage treten als bei Outputkennziffern (vgl. *Ewers* 1984, S. 104). Hierbei stellt sich auch das Problem, dass vor allem kleinere Unternehmen oft keine eigene Forschungsabteilung besitzen. Innovationen in Klein- und Mittelunternehmen würden vielfach durch Ingenieure erfolgen, die darüber hinaus noch andere Aufgaben zu erfüllen haben und deswegen organisatorisch nicht eindeutig als Forschungspersonal ausgewiesen wären. Aus diesem Grund bestehe die Tendenz, das Innovationspotential kleinerer Betriebsformen zu unterschätzen (vgl. *Gielow* 1987, S. 224).

Drittens handelt es sich bei vielen Innovationsstudien um Stichprobenanalysen, die bspw. nur die Unternehmen erfassen, die sich an staatlichen Förderprogrammen beteiligen. Die folgenden Studien können somit nicht als repräsentativ fürs gesamte Bundesgebiet angesehen werden.

Nachfolgend werden Ergebnisse von Studien vorgestellt, die - von der Betriebsgröße und der Branchenzugehörigkeit her - annähernd homogene Betriebe in verschieden verdichteten Raumtypen auf ihre Innovationsleistung untersucht und miteinander verglichen haben.

4.2.2.2.3 Räumliche Leistungsunterschiede „gleichartiger" Betriebe

Eine erste Untersuchung, die sich mit der räumlichen Differenzierung betrieblicher Innovationsprozesse auseinandersetzt, ist die von Ewers/Wettmann/ Kleine/Krist aus dem Jahre 1980. Auf Grundlage einer Branchenanalyse des Maschinenbaus und der Textilindustrie wurden die erteilten Patente und die Aufnahme technischer Neuerungen als Indikatoren des Innovationsoutputs auf die Anzahl der in der Region Beschäftigten und der ansässigen Betriebe bezogen. Als räumliches Raster verwendeten Ewers et al. die Gebietseinteilung der Gemeinschaftsaufgabe zur Verbesserung der regionalen Wirtschaftsstruktur (GRW). Die empirischen Untersuchungen ergaben, dass in den Nichtfördergebieten die erteilte Patentquote 1977 um das vierfache höher lag als in den Fördergebieten (vgl. *Ewers/Wettmann/Kleine/Krist* 1980, S. 9 f.). Um die Ursachen für diese Gegebenheit offen legen zu können, führten Ewers et al. eine Befragung von „Innovationsberatern" (dabei handelt es sich um Mitarbeiter von Unternehmensberatungen) durch. Diese Befragung ergab, dass regionale Innovationsdifferenzen nicht allein mit sektoralen oder betriebsgrößenspezifischen regionalen Besonderheiten erklärt werden können. Ebenfalls von hoher Bedeutung sind nach Ansicht der Befragten in diesem Zusammenhang die Güte der lokalen Standortbedingungen (d. h. Agglomerationsvorteile, qualifizierte Arbeitskräfte, informationsanbietende- und verbreitende Infrastruktur etc.). Insbesondere in einem Mangel an hoch qualifizierten Arbeitskräfte erkennen Ewers et al. einen wesentlichen Grund für die vermutete geringer Innovationsfähigkeit der Betriebe in den strukturschwachen Gebieten. Zudem seien die Betriebe dieser Gebiete weniger gut über technische Neuerungen informiert. Darüber hinaus sei die Innovationsbereitschaft in den Fördergebieten nicht sonderlich ausgeprägt. Dies zeige sich daran, dass die Bereitschaft vieler Betriebe in diesen Räumen in hoch qualifiziertes Humankapital zu investieren, nicht besonders hoch sei (vgl. *Ewers/Wettmann/Kleine/Krist* 1980, S. 11).

Pfirrmann (1991) untersuchte ebenfalls die räumlich unterschiedliche Verteilung (beantragter und erteilter) Patente kleiner und mittlerer Unternehmen, die in den Jahren 1978 bis 1984 am Programm „Zuschüsse zu den Aufwendungen für Forschungs- und Entwicklungspersonal für kleine und mittlere Unternehmen" teilgenommen haben. Als räumliche Analyseeinheit legt er die siedlungsstrukturellen Regionstypen der BfLR zugrunde. Die Untersuchungen Pfirrmanns bestätigen die Ergebnisse Ewers et al. für die Jahre 1978 bis 1980. Die räumliche Verteilung der Patentintensität entsprach der Raumhierarchie. Anders gestaltet sich die Situation allerdings für die Jahre 1981 bis 1984. In diesem Zeitraum waren es die ländlichen Regionen, die im Vergleich zu den Regionen mit Verdichtungsansätzen und den Verdichtungsgebieten die höchste Patenquote besaßen (bei den angemeldeten Patente, bei den erteilten wiesen die Regionen mit Verdichtungsansätzen den höchsten Wert aller Raumeinheiten auf).

Auch im Hinblick auf die Frage nach der Entwicklung neuer Produkte und Verfahrensweisen entsprechen die Unterschiede zwischen den siedlungsstrukturellen Regionstypen nicht immer den theoretischen Erwartungen. Vor allem Verfahrensinnovationen wurden von mehr Betrieben in Regionen mit Verdichtungsansätzen und ländlichen Räumen durchgeführt als von Unternehmen in den Zentralregionen (vgl. Tabelle 13). Wird das Innovationspotential von Unternehmen dagegen mit Hilfe des Inputs an forschungsrelevanten Ressourcen gemessen, zeigt sich in der Analyse von Pfirrmann ein deutliches Stadt-Land-Gefälle (vgl. *Pfirrmann* 1994, S. 209). Von den betrachteten kleinen und mittleren Unternehmen weisen diejenigen in den verdichteten Regionen einen höheren Besatz an FuE-Personal auf und tätigen mehr Ausgaben für Forschung und Entwicklung.

Tabelle 13: Innovationsindikatoren[1] nach siedlungsstrukturellen Regionstypen (Angaben in %)

	1978-80			1981-1984		
	Hoch-verdichtete Regionen	Regionen mit Ver-dichtungs-ansätzen	Ländliche Regionen	Hoch-verdichtete Regionen	Regionen mit Ver-dichtungs-ansätzen	Ländliche Regionen
1. Patente (angemeldet)	39,9	41,6	37,4	19,7	19,7	20,4
2. Patente (erteilt)	28,7	30,0	25,2	9,8	11,2	11,1
3. neues Produkt in den letzten 5 Jahren (Unterneh-mensneuheit)	94,0	93,3	90,8	81,5	74,9	81,3
4. neues Produkt in den letzten 5 Jahren (Markt-neuheit)	64,2	65,9	57,7	55,7	49,4	51,4
5. neues Verfah-ren (ein bzw. mehrmals)	69,8	75,0	73,5	61,1	59,0	63,2

Quelle: nach Pfirrmann 1991, S. 145.

[1]Häufigkeit der Indikatoren (1) bis (5) in Relation zu der Gesamtzahl der Betriebe in den Regionstypen.

Neben Unterschieden im Innovationsverhalten von innovierenden Betrieben in siedlungsstrukturell unterschiedlichen Regionen untersuchte Pfirrmann deren Bedeutung für die Regionalwirtschaften in Relation zu den nicht innovierenden Betriebseinheiten. Hierbei stellte er einerseits die Anzahl der innovierenden Betriebe der Gesamtzahl der Betriebe in den Regionstypen einander gegenüber (Innovationsdichte). Andererseits verglich er die Anzahl der in innovierenden Betrieben beschäftigten Arbeitskräfte mit der regionsspezifischen Gesamtheit der Beschäftigten im Produzierenden Gewerbe (FuE-Beschäftigtendichte). Das Ergebnis im Hinblick auf regionale Divergenzen in der Innovationstätigkeit fällt bei beiden Indikatoren unterschiedlich aus (vgl. Tabelle 14). Der Anteil von innovierenden kleinen und mittleren Betrieben an der Gesamtzahl der Betriebe ist in den Verdichtungsregionen höher als in den anderen Regionen. Den geringsten Wert bei diesem Indikator weisen die ländlichen Regionen auf. Ein anderes Bild ergibt sich, wenn die Bedeutung innovierender Betriebe an dem industriellen Potential einer Region mit Hilfe der Anzahl der Beschäftigten gemessen wird. In diesem Fall wird der Eindruck vermittelt, dass in den ländlichen Regionen verhältnismäßig intensiver FuE betrieben wird als in den Agglomerationsräumen.

Tabelle 14: Innovationsdichte[1] und FuE-Beschäftigtendichte[2] 1981-1984 nach siedlungsstrukturellen Regionstypen

	REGIONSTYP		
	Große Verdichtungs-gebiete	Regionen mit Verdichtungs-ansätzen	Ländliche Regionen
Innovationsdichte in %	34, 0	27, 8	23, 2
FuE-Beschäftigten-dichte in %	10, 0	12, 7	11, 7

Quelle: nach Pfirrmann 1994, S. 206.

[1]Anteil der innovierenden Betriebe an der Gesamtzahl der Betriebe in den Regionstypen;
[2]Anteil der in innovierenden Betrieben beschäftigten Arbeitskräfte an der Gesamtheit der Beschäftigten im Produzierenden Gewerbe in den Regionstypen.

Das räumliche Verteilungsmuster innovierender Betriebe folgt beim Indikator Innovationsdichte summa summarum der Siedlungsstruktur, allerdings verbirgt diese Durchschnittsbetrachtung eine erkennbare Heterogenität auf der Ebene der einzelnen Regionstypen. Zu diesem Ergebnis gelangt Meyer-Krahmer (1986, S. 92 ff.), der auf derselben Datengrundlage wie Pfirrmann den Anteil der innovierenden Betriebe an allen Betrieben nach Branchen gegliedert in den Raumordnungsregionen Westdeutschlands untersuchte.

Am Beispiel des Investitionsgütergewerbes wird deutlich, dass innovative und weniger innovative Unternehmen in allen Regionstypen vorhanden sind (vgl. Karte 6). Eine Konzentration der höchsten Innovationsdichte allein auf die Verdichtungsgebiete ist nicht erkennbar. Bemerkenswert in diesen Zusammenhang ist die Tatsache, dass in ländlichen Regionen im Alpenvorland, im Osten

Karte 6: Innovationstätigkeit in den Regionen Westdeutschlands 1984

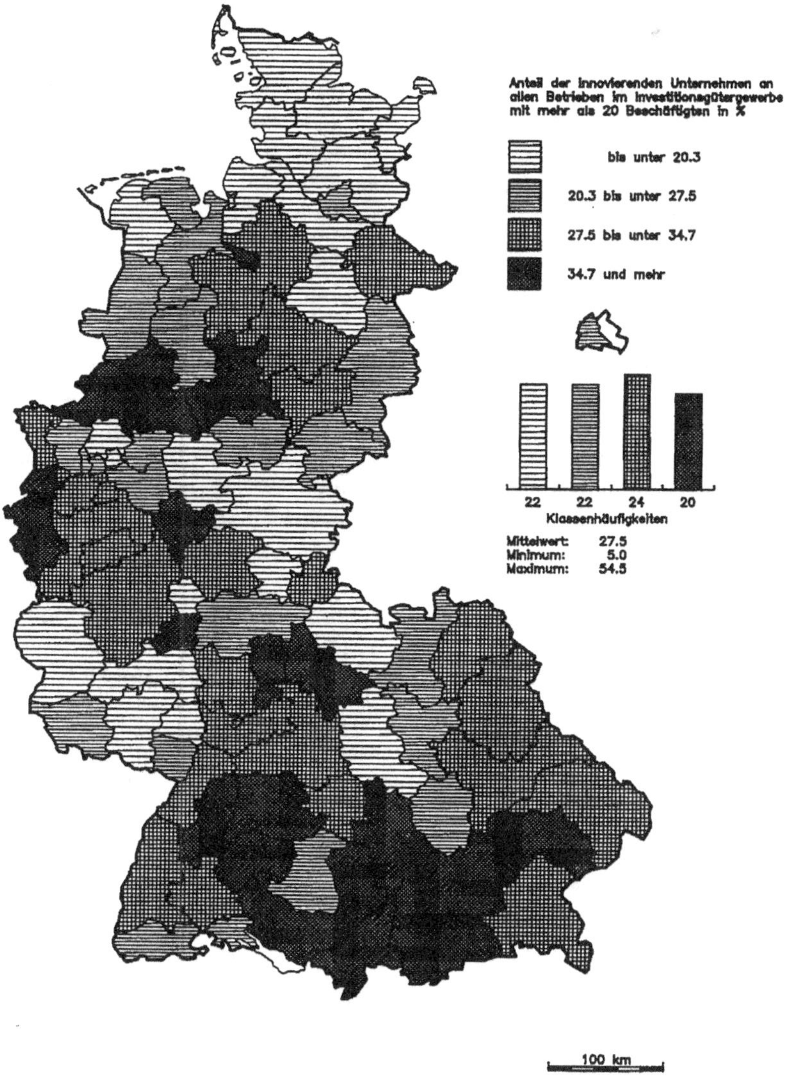

Quelle: Meyer-Krahmer 1986, S. 96

Bayerns und im Norden, die zu den strukturschwachen ländlichen Räumen zählen, die Innovationsdichte annähernd so hoch wie in den Agglomerationen ist. Dieses Ergebnis wird in einer neueren Untersuchung von Beise/Gehrke/Legler (1999, S. 37 ff.) bestätigt. Danach ist innerhalb des ländlichen Raumes die FuE-Intensität 1995 (gemessen als Anteil des reinen FuE-Personals an der Gesamtbeschäftigung im Verarbeitenden Gewerbe) im Voralpenraum besonders hoch. Für den übrigen ländlichen Raum werden bei diesem Inputindikator - wie schon in der Untersuchung von Pfirrmann - im Unterschied zum Voralpenraum und den höher verdichteten Regionen niedrigere Werte ausgewiesen; er erreicht aber schon die Werte der altindustrialisierten Montanregionen.

Neben der Ausweisung der Innovationsdichte bildet Meyer-Krahmer, ähnlich wie Pfirrmann, Input- und Outputindikatoren. Hier gelangt er zu dem Schluss, das regionale Innovationsgefälle sei zwar erkennbar, „aber nicht besonders stark ausgeprägt“ (*Meyer-Krahmer* 1986, S. 99). In einer ähnlichen Weise äußern sich Irsch/Müller-Kästner (1986, S. 79 ff.). Im Mittelpunkt ihrer Studie steht die Analyse von regionalen Unterschieden in der Leistungsfähigkeit von kleinen und mittleren Unternehmen. Die empirische Grundlage für ihre Untersuchung bilden die bei der Kreditanstalt für Wiederaufbau (KfW) eingereichten Daten von Unternehmen, die diese zur Bearbeitung von Kreditanträgen der KfW zur Verfügung stellen mussten. Irsch/Müller-Kästner messen die Leistungsfähigkeit von Unternehmen anhand deren Gesamtkapitalrendite (vgl. *Irsch/Müller-Kästner* 1986, S. 84). Diese setzt sich aus dem Umsatz abzüglich Abschreibungen, Vorleistungen und Personalkosten bezogen auf die Bilanzsumme zusammen. Bereinigt um Unternehmensgrößen- und Brancheneffekte kommen Irsch/Müller-Kästner zu dem Ergebnis, dass regionale Unterschiede in der Leistungsfähigkeit und Rentabilität von Unternehmen wesentlich stärker auf Branchen- und Größeneffekte als auf den spezifischen Regionstyp zurückgeführt werden können (vgl. *Irsch/Müller-Kästner* 1986, S. 84 ff.).

Irsch relativiert diese Aussage 1990 in einer Untersuchung in Bezug auf regionale Unterschiede im Innovationsverhalten von Unternehmen. Diese Untersuchung fußt auf derselben Datengrundlage der KfW wie die aus dem Jahre 1986. Er analysiert das Innovationsverhalten von 38 000 kleinen und mittleren Unternehmen bis zu 500 Beschäftigten in den Jahren 1982 bis 1986. In Bezug auf einen möglichen Regionaleffekt auf die Innovationsfähigkeit von Unternehmen, der von Größen- und Brancheneinflüssen bereinigt ist, kommt er zu dem Ergebnis, dass „sowohl die kleinen als auch die größeren Unternehmen in den Agglomerationen (...) innovativer als die entsprechenden Unternehmen in den ländlich-peripheren Gebieten“ sind (*Irsch* 1990, S. 64). Er räumt jedoch ein, dass vom vorhandenen Datenmaterial nur bedingt Rückschlüssen auf Neuerungsleistungen von Unternehmen möglich sind (vgl. *Irsch* 1990, S. 60). Die verwendete Datenbasis weist deshalb Schwächen auf, weil die Unternehmen lediglich angeben, ob sie mit ihrer Investition eine Produkt- oder Verfahrensneuerung erreichen. Es kann sich - gesamtwirtschaftlich betrachtet - dabei auch um eine Imitation handeln. Problematisch ist ebenfalls, dass - weil die Unternehmen die Innovation im Hinblick auf Einsatzgebiet, Forschungsaufwand etc. nicht näher spezifizieren - über die Güte der Neuerungsleistung kein Urteil abgegeben werden kann.

Die Analyse regionaler Innovationsstudien ergibt zusammenfassend kein klares Bild. Es lassen sich sowohl Beispiele für regionale betriebliche Disparitäten in der Innovationsfähigkeit und in der Verbreitung innovierender Unternehmen als auch gegenteilige Befunde anführen. Wird statt der Innovations- die Adoptionsfähigkeit von Betrieben ins Blickfeld der Analyse gerückt, entsteht ein ähnlicher Eindruck. In der oben bereits angeführten Studie von Ewers/Wettmann/Kleine/Krist aus dem Jahr 1980 wurde die räumliche Diffusion neuer Technologien in der Textilbranche untersucht. Die Autoren kommen dabei zu dem Ergebnis, dass Unternehmen in den nicht geförderten Regionen Neuerungen schneller und intensiver nutzen als die Unternehmen in den strukturschwächeren Räumen. Studien jüngeren Datums relativieren aber den dadurch entstandenen Eindruck eines stringenten Stadt-Land-Gefälles in der Adoptionsfähigkeit. In einer Untersuchung von Ewers/Fritsch (1989) über die Aufnahme neuartiger Techniken zur Maschinensteuerung (CAD, CNC) sowie EDV und Telekommunikationstechniken kommen diese zum Ergebnis, dass die Betriebe in den peripheren Regionen eine ähnlich hohe (zum Teil sogar höhere) Adoptionsfähigkeit wie die Unternehmen der Zentralregionen und der Regionen mit Verdichtungsansätzen besitzen. Als empirische Datengrundlage fungiert eine postalische Befragung von Industriebetrieben im Jahre 1986. Wie aus der nachfolgenden Tabelle hervorgeht, ist allenfalls im Bereich der 1986 neuen Telekommunikationstechniken eine verspätete Aufnahme von neuen Technologien von Unternehmen in nichtzentralen Regionen zu erkennen. Im Hinblick auf den Einsatz von EDV im Büro- und Fertigungsbereich trifft diese Feststellung keineswegs zu. Ein dem hierarchischen Diffusionsverlauf entsprechendes Adoptionsmuster ist in der Summe aus diesem Befund nicht zu ersehen. Ewers/Fritsch folgern daraus, dass der Unternehmensstandort auf die Fähigkeit zur Adoption keinen bzw. nur einen geringen Einfluss ausübt (vgl. *Ewers/Fritsch* 1989, S. 107 ff.).

Tabelle 15: Adoptionsraten für EDV und Telekommunikationstechniken in den Raumordnungsregionen Westdeutschlands 1986 in %

	REGIONSTYP		
	Große Verdichtungs-räume	Regionen mit Verdichtungsan-sätzen	Ländliche Gebiete
EDV insgesamt	78,6	80,2	80,0
- im Bürobereich	74,2	76,2	76,5
- in der Maschinensteuerung	26,3	28,1	26,3
- in der Fertigungssteuerung	21,4	23,0	21,6
- in der Konstruktion	11,8	9,9	8,8
NTK insgesamt	35,7	32,6	29,6
- Telefax	23,3	20,7	15,8
- Teletex	20,4	21,0	18,6
- Datex	7,2	5,9	5,7
- Btx	7,6	7,3	6,0

Quelle: nach Ewers/Fritsch 1989, S. 93

Wird gemäß der These des hierarchischen Diffusionsverlaufes unterstellt, dass sich das Wissen um neue Technologien erst mit zeitlicher Verzögerung ins Hinterland ausbreitet, müsste dies auch Folgen auf die Gründungsraten im Hochtechnologiebereich haben. Eine Untersuchung in dieser Richtung führte Harhoff (1995, S. 83 ff.) durch. Ziel seiner Untersuchung war es, den Zusammenhang zwischen den in Agglomerationen entstehenden und auf diese - nach der These des hierarchischen Diffusionsverlaufes - zunächst begrenzten Wissensexternalitäten und der wirtschaftlichen Entwicklung - gemessen an den Unternehmensgründungen im Technologiesegment (Bereiche des Maschinenbaus und der Elektrotechnik) - nachzuweisen. Die empirischen Ergebnisse bestätigen jedoch die theoretischen Erwartungen nicht. Trotz einer besseren Ausstattung der Verdichtungsräume mit innovationsrelevanten Faktoren (z. B. Humankapital und Forschungseinrichtungen) liegen die Gründungsraten in den ländlichen Regionen (auch in technisch sehr anspruchsvollen Produktsparten) höher als in den Kerngebieten (vgl. *Harhoff* 1995, S. 105).

4.2.2.2.4 Schlussfolgerungen: Kein klares Bild im Hinblick auf ein siedlungsstrukturelles Innovations- und Adoptionsgefälle

Unter dem Eindruck dieser Ergebnisse ist abschließend zu sagen, dass in der regionalwissenschaftlichen Literatur die Frage, ob die Innovationsdichte sowie das Innovationspotential und die Innovationsleistung von Unternehmen vom Verdichtungsgrad abhängig ist, nicht einheitlich beurteilt wird. Unterschiedliche Einschätzungen hierzu dürften nicht zuletzt durch Differenzen in der zugrunde liegenden empirischen Basis und der Verwendung verschiedenartiger Erhebungsmethoden begründet sein. Beispielsweise sind regionale Disparitäten in der Innovationsfähigkeit dann vor allen Dingen ausgeprägt, wenn Indikatoren verwendet werden, die auf der betrieblichen Inputseite ansetzen (wie z. B. der Einsatz an FuE-Personal). Dagegen fallen die räumlichen Unterschiede bei der Zugrundelegung von Innovationsoutputindikatoren wie der Patentquote deutlich geringer aus. Trotz dieser methodischen Vorbehalte ist festzuhalten, dass keineswegs in jedem Fall ein stringentes Zentrum-Peripherie-Muster in der Innovationsfähigkeit vorliegt und auch in ländlich-peripheren Regionen durchaus ein Innovationspotential vorhanden ist. Gleiches ist für die Adoptionsfähigkeit der Betriebseinheiten in ländlichen Regionen zu sagen. Festzuhalten bleibt ferner, dass räumliche Innovations- und Adoptionsdisparitäten eher durch Strukturfaktoren wie die Betriebsgröße oder die Branchenstruktur als durch regionale Standortbedingungen erklärt werden können.

Die Wirtschaftsstruktur in ländlichen Räumen wurde bisher im Hinblick auf die Bedeutung der Sektoren, die Größe der Betriebseinheiten und die unternehmerische Innovations- und Adoptionsfähigkeit untersucht. Im Folgenden wird auf die Frage, durch welche Betriebsformen die Industrialisierung der ländlichen Räume in der Vergangenheit vorangetrieben wurde, näher eingegangen.

4.2.2.3 Hoher Anteil von Zweigbetrieben in ländlichen Räumen

4.2.2.3.1 Vorbemerkungen

Folgt man den Aussagen v. Böventers im dritten Kapitel, bevorzugen Industrieunternehmen im Laufe der wirtschaftlichen Entwicklung mit Zunahme der negativen Begleiterscheinungen starker Siedlungsverdichtungen Standorte in bisher wenig industrialisierten Gebieten. Diesen Wanderungen industrieller Unternehmen wird eine hohe Bedeutung zur industriellen Entwicklung dünn besiedelter Regionen beigemessen (vgl. *v. Böventer* 1979, S. 126 f.). Grundsätzlich sind drei Varianten denkbar, wie der interregionale Ausgleich innerhalb des Produzierenden Gewerbes zustande kommen könnte. Erstens kann es sich um die Gründung eines neuen Unternehmens handeln. Der Unternehmensgründer, der sich noch nicht auf einen Standort festgelegt hat und auch nicht durch persönliche Beziehungen wie Familie etc. auf einen bestimmten Standort fixiert ist, wählt wegen der genannten Vorteile einen Standort im peripheren Raum. Allerdings dürfte das vertraute soziale Umfeld - wie empirische Studien zeigen (vgl. *Brüderl/Preisendörfer* 1996, *Schmude* 1994) - bei der Standortwahl neugegründeter Unternehmen ein entscheidender Faktor sein. In der Untersuchung von Schmude (1994, S. 77 ff.) zieht nur eine Minderheit der Gründer überhaupt alternative Standorte in ihre Erwägungen mit ein. Der Großteil (70 %) wählt einen Standort in unmittelbarer Nähe des Wohnortes. Der Hang der Gründer, in der vertrauten Umgebung anzusiedeln, könnte in deren mangelnder Problemlösungskapazität begründet sein. Die Errichtung eines Betriebes erfordert die Beachtung zahlreicher betriebsinterner Faktoren im Beschaffungs-, Produktions- und Absatzbereich. Deshalb unterbleibt oft eine sorgfältige Überprüfung verschiedener Standorte.[51] Aus diesen Gründen dürfte es unwahrscheinlich sein, dass der interregionale Ausgleich über Unternehmensgründungen, bei denen der Gründer seinen Betrieb in großer räumlicher Entfernung zum (bisherigen) Wohnort ansiedelt, verwirklicht wird.

Zweitens ist es vorstellbar, dass ein Unternehmen seine gesamte Produktion an einem Standort einstellt und eine Verlagerung aller Geschäftsfelder an einen neuen Standort vornimmt. Jedoch weisen empirische Studien darauf hin, dass vollständige Unternehmensverlagerungen - aufgrund versunkener Kosten am ursprünglichen Unternehmensstandort wie Bauten, Grundstücke etc. - eher die Ausnahme als die Regel darstellen (vgl. *Bade* 1980, S. 92 ff.).

Als dritte Variante der Mobilität von Industrieunternehmen kommt die Gründung von Zweigbetrieben in Betracht. Als Zweigbetriebe werden alle Produkti-

---

[51] Vgl. hierzu auch Bade (1981, S. 341 ff.).

onsstätten eines Mehr-Betriebs-Unternehmens verstanden, die neben dem Stammbetrieb existieren (vgl. *Schackmann-Fallis* 1985, S. 27). Sie zeichnen sich im Allgemeinen dadurch aus, dass im Unterschied zu einem vollstufigen Unternehmen, das alle betrieblichen Abläufe unter einem Dach vereint, nur bestimmte betriebliche Funktionen erfüllt werden. Oft sind dies reine Fertigungsaktivitäten. Eine Stückkostensenkung kann bei Mehrbetrieblichkeit dadurch erreicht werden, dass die Herstellung eines Gutes nicht auf eine Produktionsstätte konzentriert, sondern auf verschiedene Betriebe räumlich verteilt wird, die an ihrem Standort die jeweils für sie günstigsten Produktionsbedingungen vorfinden. Konkret bedeutet dies, dass die Produktionen - sofern vornehmlich einfache Tätigkeiten gefordert sind - in erster Linie in den Gebieten durchgeführt werden, die über ein großes Reservoir an billigen Arbeitskräften und Flächen für den Bau der Betriebsgebäude verfügen (vgl. *Schackmann-Fallis* 1985, S. 101 ff.). Weitere Vorteile der Gründung von Zweigniederlassungen werden darin gesehen, dass Unternehmen eine flexible Reaktion auf Änderungen der Nachfrage ermöglicht wird und diese Anpassungsfähigkeit mit - in Relation zur Verlagerung des Stammbetriebes - vergleichsweise geringem Mitteleinsatz und Risiko erreicht werden kann. So können Unternehmen durch die Gründung von Zweigwerken (oder auch durch die Übernahme bestehender fremder Anlagen) ihre Produktionskapazitäten relativ rasch erweitern und damit Nachfragesteigerungen befriedigen (vgl. *Schliebe/Hillesheim* 1980, S. 613). Auch sei es möglich, Zweigbetriebe in Zeiten zurückgehender Absatzzahlen verhältnismäßig kostengünstig zu schließen, da die getätigten Investitionskosten - etwa für eine Fertigungshalle - oft auf einem relativ geringen Niveau lägen und deswegen der Verlust des am Ort gebundenen Kapitals zu verschmerzen sei.

4.2.2.3.2 Darstellung empirischer Befunde

Empirische Erhebungen für die Bundesrepublik verdeutlichen die hohe Bedeutung der Zuwanderung von Zweigbetrieben für die industrielle Entwicklung dünn besiedelter Regionen vor allem in den 60er und 70er Jahren. Seit dem Ende der 70er Jahre ist allgemein ein deutlicher Rückgang des industriellen Ansiedlungsvolumens festzustellen (vgl. *Ewringmann* et al. 1986, S. 669 ff.). Die hohe Relevanz von Zweigbetriebsgründungen für die wirtschaftliche Entwicklung dünn besiedelter Regionen beschränkt sich also im Wesentlichen auf den Zeitraum bis 1980, zumal zu erwarten steht, dass um die geringere Anzahl von wanderungswilligen Unternehmen in den 80er und 90er Jahren eine größere Zahl von Standorten im Ausland konkurrieren, deren Lohnkostenniveau deutlich unter dem der bundesdeutschen ländlichen Räume liegt (vgl. *Klemmer* 1996, S. 457).

In der Zeit von 1970 bis 1979 waren dagegen die ländlichen Räume in der Bundesrepublik das bevorzugte Wanderungsziel von Zweigbetrieben, die teilweise über 50 % des gesamten Ansiedlungsvolumens neuer Industriebetriebe in diesen Räumen ausmachten (vgl. *Schliebe/Hillesheim* 1980, S. 620 oder *Bade* 1981, S. 342).[52] Das Ansiedlungsvolumen ist hier im weitesten Sinne definiert. Es setzt sich - neben den Zweigbetrieben - aus den Summen der neuerrichteten Stammbetriebe und den Verlagerungen von Industriebetrieben zusammen. Damit werden auch Neugründungen von vollstufigen Industriebetrieben zum Ansiedlungsvolumen gezählt. Diese weit gefasste Abgrenzung des Ansiedlungspotentials verdeutlicht den hohen Stellenwert, den die Zweigbetriebe für die industrielle Entwicklung des flachen Landes besaßen. Damit soll aber nicht zum Ausdruck gebracht werden, dass sich die Gründung von Zweigbetrieben vorrangig auf die ländlichen Räume konzentrierte. Vielmehr wurden in allen Raumtypen Zweigwerke gegründet, in ländlichen Räumen besitzen diese jedoch - aufgrund einer unterdurchschnittlichen Industriedichte - ein relativ höheres Gewicht als in den Verdichtungsgebieten oder den Regionen mit Verdichtungsansätzen (vgl. *Bade* 1983, S. 315). In den dünn besiedelten ländlichen Regionen ist dementsprechend der Anteil neuerrichteter Arbeitsplätze (die ja in diesem Raumtyp vornehmlich durch zugewanderte Zweigbetriebe entstanden sind) an allen industriellen Arbeitsplätzen im Vergleich zu anderen Raumtypen sehr hoch. Während in den großen Verdichtungsräumen nur 2% aller Arbeitsplätze durch Neuerrichtung oder Verlagerung von Stamm- und Zweigbetrieben entstanden sind, beträgt dieser Wert in den dünn besiedelten Regionen des ländlichen Raumes annähernd 10% (vgl. *Schliebe/Hillesheim* 1980, S. 618 ff.). Dass diese Sachverhalte auch in der Zeit vor 1970 Gültigkeit besaßen, verdeutlicht eine Untersuchung von Bade (1980, S. 96). Er betont, dass zwischen 1964 und 1971 die Wahrscheinlichkeit mit zunehmender Entfernung vom Kerngebiete einer Zweigbetriebsgründung steigt, hingegen einer Verlagerung eines Stammbetriebes sinkt. Des Weiteren gründeten überdurchschnittlich viele Unternehmen in Branchen mit gesamtwirtschaftlich ungünstigen Wachstumsaussichten, wie z. B. Leder oder Bekleidung, Zweigniederlassungen im ländlichen Raum.

Wird nach den Gründen für die Ansiedlung von Zweigbetrieben in ländlichen Gebieten gefragt, offenbaren empirische Untersuchungen ein ganzes Bündel von Einflussfaktoren (vgl. *Fürst* 1973, S. 189 ff.; *Schliebe/Hillesheim* 1980, S. 615). Genannt werden hierbei Faktoren wie das Angebot an Arbeitskräften, die Verfügbarkeit von Flächen und Gebäuden, das Lohnkostenniveau, gute Verkehrsan-

52 Unter Industriebetrieben werden in diesem Zusammenhang Unternehmen des Produzierenden Gewerbes mit mehr als 20 Beschäftigten verstanden. Dazu zählen auch Unternehmen des Produzierenden Handwerks (vgl. *Schliebe/Hillesheim* 1979, S. 625).

bindung zu Absatz- und Beschaffungsmärkten, günstige Rohstoffgewinnung und regionalpolitische Förderungsmöglichkeiten. Im Hinblick auf die Frage nach der Wichtigkeit einzelner Faktoren werden vor allen Dingen der hohe Stellenwert des Arbeitskräfteangebotes und die Verfügbarkeit von Flächen und Gebäuden betont (vgl. *Bade* 1981, S. 96). Einer Studie von Schliebe/Hillesheim (1980, S. 615) zur Folge, die das Ansiedlungsverhalten von neuerrichteten und verlagerten Industriebetriebe zwischen 1970 und 1979 untersuchten, besitzen beide Faktoren - im Unterschied zu den Standortfaktoren günstige Absatz- und Transportsituation, günstige Rohstoffgewinnung und der Möglichkeit einer öffentlichen Förderung des Investitionsvorhabens - einen überragenden Stellenwert.

Zurückgeführt wird die Rangfolge der Standortfaktoren von Schliebe/ Hillesheim auf die wirtschaftliche Situation in den Verdichtungsgebieten. Sowohl bei den Arbeitskräften als auch bei der Flächenverfügbarkeit herrschten in den 50er und 60er Jahren in den Agglomerationen Engpässe. Dies bedeutet, dass mit Verlagerungen in ländliche Regionen nur dann gerechnet werden konnte, wenn kostentreibende Engpässe bei den Produktionsfaktoren in den Ballungsräumen auftraten. Die Richtigkeit dieser Einschätzung zeigt sich an der Gewichtung der einzelnen Standortfaktoren untereinander. Nahm zu Beginn der 70er Jahre noch die Arbeitskräfteverfügbarkeit in den nicht-zentralen Räumen die wichtigste Position in der Rangliste der Wanderungsfaktoren ein, ging die Bedeutung dieses Faktors mit der in allen Teilräumen steigenden Arbeitslosigkeit zurück (vgl. *Schliebe/Hillesheim* 1980, S. 611 f.). Die Folge hiervon war zum einen eine generelle Abnahme der Wanderungen und Gründungen von Zweigbetrieben in der zweiten Hälfte der 70er Jahre. Der Anteil der Zweigbetriebe am gesamten Ansiedlungsvolumen betrug von 1970 bis 1974 41 %, in den Jahren bis 1980 sank dieser Anteil auf 33 %. Zum anderen kann ein Bedeutungswandel der die Niederlassung von Zweigbetrieben auslösenden Faktoren beobachtet werden. Statt der Beschäftigungssituation rücken im zweiten Teil der 70er Jahre zunehmend Gesichtspunkte der Flächenverfügbarkeit und des Bodenpreisniveaus in den Vordergrund der Ansiedlungsentscheidung (vgl. *Schliebe/ Hillesheim* 1980, S. 615).

4.2.2.3.3 Problematik der externen Abhängigkeit

Der Umstand, dass innerhalb eines Unternehmensverbundes betriebliche Funktionen auf unterschiedliche Betriebe verteilt werden und daraus Abhängigkeiten zwischen Tochter- und Stammbetrieb erwachsen, wird im regionalwissenschaftlichen Schrifttum häufig auf die räumliche Ebene übertragen und wurde besonders in den 70er und Anfang der 80er Jahre unter dem Stichwort „externe

Abhängigkeit“ kontrovers diskutiert (vgl. dazu ausführlich *Schackmann-Fallis* 1985). Der Begriff „externe Abhängigkeit“ umschreibt im regionalwissenschaftlichen Sinne den Sachverhalt, dass die Mutterunternehmen der Zweigbetriebe nicht in derselben, sondern in einer anderen Regionen ihren Sitz haben. Im Hinblick auf die Situation in ländlichen Räumen wird dabei oft angenommen, dass die Unternehmenszentralen der ländlichen Zweigbetriebe in erster Linie in den großen Verdichtungsgebieten ansässig sind. Die Verflechtungen zwischen Tochter- und Mutterunternehmen werden unter diesem Gesichtspunkt nicht nur als Ausdruck einer interorganisatorischen Arbeitsteilung, sondern auch einer räumlichen funktionalen Arbeitsteilung verstanden (vgl. *Bade* 1986; *Müller* 1984, S. 119). Obwohl durch Zweigbetriebsgründungen eine quantitative Zunahme der Arbeitsplätze in dünn besiedelten Regionen eintritt, wird die Zuwanderung solcher Betriebsformen in nicht-zentrale Regionen bisweilen skeptisch beurteilt. Deren Beitrag zur Regionalentwicklung sei nämlich im Unterschied zu selbständigen vollstufigen Unternehmen aus folgenden Gründen als gering einzustufen (vgl. *Schackmann-Fallis* 1985, S. 2).

Zunächst wird von Zweigbetrieben eine vergleichsweise geringe Bestandsdauer erwartet (vgl. *Gerlach/Liepmann* 1972, S. 507 ff.). Weiter oben wurde bereits angedeutet, dass für Unternehmen die Gründung von Zweigbetrieben unter anderem deswegen von Vorteil ist, weil dadurch eine flexiblere Reaktion auf Nachfrageschwankungen ermöglicht wird. Für die Ansiedlungsregion stellt sich unter diesem Gesichtspunkt die Beurteilung einer Betriebsansiedlung jedoch zwiespältig dar, weil bei sinkender Nachfrage eine Schließung des Zweigbetriebes befürchtet werden muss. In zahlreichen regionalwissenschaftlichen Studien wird aus diesem Sachverhalt der Schluss gezogen, dass Regionen, die einen überdurchschnittlichen Anteil an zugewanderten Zweigwerken besitzen, besonders konjunkturreagibel seien (vgl. zur Klassifizierung solcher Studien *Schackmann-Fallis* 1985, S. 59).

Als wenig vorteilhaft für die Ansiedlungsregion werden zudem die vermuteten überwiegend geringen Qualifikationsanforderungen der Zweigwerke an die regionalen Arbeitskräfte angesehen. Hochwertige unternehmensinterne Dienstleistungs- und Verwaltungsbereiche (so genannte Headquarter-Funktionen) wie Unternehmensführung, Marketing und Forschung und Entwicklung werden in der Regel nicht im Zweig-, sondern im Stammbetrieb vermutet. Das Überwiegen einfacher Produktionstätigkeiten im Zweigbetrieb hätte erstens zur Folge, dass die Höhe der Löhne und Gehälter in Zweigbetrieben im Unterschied zu einem vollstufigen Unternehmen geringer sei. Aus diesem Umstand ist jedoch nicht zwangsläufig zu folgern, dass Zweigbetriebe im regionalen Kontext unterdurchschnittlich geringe Löhne bezahlen. Schackmann-Fallis (1985, S. 274 f.; vgl.

auch Bade 1983) hat in einer empirischen Untersuchung zugewanderter Industriebetriebe in der Region Trier nachgewiesen, dass die von Zweigbetrieben bezahlten Löhne und Gehälter auf dem Niveau der Einkommen in selbständigen Unternehmen der Region liegen. Die These einer unterdurchschnittlichen Entlohnung in Zweigbetrieben lässt sich vor diesem Hintergrund nur in großräumiger Perspektive aufrechterhalten: Innerhalb eines Mehrbetriebsunternehmens sind die Löhne und Gehälter in den Zweigbetrieben in den peripheren Gebieten im Unterschied zu den übrigen Betriebsformen im Unternehmensverbund am geringsten.

Zweitens wird der durchschnittlich geringe Ausbildungsstand der Beschäftigten im Hinblick auf die zukünftige Entwicklungsfähigkeit des ländlichen Raumes - unterstellt man einen globalen Trend zur Zunahme humankapitalintensiver Produkte - als Nachteil gesehen (vgl. *Bade* 1984, S. 96 f). Die Annahme, dass im Zuge des technologischen Strukturwandels von einem Zurückfallen der ländlichen Räume hinter die allgemeine Wirtschaftsentwicklung auszugehen sei, ist - wie die zum Teil negative Beurteilung der Zukunftsaussichten dieser Raumkategorie in Kapitel 2 verdeutlicht - in regionalwissenschaftlichen Studien verbreitet. Zu dieser Einschätzung trägt zweifelsohne die relativ hohe Bedeutung von abhängigen Zweigbetrieben für die Wirtschaftsentwicklung ländlicher Räume bei. Wird unterstellt, dass Zweigwerke nicht zu den technologieintensiven Branchen zählen und nur wenige hoch qualifizierte Arbeitskräfte beschäftigen, ist nicht zu erwarten, dass dieser Betriebstyp wesentliche Impulse zur technischen Weiterentwicklung ländlicher Regionen geben kann (vgl. *Schackmann-Fallis* 1985, S. 160 f.).

Im regionalwissenschaftlichem Schrifttum wird die kritische Sicht einer Zweigbetriebsgründung noch mit einer weiteren Argumentationslinie begründet. In einer Studie von Spehl/Töpfer/Töpfer (1975, S. 196 f.) werden die Bezugsverflechtungen zugewanderter Industriebetriebe mit der regionalen Wirtschaft untersucht. Die Autoren gelangen hier zur Erkenntnis, dass die Zweigwerke nur geringe Liefer- und Absatzverflechtungen mit lokalen Wirtschaftseinheiten besäßen. Zumeist wären die Warenströme auf die Stammbetriebe oder auch Unternehmen außerhalb der Region ausgerichtet, weswegen von dieser Betriebsform nur vergleichsweise geringe Impulse für die übrige Wirtschaft und damit die Entwicklung rückständiger Regionen zu erwarten seien.

Zusammenfassend lassen sich also drei Argumentationslinien isolieren, die für eine kritische Beurteilung der Zuwanderung von Zweigbetrieben sprechen. Diese sind erstens die relativ hohe Konjunkturanfälligkeit, zweitens das negative Verhältnis ausführender zu dispositiven Tätigkeiten und drittens die geringen Verflechtungen mit der regionalen Wirtschaft. Allerdings ist es nicht angebracht, diese Vorstellungen uneingeschränkt und undifferenziert auf alle Zweigbetriebe zu übertragen (vgl. *Müller* 1983, S. 5).

Inwiefern mit den aufgeführten Eigenschaften ein Zweigwerk treffend beschrieben wird, hängt von der organisatorischen Verflechtung mit dem Stammunternehmen zusammen. Hier sind zwei Extreme denkbar. Zum einen könnte eine vollkommene Abhängigkeit von der Zentrale bestehen. Das Zweigwerk erfüllt einfache Produktionsfunktionen, besitzt kaum Headquarter-Funktionen und ist mit seinen Bezugsverflechtungen vollständig auf das Stammunternehmen ausgerichtet. Zum anderen können die Verflechtungen mit dem Stammbetrieb gering sein, sich etwa weitgehend auf Kapitalverflechtungen beschränken. Der Zweigbetrieb ist in diesem Fall vergleichbar einem vollstufigen Unternehmen mit einem eigenständigen Produktprogramm, das alle betriebliche Funktionen unter einem Dach vereint und auch an andere Kunden als ausschließlich an das Mutterunternehmen liefert (vgl. *Schackmann-Fallis* 1985, S. 19 ff.).

Zweifellos verbirgt sich hinter der obigen kritischen Sichtweise eher die zuerst genannte Ausprägung eines Zweigbetriebes, der unter dem Begriff „verlängerte Werkbank" bekannt ist. Die Zuwanderung der letztgenannten Form des Zweigbetriebes wird dagegen für die regionale ländliche Entwicklung positiv bewertet und darin eine spürbare Verbesserung der regionalen Wirtschaftsstruktur gesehen (vgl. *v. Böventer* 1979, S. 246 f.). Im Lichte dieser Diskussion stellt sich die Beurteilung einer Zweigbetriebsansiedlung als ein komplexes Unterfangen dar, da jeder einzelne Betrieb auf seine Stellung im Unternehmensverbund hin zu untersuchen ist (vgl. *Schackmann-Fallis* 1985, S. 60). Aus dem eben Gesagten folgt für die Analyse der empirischen Fallstudie in Kapitel 5, dass zuerst der Anteil der Zweigbetriebe in der ländlichen Teilregionen zu analysieren und daraufhin die Stellung der Betriebe in ihrem jeweiligen Unternehmensverbund zu prüfen ist.

4.2.3 Die räumliche Verteilung haushalts- und unternehmensbezogener Dienstleistungen

Zu Beginn dieses Kapitels wurde in einer allgemeinen Sektorenbetrachtung die Bedeutung und der Bedeutungswandel der Sektoren in den Regionen Westdeutschlands in den letzten beiden Jahrzehnten nachgezeichnet. Dabei wurde deutlich, dass die Dienstleistungsproduktion im Unterschied zum Industriesektor eine höhere räumliche Konzentration in den Verdichtungsregionen aufweist. In einer zeitlich-dynamischen Betrachtungsweise wird jedoch ein stärkeres

Wachstum von Dienstleistungen in den nicht-zentralen Regionen erkennbar. Nun soll die Entwicklung innerhalb des Dienstleistungsbereiches - getrennt nach unternehmensnahen und haushaltsorientierten Dienstleistungen - näher analysiert werden. In den theoretischen Überlegungen in Kapitel 3.2.3.2 wurde hierzu herausgearbeitet, dass von einer stärkeren räumlichen Konzentration der produktionsbezogenen gegenüber den personenbezogenen Dienstleistungen auszugehen ist. Empirische Untersuchungen zu dieser Thematik bestätigen diese These. In einer Studie von Reissert/Schmid/Jahn (1989, S. 41 ff.) werden die Beschäftigungsanteile einzelner Bereiche des Dienstleistungssektors an der Gesamtbeschäftigung in diesem Sektor in den Agglomerationen einerseits und dem Bundesgebiet andererseits miteinander verglichen. Als empirische Basis fungiert die Beschäftigtenstatistik. Hierzu wird der Dienstleistungssektor in fünf Untergruppen unterteilt: Konsumbezogene (z. B. Gaststätten, Unterhaltung, Medien, Kunst), distributive (z. B. Handel, Verkehr, Nachrichtenwesen), produktionsnahe (z. B. Kredit- und Versicherungsgewerbe, wirtschaftliche, rechtliche und technische Unternehmensberatung), soziale (z. B. Gesundheit, Erziehung, Wissenschaft) und staatliche (z. B. öffentliche Verwaltung, öffentliche Sicherheit und Ordnung) Dienstleistungen.

Die Untersuchung von Reissert/Schmid/Jahn verdeutlicht die höhere Bedeutung, die produktionsorientierten Dienstleistungen innerhalb der gesamten Dienstleistungserstellung in Ballungsgebieten im Unterschied zum Bundesgebiet zukommt. In diesem Funktionstyp sind die Unterschiede zwischen dem Bundesgebiet und der Gesamtheit der Ballungsräume am deutlichsten ausgeprägt (um + 3,1 %). Von allen Beschäftigten im Dienstleistungssektor arbeiten in beiden Regionskategorien die meisten im Bereich der distributiven Dienstleistungen. An zweiter Stelle folgen in den nicht-zentralen Regionen die sozialen Dienste, während in den Agglomerationen den unternehmensnahen Dienstleistungen die zweitwichtigste Bedeutung zukommt (vgl. Tabelle 16).

Dieses Ergebnis deckt sich mit einer Untersuchung von Bade (1990, S. 36). Danach gestaltet sich die Verteilung der haushaltsorientierten Dienstleistungen im Raum wesentlich gleichförmiger als die der produktionsnahen (gemessen an der Anzahl der in den verschiedenen Bereichen sozialversicherungspflichtig Beschäftigten). Werden die haushaltsorientierten Dienstleistungen ins Verhältnis zum unternehmensnahen Dienstleistungsgewerbe gesetzt, so ergeben sich nach Bade für 1986 folgende räumliche Relationen. In den Agglomerationen beträgt das Verhältnis zwischen unternehmens- und haushaltsorientierten Dienstleistungen rund 1 zu 3. D. h. auf einen Beschäftigten in unternehmensnahen Dienstleistungen kommen 3 Beschäftigte, die im haushaltsorientierten Dienstleistungsgewerbe tätig sind. Dagegen ist der Anteil der haushaltsbezogenen Dienstleistungen in den Nicht-Agglomerationen deutlich höher. Dort stehen einem unternehmensnahen annähernd sechs haushaltsbezogene Dienstleister gegenüber.

Tabelle 16: Anteil einzelner Dienstleistungsbereiche am Beschäftigungsstand des Dienstleistungssektors 1988 in %

	Soziale Dienst-leistungen	Konsum-bezogene Dienst-leistungen	Staatliche Dienst-leistungen	Distri-butive Dienst-leistungen	Produk-tionsnahe Dienst-leistungen
Ballungsregionen (Hamburg, Berlin, Bremen, München, Stuttgart, Nürnberg, Rhein/Neckar, Düsseldorf, Frankfurt, Hannover, Köln, Essen)	21,6	8,4	11,6	36,4	22,0
Bundesgebiet	23,7	8,6	13,2	35,6	18,9
Höhere Bedeutung des Dienstleistungs-bereiches in den Ballungsgebieten um x %-Punkte	- 2,1	- 0,2	- 1,6	+ 0,8	+ 3,1

Quelle: nach Reissert/Schmid/Jahn 1989, S. 51.

Bei den soeben vorgestellten Ergebnissen handelt es sich um eine statische Zeitpunktbetrachtung, in die dynamische Aspekte nicht mit einfließen. Werden räumliche Entwicklungstendenzen der Dienstleistungsproduktion in den 80er und 90er Jahren in den Mittelpunkt der Analyse gerückt, relativiert sich der Eindruck, dass sich das produktionsbezogene Dienstleistungsgewerbe stärker als jeder andere Wirtschaftszweig auf die großen Verdichtungsgebiete konzentriert. Denn das Wachstum der unternehmensnahen Dienstleistungen war in diesem Zeitraum nach Untersuchungen von Bade (1990 und 1995) in den nicht-zentralen Regionen deutlich stärker als in den zentralen. Schaubild 7 verdeutlicht diesen Sachverhalt.

In Abbildung 7 sind die regionsspezifischen Entwicklungsverläufe zum einen in haushalts- und unternehmensnahen Dienstleistungsberufen und zum anderen im Bereich Forschung und Entwicklung als wichtigen Bestandteil der unternehmensnahen Dienstleistungen im Besonderen aufgeführt. Der Befund ist in beiden Fällen derselbe: Der Dienstleistungssektor erreicht die mit Abstand höchsten Wachstumsraten (gemessen an der Beschäftigung) nicht in den Verdichtungsgebieten, sondern in den Regionen außerhalb der Zentralregionen. Bade verwendet eine funktionelle Analyse, d. h. es wird damit auch die Tertiärisierung innerhalb des gewerblich-industriellen Sektors erfasst. Es wird deutlich, dass in allen nichtzentralen Regionen der Beschäftigungszuwachs bei den unternehmensnahen Dienstleistungen höher als in den Verdichtungszentren ausfiel, wobei das Verdichtungsumland die höchsten Zuwachsraten zu verzeichnen hatte. Diese Entwicklungstendenzen erstrecken sich auch auf die peripheren Regionen (wie etwa das Emsland), die in Relation zu den gering verdichteten Regionen - die nach der Raumdefinition von Bade weitgehend den Regionen mit Verdichtungsansätzen des BfLR-Schemas entsprechen (siehe Karte auf Seite 34 bei Bade 1996) - im Untersuchungszeitraum den Beschäftigungsstand im unternehmensnahen Dienstleistungsgewerbe stärker ausweiten konnten. Trotz dieser für ländliche Gebiete positiven Entwicklungstendenz ist zu beachten, dass das Wachstum von einem recht geringen Niveau ausging und quantitativ das unternehmensnahe Dienstleistungsgewerbe dort längst nicht den Stellenwert wie in den zentralen Regionen besitzt (vgl. *Hatzfeld/Schröer* 1993, S. 337).

Zusammenfassend ist zweifelsfrei feststellen, dass bei den unternehmensnahen, hochwertigen Dienstleistungen, von denen ursprünglich angenommen wurde, dass sie besonders zentrumsabhängig sind und denen allgemein ein hoher Stellenwert für die wirtschaftliche und technologische Wettbewerbsfähigkeit der Industrie eines Landes oder eines Teilgebietes beigemessen wird, räumliche Dezentralisierungstendenzen zutage treten (vgl. *Reissert/Schmid/Jahn* 1989, S. 99). Die hohen Zuwachsraten der haushalts- und der unternehmensbezogenen Dienstleistungen in ländlichen Gebieten widersprechen nach Bade den „Vermutungen über die Präferenz von Dienstleistungsunternehmen für zentrale Standorte“ (*Bade* 1990, S. 32). Er erklärt diesen Tatbestand damit, dass die produktionsorientierten Dienstleistungen abhängig von der industriellen Entwicklung seien und aus diesem Grund vor dem Hintergrund einer vergleichsweise prosperierenden industriellen Entwicklung in den ländlichen Regionen verstärkt in solche Räume vordrängen (vgl. *Bade* 1990, S. 32; *Reissert/Schmid/Jahn* 1989, S. 100).

Abbildung 7: Veränderungen in der regionalen Verteilung haushalts- und unternehmensorientierter Dienstleistungen seit 1976

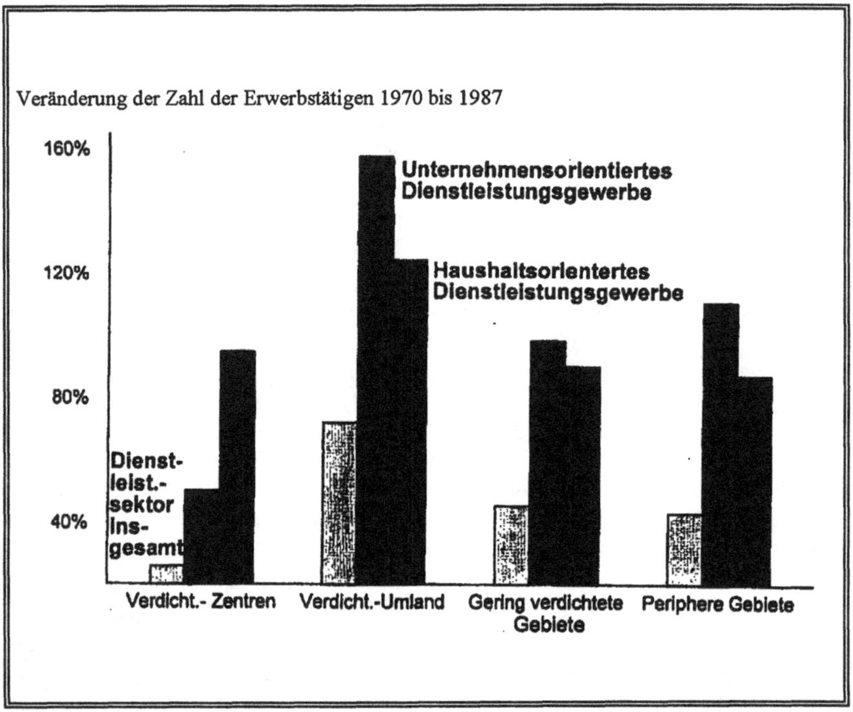

Beschäftigte in Forschung und Entwicklung
in Verdichtungszentren

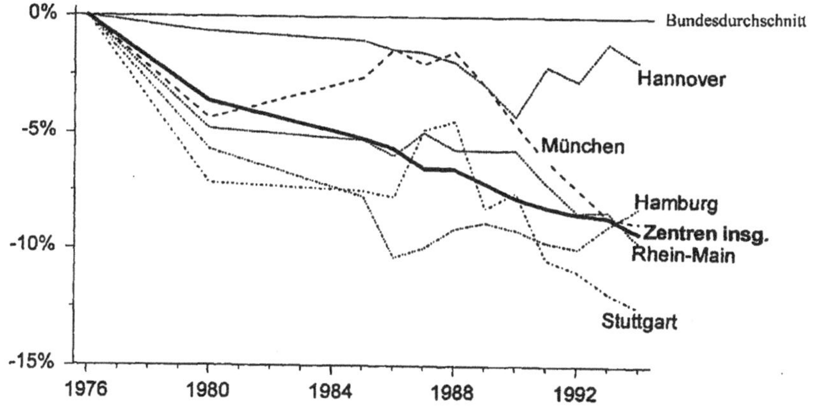

Beschäftigten in Forschung und Entwicklung
in periphere Regionen

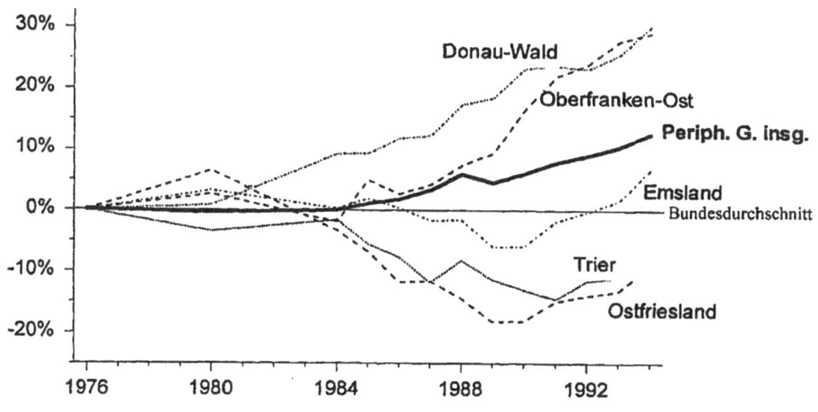

Quelle: nach Bade 1995, S. 25 (Daten aus der Arbeitsstättenzählung 1970 und 1987) und Bade 1996, S. 25 f. (Daten aus der Beschäftigtenstatistik).

Im Lichte dieser Ergebnisse können Befürchtungen abgeschwächt werden, die angesichts einer fortschreitenden Tertiärisierung einen Arbeitsplatzabbau in ländlichen Räumen und damit einen größer werdenden wirtschaftlichen Rückstand ländlicher Regionen zu den Agglomerationen annehmen. Die in vielen regionalwissenschaftlichen Studien geäußerten Erwartungen über die Folgen des räumlich-sektoralen Strukturwandels betrachten die Entwicklungen in den einzelnen Sektoren offensichtlich zu isoliert voneinander und berücksichtigen die Interdependenzen insbesondere zwischen der Entwicklung im sekundären und im tertiären Sektor nicht angemessen. Die tatsächliche Entwicklung hat gezeigt, dass die ländlichen Räume eine vergleichsweise gute Entwicklung im industriellen Sektor vorweisen können und *deswegen* auch im Dienstleistungsbereich überdurchschnittliche Zuwachsraten zu verzeichnen hatten (vgl. *Zarth* 1995, S. 18 ff.). Inwiefern sich die vergangene Entwicklung auch in Zukunft fortsetzt, wird wiederum davon bestimmt, wie die Zukunftsaussichten der industriellen Produktion in ländlichen Regionen beurteilt werden. Autoren wie Zarth (1995, S. 21) erkennen angesichts eines hohen Bestandes an Zweigbetrieben ein mögliches Gefährdungspotential für die industrielle Entwicklung in ländlichen Räumen und erwarten in einem solchen Fall negative Auswirkungen auf die Entwicklung tertiärer Tätigkeiten.

4.2.4 Schlussfolgerungen

Die Analyse der Wirtschaftsstruktur ländlicher Regionen brachte folgende Erkenntnisse:

- Im Unterschied zu den Regionen mit Verdichtungsansätzen und den Ballungsräumen besitzt der industrielle Sektor in den ländlichen Regionen einen überdurchschnittlich hohen Stellenwert. In den dünner besiedelten ländlichen Regionen ist die Bedeutung der industriellen Produktion höher als in den dichter besiedelten. Genau umgekehrt verhält es sich mit der Dienstleistungsproduktion in ländlichen Gebieten.
- Das überdurchschnittliche Beschäftigungswachstum in ländlichen Regionen kann auf deren kleinbetriebliche Wirtschaftsstruktur zurückgeführt werden. Seit den 70er Jahren ist die Tendenz einer stärkeren Beschäftigungsausweitung in klein- gegenüber großbetrieblichen Einheiten erkennbar. Das Beschäftigungsverhalten von Klein- und Mittelbetrieben in ländlich-peripheren Gebieten weicht in seiner Grundausrichtung nicht von diesem globalen Trend ab.

- Die Analyse der Innovations- und Adoptionsfähigkeit der in ländlichen Regionen ansässigen Unternehmen zeigte, dass regionale Unterschiede in diesen Bereichen mit Größen- und Brancheneinflüssen und - wenn überhaupt - nur zu einem geringen Teil durch den Raumeinfluss erklärt werden können. Ein stringentes Stadt-Land-Gefälle in der Innovations- und Adoptionsfähigkeit von Unternehmen ist nicht zu erkennen. Auch in den peripheren ländlichen Regionen ist ein betriebliches Innovationspotential vorhanden.
- Die positive industrielle Entwicklung in ländlichen Räumen wurde - stärker als in anderen Regionskategorien - von zugewanderten Industriebetrieben getragen. Obwohl dadurch eine quantitative Erhöhung der Zahl der Arbeitsplätze erreicht werden konnte, wird die Zuwanderung zum Teil kritisch beurteilt. Die Gründe hierfür liegen in den vermuteten Eigenschaften dieser Betriebsform, wie Konjunkturanfälligkeit, geringe Löhne und Gehälter und geringe Bezugs- und Lieferverflechtungen mit der lokal ansässigen Wirtschaft. Allerdings verbietet sich eine verallgemeinerte Übertragung dieser Eigenschaften auf alle zugewanderten Zweigwerke. Die kritischen Aussagen im regionalwissenschaftlichem Schrifttum bezüglich der Zweigbetriebsansiedlung umschreiben eine spezifische Form der Zuwanderung, die „verlängerten Werkbänke". Zweigbetriebe mit eigenständigem Produktionsprogramm und Kundenstamm sowie mit hochwertigen Verwaltungs- und Dienstleistungsfunktionen (headquarter-Funktionen) werden dagegen für die wirtschaftliche Entwicklung ländlicher Regionen uneingeschränkt positiv bewertet.
- Wird die Dienstleistungsproduktion näher analysiert, zeigt sich, dass Dienstleistungen in den Verdichtungsgebieten wesentlich stärker vertreten sind als im ländlichen Raum. In einer dynamischen Betrachtung treten jedoch Entwicklungen zutage, die gegen die „These der Zentralitätsorientierung" von Dienstleistungen sprechen. Diese Aussage bezieht sich auch auf die wachstumsstarken und für die regionale Entwicklung als wichtig erachteten Bereiche der unternehmensnahen Dienste. In allen Bereichen der Dienstleistungsproduktion sind im Verlauf der 80er und 90er Jahre Dezentralisierungstendenzen erkennbar.

Vor dem Hintergrund dieser Ergebnisse stellt sich das ökonomische Potential der ländlichen Regionen in Bezug auf die Wirtschaftsstruktur insgesamt recht positiv dar. Ob diese Einschätzung auch zukünftig gilt, wird dadurch determiniert, wie vor dem Hintergrund der Abhängigkeit der Entwicklung des Dienstleistungsbereiches von der Industrieproduktion die weitere Entwicklung im industriellen Sektor in den ländlichen Gebieten eingeschätzt wird. Vom jetzigen

Untersuchungsstand aus sind keine negativen Folgen auf die Entwicklung ländlicher Räume aufgrund deren kleinbetrieblicher Wirtschaftsstruktur und aufgrund eines etwaigen generellen Innovationsdefizits von Betrieben in ländlichen Regionen zu erwarten. Ein Entwicklungsrisiko für diesen Raumtyp könnte sich aber dann ergeben, wenn die zugewanderten Zweigbetriebe mehr dem Typus einer verlängerten Werkbank als einem vollstufigen Betrieb entsprechen und diese Betriebe in andere Regionen verlagert werden. Die empirischen Auswertungen in Kapitel 5 werden diesen Aspekt weiter vertiefen.

4.3 Analyse der Standortqualität in ländlichen Regionen

Die Beurteilung der Standortqualität in dünn besiedelten Regionen erfolgt zuerst unter dem Gesichtspunkt der regionalen Ausstattung mit materieller Infrastruktur. Anschließend wird auf räumliche Unterschiede beim betrieblichen Humankapital eingegangen. Nicht behandelt werden regionale Divergenzen bei den Bodenpreisen und im Lohnniveau, da das Stadt-Land-Gefälle in diesen Bereichen bereits in Kapitel 2 dargestellt wurde.

4.3.1 Regionale Unterschiede in der Ausstattung mit materieller Infrastruktur

Die folgenden Ausführungen konzentrieren sich zunächst auf die Infrastrukturbereiche Ver- und Entsorgungseinrichtungen sowie soziale Einrichtungen. Daran anschließend werden mit der Verkehrsinfrastruktur und dem Bereich Bildung und Forschung die für die wirtschaftliche Entwicklung bedeutendere Bereiche behandelt.

4.3.1.1 Regionale Unterschiede in der Ausstattung mit sozialer und kulturelle Infrastruktur sowie Ver- und Entsorgungseinrichtungen

Statistische Indikatoren zeigen, dass in den Feldern Ver- und Entsorgung mit Energie, Trink- und Brauchwasser als auch Entsorgung von Abwässern und Abfällen auf dem Gebiet der alten Bundesrepublik bereits 1984 eine nahezu gleichwertige Versorgung in allen Teilräumen sichergestellt ist (vgl. *BfLR* 1984, S. 28 ff.). Damit dürften bestehende regionale Ausstattungsunterschiede keine bedeutenden Standortvorteile von Regionen generieren.

Für den Bereich der sozialen und kulturellen Infrastruktur sind einige aktuellere Indikatoren in Tabelle 17 dargestellt. Dabei wird deutlich, dass im Bereich der medizinischen Versorgung auf dem Gebiet der alten Bundesländer - gemessen an dem Bestand an Ärzten und Krankenhausbetten in Relation zur Einwohnerzahl - keine starken regionalen Disparitäten bestehen. Den regionalen Bestand an kultureller Infrastruktur misst die BfLR (1995 S. 172) - wie sie es selbst nennt - „bruchstückhaft" an der Anzahl der Volkshochschulkurse und an den Plätzen in Theatern und Lichtspielhäusern. Hierbei wird deutlich, dass innerhalb des ländlichen Raumes nur die dünn besiedelten Regionen vergleichsweise stark abfallen, die stärker besiedelten jedoch relativ günstige Werte aufweisen.

Bei der sozialen und kulturellen Infrastruktur dürfte es sich um einen Infrastrukturbereich handeln, der die wirtschaftlichen Entwicklungschancen von Regionen eher mittelbar berührt. Die Ausstattung mit sozialer Infrastruktur übt aller Wahrscheinlichkeit nach einen größeren direkten Einfluss auf die Wohnstandortentscheidungen privater Haushalte als auf die Standortentscheidung von Unternehmen aus. Ein in Relation zu anderen Gebietskategorien hoher Versorgungsgrad mit sozialen und kulturellen Einrichtungen kann daher Zuwanderungen von Arbeitskräften auslösen, die zu einer Verbesserung der regionalen Humankapitalausstattung betragen können.[53] Sollten solche Entwicklungslinien tatsächlich eintreten, könnte die regionale Wirtschaft auf zweierlei Art und Weise davon profitieren. Einerseits wird die Wahrscheinlichkeit eines Engpasses auf dem Arbeitsmarkt geringer; regional ansässige Unternehmen können ihren Bedarf an Fachkräften und qualifizierten Beschäftigten besser decken. Andererseits ist - bedingt durch die Zuwanderungen - eine Verstärkung des unternehmerischen Potentials vorstellbar. Eine Zunahme der Neugründungstätigkeit könnte somit u. U. eintreten. So gesehen besitzen die städtischen Räume aufgrund ihrer vergleichsweise guten Ausstattung mit kultureller Infrastruktur - wobei sich der überdurchschnittliche Ausstattungsgrad auch auf andere Bereiche der kulturellen Infrastruktur wie Museen, Galerien, etc. erstrecken dürfte - einen Standortvorteil gegenüber den dünn besiedelten Regionen (vgl. *Gatzweiler/Irmen/Janich* 1991, S. 75 ff.).

Ob dieser Standortvorteil letztendlich zum Tragen kommt, d. h. den hochverdichteten Regionen wirtschaftliche Vorteile durch die Zuwanderung von hoch qualifiziertem Humankapital verschaffen kann, wird jedoch nicht nur von der Ausstattung mit sozialer und kultureller Infrastruktur bestimmt. Wesentlichen Einfluss auf das Wanderungsverhalten von Arbeitskräften besitzt auch die Möglichkeit kostengünstigen Wohnens - einem Bereich, indem die ländlichen Regio-

---

[53] Diese Behauptung gründet sich auf der Vermutung, dass vor allen Dingen hochqualifizierte Arbeitskräften bei ihrer Wohnstandortwahl auf die Ausstattung mit sozialer und kulturelle Infrastruktur achten (vgl. *Gatzweiler/Irmen/Janich* 1991, S. 75 ff.).

nen gegenüber städtischen Räumen aufgrund eines vergleichsweise geringen Bodenpreisniveaus Standortvorteile besitzen (vgl. nächsten Gliederungspunkt 4.3.2).

4.3.1.2 Regionale Unterschiede in der Ausstattung mit Verkehrsinfrastruktur

Wird die Ausstattung mit Verkehrsinfrastruktur zwischen siedlungsstrukturell unterschiedlichen Regionen ins Blickfeld gerückt, so ist erkennbar, dass in Bezug auf die Ausstattung mit Straßenverkehrswegen die regionalen Disparitäten wesentlich geringer ausfallen als im Hinblick auf die Ausstattung mit Schienenverkehrswegen. In nahezu allen Raumkategorien Westdeutschlands ist bei der Ausstattung mit Straßenverkehrsinfrastruktur 1992 ein vergleichsweise hohes Ausstattungsniveau erreicht. Das Fernstraßensystem erschließt nicht nur die Agglomerationen, sondern auch die dünn besiedelten ländlichen Räume (vgl. Tabelle 17). Die Anbindung einzelner Regionen an das überregionale Straßenverkehrsnetz misst die BfLR mit Hilfe von Erreichbarkeitsindikatoren. Diese geben an, wie hoch der Anteil an Einwohnern eines Gebietes ist, die in weniger als einer halben Stunde den nächst gelegenen Autobahnanschluss erreichen können. Demnach können selbst in den ländlich peripheren Gebieten über 85 % aller Bewohner in weniger als einer halben Stunde zu einem Autobahnanschluss gelangen.

Anders stellt sich hingegen die Situation im Bereich der Schienenverkehrsinfrastruktur dar. In diesem Feld sinkt der Ausstattungsgrad mit abnehmender Siedlungsdichte deutlich (vgl. Tabelle 17). So beträgt 1992 der Anteil von Einwohnern in Gemeinden mit Bundesbahnanschluss an der Gesamtzahl der Einwohner in den dichter besiedelten 34,2 % und in den dünner besiedelten ländlichen Räumen 27 %. Hingegen sind die Regionen mit Verdichtungsansätzen mit Werten von 52,9 % besser angebunden. Am besten gestaltet sich die Verfügbarkeit eines Bahnanschlusses in den Ballungsgebieten. Dort beläuft sich der Anteil von Einwohnern in Gemeinden mit Bahnanschluss an der gesamten regionalen Bevölkerung auf 81,4 %. Standortbenachteiligungen der nicht-zentralen Gebiete sind auch im Bereich des Schienengüterverkehrs zu erkennen. Die Fahrtzeit, die ein LKW zurücklegen muss, um einen Bahnhof des kombinierten Ladungsverkehrs zu erreichen, steigt mit abnehmender Siedlungsdichte an (vgl. Tabelle 17). Der relativ gute Anschluss ländlicher Gebiete an das Straßennetz und der vergleichsweise schlechte Ausstattungsgrad im Schienenbereich liefern eine Erklärung dafür, dass der Motorisierungsgrad (Kraftfahrzeugbestand je 1000 Einwohner) in den ländlichen Räumen im Vergleich zu den übrigen Raumkategorien den höchsten Wert aufweist (vgl. Tabelle 17). Auf 1000 Einwohner kamen 1999 in den dünn besiedelten ländlichen Regionen 539 Kfz und in den stärker besiedelten ländlichen Räumen 537 KfZ (1981 waren es für den gesamten ländlichen Raum 465 KfZ pro 1000 Einwohner; vgl. *BfLR* 1984, S. 105), während in den Regionen mit Verdichtungsansätzen mit 518 und in den großen Verdichtungsräumen mit 527 geringere Werte ausgewiesen werden.

4.3.1.3 Regionale Unterschiede bei Bildung und Forschung

Räumliche Disparitäten im Bereich Bildung und Forschung werden im Folgenden in Anlehnung an die Vorgehensweise der BfLR mit Hilfe zweier Indikatoren zu erfassen versucht. Zunächst soll durch die Darstellung der Quartanerquote[54] die regional ausgeprägte Tendenz und Neigung zum Besuch weiterführender Schulen untersucht werden. Schaubild 17 verdeutlicht, dass in den hochverdichteten Regionen ungefähr 17% mehr Schüler weiterführende Schulen besuchen als in den ländlichen Regionen. Allerdings können diese Differenzen zum Teil durch die Standortverteilung der weiterführenden Schulen bedingt sein, die sich stärker auf die verdichteten als die übrigen Räume konzentrieren (vgl. *BfLR* 1986, S. 44).

Schließlich treten im Hochschulbereich deutliche regionale Unterschiede, die eindeutig siedlungsstrukturellen Muster folgen, zutage. So können - trotzt verstärkter Bemühungen zur Dezentralisierung der Hochschulinfrastruktur vor allem in den 70er Jahren (vgl. *Rohr-Zänker* 1998, S. 24) - signifikante Unterschiede in der Hochschulversorgung festgestellt werden. Die Zahl der in den einzelnen Regionen angebotenen Studiengänge schwankt deutlich in Abhängigkeit vom Verdichtungsgrad (vgl. *BfLR* 1984, S. 28). In ländlichen Regionen werden tendenziell weniger Studiengänge angeboten als in höher verdichteten Räumen. Diesem Tatbestand entspricht, dass die Zahl der Studenten je 1000 Einwohner mit dem Zentralitätsgrad einer Region deutlich steigt (vgl. Tabelle 17). Dennoch ist auch für ländliche Regionen eine Zunahme der Zahl der Studierenden festzustellen. Studierten 1984/85 von 1000 Einwohnern in ländlichen Regionen sechs, sind es 1995 neun Studierende an Fachhochschule bzw. Universität (vgl. *BfLR* 1986, S. 186; *BBR* 1998, S. 168).

---

[54] Die Quartanerquote gibt die Höhe des Anteils von Schülern an weiterführenden Schulen in der 7. Jahrgangsstufe an der Gesamtschülerzahl der 7. Klasse wider. Als weiterführende Schulen gelten Real- und Gesamtschule sowie Gymnasium (vgl. BfLR 1986, S. 44).

Tabelle 17: Indikatoren zur regionalen Infrastrukturausstattung

<table>
<tr><th rowspan="3"></th><th colspan="4">REGIONSTYP</th></tr>
<tr><th rowspan="2">Große Verdichtungs-räume</th><th rowspan="2">Regionen mit Verdichtungs-ansätzen</th><th colspan="2">Ländliche Gebiete</th></tr>
<tr><th>Dicht besiedelt</th><th>Dünn besiedelt</th></tr>
<tr><td colspan="5">Soziale und kulturelle Infrastruktur</td></tr>
<tr><td rowspan="2">Ärzte je 100 000 Einwohner 1997</td><td rowspan="2">137</td><td rowspan="2">130</td><td colspan="2">132</td></tr>
<tr><td>135</td><td>121</td></tr>
<tr><td rowspan="2">Krankenhausbetten je 10 000 Einwohner 1996</td><td rowspan="2">69</td><td rowspan="2">69</td><td colspan="2">70</td></tr>
<tr><td>71</td><td>66</td></tr>
<tr><td>Plätze in Theatern und Kinos je 10 000 Einwohner 1991/92</td><td>119</td><td>112</td><td>112</td><td>99</td></tr>
<tr><td rowspan="2">Kurse an Volkshochschulen 1997</td><td rowspan="2">67,5</td><td rowspan="2">75,3</td><td colspan="2">79,2</td></tr>
<tr><td>81,7</td><td>70,1</td></tr>
<tr><td colspan="5">Verkehrsinfrastruktur</td></tr>
<tr><td>Anteil der Einwohner, deren Gemeinde über einen Anschluss an den IC-Verkehr oder IC-Zulaufverkehr der DB verfügt in % 1992</td><td>81,4</td><td>52,9</td><td>34,2</td><td>27,0</td></tr>
<tr><td>Anteil der Einwohner in Gemeinden, die weniger als 30 Minuten, vom nächsten Autobahnanschluss entfernt sind in % 1992</td><td>99,0</td><td>94,2</td><td>85,4</td><td>86,6</td></tr>
<tr><td>LKW-Reisezeit zum nächsten Umschlagbahnhofes des kombinierten Ladungsverkehrs in Minuten 1998</td><td>21</td><td>30</td><td>36</td><td>44</td></tr>
<tr><td>Motorisierungsgrad (PKW je 1000 Einwohner) 1999</td><td>518</td><td>527</td><td>537</td><td>539</td></tr>
<tr><td colspan="5">Bildung und Forschung</td></tr>
<tr><td>Quartanerquote 1996 (vgl. FN 42)</td><td>72,0</td><td>63,4</td><td>56,9</td><td>57,4</td></tr>
<tr><td>Studenten an HS und FH je 1000 Einwohner 1997</td><td>26,9</td><td>22,6</td><td>9,0</td><td>7,2</td></tr>
</table>

Quelle: BBR 1999, S. 210 ff., S. 174 ff., S. 192 ff., BfLR 1995, S. 176; S. 192 ff., S. 156 ff.

4.3.1.4 Zusammenfassung: Zunehmend ubiquitärer Charakter der Infrastrukturausstattung

Die Ergebnisse zu regionalen Divergenzen in der materiellen Infrastruktur zeigen in der Summe eine überlegene Ausstattung der Verdichtungsgebiete mit materieller Infrastruktur. Jedoch ist dieses Ergebnis zu differenzieren. Die vorstehende Analyse legte zum einen eine ubiquitäre Ausstattung in einigen Infrastrukturbereichen und zum anderen zum Teil eine Verbesserung des Ausstattungsgrades mit infrastrukturellen Einrichtungen in ländlichen Gebieten offen. Für den Bereich der Ver- und Entsorgung kann die Infrastrukturausstattung als ubiquitär gelten. Ein hohes Ausstattungsniveau besitzen die dünn besiedelten Regionen auch im Bereich der Straßenverkehrsinfrastruktur. Ein deutliches Stadt-Land-Gefälle in der Ausstattung mit materieller Infrastruktur besteht nach wie vor in den Feldern Bildung und Forschung, kulturelle Einrichtungen (in den dünn besiedelten Gebieten) sowie im Bereich des Schienenverkehrs. Im Hinblick auf die Bildungsinfrastruktur sind während der letzten Jahre aber Aufholprozesse ländlicher Gebiete zu erkennen.

Die aufgezeigten empirischen Resultate werfen die Frage nach den Folgen einer nachhaltigen Verbesserung des Ausstattungsgrades dünn besiedelter Gebiete mit materieller Infrastruktur auf die Gestalt und auf die Entwicklung der großräumigen Raumstruktur auf. In den theoretischen Überlegungen in Gliederungspunkt 3.4.2.1 besaß die Infrastruktur einen hohen Stellenwert zur Erklärung von dauerhaften räumlichen Konzentrationsprozessen und begründete Inflexibilitäten der Raumstruktur. Verantwortlich für die Einschätzung, dass die regionale Infrastrukturausstattung auf lange Sicht eine räumlich ungleiche wirtschaftliche Entwicklung bewirkt, waren drei Sachverhalte. Erstens besitzen Infrastruktureinrichtungen eine sehr lange Nutzungsdauer und binden in der Regel viel Kapital. Zweitens wurde ein Zentrum-Peripherie-Gefälle in der infrastrukturellen Ausstattung zugunsten der Verdichtungsgebiete unterstellt. Drittens wurde vermutet, dass die Wirtschaftssubjekte sich an die - durch die Verteilung wichtiger Infrastruktureinrichtungen im Raum mit bestimmte - Raumstruktur anpassen und gewöhnen. Diese Faktoren führen letztendlich zu einer Manifestierung der Raumstruktur, da sie einen nachhaltigen wirtschaftlichen Aufholprozess ländlicher Regionen - trotz eventueller Standortvorteile dieser Gebiete bei den Bodenpreisen und den Löhnen und trotz etwaiger starker Agglomerationsnachteile - behindern. Unter Beachtung dieser Sachverhalte kommt der verbesserten Ausstattung ländlicher Räume mit materieller Infrastruktur ein bedeutender Stellenwert zur Entwicklung dieses Raumtyps zu. Eine in vielen Bereichen räumlich gleichwertige Infrastrukturausstattung erhöht die Flexibilität der Raumstruktur.

Zumindest werden damit die Voraussetzungen für eine Verhaltensänderung der Wirtschaftssubjekte geschaffen.

4.3.2 Regionale Divergenzen in der Humankapitalausstattung

4.3.2.1 Vorbemerkungen

Die Behandlung der Ansätze der neuen Wachstumstheorie in Kapitel 3.3 hat ergeben, dass der Verfügbarkeit an hoch qualifizierten Arbeitskräften und der Dichte des Angebotes an technischem Wissen und Know-how für die wirtschaftliche Entwicklung einer Volkswirtschaft oder einer Region hohe Bedeutung beigemessen wird. Begründet wurde diese Einschätzung mit einer beschleunigten Technisierung sowie einer damit und durch die Internationalisierung bedingten allgemeinen Zunahme der Komplexität betriebswirtschaftsrelvanter Rahmenbedingungen. Für die ländlichen Regionen folgt aus diesen Entwicklungslinien, dass die Verfügbarkeit von Arbeitskräften allein nicht mehr ausreicht, um eine industrielle Entwicklung wie in den 50er, 60er und 70er Jahre durch die Ansiedlung regionsfremder Industriebetriebe zu ermöglichen. Vielmehr ist zur erfolgreichen Gestaltung der zukünftigen Wirtschaftsentwicklung ein hoher Besatz mit qualifizierten Arbeitskräften in den ländlichen Produktionseinheiten erforderlich (vgl. *Rohr-Zänker* 1998, S. 24).

4.3.2.2 Darstellung empirischer Befunde

Nachfolgend wird zunächst versucht, regionstypische Veränderungen im Hinblick auf die Humankapitalausstattung und das Niveau des technischen Wissens mittels zweier Hilfsgrößen zu erfassen. Hierbei wird zunächst der Anteil der hoch- und geringqualifizierten Arbeitskräfte an der Gesamtbeschäftigung in den Regionskategorien gemessen. Von besonderem Interesse sind dabei die raumspezifischen Veränderungen beider Größen im Zeitablauf. Somit steht die Klärung der Frage im Vordergrund, wie stark je nach Raumtyp der Einsatz an hoch qualifizierten Arbeitskräften anstieg bzw. an geringqualifizierten abnahm und ob sich daraus ein klares siedlungsstrukturelles Muster erkennen lässt.

Die empirische Basis der nachfolgenden Ausführungen ist die Beschäftigtenstatistik. Zu den hoch qualifizierten Arbeitskräften werden in Tabelle 18 die Beschäftigten zusammengefasst, die folgende berufliche Qualifikationen aufweisen können: Höhere Fachschul-, Fachhochschul-, oder Universitätsausbildung. Unter geringqualifizierten Beschäftigten werden die Arbeitskräfte subsumiert, die keine abgeschlossene Berufsausbildung besitzen (vgl. *BfLR* 1986, S. 126 ff.).

In diesem Zusammenhang ist aber zu berücksichtigen, dass von der beruflichen Qualifikation nicht unmittelbar auf die Produktivität zu schließen ist, da evtl. formal schlechter ausgebildete Arbeitskräfte durch Zusatzqualifikationen oder Berufserfahrungen produktiver sein könnten. Werden dessen ungeachtet die räumlichen Änderungen in der Ausstattung mit Humankapital anhand des Anteils von hoch qualifizierten Arbeitskräften nach der obigen Definition gemessen, so deuten die in Tabelle 18 und Schaubild 8 dargestellten Entwicklungstendenzen zweifelsfrei auf eine Verbesserung der Humankapitalausstattung in ländlichen Regionen hin.

In Tabelle 18 sind insbesondere die folgenden Sachverhalte bemerkenswert. Zum Ersten wird deutlich, dass das Wachstum der hoch qualifizierten Beschäftigten in den ländlichen Regionen in der Phase von 1986 bis 1989 vergleichsweise stark, in den darauf folgenden Jahren allerdings im interregionalen Vergleich unterdurchschnittlich ausfiel. Zum Zweiten ist erkennbar, dass die Verbesserung der Humankapitalausstattung in ländlichen Regionen stärker über den Abbau an geringqualifizierten Arbeitskräften erfolgt als über das Wachstum an hoch qualifizierten Beschäftigten. Zwischen 1986 und 1996 nahm der Anteil der geringqualifizierten Arbeitskräfte an der Gesamtbeschäftigung in ländlichen Gebieten im Unterschied zu den anderen Regionskategorien in überdurchschnittlichem Maße ab. In den Verdichtungsregionen arbeiten 1996 relativ gesehen mehr Geringqualifizierte als in den ländlichen Regionen. Zum Dritten wird deutlich, dass innerhalb der ländlichen Räumen ein Qualifikationsgefälle zugunsten der stärker besiedelten Gebiete besteht.

Zu einem - im Hinblick auf regionale Unterschiede in der Veränderung der Qualifikationsstruktur von Beschäftigten - ähnlichen Ergebnis gelangt Bade in einer Studie aus dem Jahre 1996. Bade analysiert über einen längeren Zeitraum die räumlichen Veränderungen im Einsatz hoch qualifizierter Arbeitskräfte (das sind für Bade im Unterschied zum obigen Befund nur die Beschäftigten mit Fachhoch- oder Hochschulabschluss - also ohne diejenigen mit einer höheren Fachschulausbildung). Das Ergebnis der Untersuchung von Bade ist in Abbildung 8 dargestellt. In den Zentralregionen kam es im Untersuchungszeitraum zu einem in Relation zum Bundesdurchschnitt unterdurchschnittlichen Anstieg des Einsatzes an hoch qualifizierten Beschäftigten. Demgegenüber verlief die Entwicklung dieser Größe in den peripheren Regionen spiegelbildlich. Seit 1976 kann ein - im Unterschied zum Bundesdurchschnitt - beschleunigter Einsatz an hoch qualifizierten Arbeitskräften in ländlichen Räumen beobachtet werden.

Tabelle 18: Die regionale Humankapitalausstattung und deren Veränderung

<table>
<tr><td></td><td colspan="4">REGIONSTYP</td></tr>
<tr><td></td><td>Große Verdichtungsräume</td><td>Regionen mit Ver-dichtungs-ansätzen</td><td colspan="2">Ländliche Gebiete</td></tr>
<tr><td colspan="5">Hochqualifizierte Beschäftigte</td></tr>
<tr><td>Anteil hochqualifizierter Arbeitskräfte 1986 in %</td><td>6,0</td><td>3,7</td><td colspan="2">2,8</td></tr>
<tr><td>Anteil hochqualifizierter Arbeitskräfte 1989 in %</td><td>6,8</td><td>4,2</td><td colspan="2">3,3</td></tr>
<tr><td>Veränderung des Einsatzes an hochqualifizierten Arbeitskräften 1986-89</td><td>+13,3 %</td><td>+ 13,5 %</td><td colspan="2">+ 17,8 %</td></tr>
<tr><td rowspan="2">Anteil hochqualifizierter Arbeitskräfte 1996 in %</td><td rowspan="2">8,6</td><td rowspan="2">5,5</td><td colspan="2">3,9</td></tr>
<tr><td>Dicht besiedelt: 4,0</td><td>Dünn besiedelt: 3,5</td></tr>
<tr><td>Veränderung des Einsatzes an hochqualifizierten Arbeitskräften 1989-1996</td><td>+ 26,47 %</td><td>+ 30,95 %</td><td colspan="2">+18,8 %</td></tr>
<tr><td colspan="5">Geringqualifizierte Beschäftigte</td></tr>
<tr><td>Anteil geringqualifizierter Arbeitskräfte 1986 in %</td><td>34,9</td><td>35,9</td><td colspan="2">38,1</td></tr>
<tr><td>Anteil geringqualifizierter Arbeitskräfte 1989 in %</td><td>32,4</td><td>32,9</td><td colspan="2">34,7</td></tr>
<tr><td>Veränderung des Einsatzes an geringqualifizierten Arbeitskräften 1986-89</td><td>- 7,16 %</td><td>- 8,36 %</td><td colspan="2">- 8,92 %</td></tr>
<tr><td rowspan="2">Anteil geringqualifizierter Arbeitskräfte 1996 in %</td><td rowspan="2">28,5</td><td rowspan="2">28,1</td><td colspan="2">28,3</td></tr>
<tr><td>Dicht besiedelt: 28,0</td><td>Dünn besiedelt: 29,5</td></tr>
<tr><td>Veränderung des Einsatzes an geringqualifizierten Arbeitskräften 1989-1996</td><td>-12,03 %</td><td>-14,59 %</td><td colspan="2">-18,44 %</td></tr>
</table>

Quelle: BBR 1998, S. 114 ff. BfLR 1995, S. 176; S. 192 ff., S. 156 ff. 1992, S. 157.

Anm.: Hoch- bzw. geringqualifizierten Beschäftigte je 100 sozialversicherungspflichtig Beschäftigten

Abbildung 8: Regionale Unterschiede im Einsatz von Beschäftigten mit Fachhochschul- und Universitätsausbildung

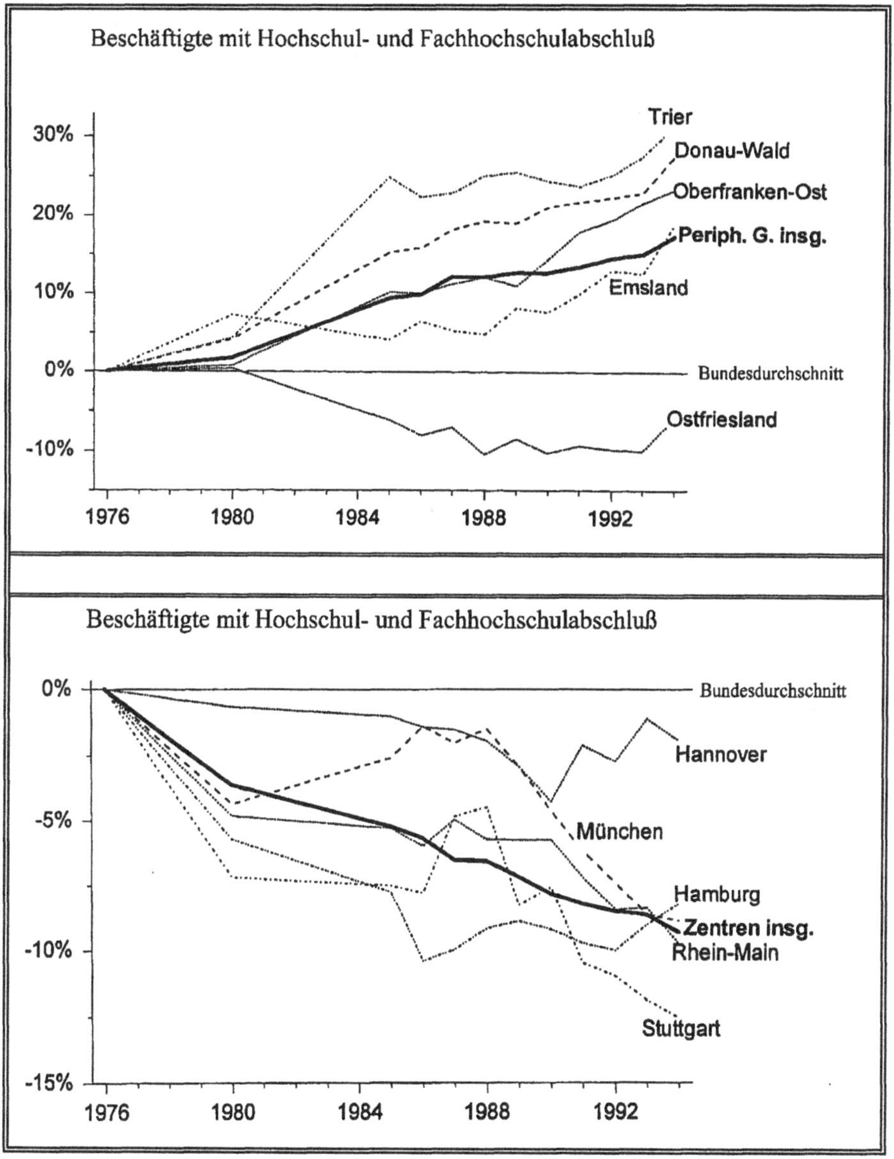

Quelle: Bade 1996, S. 20 f. (Auswertungen der Beschäftigtenstatistik)

4.3.2.3 Binnenwanderungsgewinne ländlicher Regionen

Dass die Unternehmen in ländlichen Gebieten ihren erhöhten Bedarf an hoch qualifizierten Arbeitskräften befriedigen konnten, lässt sich durch zwei Sachverhalte begründen. Erstens trug der weiter oben erläuterte Ausbau der Bildungs- und Forschungsinfrastruktur in ländlichen Gebieten dazu bei, das Qualifikationsniveau der einheimischen Bevölkerung zu erhöhen (vgl. *Rohr-Zänker* 1998, S. 24).

Zweitens lässt sich zeigen, dass die in Kapitel 2.2.1 dargelegten Binnenwanderungsgewinne ländlicher Regionen in einem erheblichen Maße das durchschnittliche Qualifikationsniveau der in ländlichen Regionen ansässigen Arbeitskräfte verbesserten. Letztgenannter Sachverhalt verläuft diametral zur traditionellen Diskussion über die Bevölkerungsentwicklung ländlicher Räume und deren ökonomische Effekte. Traditionell ist diese Diskussion von Befürchtungen geprägt, durch Abwanderungsbewegungen in die Ballungszentren drohe eine „Verödung ländlicher Räume" (vgl. *Uhlmann* 1990, S. 54). In wirtschaftlicher Hinsicht wiegt besonders die Vermutung schwer, dass in erster Linie die vergleichsweise qualifizierten Arbeitskräfte abwandern würden, da diese in anderen Regionen relativ gute Beschäftigungsperspektiven besäßen. Lange Zeit wurde in dem Mangel an qualifizieren Arbeitskräften ein wesentliches Hemmnis für eine prosperierende wirtschaftliche Entwicklung in ländlichen Regionen gesehen (vgl. *König* 1983, S. 41 ff.). Folgende empirische Befunde werden jedoch zeigen, dass die aus der „Entleerungsthese" abgeleiteten Annahmen über eine Verschlechterung der Qualifikationsstruktur der erwerbsfähigen Bevölkerung in den 80er und 90er Jahren in keiner Weise als zutreffend anzusehen sind. Ganz im Gegenteil trugen Binnenwanderungsprozesse zu einer nachhaltigen Verbesserung der Humankapitalausstattung ländlicher Räume bei. Im Folgenden werden die Binnenwanderungsprozesse und die sie tragenden Bevölkerungsgruppen näher untersucht.

4.3.2.3.1 Zuwanderungen von einkommensstarken und hochqualifizierten Bevölkerungsschichten

Hinter den Wanderungsbewegungen in ländlich-periphere Gebiete verbergen sich verschiedene Bevölkerungsgruppen. An dieser Stelle soll herausgearbeitet werden, in welche Gruppen sich die zugezogenen Personen typischerweise einordnen lassen. Dieser Aspekt ist vor dem Hintergrund der Frage nach der Zukunftsfähigkeit ländlicher Räume, die in wirtschaftlicher Hinsicht in hohem

Tabelle 19: Regionale Binnenwanderungsprozesse in den alten Bundesländern

	Binnenwanderungssaldo je 10 000 Einwohner der Altersgruppe				
	18-24 Jahre	25-29 Jahre	Familien	50-64 Jahre	> 65 Jahre
	Binnenwanderung 1991				
Hochverdichtete Regionen	88	57	26	- 1	- 3
Regionen mit Verdichtungsansätzen	72	17	23	6	4
Dichter besiedelte ländliche Regionen	- 3	- 19	62	39	24
Dünn besiedelte ländliche Regionen	- 28	17	81	48	32
	Binnenwanderung 1996				
Hochverdichtete Regionen	47	44	1	- 14	- 9
Regionen mit Verdichtungsansätzen	- 10	- 66	- 8	11	5
Dichter besiedelte ländliche Regionen	5	- 21	55	49	27
Dünn besiedelte ländliche Regionen	- 19	- 12	60	65	33

Quelle: Maretzke 1998, S. 808 ff.

Anm.: Unter dem Begriff „Familien“ werden die Altersgruppen der unter 18jährigen sowie die 30- bis 49 Jährigen zusammengefasst.

Maße von der Ausstattung mit Humankapital mit bestimmt ist, von besonderer Relevanz. Wanderungen tragen, da tendenziell eher jüngere Personengruppen (Ausbildungs-, Berufs- und Familienwanderer) migrationsorientiert sind, zu einem vergleichsweise günstigen Altersaufbau der ländlichen Bevölkerung bei. Die ländlichen Räume Westdeutschlands weisen in der Summe seit 1980 in den Altersgruppen der über 30 Jährigen deutliche Wanderungsgewinne auf, lediglich in der Gruppe der 18-30 Jährigen (vor allem Ausbildungswanderung) wanderten mehr Personen ab als zu (vgl. *BfLR* 1997, S. 29 ff. und Tabelle 19). Diese Entwicklungstendenz gilt für die dicht besiedelten ländlichen Regionen genauso wie für die dünner besiedelten peripher gelegenen Gebiete, wobei der Bevölkerungsanstieg durch Zuwanderung in der letztgenannten Regionskategorie höher lag. Dagegen büßten die verdichteten Regionen und ihre Kernstädte Einwohner in den Altersgruppen über 30 Jahren durch Abwanderungen ein bzw. verzeichneten in diesen Bereichen nur geringe Steigerungsraten.

Nach Studien von Johaentges (1996) und Becker (1997), die beide in Fortführung eines Forschungsprojektes von 1952 und 1972 die Einwohnerentwicklung von Dörfern in ländlichen Gebieten untersuchten, werden die Zuwanderungsbewegungen hauptsächlich durch junge Personengruppen getragen, die sich gegenüber den länger im Dorf Wohnenden durch ein im Schnitt höheres Bildungs- und Einkommensniveau auszeichnen.[55] Besonders hervorzuheben ist in diesem Zusammenhang die Gruppe „Junge Familien mit Kindern." Diese Personengruppe prägt entscheidend die Zuwanderungsprozesse in ländliche Räume. Im Vergleich zu den Bewohnern, die längere Zeit im Dorf leben, weist sie - nach Johaentges (1996, S. 94 ff.) - die folgenden Eigenschaften auf: Zum einen besitzen die Zuwanderer einen höheren schulischen und beruflichen Abschluss. Zum anderen verfügt die Personengruppe junge Familie mit Kindern über ein wesentlich höheres Haushaltseinkommen als der Durchschnitt der übrigen Bevölkerung in der Zuwanderungsregion. Die verstärkte Zuwanderung von hoch qualifizierten, einkommensstarken Bevölkerungsschichten kann als Fortführung eines Suburbanisierungsprozesses interpretiert werden, der Anfang der 80er Jahre in Form von Stadt-Umland-Wanderungen dieses Personenkreises einsetzte und in den Folgejahren in zunehmenden Maße auch abgelegenere Dörfer in den ländlichen Räumen erfasste (vgl. *BfLR* 1997, S. 29). Die Mehrzahl der zugezogenen jungen Familien lebt - als typische Wohnform - im eigenen Haus. Im Unterschied zu dem Zuzug junger Familien mit Kindern besitzen andere Bevölkerungsgruppe einen geringeren Anteil am gesamten Zuwanderungsvolumen. Dies gilt für die Altersruhesitzwanderung genauso wie für den Zuzug von Aussiedlern (vgl. *Johaentges* 1996, S. 105 ff.).

---

55 Was die Einwohnerentwicklung dieser Dörfer in diesen Untersuchungsperioden betrifft, so ist zu konstatieren, dass seit dem Beginn der 80er Jahre eine entscheidende Trendwende zu beobachten ist und alle Dörfer deutliche Bevölkerungszunahmen zu verzeichnen haben (vgl. *Becker* 1997, S. 47). Es ist aber darauf hinzuweisen, dass nicht alle der untersuchten Dörfer ländlichen Räumen - nach der in dieser Arbeit getroffenen BfLR-Definition - zugeordnet werden können. Dennoch können die Ergebnisse als repräsentativ für die Entwicklung der dünn besiedelten ländlichen Gebiete gelten (vgl. *BMBau* 1993).

4.3.2.3.2 Gründe für die Zuwanderungen

Die Motive des Zuzugs in die Untersuchungsdörfer lassen sich in zwei wesentliche Kategorien einteilen: einerseits als Reaktion auf Entwicklungen der Arbeits- und Mietwohnungs- bzw. Bodenmärkte und andererseits als Möglichkeit im eigenen Haus in ländlicher Umgebung zu wohnen (vgl. *Becker* 1997, S. 56 ff.):

- Reaktion auf Entwicklungen der Arbeits-, Mietwohnungs- und Bodenmärkte

Dörfer gewinnen als Wohnstandort an Bedeutung und Attraktivität, wenn zum einen die berufliche Situation (z. B. Aufnahme einer Beschäftigung) dies erfordert oder zum anderen - und dies stuft Johaentges (1996, S. 114 ff.) neben der Gruppe der persönlichen Motive wie Heirat etc. als Zuzugsmotiv bedeutender ein - günstige Mieten und Baulandpreise das Wohnen in Dörfern vorteilhaft erscheinen lassen. In beiden Fällen ist festzustellen, dass insbesondere Dörfer in der Nähe wirtschaftsstarker Städte und Ballungsräume von der Mobilität der Beschäftigten, die in den Kernstädten arbeiten, aber aufgrund hoher Miet- und Bodenpreise dort nicht wohnen möchten, profitieren können. Allerdings kann auch für ballungsferne Dörfer eine erhöhte Zuwanderung von Personen beobachtet werden, die hauptsächlich aus Gründen preiswerten Wohnens zugezogen sind (vgl. *Johaentges* 1996, S. 121). Damit geht in vielen Fällen zwangsläufig eine Zunahme der Pendelentfernungen zum Arbeitsplatz einher, sofern sich dieser in einem weit entfernten Ballungsgebiet befindet.

Aus dieser Gegebenheit allerdings zu schließen, dass die Dörfer in ländlichen Regionen zu reinen „Schlafdörfern" würden, ist nach den Untersuchungen von Becker und Johaentges unzutreffend. In den Untersuchungsdörfern ist das Gros der arbeitsfähigen Bevölkerung nicht mehr als eine halbe Stunde zum Arbeitsplatz unterwegs (je nach Ort sind dies 70 bis 90 Prozent der Beschäftigten; vgl. *Becker* 1997, S. 103). Vielfach liegt der Arbeitsort nicht einmal in größeren Siedlungen, sondern in anderen Dörfern bzw. im Dorf selbst, so dass sich in der Summe kein eindeutiges räumliches Muster des Pendelverhaltens erkennen lässt (vgl. *Becker* 1997, S. 102 ff.). Die für Dörfer in ländlichen Regionen nicht zu erwartende hohe Bedeutung von beruflichen Motiven (Aufnahme einer neuen Beschäftigung, Versetzung) als Zuwanderungsfaktor veranlasst Becker (1997, S. 104 ff.) zu der Folgerung, ländliche Regionen und ihre Dörfer seien - weil diese Gebiete traditionell nicht als Standort von Industrie- und Dienstleistungsproduktion verstanden werden - „die verkannten Gewerbestandorte."

• Wohnen in ländlicher Umgebung

Diesem Zuwanderungsmotiv kommt gegenüber den soeben genannten Wanderungsmotiven - insbesondere der Möglichkeit, in Dörfern billiges Bauland zu erwerben und sich damit den Traum vom „eigenen Haus“ erfüllen zu können (vgl. *Johaentges* 1996, S.123 ff.) - ein untergeordneter Stellenwert zu. Er ist aber eine weitere wichtige Begründung für die Attraktivität von Dörfern als Wohnstandort (vgl. *Becker* 1997, S. 57 ff.). Positiv bewertet werden von den Zugezogenen insbesondere die gesunde Umwelt und die Nähe zur Natur sowie die Ruhe in ländlichen Gebieten (vgl. *Johaentges* 1996, S. 123 ff.).

Zu ähnlichen Ergebnissen gelangt Rohr-Zänker (1998, S. 191 f.) in einer Studie über die Zuwanderung hoch qualifizierter Arbeitskräfte in strukturschwache Regionen am Beispiel der Weser-Ems-Region. Danach beurteilten die befragten Führungskräfte insbesondere die niedrigen Wohnkosten, die hohe Wohnqualität, die kinderfreundliche Umgebung (wegen geringen sozialen Problemen) und die hohe Umweltqualität in der dünn besiedelten Region positiv (vgl. *Rohr-Zänker* 1998, S. 168 f.). Als attraktiv wird das Wohnen in einer ländlichen Region von den hoch qualifizierten Arbeitskräften auch deshalb bewertet, weil die in diesen Gebieten vergleichsweise geringen Lebenshaltungskosten erhebliche Kaufkraftgewinne mit sich brächten.

4.3.2.3.3 Ökonomische Effekte der Wanderungsbewegungen

Die räumlichen Dezentralisierungstendenzen in der Bevölkerungsentwicklung in den 80er Jahren verbesserten zweifelsohne die Qualifikationsstruktur der ortsansässigen Bevölkerung. Aufgrund der im Schnitt höheren beruflichen Ausbildung der Zugezogenen kann der Schluss gezogen werden, dass das Qualifikationsspektrum der arbeitsfähigen Bevölkerung in den ländlich-peripheren Regionen ausgebaut und breiter gefächert und damit ein „klassischer“ Standortnachteil ländlicher Räume (zu viele un- und angelernte Arbeitskräfte und zu wenig Facharbeiter und Akademiker) abgemildert wurde.

Eine allgemeine Erhöhung des Wissens- und Fertigkeitsniveaus bietet für den Unternehmenssektor dieser Gebiete folgende Vorteile. Erstens können die regional ansässigen Unternehmen ihren Bedarf an gut ausgebildeten Arbeitskräften besser decken. Zweitens erhöht ein hohes Arbeitskräftepotential die Attraktivität eines Raumes für Unternehmensansiedlungen. Drittens ist davon auszugehen, dass mit wachsender Humankapitalausstattung die Wahrscheinlichkeit von Unternehmensgründungen aus diesen Räumen heraus und somit der Schaffung von Arbeitsplätzen und Einkommen ansteigt. Gerade im letztgenannten Aspekt wird in neueren Forschungsarbeiten ein Grund für die positive Beschäftigungsentwicklung nicht-zentraler Regionen gesehen (vgl. *Bade* 1997 oder für England *Keeble/Tyler* 1995). Durch die Zuwanderung junger Personengruppen in ländliche Räume, die einerseits von dem höheren Preisniveau in den Verdichtungsräumen abgeschreckt, andererseits von den angenehmen Lebensbedingungen in ländlichen Regionen angezogen werden, entstehe im Verbund mit günstigen Standortbedingungen ein „Unternehmenspotential (...), das sich sowohl wegen seiner (eher technischen) Innovationsfähigkeit als auch wegen seiner Suche nach neuen Marktnischen gut im Wettbewerb behaupten kann (*Bade* 1997, S. 255)."

Neben den Aspekten einer verbesserten Ausstattung mit Humankapital dürfen die direkten wirtschaftlichen Impulse der Binnenwanderungen nicht übersehen werden. Durch Zuwanderungen privater Haushalte (nach *Fürst* (1996, S. 99) eine „Investorengruppe" mit zunehmender Bedeutung) fließt Kaufkraft in ländliche Regionen (zugleich wird sie aus den Verdichtungsräumen abgezogen). Positive Beschäftigungs- und Einkommenseffekte sind daher in den unterschiedlichsten Wirtschaftsbereichen zu erwarten, z. B. im Baugewerbe, Handwerk und haushaltsorientierten Dienstleistungen wie Handel oder Gesundheitswesen.

4.3.2.4 Zusammenfassung

Die vorstehenden Befunde stehen im Widerspruch zu den Auffassungen, die im vorherigen Kapitel 4.3.1 dargestellt wurden, nach denen insbesondere die Wohnstandortwahl hoch qualifizierter Arbeitskräfte von der regionalen Ausstattung mit sozialer und kultureller Infrastruktur maßgeblich beeinflusst wird. Der hohe Wert dieser Infrastruktureinrichtungen für die Zuwanderung qualifizierter Arbeitskräfte wird durch die Untersuchungen von Becker, Johaentges und Rohr-Zänker in Zweifel gezogen. Diese Studien zeigen, dass auch ein nur unterdurchschnittlich hoher Ausstattungsgrad bei der sozialen und kulturellen Infrastruktur die Zuwanderung von qualifizierten Arbeitskräften in ein gering verdichtetes Gebiet bei vorhandenen Arbeitsplatzangeboten nicht wesentlich behindert (vgl. *Johaentges* 1995, S. 23 und *Rohr-Zänker* 1998, S. 193 f.). Ganz im Gegenteil besitzen die ländlichen Regionen mit ihrer hohen Wohnqualität und einem angenehmen Wohnumfeld einen Standortvorteil, der in der Lage scheint, Defizite im haushaltsorientierten Infrastrukturbereich zum Teil kompensieren zu können. Dass nicht nur die Rahmenbedingungen für die Zuwanderung qualifizierter Arbeitskräfte in ländliche Regionen gegeben sind, sondern auch ein entsprechendes Arbeitsplatzangebot in diesen Räumen vorhanden ist, verdeutlichte die Analyse regionaler Unterschiede im Einsatz hoch qualifizierter Arbeitskräfte. Die Nachfrage der Unternehmen in den peripheren Regionen nach solchen Arbeitskräften nahm im Verlauf der 80er und 90er Jahre merklich zu. Die nicht nur in der Regionalökonomik verbreitete Ansicht über die Qualifikationsstruktur der in ländlichen Regionen Beschäftigten ist vor dem Hintergrund der gezeigten empirischen Befunde zu relativieren (vgl. z. B. *Ewers et al.* 1980, *Klemmer* 1996, *Gaebe* 1991). Wenn auch in den Verdichtungsgebieten nach wie vor ein höherer Anteil von Beschäftigten dem oberen Qualifikationssegment als in den nicht-zentralen Gebieten zuzuordnen ist, legen doch die Entwicklungen in den 80er und 90er Jahren einen Aufholprozess von ländlichen Regionen offen. Davon werden auch die peripheren dünn besiedelten Gebiete erfasst. Werden diese Ergebnisse im Gesamtzusammenhang dieser Arbeit gesehen, kann daraus zweierlei abgeleitet werden:

- Anscheinend sind die Produktionseinheiten in den nicht-zentralen Regionen innovativer und besser für die Bewältigung des technologischen Strukturwandels gerüstet, als vielfach angenommen wird.
- Der Anstieg im Einsatz an hoch qualifizierten Beschäftigten zeigt, dass die Produktionseinheiten in ländlichen Regionen allem Anschein nach keine Schwierigkeiten haben, qualifizierte Arbeitskräfte zu rekrutieren. Empirische Untersuchungen führen dies zum einen auf den Ausbau von Bildungseinrichtungen in ländlichen Regionen zurück, die tendenziell das Qualifikationsniveau der ortsansässigen Bevölkerung anheben (vgl. *Rohr-Zänker* 1998, S. 24). Zum anderen besitzen hoch- gegenüber geringqualifizierten Arbeitskräften grundsätzlich eine höhere interregionale Mobilität. Werden somit Arbeitsstellen für dieses Arbeitskräftesegment in abgelegenen Regionen angeboten, sind Arbeitskräfte durchaus zur Zuwanderung in solche Gebiete zu bewegen (vgl. *Rohr-Zänker* 1998). Der Grund für den traditionell geringen Besatz ländlicher Regionen mit qualifizierten Beschäftigten ist im Lichte dieser Überlegungen vermutlich weniger auf die Standort- und Lebensbedingungen dieser Räume zurückzuführen, sondern auf das - im Unterschied zu den Zentralregionen - geringe Arbeitsplatzangebot für hoch qualifizierte Arbeitskräfte.

4.4 Zusammenfassung: Räumliche Wirtschaftsstrukturen und regionale Standortbedingungen in den ländlichen Räumen Westdeutschlands

Das Ziel dieses Kapitels war es, die auf der Grundlage der in Kapitel 3 dargestellten Landschaftsstrukturmodelle abgeleiteten Erwartungen im Hinblick auf die ökonomischen Potentiale dünn besiedelter Regionen zu überprüfen. Will man die Ergebnisse dieses Kapitels auf einen knappen Nenner bringen, so lässt sich sagen, dass das ökonomische Potential ländlicher Räume unter dem Eindruck der bisher zusammengetragenen Befunde höher zu bewerten ist als es zahlreiche Äußerungen im regionalwissenschaftlichen Schrifttum vermuten lassen. Im Folgenden soll diese Einschätzung näher begründet werden.

Die ***Wirtschaftsstruktur*** ländlicher Regionen entspricht heutzutage nur noch sehr eingeschränkt traditionellen Vorstellungen von einer Dominanz der Landwirtschaft, kleinen Handwerks- und Industriebetrieben. Die Landwirtschaft ist auch in den ländlichen Regionen auf dem Rückzug. Mittlerweile wird das Gros der Arbeitsplätze von Unternehmen des sekundären und tertiären Sektors gestellt.

Auffällig am sektoralen Strukturwandel in ländlichen Regionen sind vor allen Dingen folgende Sachverhalte. Die Bedeutung des gewerblich-industriellen Sektors ist im interregionalen Vergleich - und besonders im Unterschied zu den Verdichtungsregionen - überdurchschnittlich hoch. Dieser Tatbestand wurde und wird oft zum Anlass genommen, die wirtschaftlichen Entwicklungsaussichten ländlicher Regionen pessimistisch einzustufen (vgl. z. B. *Müller* (1983) und *Klemmer* (1996)). Abgeleitet wird diese Einschätzung in erster Linie aus einem Vergleich der Wirtschaftsstrukturen in ländlichen und städtischen Räumen. Das bedeutet, dass die Bewertung der Wirtschaftsentwicklung in ländlichen Regionen nicht allein von dem Verlauf der ländlichen Wirtschaftsentwicklung abhängt, sondern ein Urteil hierzu erst dann gefällt wird, wenn die wirtschaftliche Entwicklung und die Wirtschaftsstruktur in den Ballungsgebieten als Referenzmaßstab herangezogen wurde. Das höhere Gewicht von Dienstleistungen in Ballungsgebieten wird als Begründung dafür benutzt, um diesen vor dem Hintergrund einer allgemeinen Tertiärisierung eine günstigere Entwicklung als dünn besiedelten ländlichen Regionen vorherzusagen. Den Agglomerationen kommt nach diesem Verständnis im interregionalen Kontext eine Vorreiterrolle zu. Die folgende Argumentation von Müller (1983, S. 160) verdeutlicht diese Sichtweise: „Die überdurchschnittliche Entwicklung der industriellen Arbeitsplätze in ländlichen Gebieten (...) ist (...) vor dem Hintergrund eines tendenziell schrumpfenden Sekundärbereiches zu einem bedeutenden Teil auf den nur schleppenden Abbau von Arbeitsplätzen in langfristig schrumpfenden Sektoren zurückzuführen. Die Agglomerationen haben sich also vorzeitig und in stärkerem Maße aus veralteten Industriezweigen zurückgezogen. Die ländlichen Regionen müssen diesen Anpassungsprozess dagegen offensichtlich erst noch bewältigen."

Im Zusammenhang mit der Vermutung des Vorherrschens „schrumpfender" Wirtschaftszweige in ländlichen Regionen wird ein Entwicklungsrisiko für diesen Raumtyp in dem im interregionalen Vergleich hohen Anteil fremdgesteuerter Zweigbetriebe gesehen. Zweifellos besitzen Zweigbetriebe einen hohen Stellenwert für die Entwicklung der dünn besiedelten Räume. Ob daraus jedoch tatsächlich ernsthafte Entwicklungsrisiken erwachsen, lässt sich in pauschaler Form nicht beantworten. Die verbreiteten negativen Assoziationen mit Zweigbetrieben beziehen sich vor allem auf eine bestimmte Ausprägung abhängiger Betriebe, die „verlängerten Werkbänke". Dabei handelt es sich um eine Betriebsform, die vornehmlich in Zeiten der Hochkonjunktur in ländlichen Regionen - wegen deren Arbeitskräfte- und Flächenreservoir - gegründet wurde. Negative Charakteristika verlängerter Werkbänke werden vor allem in den folgenden Punkten gesehen: Zum einen würden nur geringe Qualifikationsanforderungen an die Arbeitskräfte gestellt werden, weshalb die Löhne und Gehälter in solchen Betrieben auf einem geringen Niveau lägen. Das Überwiegen einfacher Tätigkeiten resultiere aus der Gegebenheit, dass in verlängerten Werkbänken in erster Linie einfache standardisierte arbeitsintensive Produktionstätigkeiten ausgeführt würden und anspruchsvolle Dienstleistungsfunktionen - so genannte Headquarter-Funktionen wie Unternehmensleitung, Marketing, EDV, Forschung etc. - unterrepräsentiert wären. Zum anderen besäßen verlängerte Werkbänke eine geringe Bestandsdauer, da diese vielfach nur den Zweck hätten, Kapazitätsspitzen aufzufangen und daher folgerichtig in Zeiten zurückgehender Nachfrage stillgelegt würden. In diesem Zusammenhang sei auch die Gefahr einer Abwanderung in das noch kostengünstigere Ausland zu berücksichtigen. Darüber hinaus wird angezweifelt, dass verlängerte Werkbänke starke Impulse für die regionalwirtschaftliche Entwicklung geben können. Vielfach seien Zweigbetriebe über Liefer- und Absatzverflechtungen nur wenig mit der lokal ansässigen Wirtschaft verbunden, sondern stärker auf überregionale Zulieferer und Abnehmer - z. B. das Mutterunternehmen - ausgerichtet.

Allerdings ist es nicht angebracht, diese Vorstellungen auf alle zugewanderten, mit überregionalen Unternehmen verflochtenen, Betriebe zu übertragen und diese mit der aufgeführten Ausprägung von verlängerten Werkbänken gleichzusetzen. Die Ansiedlung eines Tochterbetriebes eines regionsexternen Mehrbetriebsunternehmens in ländlichen Regionen, in den auch Headquarter-Funktionen integriert sind (vollstufiger Betrieb) und der seinen eigenen Kundenstamm beliefert sowie eng mit regionalen Produktionseinheiten verflochten ist, ist zweifelsohne positiv für die ländliche Regionalentwicklung zu bewerten.

Angesichts der - wie das obige Zitat von Müller (1983) zeigt - seit langer Zeit geäußerten Vermutungen über tiefgreifende Anpassungsprozesse aufgrund sektoraler Verschiebungen in ländlichen Regionen verwundert deren vergleichsweise günstige Beschäftigungsentwicklung in den letzten Jahren (vgl. Kapitel 2). Als Begründung für diesen Verlauf der wirtschaftsräumlichen Entwicklung können im Rahmen der bisherigen Analyse zu den Merkmalen regionaler Wirtschaftsstrukturen zwei Sachverhalte herangezogen werden.

Erstens ist die Annahme einer starken Zentralitätsorientierung von Dienstleistungen generell nicht haltbar. Empirische Analysen haben nicht nur ein starkes Wachstum von haushaltsnahen Diensten in ländlichen Regionen offen gelegt, sondern auch eine interregional überdurchschnittliche Zunahme von unternehmensorientierten Dienstleistungen, die als besonders zentrumsorientiert gelten, nachgewiesen. Augenscheinlich ist die relativ günstige Entwicklung im Industriebereich in ländlichen Regionen die Voraussetzung für eine ebenfalls positive Entwicklung im Dienstleistungssektor in diesen Räumen. Vor dem Hintergrund dieser Überlegung wird deutlich, dass die Tertiärisierung nicht derart verstanden werden darf, dass der Industriesektor allmählich schwindet und die dadurch entstehende Lücke durch Dienstleistungstätigkeiten gefüllt wird. Vielmehr bedürfen die unternehmensnahen Dienstleistungen und auch große Teile der haushaltsnahen Dienstleistungsproduktion (wie etwa teure Freizeiteinrichtungen) einer industriellen Basis. Im Lichte dieser Analyse ist der hoher Anteil tertiärer Tätigkeiten an der Gesamtbeschäftigung in den Verdichtungsregionen nicht zwangsläufig positiv zu bewerten, weil er auch durch verhältnismäßig große Beschäftigungsverluste im sekundären Sektor zustande kam und damit ein Stück der industriellen Basis weggebrochen ist. In ländlichen Regionen konnte dagegen die industrielle Basis in den letzten Jahren eher gehalten werden.

Dass der industrielle Sektor in den ländlichen Regionen in den 80er und 90er Jahren keinen tiefgreifenden Einbruch erfahren hat, kann unter Beachtung dieser Ergebnisse somit als zweite und wesentliche Begründung für die relativ günstige Entwicklung ländlicher Regionen genannt werden. Die ländlichen Industriebetriebe entwickelten sich im Unterschied zu den industriellen Produktionseinheiten in den Verdichtungsgebieten - gemessen an der Beschäftigung - in der Vergangenheit besser. An dieser Stelle drängt sich die Frage nach den Ursachen der verhältnismäßig günstigen industriellen Entwicklung in ländlichen Regionen auf. Auf Grundlage der bisherigen Befunde bieten sich hierzu folgende Erklärungsmuster an. Zum einen wird die ländliche Wirtschaftsstruktur überwiegend durch kleinere Betriebe geprägt. Empirische Studien zum betriebsgrößenspezifischen Beschäftigungsverhalten haben gezeigt, dass es in den letzten zwanzig Jahren - sowohl im sekundären als auch im tertiären Sektor - vor allen Dingen die kleineren und mittleren Firmen waren, die überproportional ihre Beschäftigung ausgeweitet haben („Mittelstandshypothese"). Die ländlichen Regionen profitieren also in wirtschaftlicher Hinsicht davon, dass sie - im Unterschied zu den Agglomerationen - einen höheren Bestand an kleinen und mittleren Betrieben im industriellen Bereich besitzen. Zum anderen hat die Analyse regionaler Innovations- und Adoptionsunterschiede offen gelegt, dass die Fähigkeit zur Generierung und Aufnahme von Neuerungen - wenn überhaupt - nur in geringem Maße von dem großräumigen Standort eines Betriebes beeinflusst wird. Entscheidend sind hierbei vielmehr strukturelle Unterschiede zwischen Unternehmen wie etwa die Branchenzugehörigkeit oder die Unternehmensgröße. Bei strukturell ähnlichen Betrieben lassen sich sowohl Beispiele für regionale Innovationsdisparitäten als auch solche anführen, die zeigen, dass keine siedlungsstrukturell bedingten Unterschiede zwischen Unternehmen in der Innovationsleistung bestehen. In jedem Fall deuten die empirischen Ergebnisse darauf hin, dass ein zentrumsnaher Standort keine unabdingbare Voraussetzung bildet, um erfolgreich Innovationen erzeugen und Neuerungsleistungen implementieren zu können.

Letztendlich ist unter dem Eindruck dieser Ergebnisse die Frage zu stellen, ob das vielfach anzutreffende Bild von leistungsschwachen industriellen Betrieben und verlängerten Werkbänken die realen Gegebenheiten in ländlichen Räumen treffend beschreibt. Die Beurteilung dieser Frage hängt in hohem Maße davon ab, welche Industriebetriebe die wichtigsten Träger der relativ prosperierenden Industrieentwicklung in ländlichen Räumen in den letzten Jahren waren. Grundsätzlich könnte die industrielle Entwicklung in den nicht-zentralen Regionen von zugewanderten Zweigbetrieben oder einheimischen Unternehmen getragen worden sein. In beiden Fällen ist die ökonomische Potenz der Betriebsformen zu prüfen. Handelt es sich bei den Zweigwerken vornehmlich um verlängerte Werkbänke oder vollstufige Unternehmen? Wie ist die Wettbewerbsfähigkeit der selbständigen Klein- und Mittelbetriebe einzustufen? Diese Aspekte werden im nächsten Gliederungspunkt thematisiert und anhand einer regionalen Fallstudie analysiert. Der aufgrund einer fortschreitenden Tertiärisierung und einer verhältnismäßig guten industriellen Entwicklung ländlicher Regionen entstandene positive Gesamteindruck der ländlichen Wirtschaftsstruktur ist somit letztendlich davon abhängig, wie die Leistungsfähigkeit der Träger der industriellen Entwicklung eingestuft wird.

Eine erste Erkenntnis hierzu vermittelte die Analyse der Veränderungen im Einsatz hoch qualifizierter Arbeitskräfte im Zeitablauf. Danach setzten die Unternehmen in ländlichen Gebieten in den letzten Jahren zunehmend hoch qualifiziertes Personal ein und intensivierten ihre Forschungsanstrengungen. Dieser Befund zeigt zweierlei: Einmal widerspricht der im Unterschied zu den übrigen Raumtypen überproportional starke Anstieg des betrieblichen Einsatzes qualifizierter Arbeitskräfte Vorstellungen von einem Übergewicht einfacher arbeitsintensiver standardisierter Produktionsformen in ländlichen Gebieten. Zum anderen stieg in der Vergangenheit die Standortqualität in puncto qualifizierte Arbeitskräfte in ländlichen Räumen.

Darüber hinaus verdeutlichte die Analyse der ländlichen ***Standortqualität***, dass die Standortvorteile ländlicher Regionen nicht mehr in erster Linie auf den traditionellen Faktoren wie dem Flächenangebot und einem interregional unterdurchschnittliches Lohnniveau beruhen. In den vergangenen Jahren erlangten die dünn besiedelten Regionen in einigen Bereichen „zentrumstypische“ Standortqualitäten. In diesem Zusammenhang ist vor allen Dingen die verbesserte Ausstattung mit materieller Infrastruktur in dünn besiedelten Regionen zu nennen. In den Infrastrukturfeldern Ver- und Entsorgung sowie Straßenverkehr besteht eine annähernd gleichwertige Ausstattung zwischen siedlungsstrukturell unterschiedlichen Regionen. Von fast jedem Raumpunkt in der alten Bundesrepublik aus ist der nächste Anschluss an eine Bundesautobahn in weniger als einer halben Stunde zu erreichen. Dadurch konnte ein klassischer Standortnachteil der peripheren ländlichen Regionen - ihre schlechte Erreichbarkeit und ungünstige großräumige Lage - abgemildert werden. Weit voneinander entfernte Raumpunkte haben sich somit - ökonomisch betrachtet - angenähert.

Ebenfalls verbessert wurde die Ausstattung ländlicher Regionen mit Einrichtungen der Bildungsinfrastruktur wie Universitäten und Fachhochschulen. In einem breiteren Angebot an Bildungseinrichtungen ist mit ein Grund dafür zu sehen, dass das Qualifikationssniveau der Arbeitskräfte in ländlichen Regionen in der Vergangenheit im Unterschied zu den übrigen Regionskategorien überproportional gestiegen ist. Der im Zuge ausgleichsorientierter Regionalpolitik erfolgte Ausbau der materiellen Infrastruktur trug somit beträchtlich zur Verbesserung der Standortqualität in ländlichen Gebieten bei.

Eine Verbesserung der Humankapitalausstattung ländlicher Regionen ist nicht zuletzt auch auf die Binnenwanderungsgewinne dieser Regionen in den letzten Jahren zurückzuführen. Wegen der Möglichkeit in ländlicher Umgebung günstig ein Haus bauen zu können, zogen zahlreiche Personen in ländliche Regionen. Diese besaßen in vielen Fällen einen höheren Ausbildungsstand als die einheimische Bevölkerung. Die Binnenwanderungsprozesse sind somit als wesentlicher Faktor der günstigen wirtschaftlichen Entwicklung ländlicher Gebiete in den letzten Jahren anzusehen.

Trotz dieser für ländliche Gebiete insgesamt positiven Entwicklung dokumentieren Indikatoren im Bereich der kulturellen Infrastruktur (schwach besiedelte ländliche Gebiete) und vor allem im Bereich der Schienenverkehrsinfrastruktur nach wie vor zum Teil deutliche räumliche Ausstattungsunterschiede zugunsten der großen Verdichtungsgebiete. Werden die Ergebnisse zu der Analyse der Standortqualität in ländlichen Regionen auf einen knappen Nenner gebracht, so lässt sich in den letzten Jahren zweifelsfrei eine Verbesserung der Standortgegebenheiten in ländlichen Regionen konstatieren.

Vergegenwärtigt man sich die Aussagen der neuen Ansätze der Wachstumstheorie in Kapitel 3.3.3, bildet von allen Standortfaktoren in erster Linie die höhere Verfügbarkeit qualifizierter Arbeitskräfte ein wichtiges Erklärungsmoment für die im interregionalen Vergleich günstige ländliche Wirtschaftsentwicklung. Die verbesserte Humankapitalausstattung ländlicher Gebiete drückt sich auch in einer Zunahme unternehmensnaher hochwertiger Dienstleistungsberufe aus. Gerade das Dienstleistungswachstum kann als bedeutende Verbesserung der Standortqualität gesehen werden, da unternehmensnahe Dienstleistungen eine Vorleistungsfunktion für den industriellen Sektor besitzen.

In raumwirtschaftstheoretischer Perspektive hat dieses Ergebnis erhebliche Auswirkungen. Galt es bisher, wenn nicht als Voraussetzung, so doch als großer Vorteil für die Innovations- und Wettbewerbsfähigkeit von Unternehmen, in einem Verdichtungsraum ansässig zu sein, stellt sich vor dem Hintergrund der verbesserten Standortqualität in ländlichen Regionen die Situation anders dar. Die Mehrzahl der regionalwissenschaftlichen Untersuchungen hat gezeigt, dass der Raumeinfluss im Unterschied zu anderen Faktoren wie etwa Größe oder Branche einen nachgeordneten Stellenwert zur Erklärung des Markterfolges eines Unternehmens besitzt.

Damit ist die Bedeutung der Agglomerationseffekte neu zu definieren. Wurde traditionell überwiegend angenommen, dass nur die hochverdichteten Regionen aufgrund starker Agglomerationsvorteile einen günstigen Rahmen für wirtschaftliche Aktivitäten bilden, zeigt die Analyse der ländlichen Standortqualität, dass gegenwärtig auch in diesen Räumen Unternehmen die Vorteile realisieren können, die früher nur auf wenige Raumpunkte konzentriert waren. D. h. die positiven externen Effekte räumlicher Verdichtung wie ein Pool an qualifizierten Arbeitskräften, unterschiedliche Dienstleistungs- und Verwaltungseinrichtungen können in einem zunehmenden Maße auch in ländlichen Gebieten wahrgenommen werden.

Vor dem Hintergrund dieser Befunde kann die relativ günstige wirtschaftliche Entwicklung ländlicher Regionen nicht allein mit negativen Agglomerationseffekten erklärt werden. Zunehmende Ballungsnachteile sind zweifelsohne - wie die Zweigbetriebsgründung in ländlichen Regionen oder auch die Zuwanderung in ländliche Regionen verdeutlicht - ein wesentliches Erklärungsmoment für die wirtschaftsräumliche Entwicklung in der Vergangenheit. Zieht man jedoch in

Betracht, dass ab dem Beginn der 80er Jahre die Zahl der Zweigbetriebsgründungen stark rückläufig ist, wird erkennbar, dass die günstige Entwicklung ländlicher Regionen nicht allein auf negative Agglomerationseffekte in den Verdichtungsgebieten zurückgeführt werden kann. Vielmehr ist von einem in den letzten zwanzig Jahren gestiegenen ökonomischen Potential der ländlichen Regionen in Westdeutschland auszugehen.

Im Anschluss werden die Ergebnisse einer Fallstudie vorgestellt, die im Rahmen eines Forschungsprojektes über ländliche Räume ermittelt wurden. Hiermit wird das Ziel verfolgt, abschließend die wirtschaftliche Entwicklung ländlicher Räume konkret an dem Beispiel einer bestimmten Teilregion (Landkreis Bitburg-Prüm in Rheinland-Pfalz) näher zu analysieren. Es soll dabei untersucht werden, ob und inwiefern sich die theoretisch und empirisch - auf der Raumebene der siedlungsstrukturellen Regionstypen - erarbeiteten Erkenntnisse bei der Analyse auf kleinräumiger Ebene widerspiegeln.

5 Darstellung der wirtschaftlichen Entwicklung in ländlichen Räumen anhand einer Fallstudie

5.1 Vorbemerkungen

Im Rahmen eines Verbundforschungsvorhabens im Auftrag des Bundesministeriums für Ernährung, Landwirtschaft und Forsten über die „Entwicklung ländlicher Räume und ihrer Dörfer auf der Schwelle zum nächsten Jahrtausend - Ziele, Entwicklungsszenarien und Umsetzungsstrategien unter besonderer Berücksichtigung der Agrarstrukturpolitik" wurde von der Forschungsgesellschaft für Agrarpolitik und Agrarsoziologie e.V. in den Jahren 1996 und 1997 projektbegleitend eine Fallstudie im Landkreis Bitburg-Prüm in der Eifel/Rheinland-Pfalz durchgeführt. Ziel war es, die durch Auswertungen von Literatur und Sekundärstatistik gewonnenen Erkenntnisse in Bezug auf die Entwicklung ländlicher Räume am konkreten Einzelfall zu überprüfen und ggf. zu komplettieren.[56] Die folgenden Fragen standen dabei im Mittelpunkt der Betrachtung:

- Verlief die wirtschaftliche Entwicklung in Bitburg-Prüm vergleichbar mit der Mehrheit der westdeutschen ländlichen Regionen in den letzten Jahren vergleichsweise günstig? Falls diese Frage bejaht wird:
- Gab es einen Bruch in der ländlichen Entwicklung derart, dass in Bitburg-Prüm eine Trendwende in der Entwicklung weg von einem wirtschaftlich schwachen Kreis mit vielfältigen Problemlagen, wie etwa Abwanderungen, hin zu einem Gebiet mit deutlich weniger Entwicklungsschwierigkeiten beobachtet werden kann? Wann ist dieser „Entwicklungsbruch" zu datieren?
- Ist es zutreffend, dass die Industrie für die Entwicklung des ländlichen Untersuchungsgebietes in der Vergangenheit eine überragende Rolle einnahm?
- Wie ist die Leistungsfähigkeit der Industriebetriebe einzuschätzen? Sind diese im internationalen Wettbewerb erfolgreich?
- Besaß für die Entwicklung innerhalb des sekundären Sektors die Gründung von Zweigbetrieben einen großen Stellenwert? Sollte diese Frage bejaht werden:

---

56 Der Forschungsgesellschaft für Agrarpolitik und Agrarsoziologie e.V. fiel die Aufgabe zu, die Themenfelder „Wohnen", „Wirtschaften" und „Infrastruktur" zu bearbeiten. Die Forschungsergebnisse aus diesen drei Themenkomplexen wurde in die folgenden Ausführungen mit aufgenommen und zum Teil erweitert. Gemäß der Zielsetzung dieser Arbeit - die Untersuchung der ökonomischen Potentiale ländlicher Regionen - liegt der Analyseschwerpunkt hauptsächlich auf dem Bereich „Wirtschaften".

- Wie entwickelte sich diese Betriebsform im Landkreis im Zeitablauf? Sind heute offenkundige Entwicklungsrisiken zu erkennen, die eine Schließung oder Abwanderung von Zweigbetrieben vermuten lassen?
- Lässt sich für Bitburg-Prüm ähnlich wie im Durchschnitt für die Gesamtheit der ländlichen Regionen in Westdeutschland ein starkes Wachstum im Dienstleistungsbereich beobachten?
- Nahm im Kreis auch die Beschäftigung im unternehmensnahen Dienstleistungsbereich überdurchschnittlich zu?
- Welches sind die bestimmenden Standortfaktoren der Regionalentwicklung in den 80er und 90er Jahren?
- Kommt in diesem Kontext der Humankapitalausstattung des Kreises eine besondere Bedeutung zu?

Die Präsentation der Fallstudienergebnisse orientiert sich an der bisherigen Vorgehensweise in dieser Arbeit. Zunächst wird die wirtschaftliche Entwicklung in Bitburg-Prüm anhand ausgesuchter Indikatoren wie etwa Arbeitsmarktkennziffern nachgezeichnet. Daran schließt sich mit der Analyse der regionalen Wirtschaftsstruktur und Standortqualität die Überprüfung des ökonomischen Potentials des Landkreises an. Bevor die empirischen Befunde zu diesen Sachverhalten vorgestellt werden, wird zunächst das verwendete empirische Datenmaterial beschrieben.

5.2 Instrumentarium und empirische Datenbasis

Die empirische Basis der folgenden Kreisanalyse setzt sich aus zwei Bestandteilen zusammen:

- Auswertung kreisbezogener Statistiken und Literaturquellen
- Leitfadengestützte Interviews mit regionalen „Experten" aus Verwaltung, Selbstverwaltungsorganen und Interessenvertretungen.

Die Durchführung leitfadengestützter Interviews hatte zum Ziel, eine ergänzende und vertiefende Sichtweise von sekundärstatistischen Daten zu ermöglichen.[57] Hierzu wurden Personen ausgewählt, die aufgrund ihrer beruflichen Tätigkeit zu den kommunalpolitischen Entscheidungsträgern gerechnet werden können und mit der wirtschaftlichen Situation in Bitburg-Prüm vertraut sind. In vielen Fällen haben die regionalen Akteure die Wirtschaftsentwicklung des Kreises über einen längeren Zeitraum hinweg begleitet. Dieses Expertenwissen sollte für die Untersuchung des Landkreises nutzbar gemacht werden. Damit verband sich die Hoffnung, Aspekte abdecken und erfassen zu können, die durch die Analyse von Wirtschaftsstatistiken nicht offen gelegt werden können. Insbesondere im Hinblick auf die Frage nach den Gründen und den Trägern der wirtschaftlichen Entwicklung in den letzten Jahren konnten die regionalen Experten interessante Aspekte liefern. Grundlage für die Gespräche bildete ein Leitfaden, der thematisch die Bereiche „Wohnen", „Wirtschaften" und „Infrastruktur" abdeckte.[58] Dieser Gesprächsleitfaden diente während der Interviews als Orientierung, von dem aber abgewichen wurde, sofern andere - im Leitfaden nicht enthaltene - interessante Gesichtspunkte zur ländlichen Entwicklung zur Sprache kamen. Die Interviews wurden auf Tonband aufgezeichnet und später ausgewertet.

5.3 Gründe für die Auswahl des Untersuchungsgebietes und einige Fakten zur Charakterisierung

Der Landkreis Bitburg-Prüm in der Eifel im Nordwesten von Rheinland-Pfalz zählt zu den dünn besiedelten ländlichen Räumen im Sinne des hier verwendeten Raumrasters der BfLR (Bevölkerungsdichte 1996: 59 Einwohner/qkm; vgl. *BBR* 1998, S. 20). Seine Auswahl bot sich vornehmlich deshalb an, weil sich im Zuge der jüngsten wirtschaftlichen Entwicklung fundamentale Wirtschaftsdaten des Kreises verbesserten und sich diese Entwicklung somit in das Bild aufstrebender ländlicher Räume einfügt.

---

57 Beim leitfadengestützten Interview handelt es sich um eine „teilstrukturierte Form der Befragung" (*Atteslander* 1995, S. 162). Der Gesprächsverlauf richtet sich nicht strikt nach den Punkten im Gesprächsleitfaden, sondern kann von diesen abweichen, wenn vom Interviewten Aspekte in die Unterhaltung eingebracht werden, deren Verfolgung dem Interviewer vielversprechend erscheinen. Durch die offene Gestaltung des Gesprächs soll der Befragte „aus der Reserve" gelockt und dazu animiert werden, mehr aus seinem persönlichen Erfahrungsschatz ins Interview einzubringen. Dadurch erhofft man sich, weitere und tiefergehende Informationen zu einem Themenkomplex erlangen zu können. Wichtig in diesem Zusammenhang ist die Schaffung eines guten Gesprächsklimas. Als problematisch bei Leitfaden-Befragungen gilt, dass verschiedene Interviews zu gleichen Fragestellungen weniger vergleichbar sind als bei der Durchführung von Befragungen mit Hilfe eines stark strukturierten Fragebogens (Vgl. zur Methodik der leitfadengestützten Inteviews: *Atteslander* 1995, S. 174 ff.).

58 Ein Musterexemplar eines Fragebogens ist dem Anhang der Arbeit beigefügt.

- Bitburg-Prüm wurde zu Beginn der 80er Jahre in jeder Hinsicht gängigen Vorstellungen von einer schwach industrialisierten, abseits großer, dynamischer Wirtschaftszentren gelegenen und dünn besiedelten ländlichen Region gerecht. Eine hohe Arbeitslosigkeit (im Winter 1984 eine Arbeitslosigkeit von 15 %; vgl. BfLR 1984, S. 60) und eine hohe ökonomische Bedeutung von „Schrumpfungsbranchen" (wie Landwirtschaft, Leder- und Textilindustrie) bildeten über Jahrzehnte die Hauptmerkmale der wirtschaftlichen Entwicklung in Bitburg-Prüm. Die ausgesprochene wirtschaftliche Strukturschwäche des Kreises wird bspw. daran deutlich, dass 1970 der Anteil der Erwerbstätigen in der Landwirtschaft an den Erwerbstätigen insgesamt in etwa 36% betrug, während das Produzierende Gewerbe lediglich 26 % aller Erwerbstätigen beschäftigte. Mit dieser Entwicklung einher ging ein Bevölkerungsrückgang von 1970 bis 1987 um 4,7 % (*Schriftenreihe BMBau (Hg.)* 1991, S. 121).

- Vor dem Hintergrund dieser Entwicklungstendenzen überraschen neuere Daten zur Arbeitslosigkeit und Bevölkerungsentwicklung (vgl. Tabelle 20). So konnte Bitburg-Prüm im Zeitraum von 1980-1996 einen Anstieg der Bevölkerung um 8% verzeichnen. Gleichzeitig lag 1997 die Arbeitslosenquote mit 8,5 % unter dem Bundes- und dem Landesdurchschnitt (10,4% bzw. 9,7 %). Sehr günstig verlief für Bitburg-Prüm auch die Beschäftigungsentwicklung. Besonders deutlich wird dies, wenn die Entwicklung Bitburg-Prüms ins Verhältnis zur Beschäftigungsentwicklung in Rheinland-Pfalz und auf der Ebene des alten Bundesgebietes gesetzt wird. Während für Letztere in jüngerer Zeit Abnahmen bzw. eine Stagnation in der Beschäftigungshöhe zu verzeichnen sind, stieg im Gegensatz dazu die Beschäftigung in Bitburg-Prüm bis 1996 merklich an. Darüber hinaus konnte seit dem Beginn der 80er Jahre der Landkreis einen Teil seines großen Rückstandes in der Höhe der Bruttowertschöpfung je Erwerbstätigen wettmachen. Alles in allem weisen die wirtschaftlichen Fundamentaldaten auf eine wirtschaftliche Erholung in Bitburg-Prüm in den 80er und 90er Jahre hin. Im Hinblick auf die verhältnismäßige Prosperität Bitburg-Prüms ist auch die Tatsache von Bedeutung, dass weite Teile des Landkreises (bis auf den Kernbereich Bitburg) 1996 aus der „Gemeinschaftsaufgabe zur Verbesserung der regionalen Wirtschaftsstruktur" herausgefallen sind. Bitburg-Prüm wird also zu großen Teilen von der regionalen Wirtschaftspolitik als nicht mehr förderungsbedürftig angesehen (vgl. *BMWi* 1997).

Tabelle 20: Zentrale Entwicklungsindikatoren Bitburg-Prüms

	Bitburg-Prüm	Rheinland-Pfalz		Alte Bundesländer	
ARBEITSLOSENQUOTE 1999 (JUNI)	7,7 %	8,7 %		9,5 %	
Entwicklung 1993-1997	+ 2,1 %	+ 2,2 %		+ 2,3 %	
BESCHÄFTIGUNG (sozial-versicherungspflichtig)					
Entwicklung 1990-1998	+ 5,4 %	- 0,5 %		- 1,2 %	
Entwicklung 1980-1993	+ 8,5 %	+ 8,0 %		+ 10,0 %	
BEVÖLKERUNG					
Entwicklung 1980-1996	+ 8,0 %	+ 9,8 %		+ 7,8 %	
BRUTTOWERTSCHÖP-FUNG JE ERWERBS-TÄTIGEN					
1980 (in DM)	39 765	50 824		52 481	
1994 (in DM)	77 273	93 193		99 313	
Anteil Bitburg-Prüms am jeweiligen Mittel auf		1980	1994	1980	1994
Bundesebene				75 %	78 %
Landesebene		78 %	83 %		

Quelle: BBR 1998, S. 38, S. 135 ff.; BBR 1999, S. 102 ff. Bruttowertschöpfung 1980 ermittelt aus: Gemeinschaftsveröffentlichung der Statistischen Landesämter, Volkswirtschaftliche Gesamtrechnungen der Länder Heft 26, Bruttowertschöpfung der kreisfreien Städte, der Landkreise und der Arbeitsmarktregionen in der Bundesrepublik Deutschland 1980, 1990 und 1992; Stuttgart 1995. Beschäftigungsentwicklung 1980-1993 aus: BfLR 1995, S. 103 ff., Arbeitslosenquoten aus 1999 angefordert von: Statistisches Landesamt Rheinland-Pfalz, Landesinformationssystem 1999.

Die Darstellung dieser Sachverhalte wirft die Frage nach den Ursachen für diesen - jedenfalls auf den ersten Blick sich andeutenden - beeindruckenden wirtschaftlichen Umschwung im Verlauf der 80er Jahre auf.[59] Um hierzu Antworten zu finden, werden im Folgenden die Veränderungen der Wirtschaftsstruktur und der Standortqualität in Bitburg-Prüm in jüngerer Zeit untersucht. Mit Hilfe dieser Beschreibung sollen vor allem drei Sachverhalte offen gelegt werden: die Ermittlung der Träger der wirtschaftlichen Entwicklung in Bitburg-Prüm, die Offenlegung der zentralen Bestimmungsgründe dieser Entwicklung und die Einschätzung des ökonomischen Potentials des dünn besiedelten Gebietes. Im Mittelpunkt des Untersuchungsinteresses stehen dabei im Hinblick auf die Analyse der Wirtschaftsstruktur und der Standortqualität die im theoretischen Teil der Arbeit herausgearbeiteten Aspekte (vgl. Kapitel 3). Im Einzelnen sind dies:

- Analyse der Wirtschaftsstruktur:
    - Verteilung der Wirtschaftsaktivitäten in sektoraler Hinsicht
    - Innerhalb der Wirtschaftssektoren sind insbesondere der Besatz mit unternehmens- bzw. haushaltsnahen Dienstleistungen, die Innovations- und Wettbewerbsfähigkeit industrieller Betriebe sowie die im vorigen Kapitel diskutierte Zweigbetriebsproblematik von Interesse.
- Analyse der Standortqualität:
    - Ermittlung der Standortvorteile des ländlichen Teilgebietes. Hier interessieren zuerst die Bereiche, in denen traditionell komparative Standortvorteile ländlicher Regionen bestehen. In erster Linie ist dabei an die Verfügbarkeit an vergleichsweise billigen Arbeitskräften und an einen hohen Bestand an relativ günstigen Flächen für den Bau von Wirtschaftsgebäuden und Wohnhäusern zu denken.
    - Vor dem Hintergrund des hohen Stellenwertes, den im bisherigen Verlauf der Arbeit der Verfügbarkeit von Humankapital beigemessen wurde, wird der Gesichtspunkt untersucht, ob in Bitburg-Prüm Engpässe beim Angebot an hoch qualifizierten Arbeitskräften bestehen.

---

59 An dieser Stelle ist daraufhin zuweisen, dass die relativ geringe Arbeitslosigkeit in Bitburg-Prüm nicht nur auf "kreisinterne" Ursachen zurückzuführen ist, sondern auch auf "Sondereinflüsse". So ist Luxemburg für den Arbeitsmarkt in Bitburg-Prüm von sehr großer Bedeutung. Bitburg-Prüm besitzt einen negativen Pendlersaldo, der über dem Durchschnitt der ländlichen Regionen liegt (vgl. *BBR* 1998, S. 102, 108). Zudem profitiert das lokale Handwerk stark von der prosperierenden Wirtschaftsentwicklung in Luxemburg. Allerdings ist anzumerken, dass auf der anderen Seite der Arbeitsmarkt speziell in Bitburg durch Konversionsprobleme (Schließung einer US-Airbase) erheblich belastet wird (vgl. *Bitburg-Prüm*_4, S. 1).

- Ausstattung des Landkreises mit materieller Infrastruktur (Verkehrswesen, soziale und kulturelle Infrastruktureinrichtungen).

5.4 Beschreibung der heutigen Wirtschaftsstruktur

5.4.1 Sektorenbetrachtung

In Bitburg-Prüm ist seit dem Beginn der achtziger Jahre eine deutliche Verschiebung im Aufbau der Regionalwirtschaft zugunsten des sekundären und tertiären Sektors festzustellen. Gleichzeitig kam es zu einem ausgeprägten Bedeutungsverlust des primären Sektors. Die folgende Grafik gibt Auskunft über die Veränderungen in der Sektorenaufteilung in Bitburg-Prüm und - als Referenzgrößen - in Rheinland-Pfalz sowie den alten Bundesländern anhand der Beschäftigungsentwicklung:

Anhand dieser Tabelle wird zunächst deutlich, dass das Grundmuster der sektoralen Verteilung von Wirtschaftsaktivitäten auf allen Raumebenen gleich ist. In allen Analyseregionen arbeitet 1998 das Gros der Beschäftigten im tertiären Sektor. An zweiter Stelle folgen der industrielle Bereich und - mit großem Abstand - die landwirtschaftliche Produktion. Auch die Veränderungen der Sektoren im Zeitablauf weisen in allen Raumtypen von ihrer Grundausrichtung ähnliche Entwicklungslinien auf. Die landwirtschaftliche Produktion verliert überall an Bedeutung für den Arbeitsmarkt. Gleiches gilt für den industriellen Sektor. Demgegenüber wurde auf allen Raumebenen die Beschäftigung im tertiären Sektor seit dem Beginn der 80er Jahre stark ausgeweitet. In den eben genannten Punkten unterscheidet sich die Situation in Bitburg-Prüm nicht von der auf Landes- bzw. Bundesebene.

Unterschiede zwischen den Betrachtungsräumen gibt es jedoch in der relativen Bedeutung der Sektoren untereinander und in den Bedeutungszuwächsen bzw. -verlusten der Sektoren im Zeitablauf. So ist erstens der Stellenwert des Agrarsektors - trotz des rapide abnehmenden Bedeutungsverlustes der landwirtschaftlichen Produktion während der letzten Jahre - in Bitburg-Prüm noch immer, wenn auch nur geringfügig, höher als in den Vergleichsräumen. Verstärkt wird dieser Eindruck, wenn statt der sozialversicherungspflichtig Beschäftigten die Erwerbstätigen als Datengrundlage herangezogen werden. Da in der Erwerbstätigenrechnung die Selbstständigen mit einfließen und deren Anteil in der Landwirtschaft besonders hoch ist, wird bei dieser Kennziffer die regionale Bedeutung der Landwirtschaft höher ausgewiesen. In Bitburg-Prüm arbeiten demnach 1993 noch 11,7 % aller Erwerbstätigen in der Landwirtschaft (1980 waren es noch 21,3 %). Dies ist einer der höchsten Werte eines Landkreises in Rheinland-

Pfalz (für Rheinland-Pfalz beträgt der Anteil der Erwerbstätigen in der Land- und Forstwirtschaft 4,2 % 1993; vgl. *Erwerbstätigenrechung der Länder* 1995, S. 26 f.). Zweitens tritt in Tabelle 21 die Wichtigkeit des Produzierenden Gewerbes für den ländlichen Kreis zutage, das im Unterschied zur Situation auf Landes- bzw. Bundesebene ein höheres Gewicht für den Arbeitsmarkt besitzt. Auffallend hierbei ist zudem, dass der relative Bedeutungsverlust dieses Sektors im Zeitablauf nicht so hoch ausfiel wie auf Landes- und Bundesebene. Dem höheren Stellenwert des industriellen Bereichs für die Wirtschaftsentwicklung steht ein vergleichsweise geringer Bedeutungszuwachs der Dienstleistungsproduktion in Bitburg-Prüm gegenüber.

Tabelle 21: Verteilung der Sektoren in Bitburg-Prüm (sozialversicherungspflichtig Beschäftigte)

	Primärer Sektor	Sekundärer Sektor	Tertiärer Sektor
	1980 (in 1000, in Klammer Anteil an Gesamtbeschäftigung in %)		
Früheres Bundesgebiet	220,5 (1,1)	10.809,8 (51,6)	9.912,1 (47,3)
Rheinland-Pfalz	16,8 (1,5)	568,6 (51,6)	517,5 (46,9)
Bitburg-Prüm	0,6 (2,9)	10,7 (50,1)	10,0 (47,0)
	1998 (in 1000, in Klammer Anteil an Gesamtbeschäftigung in %)		
Früheres Bundesgebiet	199,9 (0,9)	8.819,6 (40,0)	13.054,9 (59,1)
Rheinland-Pfalz	13,5 (1,2)	481,0 (41,5)	664,7 (57,3)
Bitburg-Prüm	0,3 (1,4)	10,1 (43,5)	12,8 (55,1)
	Entwicklung 1980 bis 1998 in %		
Früheres Bundesgebiet	- 9,3	- 18,4	+ 31,7
Rheinland-Pfalz	- 19,6	- 15,4	+ 28,4
Bitburg-Prüm	- 50,0	- 5,6	+ 28,0

Quelle: Werte für Bitburg-Prüm und Rheinland-Pfalz von: Statistisches Landesamt Rheinland-Pfalz, Landesinformationsdienst (2000): Daten aus Beschäftigtenstatistik. Werte für die Bundesrepublik: Statistisches Bundesamt 1981, S. 103 und 1999, S.112.

Die - im interregionalen Vergleich - überdurchschnittliche Relevanz des Produzierenden Gewerbes für die wirtschaftliche Entwicklung in Bitburg-Prüm zeigt sich daran, dass mit dem relativen Bedeutungsverlust dieses Sektors keineswegs ein Beschäftigungsabbau verbunden ist. Ganz im Gegenteil veranschaulicht die folgende Tabelle, dass die Beschäftigung im Produzierenden Gewerbe in Betrieben mit mehr als 20 Beschäftigten in Bitburg-Prüm im Unterschied zur Betrachtungsperspektive auf Landes- oder Bundesebene seit 1978 sogar ausgebaut werden konnte.

Tabelle 22: Entwicklung des Produzierenden Gewerbes in Bitburg-Prüm und Vergleichsräumen (Betriebe mit mehr als 20 Beschäftigten)

	Bitburg-Prüm[1]		Rheinland-Pfalz[1]		Früheres Bundesgebiet[2]	
	Zahl der Unter-nehmen	Beschäftigte	Zahl der Unter-nehmen	Beschäftigte	Zahl der Unter-nehmen	Beschäftigte
1978	58	4 454	2 890	388 927	49 649	7 584 000
1982	59	4 678	2 835	379 093	47 087	7 226 000
1986	59	4 977	2 606	371 426	44 190	7 063 000
1990	58	5 355	2 622	390 680	46 674	7 411 000
1994	51	5 177	2 478	335 795	44 060	6 368 000
1998	41	5 386	2 286	314 687	40 986	5 817 000

	Bitburg-Prüm	Rheinland-Pfalz	Bundesgebiet
Veränderung der Beschäftigtenzahl zwischen 1978 und 1998 in %	+ 20,93 %	- 19,09 %	- 23,84 %

Quelle: Statistische Berichte Rheinland-Pfalz:
(1) Verarbeitendes Gewerbe sowie Bergbau und Gewinnung von Steinen und Erden nach Verwaltungsbezirken 1980, S. 14; 1983, S. 14; 1988, S. 14; 1991, S. 16.
(2) Regional- und Strukturdaten 1995, S. 17; 1999, S. 24. Statistisches Bundesamtes 1991, S. 207. Statistisches Bundesamt 1999, S. 200.

[1] Ende September
[2] Durchschnitt errechet aus Monatsangaben

Im Gegensatz zu Rheinland-Pfalz und dem Bundesgebiet konnte der peripher gelegene Kreis Bitburg-Prüm einen Zuwachs der Beschäftigten im industriellen Bereich im Zeitraum von 1978 bis 1998 um rund 21 % verzeichnen (im gleichen Zeitraum ging die Beschäftigung in Rheinland-Pfalz um fast 20 % und im Bundesgebiet um annähernd 24 % zurück).

Resümierend ist zu sagen, dass sich die sektorale Entwicklung in dem peripher gelegenen Landkreis Bitburg-Prüm mit den bisherigen Ergebnissen der vorliegenden Arbeit über die Wirtschaftsentwicklung der Gesamtheit der westdeutschen ländlichen Regionen weithin deckt. Ländliche Regionen sind - wie das Beispiel Bitburg-Prüm zeigt - schon lange nicht mehr mit einer Dominanz der landwirtschaftlichen Produktion gleichzusetzen. Bemerkenswert an den Folgen des sektoralen Strukturwandels auf die Entwicklung Bitburg-Prüms ist, dass trotz eines rasch voranschreitenden Strukturwandels im Agrarsektor die wirtschaftlichen Fundamentaldaten des Landkreises verhältnismäßig günstige Werte aufweisen. Eine wesentliche Ursache für diesen Sachverhalt besteht zweifelsohne in der - im interregionalen Vergleich - günstigen Entwicklung des Produzierenden Gewerbes. In diesem Sektor zeigen sich für Bitburg-Prüm dieselben Entwicklungslinien wie für die Summe der ländlichen Regionen in Westdeutschland (vgl. Kapitel 4). Die bisherigen Ergebnisse legen die Schlussfolgerung nahe, dass dem gewerblich-industriellen Bereich eine Schlüsselrolle zur Erklärung der wirtschaftlichen Entwicklung in ländlichen Regionen zukommt.

5.4.2 Träger der wirtschaftlichen Entwicklung

In der Tat wurde von regionalen Akteuren immer wieder auf die hohe Bedeutung der Industrie für die regionale Wirtschafts- und Arbeitsmarktentwicklung hingewiesen:

> *„Das wirtschaftliche Standbein, ich meine das wird also schon der industrielle Bereich sein (...).“ (Bitburg-Prüm _2, S. 3)*

> *„Ich würde sagen, wenn ich, ja gut eine Reihenfolge (machen müsste, Anm. d. V.), wenn ich rein von der Menge her, Industrie. Das ist ganz klar.“ (Bitburg-Prüm_3, S. 5)*

In Interviews wurde der Stellenwert des warenproduzierenden Gewerbes für die wirtschaftliche Entwicklung höher als die Bereiche des Handwerks, des Fremdenverkehrs oder der Dienstleistungen eingestuft. Im Folgenden wird die Zusammensetzung des Produzierenden Gewerbes in Bitburg-Prüm näher untersucht. Dabei interessieren insbesondere die folgenden Fragen:

- Ist der industrielle Sektor Bitburg-Prüms eher monostrukturiert oder mit unterschiedlichen Wirtschaftszweigen durchsetzt?
- Woher stammen die Unternehmen, sind sie zugewandert oder endogen in der Region entstanden?
- Handelt es sich bei den zugewanderten Firmen vorwiegend um Zweigbetriebe von Unternehmen aus anderen Räumen? Können diese unter Beachtung der Diskussion um die Zweigbetriebsproblematik in Kapitel 4.2.2.3 dem Typus „verlängerte Werkbank“ zugerechnet werden?
- Entwickelte sich in Folge der relativen Prosperität im industriellen Sektor auch der unternehmensnahe Dienstleistungsbereich in den letzten Jahren überdurchschnittlich?
- Kann unter dem Eindruck dieser Sachverhalte die Wirtschaft Bitburg-Prüms als ausgewogen und krisenfest bezeichnet werden oder bestehen offenkundige Entwicklungsrisiken?

5.4.2.1 Mittelständische Betriebe der unterschiedlichsten Branchen bilden die wirtschaftlichen Standbeine des Kreises

Um den Strukturwandel durch die Verschiebungen zwischen den einzelnen Wirtschaftszweigen zu verdeutlichen, werden in der folgenden Tabelle die Hauptgruppen des Produzierenden Gewerbes in Bitburg-Prüm aufgelistet.

Vergleicht man die Zusammensetzung der Wirtschaftszweige 1978 und 1994, so ist die wachsende Bedeutung des Investitionsgüter produzierenden Gewerbes und besonders des Nahrungs- und Genussmittelgewerbes auffallend. Demgegenüber verringerte sich die Zahl der Betriebe und der Beschäftigten in der Wirtschaftsgruppe Verbrauchsgüter produzierendes Gewerbe. Gemessen an der Beschäftigtenzahl nahezu unverändert sind das Grundstoff- und Produktionsgütergewerbe. Anhand dieser Statistik wird deutlich, dass die Wirtschaftsstruktur Bitburg-Prüms nicht durch wenige große Unternehmen dominiert wird, die alle dem gleichen Sektor oder einer ähnlichen Branche angehören. Gerade in der ausgewogenen mittelständischen Struktur sehen regionale Akteure einen wesentlichen Grund für die wirtschaftliche Stabilität des Kreises und die relativ geringe Krisenanfälligkeit des Arbeitsmarktes:

> *"Quintessenz ist bei der Betriebsstruktur: Dieser Kreis ist geprägt und lebt (...) vom Mittelstand. Die Tendenz ist ja die, dass die Großbetriebe eher rationalisieren mit allen damit verbundenen Effekten und der Mit-*

telstand (...) schon gerade hier in der Region Trier und wohl unserem Landkreis immer wieder neue Arbeitsplätze schafft." (Bitburg-Prüm_1, S. 4)

Tabelle 23: Beschäftigungsentwicklung in den Bereichen des Produzierenden Gewerbes in Bitburg-Prüm (Betriebe mit mehr als 20 Beschäftige)

Jahr: Hauptgruppe:		1978	1982	1986	1990	1994	Veränderung 1978 zu 1994 in %
Grundstoff- und Produktionsgüter-gewerbe		971	1 002	922	1 105	974	+ 0,3 %
Investitionsgüter Produzierendes Gewerbe		1 355	1 464	1 580	1 840	1 683	+ 24,2 %
Verbrauchsgüter Produzierendes Gewerbe		1 422	1 412	1 508	1 244	1 175	-17,36 %
Nahrungs- und Genussmittel-gewerbe		706	800	967	1166	1 345	+ 90,5 %
Verarbeitendes Gewerbe insgesamt		4 454	4 678	4 977	5 355	5 177	+ 16,23 %

Quelle: Statistische Berichte Rheinland-Pfalz: (1) Verarbeitendes Gewerbe sowie Bergbau und Gewinnung von Steinen und Erden nach Verwaltungsbezirken 1980, S. 14; 1983, S. 14; 1988, S. 14; 1991, S. 16. (2) Regional- und Strukturdaten 1995, S. 17.

Auch das Argument, die in ländlichen Räumen ansässigen Betrieben wären in weiten Teilen „sterbenden" Branchen - wie z. B. der Textilindustrie - zugehörig, lässt sich für Bitburg-Prüm nicht bekräftigen. Vielmehr dürfte die zunehmende Bedeutung des Investitionsgüter Produzierenden Gewerbes als ein Indiz für den Sachverhalt angesehen werden, dass in Bitburg-Prüm Strukturanpassungsprobleme gut überwunden werden konnten. Beachtlich ist zudem der wachsende Anteil des Auslandsumsatzes am Gesamtumsatz des Produzierenden Gewerbes: Erzielte die regionale Wirtschaft 1978 rund 7,5 % ihrer Erlöse im Ausland, stieg die Exportquote der Industrie bis 1990 auf 12,8 % und damit auf fast das Doppelte (vgl. *Statistische Berichte Rheinland-Pfalz* 1980, S. 14 und 1990, S. 16). In diesem Zeitraum erhöhte sich der Anteil des Auslands- am Gesamtumsatz des Landes Rheinland-Pfalz von 28,17 % auf 36,63 % (vgl. *Statistische Berichte Rheinland-Pfalz* 1980, S. 3 und 1990, S. 5). Auch der Anteil des Landkreises Bitburg-Prüm am gesamten in Rheinland-Pfalz erzielten Umsatz im Produzierenden Gewerbe stieg kontinuierlich von etwa 0,07 % 1978 auf 1,6 % 1994 (vgl. *Statistische Berichte Rheinland-Pfalz* 1978, S. 3 und 14; 1994, S. 5 und 17). Dies kann als Hinweis dafür gelten, dass sich in dem ehemals industrieschwachen und landwirtschaftlich geprägten Kreis überregional und international konkurrenzfähige Strukturen etablieren konnten.

5.4.2.2 „Verlängerte Werkbänke" mit nur geringer Bestandsdauer?

Im Rahmen der Diskussion über die regionalökonomischen Effekte der Zuwanderung von Zweigbetrieben wurden einige Aspekte genannt, die Zweifel an einer durchweg positiven Beurteilung von Zweigbetriebsgründungen in peripheren Regionen und den damit einhergehenden Arbeitsplatz- und Einkommenseffekten aufkommen lassen. Negativ beurteilt wurde etwa, dass besonders bei einer bestimmten Form der Zweigbetriebsgründung - der verlängerten Werkbänke - nur geringe Impulse für die wirtschaftliche Entwicklung der ländlichen Region zu erwarten seien. Abgeleitet wurde diese Ansicht aus der Hypothese, die Zuwanderungsfirmen würden überwiegend nur spärlich wirtschaftliche Beziehungen mit lokalen Unternehmen aufbauen, weil ihre Liefer- und Absatzkanäle primär auf das außerhalb der Region ansässige Mutterunternehmen ausgerichtet sind. Besonders schwer für eine kritische Sicht der Ansiedlung zugewanderter Zweigbetriebe wiegt die Annahme einer in vielen Fällen nur kurzen Bestandsdauer der zugewanderten Firmen. Es wurde die Vermutung geäußert, dass oft nur deshalb Betriebe in peripheren Regionen gegründet wurden, um kurzfristige Produktionsspitzen auffangen zu können. Die Diskussion um die Zweigbetriebsproblematik in Kapitel 4.2.2.3 zeigte aber auch, dass die negativen Aussagen in Bezug auf Zweigbetriebe in ländlichen Regionen stets einen bestimmten Typus zugrunde legen, der unter dem Begriff „verlängerte Werkbank" bekannt ist. Vor dem Hintergrund dieser Ausführungen soll die Situation in Bitburg-Prüm daraufhin untersucht werden, inwiefern der wirtschaftliche Aufschwung auf die Zuwanderung von Betrieben zurückzuführen ist, inwiefern es sich dabei um „verlängerte Werkbänke" handelt und ob aus Sicht der regionalen Experten aus dem Bestand an Zweigbetrieben ein Entwicklungsrisiko für den Landkreis erwachsen könnte.

Aus den Aussagen der regionalen Experten zu den Trägern der regionalen Entwicklung in den letzten Jahrzehnten geht zweifelsfrei hervor, dass sich der gewerbliche Aufschwung im Kreis in hohem Maße auf Betriebsverlagerungen aus anderen Gebieten - vornehmlich in den 60er und 70er Jahren - zurückführen lässt. Vor dem Hintergrund der sehr geringen Industriedichte im Kreis zum damaligen Zeitpunkt besaßen die Zweigbetriebe für den regionalen Arbeitsmarkt quantitativ ein hohes Gewicht.

> *„Es ist uns gelungen, hier in den letzten 20 Jahren gerade im produzierendem Bereich ca. zweieinhalbtausend neue Arbeitsplätze zu schaffen. (...), dass wir (...) einige Weltfirmen ansiedeln konnten (...) jeweils im Bereich 700, 800 Arbeitsplätze, ich sag mal, zukunftsorientierte Arbeitsplätze, auch gesicherte Arbeitsplätze. Sie (die zugewanderten Betriebe, Anm. d. V.) haben also sehr zur Entlastung des Arbeitsmarktes beigetragen (vgl. Bitburg-Prüm_1, S. 1).*

Das hohe Gewicht von Zweigbetrieben wird nicht nur als typisch für den Landkreis Bitburg-Prüm, sondern für den gesamten Regierungsbezirk Trier angesehen:

> *„(...) es ist ein Mangel unseres Bezirkes, dass wir sehr, sehr wenige vollstufige Betriebe haben (vgl. Bitburg-Prüm_2, S. 37).*

Im Hinblick auf die Frage, ob es sich bei den Zuwanderungsfirmen primär um solche Betriebsformen handle, die als „verlängerte Werkbank" bezeichnet werden, äußerten sich die regionalen Experten differenziert. In der Tat sind im Landkreis Bitburg-Prüm Betriebe angesiedelt, in denen kaum Headquarter-Funktionen wie Unternehmensführung, hochwertige Verwaltungsaufgaben, Marketing etc. wahrgenommen werden. Allerdings lässt sich dieses Bild nicht auf die Mehrheit der Firmen im Kreis übertragen, da es auf der anderen Seite auch eine Reihe von angesiedelten Betrieben gebe, die neben dem Produktionsbereich auch eine große Verwaltung besitzen. Das Vorhandensein von Headquarter-Funktionen in den Betrieben der letztgenannten Gruppe sei deshalb erforderlich, weil diese mit ihren Liefer- und Absatzkanälen keineswegs nur auf das Mutterunternehmen ausgerichtet sind, sondern ihre Produkte eigenständig am Markt anbieten.

> *„Die Verwaltung des Betriebes ist relativ klein, weil die Hauptverwaltungsarbeit wird in den Zentralen gemacht. Das stimmt schon. Auf der anderen Seite haben wir Betriebe wie (...), die eben hier ganz fertigen. Ich würde also sagen, dass wir teils verlängerte Werkbänke für größere Betriebe hier haben, eigentlich auch Betriebe, die hier ganz fertigen und*

hier ihr Produkt herstellen und das dann irgendwo hin verkaufen" (Bitburg-Prüm_ 3, S. 8).

Auf die Frage nach der Bestandsdauer der Zweigbetriebe und nach möglichen Risiken in Bezug auf die Arbeitsplatzsicherheit äußerten die Interviewpartner keine Befürchtungen, dass in naher Zukunft ein groß angelegter Stellenabbau oder sogar eine Schließung eines größeren Zweigbetriebes drohe. Gestützt wird dieses positive Urteil vor allem darauf, dass von den großen Zuwanderungsfirmen bisher keine einzige geschlossen oder verlagert wurde. Auch kam es während der letzten zwanzig Jahre - selbst in konjunkturellen Rezessionsphasen - nicht zu größeren Entlassungen.

> *„Also in der heutigen Zeit werde ich mich hüten, irgendwas als ganz sicher zu bezeichnen. Aber ich geh davon aus, zumindest bis jetzt gab es keine (...) größeren Probleme. Es gibt (...) immer mal Zeiten, wo (...) dann halt freigesetzt werden und es gibt so Zeiten, wo welche eingestellt werden." (vgl. Bitburg-Prüm_3, S. 9)*

> *(Frage lautete: Haben Sie Befürchtungen wegen des hohen Anteils an verlängerten Werkbänken in der Region:) „Nein. Und zwar deshalb, weil die verlängerten Werkbänke ja Arbeit sind. Wenn sie gut arbeiten, haben sie guten Bestand." (vgl. Bitburg-Prüm_2, S. 38).*

Zusammenfassend ist zu sagen, dass der Ansiedlung von externen Produktionseinheiten für die Wirtschaftsentwicklung des Landkreises ein hoher Stellenwert zukommt. Aus dem eben Gesagten kann jedoch nicht gefolgert werden, dass endogene unternehmerische Entwicklungen - im Unterschied zu den zugewanderten Zweigbetrieben - völlig bedeutungslos für die wirtschaftliche Entwicklung Bitburg-Prüms sind. Es lassen sich durchaus Unternehmen identifizieren, die aus dem Kreis heraus entstanden sind und auf überregionalen Absatzmärkten erfolgreich agieren (genannt sei hier nur namentlich die Bitburger Brauerei). Bemerkenswert ist in diesem Zusammenhang, dass in dem früher wirtschaftsschwachen Kreis Bitburg-Prüm ein Mittelständler ansässig ist, der in seinem Marktsegment den Weltmarkt mit beherrscht (vgl. *Simon* 1997, S. 172 f.). Dabei handelt es sich um einen vollstufigen Betrieb des Sondermaschinenbaus, der in Bitburg-Prüm in den 80er Jahren gegründet wurde.

Aber nicht nur die großen regionalen Betriebe wirkten auf die regionale wirtschaftliche Entwicklung in den letzten Jahren positiv. Vielmehr wurde in Interviews immer wieder auch auf die hohe Bedeutung von kleineren Betrieben des Produzierenden Gewerbes für die lokale Wirtschafts- und Arbeitsmarktentwicklung hingewiesen. Gerade in den letzten Jahren sei es in den unteren Betriebsgrößen zu einem starken Beschäftigungswachstum gekommen. Bemerkenswert an dieser Gegebenheit ist der Faktor, auf den die angesprochene Entwicklung von regionalen Experten zurückgeführt wird. Die regionalen Akteure sehen einen direkten Zusammenhang zwischen der Gründung und Entwicklung kleinerer Produktionseinheiten und der Zuwanderung von Zweigbetrieben. Nach dieser Argumentation gaben die angesiedelten Zweigbetriebe gewissermaßen die Initialzündung für eine positive Entwicklung kleinerer Einheiten. Damit bestätigen die Aussagen der regionalen Experten die negative Sichtweise im Hinblick auf die geringen regionalwirtschaftlichen Impulse der zugewanderterer Zweigbetriebe nicht. Ganz im Gegenteil siedelten sich kleinere Zulieferfirmen um die neu entstandenen Industriebetriebe an, die sukzessive ihren Kundenstamm erweitern konnten. Diese Klein- und Mittelbetriebe besitzen einen sehr positiven Effekt auf die regionale Beschäftigungsentwicklung.

> *"Z. B. im Gefolge der Firma X oder Firma Y haben sich hier kleine Metallbaubetriebe angesiedelt, die für diese Betriebe (lieferten; Anm. d. V.), die zwischenzeitlich aber auch andere Kunden haben, (...), die haben dann angefangen mit fünf, sechs, sieben Leuten, sind jetzt teils bei 30, 40, 50 Leuten, die haben also wirklich eine sehr günstige Entwicklung gemacht." (vgl. Bitburg-Prüm_3, S. 9).*

> *„(...) die Struktur selbst ist zwischenzeitlich durch diese vielen kleinen Mittelbetriebe eigentlich relativ sicher geworden (...) und insoweit würde ich die Gesamtsituation als vernünftig sicher bezeichnen." (vgl. Bitburg-Prüm_3, S. 9).*

> *Also da muss man differenzieren. Die großen Betriebsansiedlungen, die sind in den 60ern bis Anfang der 70er Jahre gelaufen und danach, muss man sagen, haben endogene Entwicklungen einen großen Beitrag dazu (geleistet, Anm. d. V.)." (vgl. Bitburg-Prüm_1, S. 6).*

Bestätigt wird die angesprochene steigende Relevanz von Kleinbetrieben durch die Statistik. Zwischen 1980 und 1992 konnten die industriellen Kleinbetriebe (mit weniger als 20 Beschäftigten) ihren Beschäftigtenanteil an der Gesamtbeschäftigung im Bergbau und Verarbeitenden Gewerbe[60] in Bitburg-Prüm ausweiten. Arbeiteten 1980 6,3 % aller Beschäftigten in kleineren Industriebetrieben, so stieg dieser Anteil bis 1992 auf 7,7 % an (vgl. *Statistische Berichte Rheinland-Pfalz*, Bergbau und Verarbeitendes Gewerbe im September 1980 1981, S. 2 und 1992 1993, S. 2). Gegen die zunehmende Bedeutung kleinerer

60 Hierunter werden alle Betriebe des verarbeitenden Gewerbes ohne Handwerksbetriebe mit weniger als 20 Beschäftigten verstanden.

Betriebe scheint allerdings der Befund zu sprechen, dass die Gruppe der Betriebe mit 20 - 49 Beschäftigten in diesem Zeitraum Beschäftigungsanteile einbüßte (der Anteil sank von 16 % auf 11 %). Allerdings könnte dieser Sachverhalt auch darin begründet sein, dass in dieser Größenklasse zwischen 1980 und 1992 nicht überdurchschnittlich viele Betriebe die Produktion aufgaben, sondern dass zahlreiche Unternehmen - aufgrund einer prosperierenden Entwicklung - in höhere Beschäftigtengrößenklassen hineingewachsen sind. Inwiefern diese Vermutung als zutreffend anzusehen ist, kann jedoch auf Basis des vorhandenen statistischen Materials nicht beurteilt werden.

Tabelle 24: Beschäftigte am Arbeitsort in Dienstleistungsbereichen in Bitburg-Prüm und Vergleichsregionen (in 1 000)

	Handel Verkehr und Nachrichten-übermittlung	sonstige unternehmerische Dienstleistungen	Staat, private Haushalte, private Organisationen ohne Erwerbszweck
	1980 (in Klammern: Anteil an Gesamtbeschäftigung in %)		
Früheres Bundesgebiet	3.909,5 (18,6)	4.301,7 (20,5)	1.700,9 (8,1)
Rheinland-Pfalz	189,8 (17,2)	209,0 (18,9)	118,8 (10,8)
Bitburg-Prüm	3,3 (15,4)	3,6 (16,6)	3,2 (14,9)
	1998 (in Klammern: Anteil an Gesamtbeschäftigung in %)		
Früheres Bundesgebiet	4.251,7 (19,26)	6.834,6 (30,9)	1.986,6 (8,9)
Rheinland-Pfalz	204,0 (17,6)	340,0 (29,4)	120,6 (10,4)
Bitburg-Prüm	4,0 (17,2)	5,9 (25,7)	2,8 (12,3)
	Entwicklung von 1980 bis 1998 in %		
Früheres Bundesgebiet	+ 8,7	+ 58,9	+ 16,8
Rheinland-Pfalz	+ 7,5	+ 62,7	+ 1,5
Bitburg-Prüm	+ 21,2	+ 63,9	- 12,5

Quelle: Werte für Bitburg-Prüm und Rheinland-Pfalz von: Statistisches Landesamt Rheinland-Pfalz, Landesinformationsdienst (2000): Daten aus Beschäftigtenstatistik. Werte für die Bundesrepublik: Statistisches Bundesamt 1981, S. 103 und 1999, S. 112.

Im Zuge der guten industriellen Entwicklung in Bitburg-Prüm kam es auch zur Ausdehnung der Dienstleistungsproduktion. Tabelle 24 fasst hierzu einige Aspekte zusammen. Auffallend ist, dass in Bitburg-Prüm die Dienstleistungsbereiche Handel, Verkehr und Nachrichtenübermittlung sowie sonstige unternehmerische Dienstleistungen ihren Anteil an der Gesamtbeschäftigung im Kreis im Unterschied zu den Vergleichsgebieten überdurchschnittlich erhöhen konnten. Zu den sonstigen unternehmerischen Dienstleistungen zählen Kreditinstitute und Versicherungen sowie von Unternehmen erbrachte Dienstleistungen (vgl. Kapitel 1.3.2.1). In diese Gruppe fallen die in dieser Arbeit oft betonten unternehmensnahen Dienstleistungen. Bei den Dienstleistungen, die vom Staat, privaten Haushalten und privaten Organisationen ohne Erwerbszweck erbracht werden, zeigt sich dagegen eine in Bitburg-Prüm in Unterschied zu Rheinland-Pfalz und dem Bundesgebiet unterdurchschnittliche - sogar negative - Entwicklung.

Als Fazit ist festzuhalten, dass hinsichtlich der Frage nach der Wettbewerbsfähigkeit und Wirtschaftskraft der in Bitburg-Prüm ansässigen Unternehmen insgesamt ein positiver Eindruck verbleibt. Dieser resultiert vor allem aus den zahlreichen mittelständischen Unternehmen aus unterschiedlichen Wirtschaftszweigen, die dank ihrer starken Marktposition auch in Rezessionszeiten den regionalen Arbeitsmarkt stabilisieren konnten. Zweifellos wurde der wirtschaftliche Aufschwung der letzten zwanzig Jahre im Kreis in einem hohen Maße von zugewanderten Produktionsbetrieben getragen. Wichtige betriebsrelevante Entscheidungen dürften damit in den Unternehmenszentralen außerhalb des Kreises gefällt werden. Allerdings erkennen regionale Akteure in dieser „externen Abhängigkeit" kein erhöhtes Entwicklungsrisiko für die Region. Die oft im Zusammenhang mit Zweigbetrieben geäußerten Befürchtungen (überdurchschnittlich häufige Schließungen und Massenentlassungen von Arbeitskräften) werden von den regionalen Experten nicht geteilt. Vielmehr wurde betont, dass die gegründeten Zweigbetriebe in vielfältiger Weise auf die wirtschaftliche Entwicklung der Region positiv wirken. Die Tatsache, dass kaum Befürchtungen im Hinblick auf mögliche Betriebsstillegungen der Zweigbetriebe geäußert wurden, ist zum einen darauf zurückzuführen, dass zahlreiche selbständige Industrie- und Handwerksbetriebe unterschiedlicher Größe, die keiner regionsexternen Kontrolle unterliegen, in Bitburg-Prüm ansässig sind. Aufgrund des endogenen Betriebswachstums konnten in Bitburg-Prüm neue zusätzliche wirtschaftliche Standbeine geschaffen werden. Die Wirtschaftsstruktur hat sich damit in den letzten Jahren zunehmend diversifiziert.

Ein weiterer Grund für die positive Beurteilung der regionalen Zweigbetriebe ist darin zu sehen, dass der Landkreis Bitburg-Prüm mit dieser Betriebsform bisher überwiegend positive Erfahrungen gesammelt hat. Weder sind Schließungen von Betrieben mit einem hohen arbeitsmarktpolitischem Gewicht noch ein ausgedehnter Stellenabbau während der 80er und 90er Jahre zu verzeichnen. Ob sich die bisherige Entwicklungstendenz auch in die Zukunft fortschreibt oder ob in Bezug auf den Bestand an Zweigbetrieben negative Entwicklungslinien eintreten, kann von heute aus betrachtet nicht beurteilt werden. Eine Stilllegung eines Betriebes in der Größenordnung von fünfhundert bis eintausend Beschäftigte hätte mit Sicherheit für die Wirtschafts- und Arbeitsmarktentwicklung des Kreises erheblich negative Auswirkungen. Nach Ansicht der regionalen Akteure sind diese Gefahren als vergleichsweise gering einzustufen, weil es sich überwiegend um Zweigbetriebe handelt, die wirtschaftlich gesunden Unternehmen angehören. Ein vollständiger Schutz vor einer Abwanderung von Betrieben ist dies freilich nicht. Sollten die Standortbedingungen und wirtschaftlichen Rahmendaten in anderen Regionen und Ländern von der Unternehmensleitung wesentlich günstiger als in Bitburg-Prüm beurteilt werden, sind Verlagerungen nicht auszuschließen.

5.5 Diskussion der Standortqualität

Vor dem Hintergrund der eher düsteren wirtschaftlichen Ausgangssituation - hohe Arbeitslosigkeit, Abwanderungen, „Schrumpfungsbranchen" - zu Beginn der 80er Jahre in Bitburg-Prüm überrascht die Tatsache, dass international erfolgreiche Unternehmen in diesen Standort investiert haben. Im Folgenden sollen hierfür mögliche Gründe benannt und diskutiert werden.

5.5.1 Klassische Standortvorteile ländlicher Gebiete

Der Landkreis Bitburg-Prüm besitzt eine Reihe von positiven Standortfaktoren, die für ländliche Räume als typisch gelten können.

- Flächen- und Arbeitskräfteverfügbarkeit

Ein gewichtiger Standortvorteil des ländlich-peripheren Kreises Bitburg-Prüm besteht in der ausreichenden Verfügbarkeit von Flächen zu günstigen Konditionen. Wie groß der Standortvorteil von Bitburg-Prüm bei diesem Faktor ist, wird durch Tabelle 25 verdeutlicht.

Tabelle 25: Baulandpreise in Bitburg-Prüm 1994/95 im Unterschied zu Vergleichsregionen

	Bitburg-Prüm	Rheinland-Pfalz	Ländliche Regionen[1]	Regionen mit Verdichtungsansätzen[1]	Hochverdichtete Regionen[1]
Baulandpreise 1996/97 DM/qm	30	129	93	122	226

Quelle: BBR 1999, S. 264 ff.

[1] Westdeutschland.

Die Baulandpreise in Bitburg-Prüm liegen 1994/95 nur in etwa bei 30 % des Wertes der Summe der ländlichen Regionen und in etwa bei 25 % der Baulandpreise in den Regionen mit Verdichtungsansätzen. Im Vergleich zu den hochverdichteten Regionen ist die Differenz noch größer. Grob gerechnet ist das Bauland in den Agglomerationen im Schnitt um fast das Achtfache teurer als in Bitburg-Prüm. Die Preise für Gewerbeflächen bewegen sich sogar noch deutlich unter dem Niveau der Baulandpreise (*Projektgruppe REK: Regionales Entwicklungskonzept Trier* 1996, S. 8).

Die Diskussion der Wanderungsmotive von Haushalten in Gliederungspunkt 4.3.2 verdeutlichte, dass der Wohnwert und die Lebens- und Umweltqualität in ländlichen Gebieten als potentielle Einflussfaktoren der wirtschaftlichen Entwicklung berücksichtigt werden müssen. Die Möglichkeit, ein eigenes Haus in ländlicher Umgebung bauen zu können, ist - sofern im neuen Umfeld Beschäftigungsmöglichkeiten bestehen - ein starker Anreiz für Personen, aufs Land zu ziehen. Die mit dem Grad der Verdichtung stark ansteigenden Bodenpreise haben also nicht nur die Attraktivität ländlicher Räume für die Ansiedlung von Unternehmen, sondern auch für die Zuwanderung von Privatpersonen deutlich erhöht. Dass in diesem Zusammenhang Bitburg-Prüm im Bereich der sozialen und kulturellen Infrastruktur im interregionalen Vergleich deutliche Ausstattungsdefizite aufweist, hat sich in der Summe auf die Zuwanderung in den Landkreis nicht negativ ausgewirkt (vgl. Tabelle 26). Diese Argumentation wird durch die Aussage des Geschäftsführers der oben angesprochenen „Weltfirma" im Kreis Bitburg-Prüm erhärtet, der sein Unternehmen auch deshalb in Bitburg-Prüm gegründet hat, weil sich dort die „Mitarbeiter (...) auf dem Land ein eigenes Haus leisten können" (*Simon* 1997, S.173).

Tabelle 26: Indikatoren der sozialen und kulturellen Infrastruktur in Bitburg-Prüm und Vergleichsregionen

	Ärzte je 100 000 Einwohner 1997[1]	Krankenhausbetten je 10 000 Einwohner 1996[1]	Plätze in Theatern und Kinos je 10 000 Einwohner 1991/92[1]	Kurse an Volkshochschulen 1997[1]
Agglomerationsräume	137	69	119	67,5
Regionen mit Verdichtungsansätze	130	69	112	75,3
Ländliche Räume	132	70	112 (dicht) 99 (dünn)	79,2
Bitburg-Prüm	101	58	80	51,0

Quelle: BBR 1999, S. 192 ff. BfLR 1995, S. 176, S. 182.

[1] Westdeutschland.

Als ebenfalls traditionell ländlich-typisch kann das große Arbeitskräftereservoir angesehen werden, das in der Vergangenheit nach Auskunft regionaler Experten in hohem Maße die Ansiedlungsentscheidung regionsfremder Unternehmen positiv beeinflusst hat.

> *„Z. B. ist ja (...) hierher gekommen wegen, damals war es halt so, man ist dahingegangen, wo die Arbeitskräfte waren. Die waren nicht ausgebildet. Man hat die selbst ausgebildet, hat natürlich auch Leute aus anderen Bereichen (...) reingenommen und hat dann durch eigene Ausbildung (...) in dem Betrieb die Facharbeiter halt herangezogen." (vgl. Bitburg-Prüm_3, S. 15).*

Auch im Hinblick auf die Lohnhöhe wich Bitburg-Prüm in der Vergangenheit vom Durchschnitt der ländlichen Regionen und anderer Gebietskategorien nach unten ab.

Tabelle 27: Lohn- und Gehaltssumme je Beschäftigten in Bitburg-Prüm im Unterschied zu Vergleichsregionen

		Bitburg-Prüm	Ländliche Regionen[1]	Regionen mit Verdichtungsansätzen[1]	Hochverdichtete Regionen[1]
Monatliche Lohn- und Gehaltssumme je Industriebeschäftigten in DM	1985	2 724	3 093	3 293	3 722
	1998	5 607	5 106	5 619	6 258

Quelle: BfLR 1986, S. 127 und 130; BBR 1999, S. 120 ff.

[1] Westdeutschland.

Das brachliegende Arbeitskräftepotential schrumpfte jedoch mit der Besserung der wirtschaftlichen Lage und dem Rückgang der Arbeitslosigkeit in den 80er und 90er Jahren. Zugleich kam es zu einem nachhaltigen Anstieg des Lohnniveaus. 1998 lag die durchschnittliche Lohn- und Gehaltssumme je Beschäftigten in Bitburg-Prüm über dem Wert der Gesamtheit der ländlichen Regionen und annähernd so hoch wie in den Regionen mit Verdichtungsansätzen. Dies bedeutet, dass in der gegenwärtigen Situation nicht mehr davon gesprochen werden kann, dass Bitburg-Prüm in den Bereichen Arbeitskräfteangebot und Arbeitskosten die über Jahrzehnte hinweg als typisch ländlich geltenden Charakteristika aufweist. Zusammenfassend lässt sich dennoch feststellen, dass in jedem Fall die Verfügbarkeit und das - im interregionalen Vergleich günstige - Kostenniveau bei den Produktionsfaktoren Boden und Arbeit zwei entscheidende Faktoren für den wirtschaftlichen Aufschwung Bitburg-Prüms ab den 80er Jahren waren.

Eine weitere Determinante für die Wirtschaftsentwicklung des Kreises ist die im Folgenden zu behandelnde regionalpolitische Förderung in Form der Gemeinschaftsaufgabe zur Verbesserung der regionalen Wirtschaftsstruktur (GRW bzw. GA).

- Regionale Fördermittel

Von lokalen Akteuren wurde in Interviews stets auf die hohe Bedeutung der GRW für die wirtschaftliche Entwicklung des Kreises in der Vergangenheit verwiesen. Der Auf- und Ausbau einer industriellen Basis speziell ab den 70er Jahren wäre, so die oft vertretene Meinung, ohne regionalpolitische Fördermaßnahmen in diesem Ausmaß nicht möglich gewesen. Umso schwerer wiegt aus

Sicht regionaler Akteure die Tatsache, dass weite Teile des Kreises aus der Fördergebietskulisse der GRW 1996 herausfielen (vgl. *BMWi* 1997). Die Ansiedlung neuer Unternehmen werde damit bei einer gleichzeitigen Verschärfung der Standortekonkurrenz einerseits und einem Rückgang des Potentials an ansiedlungswilligen Unternehmen andererseits erheblich erschwert. Aber nicht nur die Attrahierung neuer Unternehmen werde beeinträchtigt, sondern auch die Bestandspflege der vorhandenen Gewerbebetriebe. Durch das einzelbetriebliche Förderungsinstrumentarium bot die GRW günstige Voraussetzungen, um - mittels Förderung privater Investitionen - endogene Wachstumsprozesse und den Beschäftigungsaufbau zu unterstützen. Darüber hinaus ist zu berücksichtigen, dass mit Fördergeldern aus dem Topf der GRW auch der Ausbau der wirtschaftsnahen Infrastruktur unterstützt wird und damit eine Verbesserung der regionalen Standortqualität erzielt werden kann (vgl. Kapitel 3.4.3).

> *„Die GA-Förderung hat uns also hier bei der Ansiedlung kleiner und mittelständischer Betriebe, aber auch bei den Großbetrieben natürlich in den letzten 20 Jahren nachhaltig unterstützt und ja, die Frustration hier war schon groß, dass wir aus der GA-Förderung größtenteils rausfallen." (vgl. Bitburg-Prüm_1, S. 3).*

> *„(...) wenn die GA wegfällt, ohne dass ein sag ich mal ansatzweise adäquater Ersatz kommt, dann wird es in Zukunft sehr, sehr schwer sein, auch nur den einen oder anderen Betrieb hier neu anzusiedeln." (vgl. Bitburg-Prüm_1, S. 4).*

Der Stellenwert, der in Interviews der GRW beigemessen wurde, war - wie diese Aussagen belegen - sehr hoch. Allerdings widerspricht diese Sichtweise Erkenntnissen von Untersuchungen, die die Motive für Ansiedlungen von Betrieben analysierten (vgl. Kapitel 4.2.2.3). In der Rangfolge der von Unternehmen als wichtig erachteten Faktoren belegten die öffentlichen Fördermaßnahmen einen der hinteren Plätze. Angesichts dieser widersprüchlichen Aussagen drängt sich die Frage auf, wie die Bedeutung von Investitionsbeihilfen für die Wirtschaftsentwicklung zu bewerten ist. Hierzu geben die Aussagen regionaler Experten Hinweise. Auf die Frage, ob durch den weitgehenden Wegfall der GRW ernsthafte Entwicklungsrisiken für den Kreis zukünftig zu erwarten seien, entgegnete ein Gesprächspartner:

> *„Das würde ich also auf keinen Fall sagen. Nur man muss halt den einzelnen Betrieb sehen, der u.U. damit rechnet (...) und stellt deswegen ein Vorhaben zurück oder führts halt nicht aus. Ob (...) diese Mittel, die da gezahlt wurden, oder gewährt wurden, allein ausschlaggebend waren, wage ich zu bezweifeln. Ein Unternehmer weitet seinen Betrieb aus, weil*

er sich davon etwas verspricht. Er wird das nicht abhängig machen, ob er da ein paar Prozent Zuschuss dazu bekommt. Das ist also wohl kaum der Fall." (vgl. Bitburg-Prüm_3, S. 25).

Die Bedeutung der GRW wird somit von den regionalen Interviewpartnern nicht so hoch angesetzt, dass diese als der wichtigste Standortfaktor im Landkreis gelten könnte. Dennoch erkennen die regionalen Experten in einer Förderung insoweit einen bedeutenden Standortvorteil, als regionalpolitische Fördermittel zum „Zünglein an der Waage" werden können. Diese Situation kann eintreten, wenn ansiedlungsbereite Unternehmen zwei Standorte als annähernd gleichwertig betrachten und ein Standort regionale Fördermittel bieten kann und der andere nicht. In einem solchen Fall maßen die Interviewpartner der Möglichkeit zur finanziellen Unterstützung von Investitionen ein hohes Gewicht bei. Mit anderen Worten können bei sonst gleichen Bedingungen regionalpolitische Fördermaßnahmen durchaus zum ausschlaggebenden Standortfaktor werden.

„(...) bei einer Neugründung könnte das eine Rolle spielen und je nachdem, wie groß die Ansiedlung sein sollte, geht das ja eventuell um erhebliche Summen." (vgl. Bitburg-Prüm_3, S. 25).

„Die Förderung ist auch wichtig. Zumindest ist es solange wichtig, wie es (...) Nachbarstandorte gibt, unmittelbare Nachbarstandorte gibt, die (...) erheblich bessere Förderkonditionen haben als wir." (vgl. Bitburg-Prüm_1, S. 5).

5.5.2 Qualität des Arbeitskräftepotentials und großräumige Lage als „verkannte" Standortvorzüge

Gegenüber „klassischen" Standortvorzügen ländlicher Regionen zeigen sich aber auch in anderen Bereichen in Bitburg-Prüm Vorteile, die nicht unbedingt „ländlich-typisch" erscheinen. Dies trifft - neben der großräumigen Lage zu den Absatzmärkten im nahen europäischen Ausland - insbesondere auf die regionale Ausstattung mit hochwertigem Humankapital zu:

- Ausstattung mit Humankapital

Aus Tabelle 28 geht hervor, dass sich in den 80er und 90er Jahren in Bitburg-Prüm der betriebliche Einsatz hoch qualifizierter Arbeitskräfte - ausgehend von einem im interregionalen Vergleich deutlich geringeren Niveau - beschleunigt hat. Als hoch qualifizierte Arbeitskräfte werden hierbei die sozialversicherungspflichtig Beschäftigten erfasst, die folgende berufliche Qualifikationen aufweisen können: Höhere Fachschul-, Fachhochschul- oder Universitätsausbildung.

Andererseits werden unter den geringqualifizierten Beschäftigten die Arbeitskräfte subsumiert, die keine abgeschlossene Berufsausbildung besitzen.

Tabelle 28 verdeutlicht folgende Sachverhalte: Der Einsatz hoch qualifizierter Arbeitskräfte in Bitburg-Prüm ist 1998 im Unterschied zu den Vergleichsräumen unterdurchschnittlich. Von tausend Beschäftigten besitzen im früheren Bundesgebiet 74, in Rheinland-Pfalz 58 und in Bitburg-Prüm nur 34 einen höheren Bildungsabschluss. Allerdings hat sich ausgehend von einer zweifelsohne geringen Ausgangsbasis im Jahre 1986 der Einsatz an hoch qualifizierten Beschäftigten verglichen zum Landes- und Bundesdurchschnitt bis 1996 in Bitburg-Prüm überproportional verbessert.

Tabelle 28: Qualifikationsstruktur in Bitburg-Prüm und Vergleichsräumen

	Anteil H. Q. 1986[1]	Anteil G. Q. 1986[1]	Anteil H. Q. 1998[1]	Anteil G. Q. 1998[1]	Veränderungen in % (gerundet)	
					H. Q	G. Q
Früheres Bundesgebiet	49	356	74	286	+ 51 %	- 20 %
Rheinland-Pfalz	38	359	58	284	+ 53 %	- 21 %
Bitburg-Prüm	18	391	34	268	+ 89 %	- 31 %

Quelle: BfLR 1986, S. 126, 127 und 130; BBR 1999, S. 120 ff.

[1] Anteil H. Q. und G. Q.: Anteil Hoch- bzw. Geringqualifizierter an 1000 sozialversicherungspflichtig Beschäftigten.

Bemerkenswert ist neben der Zuwachsrate an hoch qualifizierten Arbeitskräften in Bitburg-Prüm auch die Abnahme des Einsatzes an geringqualifizierten Beschäftigten. Im Zeitraum 1986 bis 1998 ging die Beschäftigung von Personen ohne abgeschlossene Berufsausbildung in Bitburg-Prüm im Vergleich zu den übrigen Raumebenen merklich schneller zurück. Damit laufen die Änderungen in der Beschäftigungsstruktur in Richtung Höherqualifizierung im Untersuchungskreis nicht nur über die Mehrbeschäftigung von hoch qualifiziertem Personal, sondern auch über den Abbau von Arbeitsplätzen mir nur geringen Qualifikationsanforderungen ab.

Festzuhalten bleibt in jedem Fall, dass sich die Ausstattung mit Humankapital in Bitburg-Prüm nachhaltig verbessert hat. Zwar werden die Werte der Vergleichsregionen noch nicht erreicht, doch ist die Entwicklung dieses Landkreises stets vor dem Hintergrund der als ungünstig zu bezeichnenden wirtschaftlichen Situation zu Beginn der 80er Jahre zu sehen. Damit lassen sich für Bitburg-Prüm populäre Auffassungen, nach denen in ländlichen Räumen zwar ein großes Reservoir an ungelernten Arbeitskräften vorhanden ist, jedoch diese lediglich für die Verrichtung einfacher ausführender Tätigkeiten geeignet sind, für die jüngere Vergangenheit nicht mehr belegen. Im Gegenteil kann gefolgert werden, dass gerade das gestiegene Qualifikations- und Fertigkeitsniveau der ortsansässigen Bevölkerung zum einen Ansiedlungsentscheidungen positiv beeinflusst hat und zum anderen - was unter Umständen der wichtigere Aspekt sein dürfte - das Beschäftigungs- und Produktionswachstum der einheimischen Unternehmen ermöglicht hat.[61] Ohne die betriebswirtschaftliche Kompetenz der Entscheidungsträger und die technischen Fähigkeiten der Arbeitskräfte in Fertigungsberufen hätten sich die selbständigen, auf überregionalen Märkten agierenden Unternehmen in dieser Region wohl kaum so gut entwickeln können. Die positive Entwicklung einheimischer Unternehmen ist aber ein wichtiger Stützpfeiler und ein bestimmendes Moment der vergleichsweise günstigen Wirtschaftslage Bitburg-Prüms in den 90er Jahren. Anders formuliert ist mit Hilfe der klassischen Standortvorzüge ländlicher Regionen die Ansiedlung von Zweigbetrieben in den 60er und 70er Jahren möglich gewesen, als alleinige Erklärung für die positive wirtschaftliche Entwicklung in der Folgezeit reichen diese Standortvorteile jedoch nicht aus.

Die Bedeutung der Humankapitalausstattung - für die Entwicklung bestehender <u>und</u> neuer Unternehmen - wurde von den regionalen Experten bestätigt. Einerseits kann angenommen werden, dass die in Bitburg-Prüm ansässigen Industriebetriebe keine Probleme haben, für die unterschiedlichen betrieblichen Arbeitsfelder hinreichend qualifizierte Arbeitskräfte zu finden:

---

[61] Ob sich die verbesserte Humankapitalausstattung in Bitburg-Prüm mehrheitlich auf eine Tendenz zur Höherqualifizierung der ortsansässigen Bevölkerung oder - wie in Kapitel 4.3.2 diskutiert - auf die Zuwanderung von Personen mit hohem Bildungsabschluß zurückführen läßt, kann mit Hilfe des vorhandenen empirischen Datenmaterials nicht bestimmt werden. In jedem Fall zeigt sich in Bitburg-Prüm dasselbe Muster der Binnenwanderung wie für die Summe der ländlichen Regionen. Der Landkreis erfuhr in allen Wanderungsgruppen Binnenwanderungsgewinne mit Ausnahme der Gruppen der 18-30 Jährigen (vgl. *BBR* 1998, S. 56).

„Also ich denke, heute müsste kein Betrieb hier schließen aus Facharbeitermangel. Da bin ich ganz sicher." (vgl. Bitburg-Prüm_3, S. 16)

Andererseits hat die Verbesserung des lokalen Humankapitals dazu beigetragen, neue Unternehmen und Arbeitsplätze zu schaffen. Angestoßen wurden solche Entwicklungen in erster Linie durch das oben angesprochene industrielle Wachstum:

„Wobei diese Leute oft dann aus den Betrieben (Anm.: größere Industriebetriebe; d. V.) auch noch stammen. Die haben da gelernt, z.B. Werkzeugmacher, und der hat dann irgendwann seinen Meister oder Techniker oder Ingenieur gemacht und hat dann einen Betrieb gegründet" (vgl. Bitburg-Prüm_3, S. 4).

- Zentraleuropäische Lage

Die Randlage des Kreises Bitburg-Prüms innerhalb der Bundesrepublik galt über Jahrzehnte als ein zentraler Standortnachteil dieses Gebietes. Im Zuge der europäischen Einigung kam es zu einer Neudefinition der Lagegunst nicht nur des einzelnen Landkreises, sondern der gesamten Region Trier. Die zentraleuropäische Lage des ehemals abgelegenen Raumes begünstigte die Entstehung vielfältiger wirtschaftlicher Verflechtungen mit den angrenzenden Staaten und bedeutete einen wirtschaftlichen Schub für die wirtschaftliche Entwicklung der gesamten Region in den letzten Jahren (vgl. *Projektgruppe REK* 1996). Ein regionaler Experte fasste diese Einschätzung folgendermaßen zusammen:

„(...) liegen wir eigentlich, ich sag das mal so ..., im Herzen Europas und (...) wahrscheinlich gar nicht so ungünstig hier" (vgl. Bitburg-Prüm_3, S. 5).

Eine - unter veränderten Rahmenbedingungen - günstige großräumige Lage ist allerdings nur dann ein Standortvorteil, wenn die Ausstattung mit Verkehrsinfrastruktur keine gravierenden Defizite aufweist, die Haushalte und Unternehmen von ihrer Ansiedlungsentscheidung in der Region Abstand nehmen lässt. In Bitburg-Prüm stellt sich die Situation je nach Verkehrsträger differenziert dar. Im Bereich des Schienenverkehrs besteht ein deutlich unterdurchschnittlicher Ausstattungsgrad. Im Unterschied sowohl zum Durchschnitt der Agglomerationsräume und der Regionen mit Verdichtungsansätzen als auch zum Durchschnitt aller ländlichen Regionen ist die Erreichbarkeit eines nationalen Verdichtungsraumes auf der Schiene von Bitburg-Prüm aus deutlich schlechter (vgl. Tabelle 29).

Besser gestaltet sich die Erreichbarkeit der Agglomerationen mit dem PKW. Im Vergleich zu der Summe der ländlichen Gebiete gelangt man mit dem PKW von Bitburg-Prüm aus schneller zu den inländischen hochverdichteten Regionen. Eine vergleichsweise gute Anbindung an das überregionale Straßennetz wurde in den Interviews von den regionalen Experten jedoch nur zum Teil bestätigt (vgl. *Koch-Achelpöhler* 1998, S. 103 f.). Als gut wurde die Erreichbarkeit des Verdichtungsraumes Bonn/Köln sowie Belgiens und der Seehäfen Rotterdam, Amsterdam und Antwerpen bezeichnet. Bemängelt wurde dagegen die schlechte Verbindung zum Rhein/Main/Neckar-Gebiet. Dieser Standortnachteil werde aber durch den geplanten Weiterbau der A60 abgemildert. Daneben wurden erhebliche Defizite im Kreisstraßennetz von den Interviewpartnern genannt. Die periphere Lage und die Flächenstärke des Landkreises haben in Verbindung mit der Unterausstattung im Schienenverkehr eine starke Ausrichtung auf den motorisierten Individualverkehr zur Folge. Die hohe PKW-Dichte im Kreis und deren Wachstum belegen dies (vgl. Tabelle 29).

Tabelle 29: Verkehrsinfrastrukturindikatoren Bitburg-Prüm und Vergleichsräume

	PKW je 1000 Einwohner 1999	PKW Entwicklung 91-99 in %	Erreichbarkeit Agglomerationen Schienenverkehr 1992	Erreichbarkeit Agglomerationen Strassenverkehr 1992
Agglomerationsräume	518	+11,2	71	63
Regionen mit Verdichtungsansätze	527	+14,6	103	89
Ländliche Räume	538	+15,8	134	112
Bitburg-Prüm	562	+18,1	166	108

Quelle: BBR 1999, S. 210 ff., Erreichbarkeit Agglomerationen in Minuten 1995. BfLR 1995, S. 176, S. 182

Resümierend lässt sich im Hinblick auf die Güte der Verkehrsinfrastruktur feststellen, dass diese heutzutage im Bereich des Straßenverkehrs ein solches Ausstattungsniveau erreicht hat, dass die periphere Randlage des Kreises innerhalb der Bundesrepublik nicht mehr als gewichtiger Standortnachteil empfunden wird. Ein Interviewpartner fasste diese Einschätzung folgendermaßen zusammen:

> *„Verkehrsmäßig abgeschnitten (...), das kann man (...) mit Sicherheit nicht sagen." (vgl. Bitburg-Prüm_1, S. 23).*

5.6 Fazit: Einordnung der Ergebnisse in den Gesamtzusammenhang der Arbeit

Mit der Darstellung der regionalen Fallstudie wurde die Zielsetzung verfolgt, die bis zu diesem Untersuchungsstadium herausgearbeiteten Sachverhalte konkret an einem Landkreis zu überprüfen. Darüber hinaus sollten die im Verlauf der Arbeit gewonnenen Erkenntnisse vertieft werden. Hier stand insbesondere die Zweigbetriebsproblematik im Vordergrund des Untersuchungsinteresses.

Wird die Wirtschaftsentwicklung Bitburg-Prüms mit Hilfe einiger zentraler Indikatoren gemessen, fällt auf, dass die Entwicklung des Landkreises seit dem Beginn der 80er Jahre im Trend der Mehrheit der westdeutschen ländlichen Regionen liegt. Sowohl im Hinblick auf die Entwicklung der Arbeitslosigkeit, der Beschäftigung als auch der Wanderungsbewegungen zeigen sich für Bitburg-Prüm in den 80er und 90er Jahren wie für die Mehrzahl ländlicher Gebiete in Westdeutschland überdurchschnittlich positive Werte.

Vergleichbar mit der Entwicklung der Gesamtheit der ländlichen Regionen in den alten Bundesländern ist auch die Entwicklung der Bruttowertschöpfung je Erwerbstätigen im Kreis. Gegenüber dem Bundes- und Landesdurchschnitt liegt Bitburg-Prüm bei diesem Indikator zwar auch in den 90er Jahren merklich zurück. Doch konnte der Rückstand während der letzten zwanzig Jahre - wenn auch nur wenig - verringert werden. Auf einen knappen Nenner gebracht weisen die statistischen Kennziffern auf eine positive wirtschaftliche Entwicklung Bitburg-Prüms im Verlauf der 80er und 90er Jahre hin.

Diese Entwicklung ist vor dem Hintergrund der wirtschaftlichen Ausgangssituation zu Beginn der 70er Jahre zu sehen. Damals war der Landkreis noch sehr stark von der Landwirtschaft geprägt und industriell schwach entwickelt. In der Folgezeit setzte aufgrund des agrarstrukturellen Wandels ein massiver Beschäftigungsabbau im primären Sektor ein, der eine Verschärfung der wirtschaftlichen

Situation in Bitburg-Prüm hätte nach sich ziehen müssen. Trotz dieser negativen Entwicklungstendenz entwickelte sich der Landkreis in der Folgezeit jedoch wirtschaftlich verhältnismäßig positiv. Die jüngste wirtschaftliche Entwicklung ist stets vor dem Hintergrund dieser ungünstigen wirtschaftlichen Ausgangssituation zu sehen und gewinnt dadurch stark an Bedeutung. Mit Hilfe der Analyse der Wirtschaftsstruktur und der Standortqualität sollten die Ursachen für diesen überraschenden Umschwung in der wirtschaftlichen Entwicklung Bitburg-Prüms offen gelegt werden.

Wird die gegenwärtige ***Wirtschaftsstruktur*** in Bitburg-Prüm untersucht, fällt der hohe Stellenwert des Produzierenden Gewerbes auf. Dieses kann als der Hauptträger der Wirtschaftsentwicklung im Landkreis angesehen werden. Im Vergleich zu anderen Räumen erfuhr der industriell-gewerbliche Bereich in Bitburg-Prüm zwar ebenfalls einen Beschäftigungseinbruch, jedoch fiel dieser Rückgang im interregionalen Vergleich vergleichsweise gering aus. Die hohe Bedeutung der Industrie hat ein - im Unterschied zum Landes- und Bundesdurchschnitt - relativ geringes Gewicht von Dienstleistungstätigkeiten in Bitburg-Prüm zur Folge. Allerdings kann in Bitburg-Prüm - wie für die Gesamtheit der ländlichen Regionen - ein überdurchschnittlich starker Anstieg an Dienstleistungstätigkeiten (nach der Gliederung der amtlichen Statistik in den Feldern Handel, Verkehr und Nachrichtenübermittlung sowie bei den sonstigen unternehmerischen Dienstleistungen) beobachtet werden. Auch in Bitburg-Prüm wird somit wie für die Gesamtheit der ländlichen Regionen die „Parallelität sektoraler Entwicklung“ sichtbar (vgl. Gliederungspunkt 4.2.3).

Zurückführen lässt sich die vergleichsweise gute Entwicklung im Industriesektor in Bitburg-Prüm in hohem Maße auf die Gründung von Zweigbetrieben. Diese trugen, vornehmlich in den 60er und 70er Jahren, entscheidend zur „Industrialisierung“ des Kreises bei. Auch hier zeigen sich Parallelen in der Entwicklung von Bitburg-Prüm und der Gesamtheit der ländlichen Räume (vgl. Kapitel 4.2.2.3). In der Literatur wird ein hoher Anteil an Zweigbetrieben in einem Teilraum oft - aus Gründen wie etwa eine vermutete hohe Konjunkturanfälligkeit - als Entwicklungsrisiko gesehen. Zudem wird der Beitrag von zugewanderten Betrieben zur Regionalentwicklung zum Teil nicht sonderlich hoch eingeschätzt, weil angenommen wird, dass sie in ihren Liefer- und Absatzverflechtungen auf das Mutterunternehmen ausgerichtet sind und daher kaum wirtschaftliche Kontakte zu lokalen Betrieben aufbauen.

Diese negative Sichtweise kann aber aus zwei Gründen heraus auf die Situation in Bitburg-Prüm nicht übertragen werden. Zum einen kann die These einer hohen Konjukturreagibilität von Zweigwerken für Bitburg-Prüm bisher nicht bestätigt werden. In der gesamten Zeit ihres Bestehens wurde weder einer der größeren zugewanderten Betriebe stillgelegt, noch wurden in großem Umfang Arbeitskräfte freigesetzt. Zum anderen zeigte sich, dass in Bitburg-Prüm die zugewanderten Werke sehr wohl eine positive Ausstrahlung auf die Regionalentwicklung besitzen. In Folge der Zweigbetriebsniederlassungen wurden zahlreiche kleinere gewerblich-industrielle Betriebe gegründet. Diese fertigten in vielen Fällen zuerst für das Zweigwerk und konnten später ihren Absatz auf andere Unternehmen ausdehnen. Zugewanderte Produktionseinheiten wirkten somit vielfach als Initialzündung für endogene Entwicklungsprozesse.

Darüber hinaus ist zu betonen, dass nur ein kleiner Teil der Zuwanderungsbetriebe den Vorstellungen einer typischen verlängerten Werkbank entspricht, einem Betrieb also, in dem fast nur Produktions- und kaum Verwaltungs- und unternehmerische Leitungsaufgaben ausgeführt werden. Nicht zu vergessen ist, dass in Bitburg-Prüm zwar den Zweigbetrieben ein hoher Stellenwert zur Wirtschaftsentwicklung des Kreises zukommt, allerdings auch größere einheimische vollstufige Unternehmen wichtige Träger der Regionalentwicklung sind.

Unter dem Eindruck der vorstehenden Ergebnisse kann resümierend die Wirtschaftsstruktur durchaus als ausgewogen und durchmischt charakterisiert werden. Nahezu alle Größenklassen - vom handwerklichen oder industriellen Kleinstbetrieb bis hin fast zum Großbetrieb (Bitburger-Brauerei mit annähernd tausend Beschäftigten) - sind im Landkreis vorhanden. Bei diesen Unternehmen handelt es sich keineswegs ausschließlich um reine Fertigungsbetriebe auf geringem Technologieniveau. Vielmehr ist ein Unternehmenspotential vorhanden, das auf überregionalen Märkten erfolgreich agiert.

Im Hinblick auf die ***Standortgunst*** zeigten sich in Bitburg-Prüm bis in die jüngste Gegenwart hinein die für ländliche Regionen als typisch geltenden Standortvorteile. Damit sind eine hohe Verfügbarkeit an vergleichsweise billigen Arbeitskräften und Flächen sowie regionalpolitische Fördermaßnahmen angesprochen. Gegenwärtig gilt diese Aussage jedoch nur noch für das Flächenangebot. Im Zuge der wirtschaftlichen Besserung in Bitburg-Prüm verminderte sich das freie Arbeitskräfteangebot und es kam zu einer deutlichen Steigerung des Lohnniveaus in der Industrie. Zudem fielen große Teile des Kreises aus der Fördergebietskulisse der Gemeinschaftsaufgabe zur Verbesserung der regionalen Wirtschaftsstruktur 1996 heraus.

Die Standortvorteile Bitburg-Prüms erschöpfen sich heutzutage allerdings nicht nur in einem großen und billigen Angebot an Flächen für Wirtschafts- und Wohnhausbau. Im Verlauf der 80er und 90er Jahre kann im Landkreis auch eine deutliche Verbesserung im Bereich der Humankapitalausstattung beobachtet werden. Eine verbesserte Ausstattung Bitburg-Prüms mit Humankapital ist als bestimmender Faktor der positiven Wirtschaftsentwicklung des Kreises in den 80er und 90er Jahren anzusehen. Nur so lässt sich - angesichts eines Rückganges des industriellen Ansiedlungsvolumens - der Abbau der Arbeitslosigkeit, die Beschäftigungsgewinne und die gestiegene Produktionsleistung in den 80er und 90er Jahren erklären. Ohne die günstige Entwicklung einheimischer kleinerer Betriebe - für die die ausreichende Verfügbarkeit qualifizierter Arbeitskräfte eine Voraussetzung ist -, hätte die im interregionalen Vergleich gute Wirtschaftsentwicklung dieses Landkreises nicht zustande kommen können.

Ein weiterer Standortvorteil des Kreises ist in dessen günstiger großräumiger Lage in Europa zu sehen. Diese Feststellung überrascht, da die periphere Lage Bitburg-Prüms innerhalb der Bundesrepublik Jahrzehnte lang als zentrales Entwicklungshemmnis angesehen wurde. Im Zuge der europäischen Einigung und mit einer besseren Anbindung an das überregionale Straßenverkehrsnetz milderte sich dieser Standortnachteil der Randlage jedoch ab und wurde in europäischer Perspektive sogar zu einem Standortvorteil.

Resümierend ist zu sagen, dass im Hinblick auf die Wirtschaftsstruktur und die Standortqualität gegenwärtig keine Entwicklungstendenzen sichtbar sind, die in naher Zukunft schwer wiegende Strukturanpassungsprozesse befürchten lassen. Die Entwicklung in den 80er und 90er Jahren verlief für Bitburg-Prüm wie auch für die Gesamtheit der ländlichen Regionen in Westdeutschland im interregionalen Vergleich positiv.

6 Zusammenfassung der Untersuchungsergebnisse

Im Mittelpunkt der vorliegenden Arbeit stand die Frage, ob im Verlauf der letzten Jahrzehnte ein Wandel im Muster regionaler Disparitäten in den alten Bundesländern eingetreten ist. Dieser Wandel bezieht sich auf einen vermeintlichen Abbau der Unterschiede in der Wirtschaftsstärke zwischen traditionell als wirtschaftsschwach geltenden dünn besiedelten Regionen einerseits und hochverdichteten Wirtschaftszentren andererseits. Die Auffassungen im regionalwirtschaftlichen Schrifttum hierzu sind widersprüchlich. Um diese Widersprüche aufzeigen und zu einer ersten Beurteilung regionaler Entwicklungsverläufe seit dem Beginn der 80er Jahre gelangen zu können, wurde in Kapitel 2 die Wirtschaftsentwicklung in den Raumkategorien Agglomerationsräume, Regionen mit Verdichtungsansätzen und ländliche Räumen empirisch untersucht. Hierbei wurden die Indikatoren Arbeitslosenrate, Beschäftigungsentwicklung, Bruttowertschöpfung je Erwerbstätigen und regionales Lohn- und Einkommensniveau verwendet. Die Ergebnisse des ***zweiten Kapitels*** können folgendermaßen zusammengefasst werden:

1. Die regionale Verteilung der Arbeitslosigkeit weist eine augenfällige Divergenz zwischen hochverdichteten und gering verdichteten Gebieten zugunsten der Letzteren auf. In den 90er Jahren liegt die Höhe der Arbeitslosenquote sowohl in den stärker als auch in den dünner besiedelten ländlichen Regionen unter dem Wert in den Verdichtungsgebieten.

2. Deutliche räumliche Dezentralisierungstendenzen in der Beschäftigtenentwicklung traten im Untersuchungszeitraum zutage. Diese erstreckten sich nicht nur auf die Umlandgebiete der Kernstädte (die weit überproportional an Beschäftigung verloren), sondern auch auf peripher gelegene, dünn besiedelte Regionen.

3. Gegenüber der positiven Arbeitsmarktbilanz in den nicht-zentralen Gebieten zeigt sich bei der - an der Bruttowertschöpfung je Erwerbstätigen - gemessenen wirtschaftlichen Leistungskraft aller Unternehmenseinheiten ein klares regionales Gefälle zugunsten der großen Verdichtungsräume. Dieses Gefälle hat sich seit Beginn der 80er Jahre geringfügig geglättet.

4. Mit der räumlichen Entwicklung der BWSzM korreliert die Entlohnung im Produzierenden Gewerbe und die regionale Verteilung des privaten verfügbaren Einkommens, die in den Verdichtungsregionen eindeutig über der in den ländlichen Gebieten liegen.

Vor dem Hintergrund der dargestellten empirischen Befunde eine Bilanz im Hinblick auf die Beurteilung der Frage nach regionaler Konvergenz oder Divergenz zu ziehen fällt schwer. Einerseits deuten Arbeitsmarktindikatoren auf einen klaren Aufholprozess nicht-zentraler Regionen hin, andererseits kann aus der Analyse der BWSzM und der Einkommenskennziffern gefolgert werden, dass die positive Beschäftigungsentwicklung in wenig innovativen wachstumsschwachen Wirtschaftszweigen stattfand, die nur unterdurchschnittlich qualifizierte Arbeitskräfte beschäftigen. Unter Beachtung dieser Ergebnisse ist zur Beurteilung der regionalwirtschaftlichen Entwicklung in der Bundesrepublik eine genauere Untersuchung des ökonomischen Potentials der ländlichen Regionen erforderlich. Das ökonomische Potential einer Region setzt sich nach dem Verständnis in dieser Arbeit aus den Elementen regionale Wirtschaftsstruktur (nach Art der Betriebe, Wirtschaftszweig, Technologieeinsatz etc.) und der regionalen Standortqualität (Arbeitskräfteverfügbarkeit, Infrastruktur etc.) zusammen.

Das Ziel von ***Kapitel 3*** bestand darin, einen theoretischen Unterbau für die Analyse der ökonomischen Potentiale in den Regionen der früheren Bundesrepublik zu erarbeiten. Hierbei wurden zuerst mit Hilfe von gesamtwirtschaftlichen Landschaftsstrukturmodellen die ökonomischen Gründe für eine unterschiedliche Verteilung von Wirtschaftsaktivitäten im Raum dargelegt. Aufbauend auf diesen Befunden konnten Erkenntnisse hinsichtlich der ökonomischen Potentiale ländlicher Regionen in den Bereichen Wirtschaftsstruktur und Standortqualität erzielt werden. Als die zentralen Bestimmungsfaktoren der ökonomischen Raumstruktur wurden Agglomerationseffekte, unternehmensinterne Ersparnisse, Kosten und Verfügbarkeit von Boden und natürliche Produktionsbedingungen wie Rohstoffvorkommen herausgearbeitet. Im Hinblick auf die Gestalt der Raumstruktur in einer modernen Volkswirtschaft - in der der tertiäre Sektor die höchsten Wachstumsraten aufweist - kann von einer höheren räumlichen Konzentration wirtschaftlicher Tätigkeiten ausgegangen werden als in vorhergehenden Epochen der Wirtschaftsgeschichte (mit einer größeren Bedeutung von Landwirtschaft und Industrie für die inländische Einkommensentwicklung). Die Stärke des Trends zur räumlichen Konzentration wird von der Ausprägung der Faktoren Agglomerationseffekte, interne Ersparnisse und Transportkosten bestimmt:

- Agglomerationseffekte

Im Zuge des sektoralen Strukturwandels gewinnen die Wirtschaftszweige an Wichtigkeit für die inländische Produktion, die ihren Standort zentrumsnah wählen. Dazu zählen in erster Linie industrielle Produktionen, die auf ein breites Angebot an Arbeitskräften, Spezialisten, Zuliefererbetriebe etc. angewiesen sind und diesen Bedarf besser in hochverdichteten als in ländlichen Räumen decken können. Eine Zunahme der räumlichen Konzentration wird insbesondere aus der angenommenen Eigenschaft von Dienstleistungen als städtische Aktivität abgeleitet. Zugleich verliert mit der landwirtschaftlichen Produktion der Wirtschaftszweig relativ an Bedeutung, der die Produktionsstrukturen in ländlichen Räumen stark geprägt hat und in Zeiten, als der Agrarsektor noch einen höheren volkswirtschaftlichen Stellenwert besaß, eine stärkere räumliche Gleichverteilung der volkswirtschaftlichen Produktionskapazitäten sicherstellte.

Bei Vorliegen hoher positiver Agglomerationseffekte ist eine räumliche Verdichtung wirtschaftlicher Aktivitäten anzunehmen. Wegen der Existenz von Agglomerationsvorteilen lässt sich begründen, dass Ballungsgebiete günstige Voraussetzungen für die Entstehung regionaler Netzwerke und innovativer Milieus bieten, was sich in einer im interregionalen Vergleich überdurchschnittlichen Innovations- und Leistungsfähigkeit von Unternehmen in den Verdichtungsgebieten niederschlagen kann. Als besonders wichtig ist in diesem Zusammenhang der regionale Bestand an Humankapital und technischem Wissen anzusehen. Beide Faktoren dürften unter der Annahme positiver Agglomerationseffekte in den städtischen Räumen ein höheres Bestandsniveau als in ländlichen Regionen aufweisen. Gleiches ist für den Bestand an unternehmensnahen Dienstleistungen zu sagen, denen eine wichtige Vorleistungsfunktion für das produzierende Gewerbe beigemessen wird.

Agglomerationseffekte begründen jedoch nicht nur eine Zunahme räumlicher Verdichtung, sondern können auch zur Erklärung wirtschaftsräumlicher Dezentralisierungstendenzen herangezogen werden. Solche Entwicklungslinien sind dann zu erwarten, wenn für ein Wirtschaftssubjekt die Ballungsnachteile etwa in Form von hohen Faktorkosten stärker als die Agglomerationsvorteile ins Gewicht fallen. Auf Basis des vorgestellten Modellansatzes wurde angenommen, dass insbesondere einfache, standardisierte industrielle Produktionen mit einem vergleichsweise hohen Einsatz an Arbeitskräften und Flächen zur Abwanderung in dünner besiedelte Gebiete neigen.

- Interne Ersparnisse

Aufgrund zahlreicher technologischer Neuerungen im Laufe der industriellen Entwicklung nahm die Bedeutung von Unteilbarkeiten bzw. economies of scales im Zeitablauf zu. Gestaltet sich das Verhältnis zwischen der Höhe der Unteilbarkeiten und den Nachfragebedingungen in einer Branche etwa so, dass auf lange Sicht nur wenige (oder nur ein) Anbieter bestehen können, ist von wirtschaftlichen Konzentrationen in sektoraler und räumlicher Hinsicht auszugehen. Damit wird die Produktion eines Gutes auf wenige Punkte im Raum beschränkt.

Der Trend zu immer größeren Betrieben kehrte sich jedoch in den 70er Jahren um. Ab dieser Zeit ist ein höheres Wachstum der kleinere Betriebsgrößenklassen festzustellen (diese Aussage gilt nicht für die Unternehmensebene, da durch Fusionen die Unternehmensgröße auch in jüngerer Zeit anstieg). Erklärt wurde diese Entwicklung mit veränderten wirtschaftlichen Rahmenbedingungen, die günstiger für die Entwicklung kleiner als großer Betriebe seien. Hierbei sind der Rückgang der Nachfrage nach standardisierten industriellen Massenwaren, die verstärkte internationale Konkurrenz auf diesen Märkten und zum Teil die Wirkungen des technischen Fortschrittes zu nennen. In räumlicher Hinsicht bedeutet das Kleinbetriebswachstum eine Abnahme der räumlichen Konzentration der industriellen Produktion.

- Transportkosten

Die Entwicklung in der Höhe der Transportkosten ist durch eine langfristige Abnahme gekennzeichnet. In raumwirtschaftlicher Hinsicht ergeben sich daraus im Wesentlichen zwei Konsequenzen. Zum einen können Unternehmen Waren in einem vergrößerten Absatzgebiet konkurrenzfähig anbieten. Daraus kann sich ein Betriebsgrößenwachstum ergeben, insbesondere dann, wenn das Unternehmen im Bereich sinkender Durchschnittskosten produziert und aufgrund sinkender Transportkosten eine erhöhte Menge absetzen kann. Daher ist es denkbar, dass bei Vorliegen einer Monopol- und Oligopolsituation Produktionseinheiten in dünner besiedelten Regionen durch den transportkotenbedingten verminderten Außenschutz vom Markt gedrängt bzw. erst gar nicht aufgebaut werden. Es können aber im Rahmen dieser Diskussion Argumente auch dafür angeführt werden, dass sinkende Transportkosten förderlich für die wirtschaftliche Entwicklung ländlicher Räume sind. Begründet wird diese Einschätzung damit, dass durch sinkende Transportkosten die Agglomerationsvorteile räumlich weiter streuen. Wirtschaftseinheiten können somit von den Verstädterungsvorteilen profitieren, ohne sonderlich von den Verdichtungsnachteilen tangiert zu werden.

Die Frage nach regionaler Konvergenz bzw. Divergenz zwischen unterschiedlich stark verdichteten Regionen in der Bundesrepublik Deutschland wird wesentlich dadurch determiniert, wie bedeutend die Produktionseinheiten die Vorteile einer Ansiedlung in einem Ballungsraum gegenüber dem damit verbundenen höheren Kostenniveau einschätzen. Dieses Urteil beruht darauf, dass gegenwärtig die Transportkosten ein vergleichsweise geringes Niveau aufweisen und seit den 70er Jahren eine etwas sinkende Bedeutung von Massenproduktionsvorteilen erkennbar ist.

Vor dem Hintergrund einer solchen Konstellation steigt der Stellenwert der Agglomerationsvorteile zur Beantwortung der Frage nach regionaler Konvergenz bzw. Divergenz. Geht man davon aus, dass die Wirtschaftssubjekte nur in den Ballungszentren hohe Agglomerationsvorteile realisieren können und dort vergleichsweise geringe Agglomerationsnachteile bestehen, wirken Agglomerationseffekte im Verbund mit sinkenden Transportkosten auf eine räumliche Konzentration von Wirtschaftsaktivitäten hin. Im anderen Fall hoher Ballungsnachteile in den Verdichtungszentren sind bei einer geringeren Bedeutung interner Ersparnisse und einem geringen Transportkostenniveau wirtschaftsräumliche Dezentralisierungstendenzen zu erwarten. Dieses Ergebnis wird nicht zuletzt auch von der Standortqualität in ländlichen Regionen bestimmt. Vor dem Hintergrund der Überlegungen zu den Ansätzen der neuen Wachstumstheorie, der regionalen Netzwerke und des regionalen Milieus gewinnen damit qualifikatorische Aspekte wie der Bestand an unternehmensnahen Dienstleistungen, an Humankapital und an Einrichtungen von Bildung und Forschung an Wichtigkeit für die wirtschaftliche Entwicklung ländlicher Gebiete.

In jedem Fall ist davon auszugehen, dass raumstrukturelle Veränderungen einem relativ langen Anpassungszeitraum unterliegen. Dies ist in den Inflexibilitäten der Raumstruktur begründet. Ein wichtiger Aspekt hierbei sind Einrichtungen der Infrastruktur sowie Wohn- und Industriegebäude, die eine lange Nutzungsdauer besitzen. Ein rascher Abbau regionalwirtschaftlicher Disparitäten wird unter diesen Voraussetzungen behindert. Regionalpolitische Maßnahmen zum Auf- und Ausbau der Infrastruktur in ländlichen Regionen können hier zu einer Beschleunigung raumwirtschaftlicher Prozesse und zu einem Ausgleich regionaler Disparitäten beitragen. Auch die regionalpolitische Förderung von Investitionen in Sach- und Humankapital kann wirtschaftliche Aufholprozesse ländlicher Regionen unterstützen.

Im Hinblick auf die Frage nach dem ökonomischen Potential ländlicher Regionen können die theoretischen Überlegungen folgendermaßen zusammengefasst werden. Die ***Wirtschaftsstruktur*** wird von der Landwirtschaft und von kleineren industriellen Einheiten geprägt. Der Dienstleistungssektor ist gegenüber den Verdichtungsräumen unterrepräsentiert. Ob eine solche Wirtschaftsstruktur als Entwicklungshemmnis gesehen wird, hängt von der Marktposition und dem technologischen Niveau der Betriebe in ländlichen Gebieten ab. Zudem ist die Entwicklung in jüngerer Vergangenheit im Hinblick auf das Wachstum von haushalts- und unternehmensnahen Dienstleistungen in dünn besiedelten Regionen zu berücksichtigen. Wird unterstellt, dass die Industrieunternehmen in schrumpfenden Branchen agieren und kaum ein Zuwachs im Bereich der unternehmensnahen Dienstleistungen in ländlichen Regionen gegeben ist, kann in der Tat von zukünftigen Entwicklungsproblemen dieser Raumkategorie ausgegangen werden. Im Hinblick auf eine positive Beurteilung der ***Standortqualität*** in ländlichen Gebiete ist entscheidend, ob dieser Raumtyp neben verhältnismäßig billigen Arbeitskräften und einem großen und günstigen Flächenangebot sowie der Möglichkeit regionalpolitische Fördermittel einzustreichen, noch in anderen Bereichen eine hohe Standortgunst aufweist. Hierbei ist insbesondere an den Besatz mit qualifizieren Arbeitskräften und mit infrastrukturellen Einrichtungen zu denken.

Unter Beachtung der theoretischen Überlegungen wurden in ***Kapitel 4*** die ökonomischen Potentiale der ländlichen Regionen einer genaueren Prüfung unterzogen. Diese Analyse brachte die folgenden Erkenntnisse:

Die Wirtschaftsstruktur ländlicher Regionen entspricht heutzutage nur noch sehr eingeschränkt traditionellen Vorstellungen von einer Dominanz der Landwirtschaft, kleinen Handwerks- und Industriebetrieben. Mittlerweile wird das Gros der Arbeitsplätze in ländlichen Regionen von Unternehmen des sekundären und tertiären Sektors gestellt. Auffällig am sektoralen Strukturwandel in ländlichen Regionen sind vor allen Dingen drei Sachverhalte. Erstens ist die Bedeutung des gewerblich-industriellen Sektors im interregionalen Vergleich - und besonders im Unterschied zu den Verdichtungsregionen - überdurchschnittlich hoch. Zweitens besaß für die industrielle Entwicklung der ländlichen Regionen die Zuwanderung von Zweigbetrieben einen im interregionalen Vergleich überdurchschnittlichen Stellenwert.

In einem hohen Anteil an fremdgesteuerten Zweigbetrieben wird oft ein Entwicklungsrisiko für ländliche Gebiete erkannt. Die verbreiteten negativen Assoziationen mit Zweigbetrieben beziehen sich vor allem auf eine bestimmte Ausprägung abhängiger Betriebe, die „verlängerten Werkbänke." Negative Charakteristika verlängerter Werkbänke werden vor allem in den folgenden Punkten gesehen: Zum einen würden nur geringe Qualifikationsanforderungen an die Arbeitskräfte gestellt werden, weshalb die Löhne und Gehälter in solchen Betrieben auf einem geringen Niveau lägen. Das Überwiegen einfacher Tätigkeiten resultiere aus der Gegebenheit, dass in verlängerten Werkbänken in erster Linie einfache standardisierte arbeitsintensive Produktionstätigkeiten ausgeführt würden und anspruchsvolle Dienstleistungsfunktionen - so genannte Headquarter-Funktionen wie Unternehmensleitung, Marketing, EDV, Forschung etc. - unterrepräsentiert wären. Zum anderen besäßen verlängerte Werkbänke eine geringe Bestandsdauer, da diese vielfach nur den Zweck hätten, Kapazitätsspitzen aufzufangen und daher folgerichtig in Zeiten zurückgehender Nachfrage stillgelegt würden. Darüber hinaus wird angezweifelt, dass verlängerte Werkbänke starke Impulse für die regionalwirtschaftliche Entwicklung geben können. Vielfach seien Zweigbetriebe über Liefer- und Absatzverflechtungen nur wenig mit der lokal ansässigen Wirtschaft verbunden, sondern stärker auf überregionale Zulieferer und Abnehmer - z. B. das Mutterunternehmen - ausgerichtet.

Allerdings ist es nicht angebracht, diese negativen Vorstellungen auf alle zugewanderten, mit überregionalen Unternehmen verflochtenen, Betriebe zu übertragen und diese mit der aufgeführten Ausprägung von verlängerten Werkbänken gleichzusetzen. Die Ansiedlung eines Tochterbetriebes eines regionsexternen Mehrbetriebsunternehmens in ländlichen Regionen, in den auch Headquarter-Funktionen integriert sind (vollstufiger Betrieb) und der seinen eigenen Kundenstamm beliefert sowie eng mit regionalen Produktionseinheiten verflochten ist, ist zweifelsohne positiv für die ländliche Regionalentwicklung zu bewerten.

Als Drittes auffälliges Merkmal des sektoralen Strukturwandels in ländlichen Räumen ist das Wachstum des Dienstleistungssektors zu nennen. Empirische Analysen haben nicht nur ein starkes Wachstum von haushaltsnahen Diensten in ländlichen Regionen offen gelegt, sondern auch eine interregional überdurchschnittliche Zunahme von unternehmensorientierten Dienstleistungen, die als besonders zentrumsorientiert gelten, nachgewiesen. Augenscheinlich ist die relativ günstige Entwicklung im Industriebereich in ländlichen Regionen die Voraussetzung für eine ebenfalls positive Entwicklung im Dienstleistungssektor in diesen Räumen. Dass der industrielle Sektor in den ländlichen Regionen in den 80er und 90er Jahren keinen tiefgreifenden Einbruch erfahren hat, kann unter Beachtung dieser Ergebnisse somit als die wesentliche Begründung für die relativ günstige Entwicklung ländlicher Regionen genannt werden.

Als Ursachen für die verhältnismäßig günstige industrielle Entwicklung in ländlichen Regionen wurden die folgenden Erklärungsmuster genannt. Zum einen wird die ländliche Wirtschaftsstruktur überwiegend durch kleinere Betriebe geprägt. Empirische Studien zum betriebsgrößenspezifischen Beschäftigungsverhalten haben gezeigt, dass es in den letzten zwanzig Jahren - sowohl im sekundären als auch im tertiären Sektor - vor allen Dingen die kleineren und mittleren Firmen waren, die überproportional ihre Beschäftigung ausgeweitet haben. Die ländlichen Regionen profitieren also in wirtschaftlicher Hinsicht davon, dass sie - im Unterschied zu den Agglomerationen - einen höheren Bestand an kleinen und mittleren Betrieben im industriellen Bereich besitzen. Zum anderen hat die Analyse regionaler Innovations- und Adoptionsunterschiede offen gelegt, dass die Fähigkeit zur Generierung und Aufnahme von Neuerungen - wenn überhaupt - nur in geringem Maße von dem großräumigen Standort eines Betriebes beeinflusst wird. Im Hinblick auf die Diskussion um regionale Innovationsdisparitäten ist ebenfalls von Interesse, dass in den 80er und 90er Jahren die Betriebe in ländlichen Regionen in der Summe verstärkt hoch qualifizierte Arbeitskräfte einsetzten und ihre Forschungsanstrengungen intensivierten. Dieser Befund widerspricht Vorstellungen von einem Übergewicht einfacher arbeitsintensiver standardisierter Produktionsformen in ländlichen Gebieten.

Die Analyse der Standortqualität in ländlichen Regionen verdeutlichte, dass die Standortvorteile ländlicher Regionen nicht mehr in erster Linie auf den traditionellen Faktoren wie Flächenangebot und ein interregional unterdurchschnittliches Lohnniveau beruhen. In den vergangenen Jahren erlangten die dünn besiedelten Regionen in einigen Bereichen „zentrumstypische" Standortqualitäten. In diesem Zusammenhang ist vor allen Dingen die verbesserte Ausstattung mit materieller Infrastruktur in dünn besiedelten Regionen zu nennen. In den Infrastrukturfeldern Ver- und Entsorgung sowie Straßenverkehr besteht eine annähernd gleichwertige Ausstattung zwischen siedlungsstrukturell unterschiedlichen Regionen. Ebenfalls verbessert wurde die Ausstattung ländlicher Regionen mit Einrichtungen der Bildungsinfrastruktur wie Universitäten, Fachhochschulen etc. Trotz dieser für ländliche Gebiete insgesamt positiven Entwicklung dokumentieren Indikatoren in den Feldern kulturelle Einrichtungen und vor allem im Bereich der Schienenverkehrsinfrastruktur nach wie vor zum Teil deutliche räumliche Ausstattungsunterschiede zugunsten der großen Verdichtungsgebiete.

Ein entscheidendes Erklärungsmoment für die im interregionalen Vergleich günstige ländliche Wirtschaftsentwicklung ist die in den letzten Jahren deutlich verbesserte Verfügbarkeit an hoch qualifizierten Arbeitskräften. Die Verbesserung der Humankapitalausstattung ländlicher Regionen ist in hohem Maße durch Zuwanderungen inländischer Bevölkerungsgruppen zu erklären. Die Zuwanderungsgruppen besitzen in vielen Fällen ein höheres Bildungsniveau als die einheimischen Bevölkerungsgruppen. Als das entscheidende Zuwanderungsmotiv ist die Möglichkeit, in ländlichen Regionen günstig ein Haus bauen zu können, anzusehen.

In raumwirtschaftstheoretischer Perspektive hat dieses Ergebnis erhebliche Auswirkungen. Galt es bisher, wenn nicht als Voraussetzung, so doch als großer Vorteil für die Innovations- und Wettbewerbsfähigkeit von Unternehmen, in einem Verdichtungsraum ansässig zu sein, stellt sich vor dem Hintergrund der verbesserten Standortqualität in ländlichen Regionen die Situation anders dar. Die Mehrzahl der regionalwissenschaftlichen Untersuchungen hat gezeigt, dass der Raumeinfluss im Unterschied zu anderen Faktoren wie etwa der Größe oder der Branche einen nachgeordneten Stellenwert zur Erklärung des Markterfolges eines Unternehmens besitzt. Damit ist die Bedeutung der Agglomerationseffekte neu zu definieren. Wurde traditionell überwiegend angenommen, dass nur die hochverdichteten Regionen aufgrund starker Agglomerationsvorteile einen günstigen Rahmen für wirtschaftliche Aktivitäten bilden, zeigt die Analyse der ländlichen Standortqualität, dass gegenwärtig auch in diesen Räumen Unternehmen die Vorteile realisieren können, die früher nur auf wenige Raumpunkte konzentriert waren. Die positiven externen Effekte räumlicher Verdichtung wie ein Pool an qualifizierten Arbeitskräften, unterschiedliche Dienstleistungs- und Verwaltungseinrichtungen können in einem zunehmenden Maße auch in ländlichen Gebieten wahrgenommen werden.

Vor dem Hintergrund der Befunde in Kapitel 4 kann die relativ günstige wirtschaftliche Entwicklung ländlicher Regionen nicht allein mit negativen Agglomerationseffekten erklärt werden. Zunehmende Ballungsnachteile sind zweifelsohne - wie die Zweigbetriebsgründung in ländlichen Regionen oder auch die Zuwanderung in ländliche Regionen verdeutlicht - ein wesentliches Erklärungsmoment für die wirtschaftsräumliche Entwicklung in der Vergangenheit. Zieht man jedoch in Betracht, dass ab dem Beginn der 80er Jahre die Zahl der Zweigbetriebsgründungen stark rückläufig ist, wird erkennbar, dass die günstige Entwicklung ländlicher Regionen nicht allein auf negative Agglomerationseffekte in den Verdichtungsgebieten zurückgeführt werden kann. Vielmehr ist - wie die Ergebnisse dieses Kapitels zeigen - von einem in den letzten zwanzig Jahren gestiegenen ökonomischen Potential der westdeutschen ländlichen Regionen auszugehen.

Mit der Darstellung einer regionalen Fallstudie in ***Kapitel 5*** wurde die Zielsetzung verfolgt, die bis zu diesem Untersuchungsstadium herausgearbeiteten Sachverhalte konkret an einem Landkreis zu überprüfen. Darüber hinaus sollten die im Verlauf der Arbeit gewonnenen Erkenntnisse vertieft werden. Hier stand insbesondere die Zweigbetriebsproblematik im Vordergrund des Untersuchungsinteresses. Der untersuchte Landkreis ist Bitburg-Prüm in der Eifel. Er gehört der Kategorie der dünn besiedelten ländlichen Regionen an. Wird die Wirtschaftsentwicklung Bitburg-Prüms mit Hilfe einiger zentraler Indikatoren (Arbeitslosigkeit, Wanderungsbilanz, Beschäftigungsentwicklung, Bruttowertschöpfung, Entlohnung) gemessen, fällt auf, dass die Entwicklung des Landkreises seit dem Beginn der 80er Jahre im positiven gesamtwestdeutschen Trend aller ländlichen Regionen liegt.

Das Produzierende Gewerbe besitzt für Bitburg-Prüm einen hohen Stellenwert. Im Vergleich zu anderen Räumen arbeiten in Bitburg-Prüm verhältnismäßig mehr Beschäftigte im industriell-gewerblichen Bereich. Die hohe Bedeutung der Industrie hat ein - im Unterschied zum Landes- und Bundesdurchschnitt - relativ geringes Gewicht von Dienstleistungstätigkeiten in Bitburg-Prüm zur Folge.

Allerdings kann in Bitburg-Prüm ein überdurchschnittlich starker Anstieg an Dienstleistungstätigkeiten beobachtet werden.

Zurückführen lässt sich die vergleichsweise gute Entwicklung im Industriesektor in Bitburg-Prüm in hohem Maße auf die Gründung von Zweigbetrieben. Diese trugen, vornehmlich in den 60er und 70er Jahren, entscheidend zur „Industrialisierung" des Kreises bei. Die zugewanderten Zweigbetriebe entsprechen in Bitburg-Prüm größtenteils aus folgenden Gründen nicht dem Typus der „verlängerten Werkbank". Zum einen kann die These einer hohen Konjukturreagibilität von Zweigwerken für Bitburg-Prüm bisher nicht bestätigt werden. In der gesamten Zeit ihres Bestehens wurde weder einer der größeren zugewanderten Betriebe stillgelegt noch wurden in großem Umfang Arbeitskräfte freigesetzt. Zum anderen zeigte sich, dass in Bitburg-Prüm die zugewanderten Werke sehr wohl eine positive Ausstrahlung auf die Regionalentwicklung besitzen. In Folge der Zweigbetriebsniederlassungen wurden zahlreiche kleinere gewerblich-industrielle Betriebe gegründet. Zugewanderte Produktionseinheiten wirkten somit vielfach als Initialzündung für endogene Entwicklungsprozesse. Darüber hinaus ist zu beachten, dass in Bitburg-Prüm zwar den Zweigbetrieben ein hoher Stellenwert zur Wirtschaftsentwicklung des Kreises zukommt, allerdings auch größere einheimische vollstufige Unternehmen wichtige Träger der Regionalentwicklung sind.

Unter dem Eindruck der vorstehenden Ergebnisse kann die Wirtschaftsstruktur durchaus als ausgewogen und durchmischt charakterisiert werden. Im Hinblick auf die Standortgunst zeigten sich in Bitburg-Prüm bis in die jüngste Gegenwart hinein die für ländliche Regionen als typisch geltenden Standortvorteile. Damit sind eine hohe Verfügbarkeit an vergleichsweise billigen Arbeitskräften und Flächen sowie regionalpolitische Fördermaßnahmen angesprochen. Gegenwärtig gilt diese Aussage jedoch nur noch für das Flächenangebot. Im Zuge der wirtschaftlichen Besserung in Bitburg-Prüm verminderte sich das freie Arbeitskräfteangebot und es kam zu einer deutlichen Steigerung des Lohnniveaus in der Industrie. Zudem fielen große Teile des Kreises aus der Fördergebietskulisse der Gemeinschaftsaufgabe zur Verbesserung der regionalen Wirtschaftsstruktur 1996 heraus.

Die Standortvorteile Bitburg-Prüms erschöpfen sich heutzutage aber nicht mehr nur in einem großen und billigen Angebot an Flächen für Wirtschafts- und Wohnhausbau. Im Verlauf der 80er und 90er Jahre kann im Landkreis eine deutliche Verbesserung im Bereich der Humankapitalausstattung beobachtet werden. Eine verbesserte Ausstattung Bitburg-Prüms mit Humankapital ist als bestimmender Faktor der positiven Wirtschaftsentwicklung des Kreises in den 80er und

90er Jahren anzusehen. Nur so lässt sich - angesichts eines Rückganges des industriellen Ansiedlungsvolumens - der Abbau der Arbeitslosigkeit, die Beschäftigungsgewinne und die gestiegene Produktionsleistung in den 80er und 90er Jahren erklären. Ohne die günstige Entwicklung einheimischer kleinerer Betriebe - für die die ausreichende Verfügbarkeit qualifizierter Arbeitskräfte eine Voraussetzung ist - hätte die im interregionalen Vergleich gute Wirtschaftsentwicklung dieses Landkreises nicht zustande kommen können.

Ein weiterer Standortvorteil des Kreises ist in dessen günstiger großräumiger Lage in Europa zu sehen. Diese Feststellung überrascht, da die periphere Lage Bitburg-Prüms innerhalb der Bundesrepublik Deutschland Jahrzehnte lang als zentrales Entwicklungshemmnis angesehen wurde. Im Zuge der europäischen Einigung und mit einer besseren Anbindung an das überregionale Straßenverkehrsnetz milderte sich dieser Standortnachteil der Randlage jedoch ab und wurde in europäischer Perspektive sogar zu einem Standortvorteil.

Resümierend ist zu sagen, dass in Westdeutschland im Hinblick auf die Wirtschaftsstruktur und die Standortqualität ländlicher Regionen gegenwärtig keine Entwicklungstendenzen sichtbar sind, die in naher Zukunft schwer wiegende Strukturanpassungsprozesse befürchten ließen. Die Entwicklung in den 80er und 90er Jahren verlief für die Gesamtheit der ländlichen Regionen wie auch speziell für Bitburg-Prüm im interregionalen Vergleich positiv. Die Ergebnisse dieser Arbeit können daher so zusammengefasst werden, dass von einem Trend zur regionalen Konvergenz auf dem Gebiet der alten Bundesrepublik gesprochen werden kann.

Literaturverzeichnis

Aberle, Gerd: Wettbewerbstheorie und Wettbewerbspolitik. Stuttgart 1980.

Aberle, Gerd: Transportwirtschaft: einzelwirtschaftliche und gesamtwirtschaftliche Grundlagen. München 1996.

Acs, Zoltan, J./Audretsch, David B.: Kleine Unternehmen, Schaffung von Arbeitsplätzen und Technologie in den USA und der Bundesrepublik Deutschland. In: Berger, Johannes/Dormeyer, Volker/Funder, Maria (Hrsg.): Kleinbetriebe im wirtschaftlichen Wandel. Frankfurt/Main, New York 1990. S. 35 - 61.

Adden, Petra: Sektoraler Strukturwandel. Arbeitsmaterialien zur Raumordnung und Raumplanung. Bayreuth 1995.

Agrarsoziale Gesellschaft e.V. (ASG): Strategien zur Entwicklung peripherer ländlicher Räume. Göttingen 1980.

Agrarsoziale Gesellschaft e.V. (ASG): Konsequenzen aus dem Strukturwandel in ländlichen Räumen. In: Ländlicher Raum, 6-7/1995. S. 117 - 122.

Atteslander, Peter: Methoden der empirischen Sozialforschung. 8. Auflage. Berlin, New York 1995.

Bade, Franz-Josef: Sektorale und regionale Unterschiede in der räumlichen Mobilität industrieller Betriebe. In: Zeitschrift für Wirtschafts- und Sozialwissenschaften. 100. Jg., 1980. S. 83 - 110.

Bade, Franz-Josef: Die Standortstruktur großer Industrieunternehmen. Eine explorative Studie zum Einfluss von Großunternehmen auf die regionale Wirtschaftsentwicklung. In: Jahrbücher für Nationalökonomie und Statistik. Bd. 196/4, 1981. S. 341 - 366.

Bade, Franz-Josef: Large corporations and regional development. In: Regional Studies. Vol. 17, 1983. S. 315 - 325.

Bade, Franz-Josef: Die funktionale Struktur der Wirtschaft und ihre räumliche Arbeitsteilung. Berlin 1984.

Bade, Franz-Josef: Funktionale Arbeitsteilung und regionale Beschäftigungsentwicklung, in: Informationen zur Raumentwicklung. Heft 9/10, 1986. S. 695 - 713.

Bade, Franz-Josef: Regionale Beschäftigungsentwicklung und produktionsorientierte Dienstleistungen. Sonderheft 143 des DIW. Berlin 1987.

Bade, Franz-Josef (b): Die wachstumspolitische Bedeutung kleiner und mittlerer Unternehmen. In: Fritsch, Michael/Hull, Christopher J. (Hrsg.): Arbeitsplatzdynamik und Regionalentwicklung. Berlin 1987. S. 129 - 148.

Bade, Franz-Josef: Expansion und regionale Ausbreitung der Dienstleistungen. Institut für Landes- und Stadtentwicklung des Landes Nordrhein-Westfalen (ILS) (Hrsg.). Dortmund 1990.

Bade, Franz-Josef: Die Entwicklung der Dienstleistungen in der Stadt. Dortmund 1995.

Bade, Franz-Josef: Qualitative Aspekte des räumlichen Strukturwandels. Zur regionalen Entwicklung der Qualität von Arbeitsplätzen. Dortmund 1996.

Bade, Franz-Josef: Zu den wirtschaftlichen Chancen und Risiken der ländlichen Räume. In: Raumforschung und Raumordnung. Heft 4/5, 1997. S. 247 - 259.

Bade, Franz-Josef/Niebuhr, Annekatrin: Zur Stabilität des räumlichen Strukturwandels. Dortmund 1998.

Barro, Robert J./Sala-i-Martin, Xavier: Wirtschaftswachstum. München 1998.

Bartling, Hartwig: Leitbilder der Wettbewerbspolitik. München 1980.

Bartling, Hartwig: Wettbewerbspolitik auf strukturell vermachteten Märkten. In: Issing, Otmar (Hrsg.): Zukunftsprobleme der Sozialen Marktwirtschaft. Schriften des Vereins für Socialpolitik. N. F. 116. Berlin 1981. S. 137 - 156.

Bartling, Hartwig: Von der Wettbewerbstheorie zur Theorie der Wettbewerbspolitik. In: Kruse, Jörn/Stockmann, Kurt/Vollmer, Lothar (Hrsg.): Wettbewerbspolitik im Spannungsfeld nationaler und internationaler Kartellrechtsordnungen. Festschrift für Ingo Schmidt zum 65. Geburtstag. Baden-Baden 1997. S. 17 - 31.

Bartling, Hartwig/Luzius, Franz: Grundzüge der Volkswirtschaftslehre. 12. Auflage. München 1998.

Bartmann, Hermann/Busch, Andreas A./Schwaab, Jan A.: Preis- und Wettbewerbstheorie. Vorlesung. 6. Auflage. St. Gallen 1999.

Baumol, William J.: Macroeconomics of unbalanced growth: the anatomy of urban crisis. In: American Economic Review. Heft 57, 1967. S. 415 - 429.

Becker, Heinrich: Dörfer heute- Ländliche Lebensverhältnisse im Wandel 1952, 1972 und 1993/95. Schriftenreihe der Forschungsgesellschaft für Agrarpolitik und Agrarsoziologie e.V. Bonn, Band 307. Bonn 1997.

Beise, Marian/Gehrke, Birgit/Legler, Harald: Attraktivität Deutschlands und seiner Regionen für Forschungs- und Entwicklungsaktivitäten. In: Informationen zur Raumentwicklung. Heft 1, 1999. S. 31 - 45.

Berger, Johannes: Einleitung. In: Berger, Johannes/Dormeyer, Volker/Funder, Maria (Hrsg.): Kleinbetriebe im wirtschaftlichen Wandel. Frankfurt/Main, New York 1990. S. 9 - 19.

Biehl, Dieter/Hußmann, Eibe/Rautenberg, Kord/Schnyder, Sebastian/ Südmeyer, Volker: Bestimmungsgründe des regionalen Entwicklungspotentials: Infrastruktur, Agglomeration und sektorale Wirtschaftsstruktur. Tübingen 1975.

Birch, David: The job generation process. Cambridge 1979.

Birg, Herwig: Die Wirkungen der regionaldemographischen Phasenverschiebung und der Tertiärisierung auf die Veränderung der räumlichen Bevölkerungsverteilung unter den Bedingungen der Bevölkerungsschrumpfung. In: De Haen, Hartwig/Isermeyer, Folkhard (Hrsg.): Ländlicher Raum im Abseits: Probleme und Potentiale strukturschwacher Regionen bei stagnierenden Agrareinkommen. Kiel 1990. S. 67 - 91.

Bitburg-Prüm _1 -_ 4: Interviews mit regionalen Experten zur Fallstudie Bitburg-Prüm.

Blessin, Bernd: Innovation und Innovationsmanagement in kleinen und mittleren Unternehmen. Stuttgart 1998.

Bock, Kurt: Unterschiede im Beschäftigungsverhalten zwischen kleinen und großen Unternehmen. In: Fritsch, Michael/Hull, Christopher J. (Hrsg.): Arbeitsplatzdynamik und Regionalentwicklung, Beiträge zur beschäftigungspolitischen Bedeutung von Klein- und Großunternehmen. Berlin 1987. S. 197 - 217.

Bögenhold, Dieter: Das Dienstleistungsjahrhundert. Stuttgart 1996.

Boner, Jan Ulrich: Gesetzliche Grundlagen der Regionalpolitik und der Raumordnung. In: Holthus, Manfred (Hrsg.): Elemente regionaler Wirtschaftspolitik in Deutschland. Baden-Baden 1995.

Borchardt, Knut: Die Bedeutung der Infrastruktur für die sozioökonomische Entwicklung. In: Arndt, Helmut und Swatek, Dieter (Hrsg.): Grundfragen der Infrastrukturplanung für wachsende Volkswirtschaften. Berlin 1971. S. 11 - 30.

Borts, G. H./Stein, J. L.: Economic growth in an free market. New York, London 1964.

Böventer, Edwin v. (a): Die Struktur der Landschaft. Versuch einer Synthese und Weiterentwicklung der Modelle J.H. von Thünens, W. Christallers und A. Löschs. In: Schneider, Erich (Hrsg.): Optimales Wachstum und Optimale Standortverteilung. Schriften des Vereins für Socialpolitik. N. F. 27. Berlin 1962. S. 77 - 133.

Böventer, Edwin v. (b): Theorie des räumlichen Gleichgewichts. Tübingen 1962.

Böventer, Edwin v.: Standortentscheidung und Raumstruktur. Hannover 1979.

Bretschger, Lucas: Wachstumstheorie. 2. Auflage. München, Wien 1998.

Bröcker, Johannes: Determinanten des regionalen Wachstums im sekundären und tertiären Sektor der Bundesrepublik Deutschland 1970 bis 1982. München 1989.

Bröcker, Johannes/Peschel, Karin: Bestimmungsgründe regionaler Entwicklungsunterschiede der Beschäftigung in der Bundesrepublik Deutschland. In: Böventer, Edwin v. (Hrsg.): Regionale Beschäftigung und Technologieentwicklung. Schriften des Vereins für Socialpolitik. N. F. 189. Berlin 1989. S. 9 - 37.

Bröcker, Johannes: Die Lehren der neuen Wachstumstheorie für die Raumentwicklung und die Regionalpolitik. In: Regionalentwicklung und regionale Arbeitsmarktpolitik. Beiträge zur Arbeitsmarkt- und Berufsforschung 184. Nürnberg 1994. S. 29 - 50.

Bruch, Heike: Outsourcing: Konzepte und Strategien, Chancen und Risiken. Wiesbaden 1998.

Brüderl, Josef/Preisendörfer, Peter/Ziegler, Rolf: Der Erfolg neugegründeter Betriebe. Eine empirische Studie zu den Chancen und Risiken von Untermehmensgründungen. Berlin 1996.

Bundesamt für Bauwesen und Raumordnung (BBR): Aktuelle Daten zur Entwicklung der Städte, Kreise und Gemeinden. Ausgabe 1998 Band 1. Bonn 1998.

Bundesamt für Bauwesen und Raumordnung (BBR): Aktuelle Daten zur Entwicklung der Städte, Kreise und Gemeinden. Ausgabe 1999 Band 3. Bonn 1999.

Bundesforschungsanstalt für Landeskunde und Raumordnung (BfLR) [Hrsg.]: Laufende Raumbeobachtung. Aktuelle Daten zur Entwicklung der Städte, Kreise und Gemeinden 1984. Bonn 1984.

Bundesforschungsanstalt für Landeskunde und Raumordnung (BfLR) [Hrsg.]: Laufende Raumbeobachtung. Aktuelle Daten zur Entwicklung der Städte, Kreise und Gemeinden 1986. Bonn 1986.

Bundesforschungsanstalt für Landeskunde und Raumordnung (BfLR) [Hrsg.]: Laufende Raumbeobachtung. Aktuelle Daten zur Entwicklung der Städte, Kreise und Gemeinden 1989/90. Bonn 1992.

Bundesforschungsanstalt für Landeskunde und Raumordnung (BfLR) [Hrsg.]: Laufende Raumbeobachtung. Aktuelle Daten zur Entwicklung der Städte, Kreise und Gemeinden 1992/93. Bonn 1995.

Bundesforschungsanstalt für Landeskunde und Raumordnung (BfLR) [Hrsg.]: Zwischenbericht zum Verbundforschungsvorhaben: Entwicklung ländlicher Räume und ihrer Dörfer auf der Schwelle ins nächste Jahrtausend - Ziele, Entwicklungsszenarien und Umsetzungsstrategien unter besonderer Berücksichtigung der Agrarstrukturpolitik. Braunschweig 1997.

Bundesministerium für Raumordnung, Bauwesen und Städtebau (BmBau) [Hrsg.]: Zukunft Stadt 2000. Bericht der Kommission Zukunft Stadt 2000. Bonn 1993.

Bundesministerium für Raumordnung, Bauwesen und Städtebau (BmBau): Entschließungen der Ministerkonferenz für Raumordnung 1993 - 1997. Bonn 1997.

Bundesministerium für Wirtschaft (BMWI) [Hrsg]: 26. Rahmenplan der Gemeinschaftsaufgabe „Verbesserung der regionalen Wirtschaftsstruktur". Bundestagsdrucksache 13/7205. Bonn 1997.

Bundesministerium für Wirtschaft und Technologie: Bekanntmachung des Planungsausschusses der Gemeinschaftsaufgabe „Verbesserung der regionalen Wirtschaftsstruktur" (GA) vom 21.März 2000. Berlin 2000.

Bundesverkehrsministerium: Verkehr in Zahlen 1997. Bonn 1997.

Camagni, Roberto (Hrsg.): Innovations Networks: Spatial Perspectives. London 1991.

Christaller, Walter: Die zentralen Orte in Süddeutschland. Eine ökonomisch-geographische Untersuchung über die Gesetzmäßigkeit der Verbreitung und Entwicklung der Siedlungen mit städtischen Funktionen. Jena 1933.

Clark, Colin: The conditions of economic process. 3.Auflage. London, New York 1957.

Clemens, Reinhard/Kayser, Gunter/Tengler, Hermann: Standortprobleme kleiner und mittlerer Unternehmen in strukturschwachen Regionen. Eine empirische Darstellung am Beispiel des Wirtschaftsraumes Kassel. Beiträge zur Mittelstandsforschung. Heft 85. Göttingen 1982.

Clemens, Reinhard/Icks, Annette: Gemeinschaftsaufgabe "Verbesserung der regionalen Wirtschaftsstruktur" und Mittelstand - Erfolg und Reformbedarf, Schriften zur Mittelstandsforschung, Nr. 70 NF. Stuttgart 1996.

Cornetz, Wolfgang/Schäfer, Holger: Dienstleistungsdefizit in der Bundesrepublik Deutschland? In: Cornetz, Wolfgang (Hrsg.): Chance durch Dienstleistungen. Ansatzpunkte einer aktiven Gestaltung struktureller Prozesse. Wiesbaden 1998. S. 37 - 76.

Cramer, Ulrich: Der Trend zu kleineren Betrieben: Ergebnisse einer Auswertung der Beschäftigtenstatistik für die Bundesrepublik Deutschland. In: Berger, Johannes/Dormeyer, Volker/Funder, Maria (Hrsg.): Kleinbetriebe im wirtschaftlichen Wandel. Frankfurt/Main, New York 1990. S. 19 - 35.

De Haen, Hartwig/Isermeyer, Folkhard: Agrarstruktureller Wandel und ländlicher Raum - Probleme, Lösungsansätze, Forschungsbedarf. In: De Haen, Hartwig/Isermeyer, Folkhard (Hrsg): Ländlicher Raum im Abseits: Probleme und Potentiale strukturschwacher Regionen bei stagnierenden Agrareinkommen. Kiel 1990. S. 1 - 26.

Derenbach, Rolf: Regionales Arbeitsplatzwachstum durch kleine und mittlere Betriebe: Stellenwert und Forschungsfragen. In: Raumforschung und Raumordnung. Heft 2/3, 1986. S. 62 - 70.

Derenbach Rolf/Gatzweiler Hans-Peter: Sicherung gewerblicher Arbeitsplätze im ländlichen Raum durch eine qualifikationsorientierte Regionalpolitik. In: Der Landkreis, Jahrgang 1987. Heft 8-9. S. 369 - 372.

Eckart, Wolfgang/Einem, Eberhard v./Stahl, Konrad: Dynamik der Arbeitsplatzentwicklung: Eine kritische Betrachtung der empirischen Forschung in den Vereinigten Staaten, in: Fritsch, Michael/Hull, Christopher J. (Hrsg.): Arbeitsplatzdynamik und Regionalentwicklung. Beiträge zur beschäftigungspolitischen Bedeutung von Klein- und Großunternehmen. Berlin 1987. S. 21 - 49.

Eckey, Hans-Friedrich: Grundlagen der regionalen Strukturpolitik. Köln 1978.

Eckey, Hans-Friedrich: Nationale Regionalförderung. In: Ridinger, Rudolf/ Steinröx, Manfred (Hrsg.): Regionale Wirtschaftsförderung in der Praxis. Köln 1995. S. 68 - 87.

Ewers, Hans-Jürgen/Fritsch, Michael/Kleine Josef: Regionale Entwicklung durch Förderung kleiner und mittlerer Unternehmen - Bildungs- und qualifikationsorientierte Strategien der Regionalförderung unter besonderer Berücksichtigung kleiner und mittlerer Unternehmen. Schriftenreihe des Bundesministers für Raumordnung, Bauwesen und Städtebau. Nr. 06.053. Bonn 1984.

Ewers, Hans-Jürgen/Fritsch, Michael: Die räumliche Verbreitung von computergestützten Techniken in der Bundesrepublik Deutschland. In: Böventer, Edwin v. (Hrsg.): Regionale Beschäftigung und Technologieentwicklung. Schriften des Vereins für Socialpolitik. N. F. 189. Berlin 1989. S. 81 - 115.

Ewers, Hans-Jürgen/Kleine, Josef/Wettmann, Reinhart: Innovationsorientierte Regionalpolitik. Schriftenreihe "Raumordnung" des Bundesministers für Raumordnung, Bauwesen und Städtebau. Nr. 06.042. Bonn 1980.

Ewers, Hans-Jürgen: Kleine und mittlere Unternehmen als Ansatzpunkt einer beschäftigungsorientierten Strukturpolitik. In: Ewers, Hans-Jürgen/Schuster, Helmut (Hrsg.): Probleme der Ordnungs- und Strukturpolitik. Göttingen 1984. S. 88 - 111.

Ewringmann, Dieter/Kortenkamp, Lydia: Veränderte Rahmenbedingungen für die regionale Wirtschaftspolitik. In: Informationen zur Raumentwicklung. Heft 9/10, 1986. S. 669 - 677.

Feix, Thorsten: Räumliche Wirtschaftsstruktur und Industriepolitik. Wiesbaden 1996.

Fischer, Josef: Beschäftigungspolitik in einer offenen Volkswirtschaft. In: Jahrbuch für Wirtschaftswissenschaft. Band 48, Heft 2, 1997. S. 149 - 173.

Fisher, Allan G. B.: Production - Primary, Secondary and Tertiary. In: The Economic Record. Vol. XV, 1939. S. 24 - 38.

Fourastie, Jean: Die große Hoffnung des zwanzigsten Jahrhunderts. Köln 1954.

Frenkel, Michael/Hemmer, Hans-Rimbert: Grundlagen der Wachstumstheorie. München 1999.

Friedrich, Werner/Spitznagel, Eugen: Wachstum, Beschäftigung und Investitionstätigkeit im Verarbeitenden Gewerbe. IFO-Studien zur Industriewirtschaft. München 1981.

Fritsch, Michael: Die Arbeitsplatzentwicklung in kleinen und mittleren Betrieben bzw. Unternehmen - einige empirische Evidenz für die Bundesrepublik Deutschland. In: Informationen zur Raumentwicklung. Heft 9, 1984. S. 921 - 935.

Fritsch, Michael/Wein, Thomas/Ewers, Hans-Jürgen: Marktversagen und Wirtschaftspolitik: mikroökonomische Grundlagen staatlichen Handelns. (3. Auflage 1999). München 1993.

Fritsch, Michael: Strategie zur Verbesserung regionaler Innovationsbedingungen - Ein Überblick über den Stand der Forschung. Freiberg 1999.

Funck, Rolf H.: Technologiepolitik und räumliche Struktur. In: Böventer, Edwin v. (Hrsg.): Regionale Beschäftigung und Technologieentwicklung. Schriften des Vereins für Socialpolitik. N. F. 189. Berlin 1989. S. 115 - 129.

Fürst, Dietrich: Standortwahl industrieller Unternehmen. Bonn 1973.

Fürst, Dietrich: Regionalpolitische Schlußfolgerungen. In: Forschungsgesellschaft für Agrarpolitik und Agrarsoziologie: Ländliche Lebensverhältnisse im Wandel 1952, 1972 und 1993/94. Verhandlungen der öffentlichen Arbeitstagung am 16.11.1995 in Bonn-Röttgen. Bd. 305, FAA 1996. S. 95 - 107.

Fürst, Dietrich/Klemmer, Paul/Zimmermann, Klaus: Regionale Wirtschaftspolitik. Tübingen, Düsseldorf 1976.

Gaebe, Wolf: Agglomerationsräume und ländliche Räume: Neue Dynamik in den 80er Jahren? In: Blotevogel, Hans-Heinrich (Hrsg.): Europäische Regionen im Wandel. Strukturelle Erneuerung, Raumordnung und Regionalpolitik im Europa der Regionen. Dortmund 1991. S. 85 - 101.

Gatzweiler, Hans-Peter/Irmen, Eleonore/Janich, Helmut: Regionale Infrastrukturausstattung. Bonn 1991.

Gemeinschaftsveröffentlichung der Statistischen Landesämter [Hrsg].: Erwerbstätige in den kreisfreien Städten und Landkreisen in der Bundesrepublik Deutschland 1980, 1987, 1993. Stuttgart 1996.

Gemeinschaftsveröffentlichung der Statistischen Landesämter [Hrsg.]: Bruttowertschöpfung der kreisfreien Städte, der Landkreise und der Arbeitsmarktregionen in der Bundesrepublik Deutschland 1980, 1990 und 1992 (früheres Bundesgebiet). (Volkswirtschaftliche Gesamtrechnungen der Länder, Heft 26). Stuttgart 1995.

Gemeinschaftsveröffentlichung der Statistischen Landesämter [Hrsg.]: Statistik Regional. Daten und Informationen der statistischen Ämter der Länder und des Bundes. Stuttgart 1997.

Gerlach, Knut/Liepmann, Peter: Industrialisierung und Siedlungsstruktur - Bemerkungen zum regionalpolitischen Programm einer aktiven Sanierung der bayerischen Rückstandsgebiete. In: Jahrbücher für Nationalökonomik und Statistik. Bd. 187, 1973. S. 507 - 521.

Gershuny, Jonathan: Die Ökonomie der nachindustriellen Gesellschaft: Produktion und Verbrauch von Dienstleistungen. Frankfurt 1981.

Gerss, Wolfgang: Einige Methodenfragen zu den Regionalwerten der gesamtwirtschaftlichen Bruttowertschöpfung. In: Statistische Rundschau Nordrhein-Westfalen, 4/1993, S. 201 - 210.

Gielow, Gisela: Unterschiede im Innovationsverhalten zwischen kleinen und großen Unternehmen. In: Fritsch, Michael/Hull, Christopher J. (Hrsg.): Arbeitsplatzdynamik und Regionalentwicklung. Beiträge zur beschäftigungspolitischen Bedeutung von Klein- und Großunternehmen. Berlin 1987. S. 219 - 234.

Grabow, Busso/Henckel, Dietrich/Hollbach-Grömig, Beate: Weiche Standortfaktoren. Stuttgart 1995.

Grossman, Gene M./Helpman, Elhanan: Innovation and growth in the global economy. Cambridge 1991.

Haisken-DeNew, John/Schwarze, Johannes: Regionale Lohndisparitäten in Deutschland 1984 bis 1994 – Eine Analyse mit regionalisierten Daten des

Soziooekonomischen Panels. In: Informationen zur Raumentwicklung. Heft 1/2, 1997. S. 51 - 61.

Hägerstrand, Torsten: Aspects of the spatial structure of social communication and the diffussion of information. In: Papers of the regional science Association 16, 1966. S. 27 - 42.

Hahne, Ulf: Endogene Entwicklung: Theoretische Begründung und Strategiediskussion. Akademie für Raumforschung und Raumordnung. Nr. 76, 1984.

Hamm, Rüdiger/Wienert, Helmut: Strukturelle Anpassung altindustrialisierter Regionen im internationalen Vergleich. Berlin 1990.

Hardt, Ulrike: Räumliche Effekte öffentlicher Einnahmen und Ausgaben - unter besonderer Berücksichtigung sektoraler und regional ausgerichteter finanzpolitischer Maßnahmen. In: Holthus, Manfred (Hrsg.): Elemente regionaler Wirtschaftspolitik in Deutschland. Baden-Baden 1995. S. 195 - 225.

Harhoff, Dietmar: Agglomerationen und regionale Spillovereffekte. In: Gahlen, Bernd/Hesse, Helmut/Ramser, Hans Jürgen (Hrsg.): Standort und Region. Neue Ansätze zur Regionalökonomik. Tübingen 1995. S. 83 - 115.

Hatzfeld, Ulrich/Schröer, Thomas: Regionale Entwicklungsimpulse durch produktionsorientierte Dienstleistungen. In: Raumforschung und Raumordnung. Heft 6, 1993. S. 335 - 346.

Hauser, Richard: Zur Messung individueller Wohlfahrt und ihrer Verteilung. In: Wohlfahrtmessung - Aufgabe der Statistik im gesellschaftlichen Wandel. (Forum der Bundesstatistik, Bd. 29). Wiesbaden 1996. S. 13 - 38.

Häußermann, Hartmut/ Siebel, Walter: Dienstleistungsgesellschaften. Frankfurt am Main 1995.

Henkel, Gerhard: Der Ländliche Raum: Gegenwart und Wandlungsprozesse seit dem 19. Jahrhundert in Deutschland. 2. Auflage. Stuttgart 1995.

Hermes, Georg: Staatliche Infrastrukturverantwortung. Rechtliche Grundstrukturen netzgebundener Transport- und Übertragungssysteme zwischen Daseinsvorsorge und Wettbewerbsregulierung am Beispiel der leitungsgebundenen Energieversorgung in Europa. Tübingen 1998.

Hirschman, Albert O.: The Strategy of Economic Development. New Haven, London 1958.

Irsch, Norbert/Müller-Kästner, Burkhard: Regionale Unterschiede in der Struktur und der Leistungsfähigkeit kleiner und mittlerer Unternehmen. In: Raumforschung und Raumordnung. Heft 2/3, 1986. S. 79 - 87.

Irsch, Norbert: Regionale Unterschiede in den Innovationszielen und im Innovationsverhalten mittelständischer Unternehmen. In: Informationen zur Raumentwicklung. Heft l, 1990. S. 53 - 67.

Isard, Walter: Location and space-economy. A general theory relating to industrial location, market areas, land use, trade and urban structure. New York, London 1956.

Jacob, Joachim: Regionalpolitik und räumliche Disparitäten in der Bundesrepublik. Zur Kritik der Regionalförderung in den Deglomerationsräumen. Darmstadt 1979.

Jakoby, Herbert: Regionale Lohnstrukturen. Eine theoretische und empirische Analyse regionaler Lohnunterschiede. Frankfurt/Main, New York 1990.

Jochimsen, Reimut: Infrastruktur. In: Akademie für Raumforschung und Landesplanung (Hrsg.): Handwörterbuch der Raumordnung. Hannover 1995. S. 490 - 498.

Jochimsen, Reimut: Theorie der Infrastruktur. Tübingen 1966.

Johaentges, Andreas: Wohnen: der zentrale dörfliche Entwicklungsfaktor. In: Forschungsgesellschaft für Agrarpolitik und Agrarsoziologie: Ländliche Lebensverhältnisse im Wandel 1952, 1972 und 1993/94, Verhandlungen der öffentlichen Arbeitstagung am 16.11.1995 in Bonn-Röttgen. Bd. 305, FAA 1996. S. 95 - 107.

Johaentges, Andreas: Das Dorf als Wohnstandort. Eine Analyse von Wanderungsbewegungen in ländliche Räume. Schriftenreihe der Forschungsgesellschaft für Agrarpolitik und Agrarsoziologie e.V. Bonn, Band 306. Bonn 1996.

Kaufer, Erich: Industrieökonomik. Eine Einführung in die Wettbewerbstheorie. München 1980.

King, Leslie J.: Central place theory. Beverly Hills. California 1984.

Keeble, David/Tyler, Peter: Enterprising behaviour and the urban-rural shift. In: Urban Studies. Vol. 32, 1995. S. 975 - 997.

Klaus, Joachim/Schleicher, Hans: Räumliche Wirtschaftspolitik. München 1983.

Klemmer, Paul: Entwicklungsrisiken ländlicher Räume. In: Jenkis, Helmut W. (Hrsg.): Raumordnung und Raumordnungspolitik. Oldenburg 1996. S. 450 - 480.

Klodt, Henning: Kleine und große Unternehmen im Strukturwandel - Zur Entwicklung der sektoralen Untemehmenskonzentration. In: Die Weltwirtschaft. Heft 1, 1980. S. 79 - 99.

Koch-Achelpöhler, Volker: Bearbeitungsfeld „Infrastruktur". Endbericht zum Verbundforschungsvorhaben „Entwicklung ländlicher Räume und ihrer Dörfer auf der Schwelle ins nächste Jahrtausend - Ziele, Entwicklungsszenarien und Umsetzungsstrategien unter besonderer Berücksichtigung der Agrarstrukturpolitik. Bonn 1998.

Koch-Achelpöhler, Volker/Stahl, Ralf: Bearbeitungsfeld „Wohnen". Endbericht zum Verbundforschungsvorhaben „Entwicklung ländlicher Räume und ihrer Dörfer auf der Schwelle ins nächste Jahrtausend - Ziele, Entwicklungsszenarien und Umsetzungsstrategien unter besonderer Berücksichtigung der Agrarstrukturpolitik. Bonn 1998.

Köhler, Sabine: Regionalstatistik in Deutschland und Europa. In: Statistisches Bundesamt (Hrsg.): Wirtschaft und Statistik. Heft 11, 1996. S. 683 - 695.

König, Wolfgang: Gewerbeansiedlung und Facharbeitermangel - Ansatzpunkte zur Sicherung des Personalangebotes für neue und expandierende Klein- und Mittelbetriebe in wirtschaftsschwachen Gebieten. Göttingen 1983.

Krätke, Stefan/Heeg, Susanne/Stein, Rolf: Regionen im Umbruch. Probleme der Regionalentwicklung an den Grenzen zwischen Ost und West. Frankfurt/Main, New York 1997.

Krätzschmar, Sabine: Theorie und Empirie der Regionalpolitik. Fuchsstadt 1995.

Krieger-Boden, Christiane: Die räumliche Dimension in der Wirtschaftstheorie. Kiel 1995.

Krugman, Paul R.: Rethinking international trade. Cambridge Mass. 1990.

Kulicke, Marianne: Die mögliche beschäftigungspolitische Bedeutung technologieorientierter Unternehmensgründungen. In: Fritsch, Michael/Hull, Christopher J. (Hrsg.): Arbeitsplatzdynamik und Regionalentwicklung. Berlin 1987. S. 129 - 148.

Kurz, Heinz D.: Wirtschaftliches Wachstum: Fetisch oder Notwendigkeit? In: Rupert, Riedl (Hrsg.): Die Ursachen des Wachstums: unsere Chance zur Umkehr. Wien 1996. S. 181 - 199.

Lammers, Konrad: Räumliche Wirkungen der Globalisierung in Deutschland. In: Informationen zur Raumentwicklung. Heft 1, 1999. S. 9 - 18.

Landesamt für Datenverarbeitung und Statistik Nordrhein-Westfalen: Statistische Rundschau Nordrhein-Westfalen. Heft 5, 1991.

Launhardt, Wilhelm: Die Bestimmung des zweckmäßigsten Standortes einer gewerblichen Anlage. In: Zeitschrift des Vereins Deutscher Ingenieure. Düsseldorf 1882, S. 107 - 116.

Lauschmann, Elisabeth: Grundlagen einer Theorie der Regionalpolitik. Hannover 1976.

Lehmann-Grube, Ulrich/Pfähler, Wilhelm: Gewerbeflächenpolitik im Standortwettbewerb. In: Wirtschaftsdienst. Heft 1, 1998. S. 55 - 64.

Lichtblau, Karl/Rhein, Axel: Regionaler Strukturwandel in Westdeutschland 1980/92. In: IW-Trends. Heft 4, 1993. S. 57 - 74.

Lösch, August: Die räumliche Ordnung der Wirtschaft. Jena 1939.

Lorz, Jens Oliver: Indikatoren zur Beurteilung der Standortqualität - Ein methodischer Überblick und ein neuer Ansatzpunkt am Beispiel Westdeutschlands. In: Die Weltwirtschaft. Heft 4, 1994. S. 448 - 471.

Ludwig, Martina: Globalisierung der Märkte: Motor oder Bremse für den Wohlstand hochentwickelter Volkswirtschaften. Frankfurt am Main 1998.

Maier, Gunther/Tödtling, Franz.: Regional- und Stadtökonomik: Standorttheorie und Raumstruktur. 2. Auflage. Wien, New York 1992.

Maleri, Rudolf: Grundlagen der Dienstleistungsproduktion. Berlin, Heidelberg 1991.

Maretzke, Steffen: Regionen im Wandel - Das Muster regionaler Disparitäten ändert sich in Deutschland. In: Berichte zur deutschen Landeskunde. Band 69, 1995. Heft l. S. 33 - 56.

Maretzke, Steffen: Regionale Wanderungsprozesse in Deutschland sechs Jahre nach der Vereinigung. In: Informationen zur Raumentwicklung. Heft 11/12, 1998. S. 743 - 763.

Maretzke, Steffen: Regionale Strukturen der Wanderung im Zeitraum 1991 - 1996: Tabelle und Karten. In: Informationen zur Raumentwicklung. Heft 11/12, 1998. S. 803 - 821.

Maußner, Alfred; Klump, Rainer: Wachstumstheorie. Heidelberg 1996.

Mehnert, Andreas/Schäfer, Holger: Dienstleistungen: Begriff und Ansatzpunkte für ökonomische Untersuchungen. In: Cornetz, Wolfgang (Hrsg.): Chance durch Dienstleistungen. Ansatzpunkte einer aktiven Gestaltung struktureller Prozesse. Wiesbaden 1998. S. 9 - 35.

Meyer, Konrad: Johann Heinrich von Thünen. In: Handwörterbuch der Raumforschung und Raumordnung. Bd. 3 (2. Aufl.). Hannover 1970. Sp. 3371 - 3376.

Meyer-Krahmer, Frieder: Regionale Unterschiede in der Innovationsfähigkeit in der Bundesrepublik Deutschland. In: Raumforschung und Raumordnung. Heft 2/3, 1986. S. 92 - 100.

Monopolkommission: Wettbewerbspolitik in Zeiten des Umbruchs. Hauptgutachten 1994/95. Baden-Baden 1996.

Müller, Jürgen: Sektorale Struktur und Entwicklung der industriellen Beschäftigung in den Regionen der Bundesrepublik Deutschland. Berlin 1983.

Müller, Klaus: Arbeitsmarktorientierte Regionalpolitik. Zum Verhältnis von Regionalpolitik und Arbeitsmarktpolitik und zur Wirkung ihrer Instrumente unter veränderten Rahmenbedingungen. Hannover 1984.

Mydral, Gunnar: Economic theory and underdeveloped regions. London 1957.

Nägele, Frank: Regionale Wirtschaftspolitik im kooperativen Bundesstaat: ein Politikfeld im Prozeß der deutschen Vereinigung. Opladen 1996.

Neumann, Manfred: Theoretische Volkswirtschaftslehre. München 1994.

Noite, Bernd: Engpaßfaktoren der Innovation und Innovationsstruktur. Frankfurt am Main u. a. O. 1996.

Petzina, Dietmar: Standortverschiebungen und regionale Wirtschaftskraft in Deutschland. In: Wysocki, Josef (Hrsg.): Wirtschaftliche Integration und Wandel von Raumstrukturen im 19. und 20. Jahrhundert. Schriften des Vereins für Socialpolitik. N. F. Band 232. Berlin 1994. S. 101 - 127.

Pfirrmann, Oliver: Innovation und regionale Entwicklung. Eine empirische Analyse der Forschungs-, Entwicklungs- und Innovationstätigkeit kleiner und mittlerer Unternehmen in den Regionen der Bundesrepublik Deutschland 1978 - 1994. München 1991.

Pfirrmann, Oliver: Die Bestimmung regionaler Innovationsdisparitäten. Ein Beitrag zur Methodendiskussion. In: Raumforschung und Raumordnung. Heft 3, 1994. S. 203 - 211.

Piore, Michael, J./Sabel, Charles F.: Das Ende der Massenproduktion, Berlin 1985.

Pohle, Hans: Die Träger der Regionalentwicklung im Staats- und Verwaltungsaufbau der Bundesrepublik Deutschland. In: Holthus, Manfred (Hrsg.): Elemente der regionalen Wirtschaftspolitik in Deutschland. Baden-Baden 1995. S. 81 - 112.

Pohle, Hans: Ziele, Leitbilder und Konzepte der deutschen Regionalpolitik und Regionalentwicklung im Wandel. In: Holthus, Manfred (Hrsg.): Elemente regionaler Wirtschaftspolitik in Deutschland. Baden-Baden 1995, S. 33 - 63.

Projektgruppe REK: Regionales Entwicklungskonzept Region Trier. Trier 1996.

Ramser, Hans-Jürgen: Wachstumstheorie. In: Berthold, Norbert (Hrsg.): Allgemeine Wirtschaftstheorie. Neuere Entwicklungen. München 1995. S. 235 - 250.

Raumordnungsgesetz (ROG) vom 08.04.1965, BGBl I.

Reimers, Walter: Determinanten regionalen Wachstums. Kiel 1981.

Reissert, Bernd/Schmid, Günther/Jahn, Susanne: Mehr Arbeitsplätze durch Dienstleistungen? - Ein Vergleich der Beschäftigungsentwicklung in den Ballungsregionen der Bundesrepublik Deutschland. Berlin 1989.

Reske, Joachim: Dienstleistungen im Strukturwandel: Auswirkungen auf Wirtschaft und Gesellschaft. Berlin 1990.

Ridinger, Rudolf: Regionalförderung der EU und ihre Umsetzung in Deutschland. In: Ridinger, Rudolf/Steinröx, Manfred (Hrsg.): Regionale Wirtschaftsförderung in der Praxis. Köln 1995. S. 31 - 48.

Rielke, Sigurd: Privatisierung der Autobahnen. Veranstaltung der Deutschen Verkehrswissenschaftlichen Gesellschaft vom 7. bis 8. Dezember 1995 in Stuttgart. Bergisch Gladbach 1996.

Rittenbruch, Klaus: Zur Anwendbarkeit des Exportbasiskonzeptes im Rahmen von Regionalstudien. Berlin 1968.

Rohr-Zänker, Ruth: Regionalentwicklung und Arbeitsmarkt: Zuwanderung hochqualifizierter Arbeitskräfte in strukturschwache Regionen: am Beispiel der Weser-Ems-Region. Oldenburg 1998.

Rostow, Walt W.: The stages of economic growth. A non-communist manifesto. Cambridge 1960.

Schackmann-Fallis, Karl-Peter: Externe Abhängigkeit und regionale Entwicklung. Berlin 1985.

Schäfer, Rudolf: Strategien für strukturschwache ländliche Räume: Raumordnerische Handlungsempfehlungen zur Stabilisierung und Entwicklung strukturschwacher ländlicher Räume. Bonn 1997.

Schäffle, Albert: Die nationalökonomische Theorie der ausschließenden Absatzverhältnisse, Tübingen 1867. Zitiert in: Funck, R. H.: Technologiepolitik und räumliche Struktur. In: Böventer, Edwin v. (Hrsg.): Regionale Beschäftigung und Technologieentwicklung. Schriften des Vereins für Socialpolitik. N. F. 189. Berlin 1989. S. 115 - 129.

Schätzl, Ludwig: Wirtschaftsgeographie l. Theorie. 6. Auflage. Paderborn 1996.

Schedler, Hans/Vogler-Ludwig, Kurt: Strukturverlagerungen zwischen sekundärem und tertiärem Sektor. München 1987.

Schliebe, Klaus/Hillesheim, Dieter: Das Standortwahlverhalten neuerrichteter und verlagerter Industriebetriebe im Zeitraum von 1970 bis 1979. In: Informationen zur Raumentwicklung. Heft 11, 1980. S. 611 - 633.

Schmude, Jürgen: Geförderte Unternehmensgründungen in Baden-Württemberg: eine Analyse der regionalen Unterschiede des Existenzgründungsgeschehens am Beispiel des Eigenkapital-Hilfeprogramms (1979-1989). Stuttgart 1994.

Schön, Helmut: Regionalpolitische Konzepte und Strukturwandel ländlicher Räume. Berlin 1997.

Schrader, Helmut: Entwicklungstendenzen ländlicher Räume in Deutschland und ihre Förderung durch die EU-Strukturpolitik. In: Howitz, Claus (Hrsg.): Die ländlichen Räume in Deutschland und deren Besonderheiten in Mecklenburg-Vorpommern. Rostock 1997. S. 7 - 35.

Schriftenreihe des Bundesministers für Raumordnung, Bauwesen und Städtebau (BmBau): Raumordnungsprogramm für die großräumige Entwicklung des Bundesgebietes: (Bundesraumordnungsprogramm). Von der Ministerkonferenz für Raumordnung am 14. Febr. 1975, von der Bundesregierung am 23. Apr. 1975 beschlossen/Ministerkonferenz für Raumordnung. Bonn-Bad Godesberg 1975.

Schriftenreihe Forschung des Bundesministers für Raumordnung, Bauwesen und Städtebau BMBau (Hrsg.): Siedlungs- und raumstrukturelle Wirkungen der Städtebauförderung in ländlichen Teilräumen. Bonn 1991.

Schriftenreihe Forschung des Bundesministers für Raumordnung, Bauwesen und Städtebau BMBau (Hrsg.): Strategien für strukturschwache ländliche Räume: raumordnerische Handlungsempfehlungen zur Stabilisierung und Entwicklung strukturschwacher ländlicher Räume. Bonn 1997.

Schulze, Peter M.: Beschreibende Statistik. 2. Auflage. München 1990.

Schumpeter, Joseph A.: Business Cycles. New York London 1939.

Schumpeter, Joseph A.: Kapitalismus, Sozialismus und Demokratie. 7. Aufl. Tübingen, Basel 1993.

Seiter, Stephan: Der Beitrag Nicholas Kaldors zur Neuen Wachstumstheorie: eine vergleichende Studie vor dem Hintergrund der Debatte über den Verdoorn-Zusammenhang. Frankfurt am Main 1997.

Seitz, Helmut: Die Suburbanisierung der Beschäftigung. Eine empirische Untersuchung für Westdeutschland. In: Jahrbücher für Nationalökonomie und Statistik. Vol. 215, 1996. S. 69 - 98.

Siebert, Hort: Zur Theorie des regionalen Wirtschaftswachstums. Tübingen 1967.

Siegwart, Hans/Neugebauer, Gregory: Mega-Fusionen: Analysen - Kontroversen - Perspektiven: Bern, Stuttgart, Wien 1998.

Simon, Hermann: Die heimlichen Gewinner (hidden Champions), Frankfurt am Main 1997.

Sommer, Karl-Ludwig: Die räumliche Verteilung des Dienstleistungsbereiches in Bayern: eine theoretische und empirische Untersuchung. Frankfurt am Main 1989.

Sorge, Arndt: Begünstigt der technische Wandel kleine und mittlere Unternehmen. In: Fritsch, Michael/Hull, Christopher J. (Hrsg.): Arbeitsplatzdynamik und Regionalentwicklung. Berlin 1987. S. 235 - 244.

Spehl, Harald/Töpfer, Klaus/Töpfer, Peter: Folgewirkungen von Industrieansiedlungen. Bonn 1975.

Statistisches Bundesamt: Statistisches Jahrbuch 1981 für die Bundesrepublik Deutschland. Wiesbaden 1981.

Statistisches Bundesamt: Statistisches Jahrbuch 1991 für das vereinte Deutschland. Wiesbaden 1991.

Statistisches Bundesamt: Klassifizierung der Berufe. Wiesbaden 1992.

Statistisches Bundesamt: Statistisches Jahrbuch 1999 für die Bundesrepublik Deutschland. Wiesbaden 1999.

Statistische Berichte Rheinland-Pfalz: Bergbau und Verarbeitendes Gewerbe nach Verwaltungsbezirken im Jahre 1978. Bad Ems 1980.

Statistische Berichte Rheinland-Pfalz: Bergbau und Verarbeitendes Gewerbe im September 1980. Bad Ems 1981.

Statistische Berichte Rheinland-Pfalz: Bergbau und Verarbeitendes Gewerbe nach Verwaltungsbezirken im Jahre 1982. Bad Ems 1983.

Statistische Berichte Rheinland-Pfalz: Verarbeitendes Gewerbe nach Verwaltungsbezirken im Jahre 1986. Bad Ems 1988.

Statistische Berichte Rheinland-Pfalz: Verarbeitendes Gewerbe nach Verwaltungsbezirken im Jahre 1990. Bad Ems 1991.

Statistische Berichte Rheinland-Pfalz: Bergbau und Verarbeitendes Gewerbe im September 1992. Bad Ems 1993.

Statistische Berichte Rheinland-Pfalz: Verarbeitendes Gewerbe und Bergbau im Jahre 1994. Regional- und Strukturdaten. Bad Ems 1995.

Statistische Berichte Rheinland-Pfalz: Verarbeitendes Gewerbe sowie Bergbau und Gewinnung von Steinen und Erden 1998. Regional- und Strukturdaten. Bad Ems 1999.

Statistische Berichte Rheinland-Pfalz: Verarbeitendes Gewerbe sowie Bergbau und Gewinnung von Steinen und Erden 1998. Bad Ems 1999.

Statistisches Landesamt Rheinland-Pfalz: Ergebnisse der Erwerbstätigenrechnung des Bundes und der Länder. Bad Ems 1998.

Statistisches Landesamt Rheinland-Pfalz: Landesinformationsdienst. Daten aus Beschäftigtenstatistik für Bitburg-Prüm und Rheinland-Pfalz von 1980 bis 1998. Bad Ems 2000.

Steinröx, Manfred: Kommunale Wirtschaftsförderung. Etikettenschwindel oder Beitrag zur Wirtschaftsentwicklung? In: Ridinger, Rudolf/Steinröx, Manfred (Hrsg.): Regionale Wirtschaftsförderung in der Praxis. Köln 1995. S. 87 - 97.

Stiens, Gerhard: Strukturgefährdete ländliche Räume im Gefüge interregionaler Disparitäten unter Berücksichtigung alternativer Verläufe künftiger Regionalentwicklung. In: De Haen, Hartwig/Isermeyer, Folkhard (Hrsg.): Ländlicher Raum im Abseits: Probleme und Potentiale strukturschwacher Regionen bei stagnierenden Agrareinkommen. Kiel 1990. S. 40 - 53.

Stiens, Gerhard: Entwicklungsdisparitäten im vereinten Deutschland und die neuen raumordnerischen Konzepte. Bonn 1997.

Stille, Frank: Strukturverschiebungen zwischen sekundärem und tertiärem Sektor. Berlin 1988.

Strubelt, Wendelin: Globalisierung - ein neuer Begriff, ein altes Thema? In: Informationen zur Raumentwicklung. Heft 1, 1999. S. 67 - 70.

Struff, Richard: Entwicklung ländlicher Räume und regionale Wirtschaftspolitik in Deutschland. Arbeitsmaterialien der Forschungsgesellschaft für Agrarpolitik und Agrarsoziologie e.V. Bonn, Nr. 1. Bonn 1997.

Suntum, Ulrich v.: Verkehrspolitik. München 1986.

Tetsch, Friedemann/Benterbusch, Ulrich/Letixerant, Peter: Die Bund-Länder-Gemeinschaftsaufgabe Verbesserung der regionalen Wirtschaftsstruktur. Köln 1996.

Thünen, Johann H. von: Der isolierte Staat in Beziehung auf Landwirtschaft und Nationalökonomie. Berlin 1875.

Tichy, Günther: Bestandsbedingungen und -probleme kleiner Unternehmungen. In: Berger, Johannes/Dormeyer, Volker/Funder, Maria (Hrsg.): Kleinbetriebe im wirtschaftlichen Wandel. Frankfürt/Main, New York 1990. S. 61 - 83.

Tödtling Franz: Firm strategies and Restructuriering in a globalising economy. Institut für Raumplanung und Regionalentwicklung. IIR Discussion Paper 53. Wien 1995.

Triponez, Pierre: KMU – Opfer von Mega-Fusionen? In: Siegwart, Hans/Neugebauer, Gregory (Hrsg.): Mega-Fusionen: Analysen - Kontroversen – Perspektiven. Bern, Stuttgart, Wien 1998. S. 385 - 391.

Türke, Klaus: Kleine und mittlere Betriebe und die Entwicklung strukturschwacher Regionen. In: Raumforschung und Raumordnung. Heft 2/3, 1986. S. 61 - 62.

Uhlmann, Jan: Probleme der Entleerung strukturschwacher ländlicher Räume. In: De Haen, Hartwig/Isermeyer, Folkhard (Hrsg.): Ländlicher Raum im Abseits: Probleme und Potentiale strukturschwacher Regionen bei stagnierenden Agrareinkommen. Kiel 1989. S. 54 - 60.

Velsinger, Paul/Lienenkamp, Roger: Raumwirtschaftslehre. In: Jenkis, Helmut W. (Hrsg.): Raumordnung und Raumordnungspolitik. Oldenburg 1996. S. 23 - 54.

Walter, Rolf: Wirtschaftsgeschichte. Vom Merkantilismus bis zur Gegenwart. 2. Auflage. Köln 1998.

Weber, Alfred: Über den Standort der Industrien. Teil I: Reine Theorie des Standortes. 2. Auflage. Tübingen 1922.

Weilepp, Manfred: Instrumente der Regionalpolitik. In: Holthus, Manfred (Hrsg.): Elemente regionaler Wirtschaftspolitik in Deutschland. Baden-Baden 1995. S. 115 - 128.

Wied-Nebbeling, Susanne: Markt- und Preistheorie. 3. Auflage. Berlin, Heidelberg 1997.

Wilamowitz-Moellendorff, Ulrich von: Ansätze eines Konzeptes zur Erfassung regionaler Lebensbedingungen in der Raumordnungspolitik. Schriftenreihe der Forschungsgesellschaft für Agrarpolitik und Agrarsoziologie e.V. Bonn, Band 275. Bonn 1986.

Williamson, O.E.: Markts and Hierarchies: Analysis and Antitrust Implications. New York 1975.

Wittmann, Fred Tore: Die Bedeutung von Klein- und Mittelbetrieben für das regionale Arbeitsplatzwachstum. In: Informationen zur Raumentwicklung. Heft 6/7, 1982. S. 513 - 519.

Woltron, Klaus: Die Ursachen wirtschaftlichen Wachstums. In: Rupert, Riedl (Hrsg.): Die Ursachen des Wachstums: unsere Chance zur Umkehr. Wien 1996. S. 164 - 180.

Würdemann, Gerd: Handlungsfelder der räumlichen Planung für eine lebenswerte und verkehrssparsame Stadt und Region. In: Informationen zur Raumentwicklung. Heft 6, 1998. S. 351 - 369.

Zarth, Michael: Bilanz und Perspektiven der Beschäftigungsentwicklung im ländlichen Raum. In: Henkel, Gerhard (Hrsg.): Außerlandwirtschaftliche Arbeitsplätze im ländlichen Raum. Essener Geographische Arbeiten. Band 26, 1995. S. 13 - 25.

Zarth, Michael/Huege, Petra: Auswirkungen der Globalisierung auf die Regionen der Bundesrepublik Deutschland. In: Informationen zur Raumentwicklung. Heft 1, 1999. S. 1 - 9.

Zimmermann, Horst: Kleine und mittlere Unternehmen im regionalen Entwicklungsprozeß. In: Oppenländer, Karl Heinrich (Hrsg.): Die gesamtwirtschaftliche Funktion kleiner und mittlerer Unternehmen. München 1976. S. 253 - 282.

Anhang

1) Kreisgrenzenkarte

2) Gesprächsleitfaden regionale Fallstudie

1 Wirtschaftsstruktur

Der Kreis Bitburg-Prüm wird zum 1.1.1997 ganz überwiegend nicht mehr Fördergebiet der Gemeinschaftsaufgabe „Verbesserung der regionalen Wirtschaftsstruktur" (GRW) sein. Für uns folgt daraus, dass sich in der wirtschaftlichen Entwicklung des Kreises einiges getan haben muss.

Könnten Sie uns kurz die wirtschaftliche Entwicklung des Kreises in den letzten 10 - 20 Jahre erläutern?

1.1 Wirtschaftliche Entwicklung der letzten 10 - 20 Jahre

1.1.1 wirtschaftliche Standbeine der Region

- Strukturwandel der Wirtschaft
- Differenzierung im Kreis

1.1.2 Unternehmenszu- und -abwanderungen; Unternehmenserweiterungen

- Größenordnung
- räumliche Verteilung innerhalb des Kreises;
- was folgte daraus für die Erwerbstätigkeit?

1.2 Wirtschaftsstruktur heute

1.2.1 Träger der wirtschaftlichen Entwicklung

- Welcher Bereich der Wirtschaft (welche Unternehmen) ist (sind) Ihrer Meinung nach heute der Träger der wirtschaftlichen Entwicklung im Kreis?

1.2.2 Industrie

- wirtschaftliche Bedeutung der Industrie

1.2.3 Handwerk

- wirtschaftliche Bedeutung des Handwerks

1.2.4 Landwirtschaft

Auf der politischen Ebene wird immer wieder von der besonderen Bedeutung der Landwirtschaft für ländliche Räume gesprochen. Wie würden Sie die wirtschaftliche Bedeutung der Landwirtschaft hier im Kreis einschätzen?

- Bedeutungsunterschiede innerhalb des Kreises
- Funktionszuweisungen an die Landwirtschaft

1.2.5 Tourismus

Folgt man politischen Verlautbarungen, so könnte man annehmen, dass im Tourismus die Zukunft vieler ländlicher Räume liegt. Welche Bedeutung hat der Tourismus hier im Kreis Ihrer Meinung nach?

- Woher kommen die Gäste?
- Um was für Gäste handelt es sich (überwiegend Tagestourismus)?
- öffentliche Investitionen im Tourismus durch den Kreis und/oder Kommunen
- Entwicklung privater Investitionen im Tourismusbereich
- Einschätzung der Zukunftschancen

2 Arbeitslosigkeit

In den achtziger Jahren betrug die Arbeitslosigkeit im Bereich der Arbeitsamtsnebenstelle Prüm noch 25 %, heute noch rund 6 %. Ist Prüm die Ausnahme, oder sind ähnlich positive Entwicklungen für alle Teile des Kreises zu beobachten?

- regionale Unterschiede innerhalb des Kreises
- Gründe der geringen Arbeitslosigkeit (Schaffung neuer Arbeitsplätze, Abwanderung, Berufspendeln)

3 Berufspendeln

- Welche Rolle spielt das Berufspendeln im Kreis?
- Von wo pendeln die Menschen wohin (innerhalb des Kreises, außerhalb des Kreises, Belgien und Luxemburg)?
- Einpendeln in den Kreis

4 Konversion

4.1 Effekte des Truppenabzuges

Laut LEP II gibt es im Kreis Bitburg-Prüm Konversionsprojekte. Können Sie uns bitte schildern, wo und in welchem Umfang der Kreis vom Truppenabzug betroffen ist.

- Welche Anlagen wurden freigesetzt (Kasernen, Flugplätze, etc.)
- Welche Probleme haben sich aus dem Truppenabzug für den Kreis und die betroffenen Gemeinden ergeben

4.2 Konversionsprojekte

- Wo gibt es im Kreis Konversionsprojekte?
- Ziele und Maßnahmen der Konversionsprojekte
- Wer war oder ist mit der Planung und/oder Durchführung der Projekte betraut?

4.3 Erwartete Wirkungen der Konversionsprojekte

- Effekte vor Ort
- Strahleffekte
- Probleme die aus den Konversionsprojekten resultieren

4.4 Wirtschaftliche Bedeutung der stationierten Truppen in der Vergangenheit

Können Sie uns bitte kurz einen Einblick geben, welche Bedeutung die hier stationierten Truppen für die Entwicklung des Kreises gehabt haben.

5 entscheidende Faktoren wirtschaftlicher Entwicklung

Was sind Ihrer Meinung nach die entscheidenden Faktoren, die hier im Kreis zur wirtschaftlichen Entwicklung beigetragen haben?

- Verkehr (Straße, Schiene)
- Ver- und Entsorgung (Energiepreise, Wasserpreise, Müllentsorgung)
- Telekommunikation
- Ausbildung
- soziale Infrastruktur (Ärzte, Krankenhäuser, Kindergärten u.a.. Freizeit-infrastruktur)

6 Grenzland

Der gemeinsame europäische Binnenmarkt garantiert den freien Verkehr von Personen, Gutem, Kapital und Dienstleistungen zwischen den Mitgliedsländern der EU. Welche Binnenmarkteffekte kommen für den an Belgien und Luxemburg angrenzenden Kreis Bitburg-Prüm zur Geltung?

- Umfang
- Hemmnisse
- Potentiale
- politische Zusammenarbeit

7 Bevölkerung

Der Kreis Bitburg-Prüm galt lange Zeit zumindest in Teilen als Abwanderungsgebiet, heute ist eine leichte Bevölkerungszunahme zu beobachten. Woran liegt das Ihrer Meinung nach?

- Bevölkerungsbestand
- Bevölkerungszu- oder -abnähme im Gesamtkreis (Wanderungsbilanz, natürliche Bevölkerungsbewegung)
- regionale Unterschiede der Bevölkerungszu- oder -abnähme
- Wer wandert zu (Alte - Junge; Inländer - Ausländer/Aussiedler) und woher kommen Zuwanderer?
- Ursachen der Zuwanderung (Arbeiten, Wohnen etc.)

8 Politische Entwicklungen und Veränderungen

- Beitrag politischer Maßnahmen zur wirtschaftlichen Entwicklung der Vergangenheit (GRW; EU etc.)
- Wünschenswerte politische Maßnahmen aus Sicht des Kreises (welche Maßnahmen in wesser Zuständigkeit)

Studien zur Wirtschaftspolitik

Herausgeber:
Forschungsinstitut für Wirtschaftspolitik an der Universität Mainz e.V.
55099 Mainz

Band 1 bis 34 im Selbstverlag, Band 35 bis 44 im Verlag Minerva Publikation, München, Band 45 bis 63 im Selbstverlag. Die Bände 45 bis 63 sind noch über das Institut zu beziehen.

Band 73 Wirtschaftsräumliche Dezentralisierungstendenzen und ihre Ursachen. Eine Untersuchung unter besonderer Berücksichtigung der wirtschaftlichen Entwicklung ländlicher Räume in der Bundesrepublik Deutschland von *Ralf Stahl* (2002)

Band 72 Strukturwandel im Einzelhandel: Herausforderung für die Raumordnungspolitik von *Stefan Linz* (2002)

Band 71 Nachhaltige Entwicklung. Grenzen monetärer Operationalisierung und konzeptionelle Folgerungen von *Andreas A. Busch* (2001)

Band 70 Entwicklungs- und Beschäftigungsperspektiven für den mittelständischen Einzelhandel. Analyse rechtlicher Rahmensetzungen und wirtschaftspolitische Schlußfolgerungen von *Margarete Keßler* (2001)

Band 69 Abbau der Langzeitarbeitslosigkeit. Auswertung praktischer Erfahrungen von Einrichtungen außerhalb der öffentlichen Arbeitsvermittlung von *Christine M. Helbig* (2001)

Band 68 Verbesserung der Motivation und Wissensvermittlung zur Selbständigkeit. Möglichkeiten der Förderung von unternehmerischem Interesse und unternehmerischem Handeln bei Jugendlichen von *Vera Döring* (2001)

Band 67 Der Dienstleistungsstandort Rheinland-Pfalz. Bestandsanalyse, Perspektiven und wirtschaftspolitische Handlungsempfehlungen von *Claus Bauer* (2001)

Band 66 Mittlere Kommunen als Dienstleistungsstandorte. Empirische Bestandsanalyse, Entwicklungspotentiale und wirtschaftspolitische Handlungsmöglichkeiten von *Alexander Klein* (2001)

Band 65 Die Liberalisierung vergleichender Werbung in Deutschland. Erste empirische Befunde und wettbewerbspolitische Beurteilung von *Dorothea Varlam* (2000)

Band 64 Risikokapital und Neuer Markt. Die Aktie als Instrument der Risikokapitalbeschaffung für junge Wachstumsunternehmen von *Susanne Knips* (2000)

Band 63 Hindernisse für Teilzeitarbeit und flexible Arbeitsorganisation in der Bundesrepublik Deutschland von *Kerstin Altendorf* (1999)

Band 62 Wandel des Verhaltens von Frauen und Männern in Führungspositionen – Ökonomische Analyse empirischer Daten und eigener Befragungsergebnisse von *Birgit Mohneck* (1998)

Band 61 Die Bedeutung der Lohnnebenkosten für die Entwicklung der Arbeitskosten in Deutschland – Empirische Befunde und wirtschaftspolitische Handlungsempfehlungen von *Oliver Fink* (1998)

Band 60 Mittelstandsentwicklung im Transformationsprozeß der Reformstaaten Polen, Ungarn und Tschechien – Bestandsaufnahme, Finanzierungsprobleme und wirtschaftspolitischer Handlungsbedarf von *Arina Freitag* (1998)

Band 59 Lage und Perspektiven der Textil- und Bekleidungsindustrie von *Roman Riesch* (1998)

Band 58 Transfomation der Wirtschaftsordnung und politisches System – Anspruch und Wirklichkeit der Wirtschaftsreformen in Ungarn 1968 – 1996 von *Martin Hock* (1998)

Band 57 Die Glasindustrie in der Bundesrepublik Deutschland von *Peter Willett* (1998)

Band 56 Die Rolle des Mittelstandes beim Aufbau der Marktwirtschaft in der Tschechischen Republik – Eine empirische Analyse im Vergleich mit entwickelten Industrieländern unter besonderer Berücksichtigung des sektoralen Strukturwandels von *Christian Franckenstein* (1997)

Band 55 Aufbau von Altersversorgungssystemen im Transformationsprozeß der Reformstaaten Polen, Ungarn und Tschechien von *Eberhard Boller* (1997)

Band 54 Indikatoren der Systemtransformation – Kritische Analyse unter besonderer Berücksichtigung der Privatisierung in 26 Staaten von *Gunther Quidde* (1997)

Band 53 Arbeitsmarktpolitik in der Systemtransformation – Kritische Analyse für Polen, die Tschechische Republik und Ungarn von *Eckhard Schulte* (1997)

Band 52 Umweltpolitik im Transformationsprozeß der Reformstaaten Tschechien, Polen und Ungarn von *Bettina Naß* (1996)

Band 51 Die Zukunft der deutschen Textil- und Bekleidungsindustrie – Auswirkungen der Integration des Welttextilabkommens in die allgemeinen GATT-Regeln von *Kay M. Rathke* (1996)

Band 50 Lohnpolitik in der Systemtransformation – Kritische Analyse für Polen, die Tschechische Republik und Ungarn von *Mario Müller* (1996)

Band 49 Innerstädtische Standortprobleme von Einzelhandelsbetrieben – Situationsalalyse und wirtschaftspolitischer Handlungsbedarf von *Gabriele Speth* (1994)

Band 48 Die Schaffung wettbewerblicher Strutkuren im Transformationsprozeß – Eine vergleichende Analyse für die Visegrád-Staaten von *Jörg Henzler* (1994)

Band 47 Duales System, Rücknahmepflicht und Pfandregelung – Eine vergleichende Untersuchung unter besonderer Berücksichtigung des Einzelhandels von *Andrea Philipp* (1993)

Band 46 Gesamtwirtschaftliche Wirkungen staatlicher Ausfuhrgewährleistungen – Das Beispiel der Hermes-Deckungen von *Bernd Halfen* (1991)

Band 45 Das Zonenrandgebiet nach der deutschen Einigung – Wirtschaftliche Entwicklung und regionalpolitische Implikationen von *Michael Offer* (1991)

Band 44 Marktwirtschaftliche Innovationspolitik durch Outputorientierung staatlicher Förderung von *Dieter Kern* (1991)

Band 43 Tarifpolitik in strukturschwachen Branchen – Eine empirische Untersuchung der Druckerei- und der Textilindustrie in der Bundesrepublik Deutschland von *Andrea Beyer* (1991)

Band 42 Quantitative und qualitative Beschäftigungswirkungen neuer Technologien – Eine Analyse für Rheinland-Pfalz von *Florian Cantzler* (1991)

Band 41 Die deutsche Rundfunkordnung nach der Zulassung privater Anbieter – Absehbare Entwicklungen und medienpolitischer Handlungsbedarf von *Lukas Weber* (1990)

Band 40 Realisierungschancen einer Privatisierung öffentlicher Dienstleistungen von *Michaela Metzger* (1990)

Band 39 Die Bankdienste der Deutschen Bundespost in ordnungspolitischer Sicht von *Stefan Beckers* (1990)

Band 38 Der Markt für Übertragungseinrichtungen der Telekommunikation – Struktur, Entwicklung, Perspektiven von *Wolfgang Kopp* (1990)

Band 37 Eigenbeteiligung in der ambulanten Gesundheitsvorsorge – Möglichkeiten gesundheitsökonomischer Ausgestaltung von *Stefan Piffl* (1990)

Band 36 Deregulierung im Verkehr als politische Aufgabe von *Walter Hamm* (1989)

Band 35 Strukturwandel ohne Staatshilfe – Das Beispiel der Holzverarbeitenden Industrie in der Bundesrepublik Deutschland (1976-1985) von *Berthold Morschhäuser* (1988)

Band 34 Mitanbieterschaft der Deutschen Bundespost auf Endgerätemärkten von *Harry Rendel* (1988)

Band 33 Staatliche Eingriffe in den Mietwohnungsmarkt – Erfolgskontrolle und Reformvorschläge von *Waltraud Eucker-Herresthal* (1986)

Band 32 Die Gebührenpolitik der Deutschen Bundespost im Kleingut- und Fernmeldebereich – Analyse und kritische Würdigung ihrer Marktgerechtigkeit von *Jörg Rohde* (1986)

Band 31 Wettbewerb und Strukturwandel bei internationaler Marktverflechtung – Das Beispiel der Papier erzeugenden Industrie der Bundesrepublik Deutschland 1970-1983 von *Bernhard Neef* (1985)

Band 30 Die gruppenspezifische Be- und Entlastung von Klein-, Mittel- und Großunternehmen durch staatliche Abgaben und Transferzahlungen von *Gerhard Kern* (1984)

Band 29 Auswirkungen der 1977 neugefaßten Baunutzungsverordnung auf die Ansiedlung von Handelsbetrieben und die räumliche Struktur des Handels von *Kurt Hoffmann* (1984)

Band 28 Markttransparenz in der Lebensversicherung – Analyse bisheriger Erfahrungen und Empfehlungen für die Weiterentwicklung sektorspezifischer Regelungen aus wettbewerbs- und verbraucherpolitischer Sicht von *Michael Stöffler* (1983)

Band 27 Wettbewerbsregeln für den Luftverkehr in der EG von *Michael Hammes* (1982)

Band 26 Wettbewerbliche Wirkungen publizierter Jahresabschlüsse von *Klaus Höflich* (1981)

Band 25 Staatliche Ausbildungsplatzpolitik – Angebots- und Nachfrageanalyse, Überlegungen zum ordnungspolitischen Rahmen, Vorschläge zum Abbau eines Lehrstellenmangels von *Martin Weiblen* (1981)

Band 24 Währungszuschläge in der Seeschiffahrt und ihre Auswirkungen auf die Exportwirtschaft von *Helmut Reitze* (1981)

Band 23 Prämienanpassungsklauseln in der privaten Versicherungswirtschaft – Eine Analyse ihrer gesamtwirtschaftlichen Wirkungen von *Waltraud Eucker* (1980)

Band 22 Auslandsinvestitionspolitik und Außenhandelspolitik im Konflikt – Eine wirtschaftspolitische Studie auf Branchenebene von *Wolfgang Koch* (1980)

Band 21 Die Wettbewerbsverhältnisse auf dem Markt für Papier und Pappe in der Bundesrepublik Deutschland von *Paul Bernhard Mohr* (1977)

Band 20 Schwierigkeiten internationaler Vergleiche von Preisen und Kosten im Post- und Fernmeldebereich von *Bodo Fuchs* (1976)

Band 19 Branchenbezogene Investitionsplanung als Alternative zur unternehmerischen Kapazitätspolitik von *Ulrich Rosenkranz* (1975)

Band 18 Preis- und wettbewerbspolitische Problematik staatlicher Gebührenordnungen für freie Berufe von *Michael Knümann* (1975)

Band 17 Frankostationspreise der deutschen Zementindustrie in wettbewerbspolitischer Sicht von *Rolf Dieter Kretzer* (1969)

Band 16 Kann man mit "armen" Ländern Handel treiben? von *Hans Haupt* (1969)

Band 15 Subventionswirkungen: Ein Beitrag zur Systematisierung und wirtschaftspolitischen Beurteilung von Hilfen aus dem Staatshaushalt von *Rolf Schorn* (1967)

Band 14 Die deutsche Notenbank als Instrument sowjetzonaler Wirtschaftspolitik von *Hans-Joachim Schroeter* (1967)

Band 13 Spannen und Wettbewerb auf den Absatzwegen landwirtschaftlicher Erzeugnisse von *Horst Dohm* (1967)

Band 12 Der Wettbewerb zwischen der Deutschen Bundesbahn und den Luftfahrtunternehmen im innerdeutschen Eisenbahn- und Flugreiseverkehr von *Gerd Müller* (1967)

Band 11 Sachliche Lohnbestimmung – Das Ordnungsproblem auf dem Arbeitsmarkt von *Hans Georg Kloos* (1966)

Band 10 Staatliche Einkaufsmethoden in den Vereinigten Staaten von Amerika von *Sigurd Dülz* (1958)

Band 9 Vom Teilauftrag zum Vollauftrag von *Erich Welter* (1958)

Band 8 Rheinland-Pfalz: Eine Analyse seiner wirtschaftlichen Struktur von *Werner Bosch* (1957)

Band 7 Öffentliche Beteiligung an wirtschaftlichen Unternehmen. Ein Verzeichnis der Beteiligungen der öffentlichen Hand in der Bundesrepublik (1957)

Band 6 Die amerikanische Post als Auftraggeber von *Margaret Berry* (1956)

Band 5 Eifel – Hunsrück – Oberwesterwald: Analyse der Wirtschaftsstruktur, Möglichkeiten der wirtschaftlichen Intensivierung von *Werner Bosch* (1955)

Band 4 Einige Gedanken zum Thema der Preis-Kosten-Schere im Verkehrswesen von *Werner Fricke* (1954)

Band 3 Die Carl-Zeiss-Stiftung im Lichte der Wettbewerbsordnung von *Helmut Troeger* (1954)

Band 2 Mainz – Wiesbaden und das Mainmündungsgebiet – Eine Betrachtung über die wirtschaftliche Struktur und die Möglichkeiten einer engeren Zusammenarbeit von *Werner Bosch* (1954)

Band 1 Kreditorganisation und industrielle Kapitalversorgung von *Max Bliesener* (1953)

Peter Lang · Europäischer Verlag der Wissenschaften

Mario Petschniker

Kommunikation - Konflikt - Hierarchie

Die Schwierigkeit im Umgang mit indirekter Kommunikation und nicht auflösbaren Konflikten in hierarchischen Betrieben

Frankfurt/M., Berlin, Bern, Bruxelles, New York, Oxford, Wien, 2001. 194 S.
Europäische Hochschulschriften: Reihe 11, Pädagogik. Bd. 772
ISBN 3-631-37672-3 · br. DM 65.– / € 33.20*

Trotz aller neuen Management- und Organisationsentwicklungstrends sind Firmen (auch Kommunen und Staaten) nach dem Grundprinzip der „heiligen Ordnung" (griech. Hierarchie) aufgebaut. Das auf Zwang, Macht und Entpersonalisierung aufbauende System bereitet uns Schwierigkeiten. Es bedingt indirekte Kommunikation und nicht auflösbare Konflikte und stellt hohe Anforderungen an den einzelnen, die oft zu Frustration, innerlicher Kündigung u.ä. führen. Anhand der Probleme, Daten und Informationen zu übermitteln, beschreibt der Autor die Gesetzmäßigkeiten der Hierarchie. Beispiele von Kommunikation und Dymamik zwischen zwei Personen, in Gruppen und am konkreten Projekt des LKH-Villach zeigen, wie Strukturen der Hierarchie positiv genutzt werden können.

Aus dem Inhalt: Was ist „Kommunikation"? · Kommunikation zwischen zwei Personen – in Gruppen · In Hierarchien (Prinzip der indirekten Kommunikation) · Die Schwierigkeit der Informationsvermittlung in Hierarchien und unser Umgang damit · Nicht auflösbare Konflikte und deren Handhabung · Praxisbeispiel an einem Kärntner Landesspital, in dem diese Problemkreise Berücksichtigung finden

FSC
www.fsc.org
MIX
Papier | Fördert gute Waldnutzung
FSC® C083411

Kolibri 360 GmbH
Ferdinand-Jühlke-Straße 7
99095 Erfurt, Deutschland
produktsicherheit@kolibri360.de

Druck:
CPI Druckdienstleistungen GmbH
im Auftrag der
Kolibri 360 GmbH
Ferdinand-Jühlke-Str. 7
99095 Erfurt